Dieses Buch verbreitet keine »Lehre«. Aber es hilft uns zu verstehen, aus welchen Antrieben und zu welchem Ende der Gesellschaftskritiker die Gesellschaft kritisiert, an der er teilhat und in der er lebt. Seit Julien Bendas bitterer Abrechnung mit den Beflissenheitsgesten der Intellektuellen angesichts der Macht und der Mächtigen ist das Thema der politischen und ideologischen Verführbarkeit des Geistes immer wieder debattiert worden, aus konkretem Anlaß und unter wechselnden Vorzeichen. Das harte Problem, das hinter diesen Auseinandersetzungen steht, ist das der Verantwortung des Intellektuellen in der Gesellschaft. Michael Walzer erörtert diese Fragen an herausragenden Gesellschaftskritikern des 20. Jahrhunderts: Julien Benda, Randolph Bourne, Martin Buber, Antonio Gramsci, Ignazio Silone, George Orwell, Albert Camus, Simone de Beauvoir, Herbert Marcuse, Michel Foucault, Breyten Breytenbach. Sein Buch ist ein Beitrag zur Ortsbestimmung des »eingreifenden Denkens« in der Epoche der öffentlichen Vorbehalte gegenüber der Rolle der Intellektuellen und der Selbstvorbehalte der Intellektuellen gegenüber ihren gesellschaftlichen Optionen oder Hoffnungen.

*Michael Walzer*, geboren 1935 in New York, lehrt seit 1980 am Institute of Advanced Study in Princeton, New Jersey. Er ist Herausgeber der Zeitschrift *Dissent*. Im Fischer Taschenbuch Verlag liegen vor: ›Kritik und Gemeinsinn‹ (Bd. 11704), ›Exodus und Revolution‹ (Bd. 11835) und ›Zivile Gesellschaft und amerikanische Demokratie‹ (Bd. 13077).

Michael Walzer

# Zweifel und Einmischung

Gesellschaftskritik im
20. Jahrhundert

Aus dem Amerikanischen von
Anita Ehlers und Hans-Horst Henschen

Fischer Taschenbuch Verlag

FISCHER WISSENSCHAFT

Ungekürzte Ausgabe
Veröffentlicht im Fischer Taschenbuch Verlag GmbH,
Frankfurt am Main, Mai 1997

Lizenzausgabe mit freundlicher Genehmigung des
S. Fischer Verlags GmbH, Frankfurt am Main
Die amerikanische Originalausgabe mit dem Titel
»The Company of Critics. Social Criticism and Political
Commitment in the Twentieth Century«
erschien 1988 bei Basic Books, New York
© 1988 by Basic Books, Inc., New York
Für die deutsche Ausgabe:
© 1991 S. Fischer Verlag GmbH, Frankfurt am Main
Gesamtherstellung: Clausen & Bosse, Leck
Printed in Germany
ISBN 3-596-13613-X

*Gedruckt auf chlor- und säurefreiem Papier*

# Inhalt

Vorwort . . . . . . . . . . . . . . . . . . . . . . . . . 7
Danksagungen . . . . . . . . . . . . . . . . . . . . . 11

1. Einleitung: Die Praxis der Gesellschaftskritik . . . . . . 13
2. Julien Benda und der Verrat der Intellektuellen . . . . . 47
3. Der Krieg und Randolph Bourne . . . . . . . . . . . 68
4. Martin Bubers Suche nach Zion . . . . . . . . . . . . 94
5. Antonio Gramscis Engagement . . . . . . . . . . . . 115
6. Ignazio Silone: »Das Natürliche« . . . . . . . . . . . 142
7. George Orwells England . . . . . . . . . . . . . . . 164
8. Albert Camus und der Algerienkrieg . . . . . . . . . 189
9. Simone de Beauvoir und die angepaßte Frau . . . . . 210
10. Herbert Marcuses Amerika . . . . . . . . . . . . . . 232
11. Die einsame Politik des Michel Foucault . . . . . . . 261
12. Breyten Breytenbach: Der Kritiker im Exil . . . . . . 287
13. Schlußfolgerungen: Kritik heute . . . . . . . . . . . 307

Anmerkungen . . . . . . . . . . . . . . . . . . . . . . 331
Register . . . . . . . . . . . . . . . . . . . . . . . . . 346

Für meine Freunde
in Jerusalem

# Vorwort

Ich habe mich aus persönlichen wie aus politischen und philosophischen Gründen entschlossen, ein Buch über Gesellschaftskritik zu schreiben. Seit einer Reihe von Jahren schon verwahre ich mich (am deutlichsten in *Spheres of Justice*, 1983) gegen die Behauptung, daß moralische Grundsätze der alltäglichen Erfahrungswelt notwendig fremd sein müßten und *dort draußen* darauf warteten, von einem distanzierten und leidenschaftslosen Philosophen entdeckt zu werden. Mir scheint vielmehr die Alltagswelt eine moralische Welt zu sein, und wir täten besser daran, die ihr immanenten Regeln, Maximen, Konventionen und Ideale zu analysieren, als sie uns, indem wir nach einem universalen und transzendenten Standpunkt suchen, vom Leibe zu halten. Aber viele Rezensenten und Kommentatoren haben gesagt, daß dieser Vorsatz Gesellschaftskritik unmöglich mache; er binde uns fest und unausweichlich an den *status quo*. Nur wenn wir, wie Platons Philosoph, die Sonne sähen, vermöchten wir über das Leben in der Höhle zu urteilen. Wenn wir uns nicht auf etwas berufen könnten, das draußen ist, müßten Kritiker im Inneren zu Verteidigern der bestehenden Ordnung werden. Ich nehme diese Reaktion ernst, nehme sie mir wirklich zu Herzen, weil ich meine eigene Arbeit nicht zu einer Apologie dieser (oder einer anderen) Gesellschaft machen will. Deshalb habe ich herauszufinden versucht, was Gesellschaftskritiker tun und wie sie ihre Tätigkeit begreifen. Was sind die Grundlagen ihrer Kritik? Wo stehen sie, wenn sie kritisieren? In welchem Maße fühlen sie sich den Menschen, deren Gesellschaft sie kritisieren, verbunden oder nicht verbunden?

Fragen wie diese lassen sich am besten angesichts von Leben und Werk wirklicher Kritiker beantworten. Ich habe elf Kritiker ausgewählt, allesamt Intellektuelle, Publizisten, politische Aktivisten, die scharf und erbittert über ihre eigene Gesellschaft geschrieben haben. Sie sind zwar wenige aus der Gemeinde der Gesellschaftskritiker des zwanzigsten Jahrhunderts, aber, denke ich, nicht unrepräsentativ. Ihr Leben bezeugt oft auf dramatische Weise das Problem, das implizit in meinem Titel steckt: Welcher Gemeinschaft sollten sich Kritiker weiterhin zugehörig fühlen? Von welcher Art sollte kritische Einmischung sein? Manche Kritiker beharren auf dem Austausch einzig mit anderen Kritikern; sie finden ihre Kollegen nur außerhalb der Höhle, im Schein der Wahrheit. Andere finden Kollegen und manchmal sogar Gefährten drinnen, im Schatten möglicher, ungewisser Wahrheiten. Meine eigene Beziehung zur Höhle läßt mich die zweite Gruppe bevorzugen. Aber diese Neigung legt nichts fest. Worauf es ankommt, sind die Triftigkeit und die Kraft, die Wahrscheinlichkeit und die Nuancierungen der Kritik, die sich aus diesen verschiedenen Möglichkeiten ergeben.

Denn es macht einen Unterschied, welchen Standort der Kritiker wählt, ob in der Höhle oder draußen, und es macht einen Unterschied, welches Verhältnis er zu den Höhlenbewohnern unterhält. Ich möchte diesen Unterschied in seinen durch die Umstände bedingten Details und in seiner umfassenderen Bedeutung erörtern und dann den Weg zu einer Position zeigen, der eine Beziehung zu anderen Menschen aufzunehmen ermöglicht und Nachahmung rechtfertigt: den Weg des Kritikers, der sich einläßt. Ich werde keine grundsätzliche Kritik an der amerikanischen (oder irgendeiner anderen) Gesellschaft üben – obwohl hier wie überall die Maxime gilt: Kritisiere die Welt, sie braucht es! Mir geht es viel mehr um die Praxis des Kritikers als um seine Botschaft, und insbesondere um die Bahn, die er in dem schwierigen Bereich zieht, den wir »kritische Distanz« nennen. Der Erfolg einer Kritik hat vermutlich mehr mit dem Standpunkt und dem Status des Kritikers zu tun als mit seiner Gesellschaftstheorie oder seiner politischen Ideologie. In diesem Sinne haben sich diejenigen, die mir vorwarfen, das kritische Unterfangen, weil ich auf dem internen Charakter des moralischen Prinzips beharrte, untergraben zu haben, zumindest auf das richtige Thema eingestellt. Aber wir müssen uns wirkliche Kritiker ansehen und klären, auf welchem Terrain sie sich bewegten, als sie ihre kritischen Argumente formulierten, erprobten und proklamierten.

Ich habe einige meiner eigenen Thesen in *Interpretation and Social Criticism* (1987) überprüft, und ich wiederhole hier gelegentlich einen Satz oder einen Lieblingsausdruck. Aber dort ging es um eine mehr philosophische Erwägung, hier geht es mir um Geschichte und Politik. Jenes Buch war eine allgemeine Untersuchung des Projekts der Kritik; dieses ist eine konzentrierte Untersuchung der Kritik im zwanzigsten Jahrhundert, der Kritik in einem Zeitalter der Volksaufstände, und sie stützt sich auf eine Reihe von Beispielen. Die Beispiele sind entscheidend; ich habe versucht, Personen auszuwählen, die wohl den meisten Lesern bekannt sind. Ich habe über diese Personen im Zusammenhang mit bestimmten Augenblicken der Geschichte oder unter Hinweis auf politische Bewegungen geschrieben, die ebenfalls vertraut sind. Obwohl ihre Lebensumstände unterschiedlich waren, fanden sich meine elf Gesellschaftskritiker vor ähnlichen Problemen, und deshalb entwickele ich mein Verständnis ihres Vorhabens eher durch Wiederholung denn durch die Addition von Behauptungen. Am Schluß versuche ich eine Zusammenfassung. Jeder, der sich mit den Beispielen befaßt hat, wird sich im klaren darüber sein, was ich von ihren Meinungen halte.

# Danksagungen

Ich habe an diesem Buch sieben oder acht Jahre lang gearbeitet, und jedes Kapitel wurde von mehr Freunden und Kollegen gelesen, als ich hier nennen kann. Ich habe von ihrer Kritik und ihren Vorschlägen profitiert. Ich habe sogar meine eigene Kritikergemeinde gehabt, als ich am Institute for Advanced Study in Princeton, The Hebrew University's Institute for Advanced Studies in Jerusalem, wo ich 1987 sechs Monate verbrachte, und an einer Reihe von Colleges und Universitäten Vorlesungen zur Gesellschaftskritik hielt. Das Kapitel über Camus war ursprünglich eine Vorlesung zum Gedächtnis von Yakow Talmon in Jerusalem. Das Kapitel über Foucault habe ich zuerst an der Universität Princeton vorgestellt. Benda, Camus und Foucault waren die Themen meiner Brick-Vorlesungen an der Universität von Missouri. Foucault war auch das Thema der Matchette-Vorlesung am Brooklyn College.

Einige Menschen haben mir besonders geholfen: Adi Ophir beim Kapitel über Buber, Michael Rustin bei Gramsci, Franco Ferraresi und James Scott bei Silone, Joan Scott, Linda Gordon, Susan Okin und Jane Mansbridge bei de Beauvoir, Clifford Geertz bei Foucault, Hermann Giliomee bei Breytenbach.

Irving Howe hat alle Kapitel gelesen, und obwohl er mit meinen Überlegungen damals wie heute nicht vollständig übereinstimmt, hat er sich mit ganzem Herzen auf mein Unternehmen eingelassen. Sein Rat war stets wertvoll, gleichgültig, ob er nur den Inhalt oder den Stil betraf. Er ist ein vorbildlicher Gesellschaftskritiker, so wie er auch ein vorbildlicher Literaturkritiker ist, und dieses Buch ist zu einem Teil seines. Es gehört zum Teil auch Judith Walzer, mit der ich endlos über die relativen Vorteile einer Kritik sprach, die aus Verbundenheit oder Unverbundenheit entspringt. Sie ist mein mir am stärksten verbundener Kritiker. Von meinen Freunden in Jerusalem habe ich die Bedeutung der Ehrlichkeit in der Kritik gelernt, und deshalb widme ich ihnen dieses Buch.

Das Kapitel über Benda ist die überarbeitete Fassung eines Aufsatzes, der ursprünglich in einer Festschrift veröffentlicht wurde (*Conflict and Consensus: A Festschrift in Honor of Lewis A. Coser*, herausgegeben von Walter W. Powell und Richard Robbins. Copyright © 1984 bei The Free Press, Sektion von Macmillan, Inc., und hier mit Genehmigung des Verlags abgedruckt). Frühere Fassungen der Kapitel über Camus und Foucault erschienen in *Dissent*. Ein Gedankenaustausch mit David Bromwich (ebenfalls in *Dissent*) half mir bei der Klärung meiner Gedanken. Das Zitat aus dem Gedicht »Breyten prays for himself« ist dem Buch *In Africa even the Flies Are Happy* von Breyten Breytenbach entnommen, das Denis Hirson übersetzt hat, und wird hier abgedruckt mit freundlicher Erlaubnis des Verfassers und des Verlegers John Calder Ltd., Copyright © 1976, 1977 bei Yolande Breytenbach und Meulenhoff Nederland, Amsterdam; Übersetzerrechte Copyright © 1978 by John Calder Ltd.

Die Mitarbeiter der Institute in Princeton und in Jerusalem waren überaus hilfreich. Ich bin wieder besonders dankbar für das Können und die Geduld von Lynda Emery.

*1*
# Einleitung: Die Praxis der Gesellschaftskritik

*Die altehrwürdige Gemeinschaft der Kritiker*

Gesellschaftskritik gibt es wohl ebenso lange, wie es die Gesellschaft selbst gibt. Wie können Menschen je in Gemeinschaft gelebt haben, ohne die Umstände ihres Zusammenlebens zu kritisieren, Beschwerde einzulegen, zu klagen? Die Klage ist eine der Grundformen gegenseitiger Anerkennung. Wenn das, was in Frage steht, nicht die Existenz an sich, sondern die Existenz in der Gemeinschaft ist, wenn es zum Leben gehört, für andere dazusein, genügt zum Beweis die Klage: Ich klage, also bin ich. Wir sprechen über die Klagen, also sind wir. Und so wie Descartes' »Cogito« nicht das Ende des Denkens ist – als ob er sagte, er könne leben, ohne zu denken, sobald er seine Existenz einmal durch seine Denkfähigkeit bewiesen habe –, sondern vielmehr erst der Anfang, so ist »Ich klage« erst der Beginn der Geschichte des Klagens. Im Laufe des Lebens in der Gemeinschaft wird die Praxis der Klage zunehmend verfeinert – in der Satire, in Streitschriften, Moralpredigten, Prophetien und auf zahllose andere mehr oder weniger gebräuchliche Weisen.

Der moderne Gesellschaftskritiker ist ein Experte der »gemeinen Beschwerde«, nicht der erste und gewiß nicht der letzte. Wann sich diese Spezialisierung zuerst herausbildete, wann Intellektuelle zum ersten Mal das Recht für sich in Anspruch nahmen, ihre Mitmenschen zu rügen, versuche ich nicht zu bestimmen. Das ist lange her und beschäftigt mich hier nur deshalb, weil Beispiele aus der Vergangenheit Licht auf heutige Verhältnisse werfen. Aber es ist wichtig zu betonen, daß die Gesellschaftskritik eine Geschichte hat, denn einige Kritiker behaupten heute, sie sei etwas gänzlich

Neuartiges. Gesellschaftskritiker seien, so sagen sie, Spezialisten besonderer Art, historisch gesehen einzigartig, das Ergebnis eines radikalen Bruchs, seien nicht nur modern, sondern Modernisten: sie seien sich ihrer Besonderheiten bewußt, oppositionell und entfremdet.[1]* Freunde und Feinde des Projekts der Kritik behaupten diese Neuartigkeit so oft, daß es mit ihr etwas auf sich haben muß. Deshalb wende ich mich sofort dem Anspruch zu, den diese volltönenden Beschreibungen – »selbstbewußt«, »in Opposition«, »entfremdet« – erheben; sie benennen Eigenschaften, auf die Intellektuelle und Gesellschaftskritiker des zwanzigsten Jahrhunderts überaus stolz sind. Ich stelle diese Neuartigkeit in Abrede, werde aber am Ende einräumen, daß sich in der Tat etwas geändert hat, freilich nicht so sehr in dem Selbstverständnis des Kritikers als vielmehr in seinem Verhältnis zu anderen Menschen. Das zentrale Thema dieses Buches – zentral, so scheint mir, für die moderne Zeit – ist die Beziehung zwischen Fachmann und Allgemeinheit, Elite und Masse. Indem ich mich darauf konzentriere, bin ich wahrscheinlich dem Fachmann gegenüber ein wenig unduldsam, der meint, das, was ihn umtreibt, sei an sich und von Grund auf interessant.

Erste Behauptung: Die Kritik als eine selbst-bewußte Tätigkeit, als gewählte Rolle, ist eine Neuerscheinung, das Ergebnis von Aufklärung und Romantik (die Tätigkeit aufklärerisch, die Rolle romantisch). Es ist zweifellos schwierig zu beurteilen, inwieweit Menschen der Vergangenheit sich ihrer selbst bewußt waren, aber diese Behauptung kann nicht zutreffen. Sicherlich haben die Propheten des alten Israel, um das am weitesten zurückliegende Beispiel zu wählen, ein Bewußtsein ihrer selbst als Gesellschaftskritiker gehabt, wenngleich sie in ihren eigenen Augen Boten Gottes waren. Obwohl der Prophet Amos in Gottes Namen sprach, wenn er sagte: »Ich bin euren Feiertagen gram und verachte sie und mag eure Versammlungen nicht«, ist doch der Gedanke nicht abwegig, daß er damit seinem eigenen Ärger, seiner Verachtung Ausdruck gab und es auch wußte.[2] Betrieb wiederum Sokrates, wenn er seine

---

* Die Anmerkungen stehen am Ende des Bandes, Seite 331 ff.

Mitbürger fragte, was sie als gut empfänden, nicht »Ideologiekritik«? Es besteht wenig Zweifel daran, daß er ein entwickeltes Verständnis für seine eigene kritische Rolle hatte:

»Denn wenn ihr mich tötet, so werdet ihr nicht so leicht wieder einen finden, der geradezu – so lächerlich es auch klingen mag – vom Gotte der Stadt beigegeben ist, wie der Lenker einem großen, edlen Pferd, das, infolge seiner Größe etwas schläfrig, eines ständigen Anspornes bedarf. Zu diesem Zweck hat mich, wie ich glaube, der Gott der Stadt zugeteilt, damit ich unaufhörlich euch wecke, ermuntere und tadle, indem ich jedem einzelnen den ganzen Tag und allenthalben zusetze.«[3]

Viele Sophisten mögen ähnliche, wiewohl minder extravagante Meinungen von sich selbst gehegt haben. Und die römischen Satiker, die Predigermönche des Mittelalters, die Humanisten der Renaissance – sie alle waren, jeweils auf ihre Weise, Gesellschaftskritiker, und sie konnten nicht umhin, darüber nachzudenken, was sie taten, schon allein deshalb, weil ihre Handlungen für sie oft gefährliche Folgen hatten. Wenn wir in alten Texten kein Selbstbewußtsein erkennen können, ist es vermutlich am besten, es vorauszusetzen.

Zweite Behauptung: Alle früheren Kritiker widmeten ihre Aufmerksamkeit der Einstellung und dem Glauben Einzelner; sie wandten sich nicht gegen die Gesellschaftsordnung an sich. Sie waren nur insofern *Gesellschafts*kritiker, als die Gesellschaft unmittelbar durch die Handlungen und Gedanken ihrer Mitglieder und nicht mittelbar durch Ideologie, Praxis und Institutionen bestimmt wird. Aber in dieser Behauptung steckt ein Mißverständnis der Vergangenheit ebenso wie der Gegenwart. Für die Vergangenheit führen wir die Bemerkung von Hosea an: »Alle ihre Fürsten sind Abtrünnige«,[4] oder die von Sokrates in seinem Prozeß vorgetragene Auffassung: »Kein Mensch kann sich erhalten, wenn er sich euch [den Athenern] oder einer anderen Volksversammlung ehrlich widersetzt.«[5] Hosea glaubte offensichtlich, daß etwas mit der Monarchie selbst nicht in Ordnung sei, nicht lediglich mit diesem oder jenem König; anscheinend glaubte Sokrates (und sicherlich Platon), daß etwas mit der demokratischen Regierungsform nicht stimmte, nicht nur mit dieser oder jener Gruppe von Bürgern. Es trifft jedoch zu, daß Kritik sich das ganze Mittelalter hindurch bis zum Beginn der Neuzeit fast ausschließlich mit dem moralischen Charakter und der intellektuellen Verpflichtung des Einzelnen befaßte: mit schlechten Taten und falschen Lehren. Die »Fürstenspiegel« des Mittelalters und der Renaissance zum Beispiel handeln davon, was der Fürst denken und tun sollte, nicht von dem Regierungssystem, dem er vorsteht, oder der hierarchischen Ordnung, die er repräsentiert. Sie verurteilen Fürsten, die einen schlechten Charakter haben, niemals die Fürstenherrschaft selbst. So gesehen kann die systematische Kritik politischer Institutionen und gesellschaftlicher Strukturen durchaus eine Schöpfung der Moderne genannt werden.

Aber selbst in der Gegenwart ist dies keine Schöpfung, mit der auch nur einer von uns ständig lebt; Kritik an der Struktur hält sich selten lange, ohne persönlich zu werden. Moderne Kritiker haben ihre eigene »Spiegel«-Literatur erfunden, manchmal für Herrscher, manchmal für gewöhnliche Bürger, manchmal für Militante. Aber es geht hier um die Personen nur, »soweit sie [...] Träger von bestimmten Klassenverhältnissen und Interessen« sind, schreibt Marx im Vorwort zum *Kapital*.[6] Man braucht sein Werk jedoch nicht viel weiter zu lesen, um zu sehen, daß er selbst dann, wenn er bei diesem Standpunkt bleibt und etwa einzelne Kapitalisten mit Kritik verschont, andere – Intellektuelle und Sprecher der Arbeiterklasse, die Marx' Strukturanalyse nicht bejahen und seiner politischen Führung nicht folgen – nicht ausgenommen werden. Die Kritik des intellektuellen Opportunismus und des »falschen Bewußtseins« der Arbeiterklasse steht für den Marxismus von seinen Anfängen bis heute im Mittelpunkt. Mit seiner Konzentration auf Haltung und Glauben ist diese Art Kritik zumindest sehr alt. Ich kann an ihr nichts erkennen, was für die Neuzeit spezifisch ist.

Dritte Behauptung: Der Kritiker heute ist entfremdet, unzufrieden und beziehungslos, ohne einen sicheren Platz in der Gesellschaft, ohne anerkannte Stellung oder Ehre und Achtung unter seinen Mitmenschen, er *steht mit dem Bürgertum auf schlechtem Fuße*

– das ist hier sicherlich ein modernes Bild. Vielleicht stimmt es. Doch die Symptome der Entfremdung lassen sich schon unter den radikalen Theologiestudenten und den abtrünnigen Geistlichen der Reformationszeit entdecken.[7] Obwohl sie mit Adel, Patriziern und Kaufleuten auf schlechtem Fuße standen, fanden viele dieser Geistlichen Zugang zu wichtigen Stellungen an Universitäten oder in neuen Kirchengemeinden und Ordensgemeinschaften. Die protestantische Geistlichkeit konnte Abtrünnige inkorporieren. Ähnlich genoß, wenn man das so sagen kann, die klösterliche Geistlichkeit des Mittelalters eine Art institutionalisierter Entfremdung – ihre Mitglieder standen nach außen hin schlecht da, waren jedoch im Inneren sicher. Julien Benda bewunderte das Mönchtum und suchte in seiner Zeit nach etwas Vergleichbarem, weil er sich davon philosophische Unabhängigkeit und kritischen Abstand versprach. Aber gibt es heute wirklich nichts Ähnliches, keine Institutionen, in denen Kritikern Ehre (und wirtschaftliche Unterstützung) zuteil wird?

Von der gesellschaftlichen Lage einmal abgesehen, stimmt die Klasse der entfremdeten Intellektuellen damals wie heute nicht mit der Klasse der Gesellschaftskritiker überein. Entfremdung äußert sich meist im Rückzug von der Politik, in Abkehr oder radikaler Flucht; und dann besteht keine Verpflichtung zur Kritik. Die »Bohémiens« des neunzehnten Jahrhunderts zum Beispiel bekundeten nur gelegentlich und beiläufig ein Interesse, die Gesellschaft zu verändern. Sie zehrten von ihrer Verachtung; sie brachten keinen ernsthaften Kritiker hervor. »Die Sensibilität der Bohème«, schreibt Alasdair MacIntyre, »trennt sie deutlich von der großen Masse der Menschen, wobei die Künstler wirtschaftlich gesehen deren Schmarotzer sind.«[8] Sie zeigen wenig Neigung, aufzuklären oder zu reformieren, obwohl sie es sich angelegen sein lassen, ihre aufmerksameren Mitmenschen zu schockieren. Baudelaires »Kult der vielfältigen Empfindung« läßt in der Tat eine Alternative zur bürgerlichen (und jeder anderen) Lebensform vermuten, allerdings keine, die möglicherweise verallgemeinert werden könnte. Der Appetit des Bohémien auf Sensation ist psychologisch parasitär und beutet die Zurückhaltung und Genügsamkeit aller anderen aus.

Wäre nicht Verlaß auf die Abgestumpftheit und Trägheit der anderen, so wäre seine Suchbewegung kein Abenteuer mehr. Vielleicht agieren diese Künstler und Intellektuellen die inneren Spannungen der bürgerlichen Gesellschaft aus (zwischen radikalem Individualismus und konventioneller Respektabilität, wie Jerrold Seigel meinte), doch dieses Ausagieren ist in der Regel idiosynkratisch, nicht ein Siegel kritischer Differenz.[9]

Andererseits gibt die Entfremdung Anlaß zu revolutionärem Engagement und politischem Aktivismus – oder wenigstens zu kurzen Schüben von Engagement und Aktivismus. Eine der merkwürdigen Begebenheiten der neueren politischen Geschichte ist die Bolschewisierung der kulturellen Avantgarde im Gefolge der Russischen Revolution. Futuristen, Surrealisten und Dadaisten schlossen sich eilig der Kommunistischen Partei an.[10] Außer in einigen wenigen Fällen dauerte das Bündnis nicht lange, und es fand seinen charakteristischen Ausdruck eher im Manifest als im kritischen Essay oder im Gedicht. Vielleicht ist die revolutionäre Bewegung ein zu heißer Boden für ernsthafte kritische Arbeit. Das könnte erklären, warum zwar Revolutionsführer oft als Gesellschaftskritiker beginnen, Gesellschaftskritiker jedoch zumeist nicht als Revolutionäre enden. Geängstigte Konservative halten Kritik an sich schon für implizit revolutionär, und der junge Marx behauptete, von der anderen Seite her, daß die »Waffe der Kritik« der »Kritik der Waffen« den Weg bahnte.[11] Aber Kritik und Revolution sind zweierlei, und Entfremdung ist vermutlich eher für die Revolution als für die Kritik die notwendige Bedingung.

Denken wir beispielsweise an Humanisten wie Erasmus, Thomas More und John Colet – sie alle sind Gesellschaftskritiker, keiner von ihnen ist entfremdet, keiner von ihnen ein Revolutionär. Diese Gestalten haben ihre modernen Entsprechungen, zu denen wir wohl die französischen »philosophes« zählen sollten, die kritisch sind, gewiß, sich aber auch wohl fühlen in den Pariser Salons, manchmal sogar an den europäischen Höfen. Und spielte nicht im zwanzigsten Jahrhundert ein Philosoph wie Jean-Paul Sartre eine ähnliche Rolle (obschon er eher von Fidel Castro empfangen worden wäre als von den heutigen Pendants Friedrichs II. oder Katharina der Großen)? Sartre wäre vielleicht gern ein Revolutionär gewesen, aber es ergab sich keine Gelegenheit dazu; und es ist unglaubwürdig, das Attribut »entfremdet« dem hellsten Kopf des französischen Geisteslebens und dem Herausgeber der einflußreichsten Zeitschrift im Nachkriegseuropa anzuheften. Oder denken wir an einfachere Entsprechungen der alten Humanisten, José Ortega y Gasset in Spanien oder Lionel Trilling in den Vereinigten Staaten von Amerika oder an Jürgen Habermas in Deutschland – Kritiker wiederum, jedoch zugleich etablierte und hochgeehrte Professoren. Und was das betrifft: Ist es angemessen, Herbert Marcuse, der für den Geheimdienst arbeitete und es in Amerika zu einer Professur brachte, einen entfremdeten Intellektuellen zu nennen? Oder Michel Foucault, der einen Lehrstuhl am renommierten Collège de France innehatte?*

Wenn der Begriff »Entfremdung« eher eine geistige Verfassung als eine gesellschaftliche Konstellation anzeigt, dann ist es wohl legitim, ihn auf Kritiker wie Marcuse und Foucault anzuwenden. Aber wir müssen uns davor hüten, Entfremdung mit Zorn und Feindschaft zu verwechseln – mit der Kritik selbst. In gewissem Sinne ist jeder Kritiker der Gesellschaft, die er kritisiert, entfremdet und uneins mit der Selbstgefälligkeit und Selbstzufriedenheit (einiger) seiner Kollegen. Diese Beschreibung hilft uns jedoch nicht weiter, wenn wir verstehen wollen, was es bedeutet, Kritiker zu sein, oder warum jemand sich die Mühe machen sollte, diesen Titel in Anspruch zu nehmen. In jedem Fall institutionalisiert die moderne akademische Welt – wie das mittelalterliche Kloster – diese Art der Entfremdung und liefert einen mehr oder weniger kongenialen Rahmen für das Unternehmen der Kritik. So stößt die Gesellschaft, während sie gleichzeitig schützt, die Menschen aus, die sich um deren Legitimität Sorgen machen. Kritiker, die ihre

---

* Foucaults akademische Stellung ist wie die vieler anderer zeitgenössischer Gesellschaftskritiker nach Meinung von Jacques Bouveresse eine »offizielle Randstellung« (zitiert in J. G. Merquiour, *Foucault*, London 1985, S. 160). Der Ausdruck ist gut, aber er paßt nicht nur zu kritischen Intellektuellen in modernen liberalen Gesellschaften. Eine überraschende Anzahl vormoderner und vorliberaler Gesellschaften hat ähnliche Positionen zu vergeben gehabt.

Heimat in einer politischen Partei oder Bewegung (oder in ihrer Nähe) suchen, entkommen der Isolierung und verzichten auf den Schutz; sie kommen dem Neuen näher als ihre akademischen Kollegen; es ist schwerer, Präzedenzfälle für ihre Erfahrungen zu finden. Aber sie sind kaum Fremde in ihrer neuen Umgebung. Parteien und Bewegungen sind Schöpfungen von Menschen, die ihnen weitgehend gleichen. Insoweit sie Kritiker bleiben, Kritiker jetzt ihrer neuen Kollegen, sind sie nicht so sehr entfremdet als vielmehr unruhig in der Integration; ihr Verhältnis zu den Offiziellen der Partei ähnelt dem der mittelalterlichen religiösen Radikalen zu den kirchlichen Amtsträgern.

Zeitgenössische Gesellschaftskritiker stellen sich selbst also nicht auffallend heftig in Frage; sie sind der Gesellschaft, in der sie leben, nicht sonderlich feindlich gesonnen; sie sind dieser Gesellschaft nicht besonders entfremdet. Wir beschreiben sie, die zweifellos ihre eigenen Riten und Symbole haben, am besten als die neuesten Mitglieder der altehrwürdigen Gemeinschaft der Gesellschaftskritiker.

## *Die Sprachen der Kritik*

Politische Zensur, moralische Verurteilung, skeptische Fragen, satirische Bemerkungen, zornige Prophezeiungen, utopische Spekulationen – Gesellschaftskritik nimmt alle diese Formen an. Die Liste enthält vielleicht zuviel, aber ich denke, daß sie die Ansicht der Herrschenden und der etablierten Mitglieder der Gesellschaft wiedergibt, die ihre Kritiker kennen sollten. In Anbetracht dieser Liste ist die Praxis der Kritik sicherlich sehr alt. Ich habe ihre lange Geschichte betont, um Aufmerksamkeit auf die Normalität zu legen, das ganz Gewöhnliche. Den verschiedenen kritischen Spezialisierungen liegt eine gemeinsame Tätigkeit zugrunde. Deshalb bleiben sie, so verschieden sie in Stil und Inhalt sein mögen, im Lauf der Zeit die gleichen. Sie ähneln der spezialisierten Praxis der Medizin: professionelle und manchmal wissenschaftliche Kenntnis überlagert das Alltagswissen.

Die natürliche oder Primär-Sprache der Kritik ist die des Volkes; die besten Kritiker übernehmen diese Sprache und steigern sie zu einem neuen, intensiveren Klang mit argumentativer Kraft – wie Luther in seinen Streitschriften oder Marx im *Manifest der Kommunistischen Partei*.[12] Gleichzeitig jedoch suchen die Kritiker wie Ärzte nach Mitteln, sich von ihren Amateurkonkurrenten zu unterscheiden, und für das einfachste dieser Mittel halten sie die Sprache. So imitieren sie den gängigen Diskurs, manchmal sogar den technischen Jargon der Hochkultur und der gebildeten Eliten ihrer Epoche. Kritiker sprechen zur Zeit der Renaissance wie klassische Historiker und Philosophen, in der Reformationszeit wie Theologen, im neunzehnten Jahrhundert wie Wissenschaftler, im zwanzigsten wie moderne Dichter und Schriftsteller. Beim Volk beliebte Prediger und Verfasser von Flugblättern, Journalisten und Straßenredner übersetzen diese Kritik einem größeren Publikum. Wir können uns eine klagende Öffentlichkeit vorstellen, der eine Reihe von Experten für das Klagen in verschiedenen Bereichen dienen. Aber Kritiker spezialisieren sich gewöhnlich nicht auf ein bestimmtes Gebiet, so wie etwa ein bestimmter Arzt vorzugsweise das Herz, das Gehirn oder den Bauch behandelt. Bis vor kurzem jedenfalls ließen sich die meisten Gesellschaftskritiker mit den Ärzten für Allgemeinmedizin vergleichen. Ihre Spezialisierung war eher linguistisch und methodologisch orientiert als substantiell. Sie kritisierten das politische Regime in der Sprache von Platon und Aristoteles und behaupteten (wie Platon und Aristoteles es getan hatten), daß die Politik die gesamte Gesellschaft umfasse oder forme. Oder sie kritisierten Wirtschaftssysteme in der Sprache von Adam Smith und David Ricardo und behaupteten, daß die Wirtschaft die Grundlage aller Tätigkeit sei. Eines führte zum anderen; das Kritisieren ist eine rastlose und deshalb »totalisierende Aktivität«.

Im Grunde ist Kritik ihrem Wesen nach moralisch, gleichgültig, ob sie Einzelnen oder politischen und gesellschaftlichen Strukturen gilt. Ihre entscheidenden Begriffe sind Korruption und Tugend, Unterdrückung und Gerechtigkeit, Egoismus und Gemeinwohl.

Wenn »etwas faul ist im Staate Dänemark«, ist es die ungerechte Politik oder ein Verfahren oder Beziehungssystem. Was sonst könnte es sein? Zur Sonderrolle des Kritikers gehört es, das Anstößige in einer Weise zu beschreiben, die zugleich das Heilmittel suggeriert. Er ist jedoch ständig versucht, seine Beschreibung zu übersteigern, so daß sie nicht nur Ergänzung ist, sondern praktisch die ursprüngliche Beobachtung der Unstimmigkeit ersetzt. Je spezialisierter der Kritiker, je größer der Abstand zwischen ihm und seinem Publikum, desto technischer oder esoterischer ist seine Kritik.

Die Standardhoffnung moderner Radikaler ist es, daß Allgemeinbildung und demokratische Politik ein enges Verhältnis des Kritikers zu den Menschen begründen könnten, die Kritik also eine weitverbreitete Stimmung artikuliere. Doch hier verbirgt sich ein Problem: Der Kampf für die Demokratie scheint in der Tat Spezialisten und Laien zusammenzuführen, doch die Ambiguität des Erfolgs erzeugt Trennung. Die tatsächlich existierenden (mehr oder weniger) demokratischen Regierungssysteme scheinen eine Klasse von Kritikern hervorzubringen, die vor ihrem Publikum fliehen. Die Massengesellschaft setzt den Kritiker unter Druck, besonders wenn er für die Massen zu sprechen sich anheischig macht. Doch wie kann er mit Autorität sprechen, wenn er nicht auch eine andere Sprache spricht? Vielleicht ist deshalb die zeitgenössische »kritische Theorie« eine der dunkelsten aller kritischen Sprachen, und vielleicht bestehen deshalb ihre Sprecher darauf, daß die Ernsthaftigkeit ihres Unterfangens mit seiner theoretischen Schwierigkeit verknüpft sei.[13] Merkwürdigerweise waren frühere Generationen von Gesellschaftskritikern in vordemokratischen Gesellschaften mit ihren Lesern und Hörern viel vertrauter – obwohl ihre Anzahl relativ gering war. Der Stil der puritanischen Prediger und die direkte Prosa der *philosophes* lassen vermuten, daß die Einstellung auf ein begrenztes und bekanntes Publikum leichtfiel. Diese Autoren waren auch weniger als heutige Kritiker genötigt, den ihrem Werk zugrundeliegenden moralischen Impuls zu unterdrücken.

Aber kritische Unklarheit ist so alt wie die Kritik selbst, ihr unvermeidlicher Begleiter sogar, solange die gemeinsame Klage Anlaß für die eine oder andere Spezialisierung ist. Die Schriftrollen von Qumran liefern ein schönes Beispiel für esoterische Kritik – ein scharfer Angriff auf die jüdische Gesellschaft, geschrieben in einer Art sektiererischem Code, von Anhängern für Anhänger.[14] Die christliche Gnostik, mittelalterliche Ketzerbewegungen, Geheimbünde der Neuzeit bilden weitere Beispiele, deren kritische Kraft nicht geleugnet werden kann, selbst wenn die kritische Lektion nicht leicht zu entziffern ist. Die zeitgenössische Gesellschaft hat ihre eigenen Gnostiker, ihre eigenen religiösen, politischen, sogar philosophischen Adepten, einen Meister irgendeines Spezialwissens, in dessen Bannkreis sie eine Sekte entwickeln. Denken wir an den Fall eines fundamentalistischen Priesters, der die Offenbarung auslegt und die babylonische Dekadenz der zeitgenössischen Zivilisation verdammt – er ist zweifellos ein Gesellschaftskritiker, obschon möglicherweise nicht sofort als Individuum zu erkennen. Er artikuliert gemeinsame Klagen, aber er tut das in einer hochspezialisierten Weise, die für die meisten von uns verdunkelt, wovon er spricht. Ähnlich verhält es sich mit politisch Abtrünnigen, die die Geheimnisse des Kapitalismus in seinem Endstadium enthüllen, oder mit philosophischen Sektierern, die behaupten, den alten Griechen sei das wahre Wissen über die gute Gesellschaft verkündet worden, das danach für immer verlorengegangen sei. Sie sind Kritiker, die in zu großer Distanz vom alltäglichen Leben und Denken arbeiten.

Viele andere Gesellschaftskritiker, ohne sektiererische Impulse, halten das wahre Wissen für die Kraftquelle der Kritik. Sie sprechen im Namen Gottes oder der Vernunft (oder der Vernunft in der Geschichte) oder der Erfahrungswirklichkeit. Ihre Sprache ließe sich als die linguistische Verkleidung des moralischen Arguments bezeichnen. Die Metapher stimmt jedoch nicht ganz, denn Kleidung bedeckt nur den Körper, während Sprache dem Gedanken, den sie ausdrückt, nicht nur Form, sondern auch seine Charakteristik verleiht. Sie entspricht mehr einem Einband als einer Kleidung, so daß ein moralisches Argument unter ihrem Druck eine neue Gestalt annimmt, ähnlich wie die Füße der chinesischen

Frauen. Moralische Argumente können natürlich direkt vorgetragen werden, aber dann erscheinen sie vielleicht allzu gängig, nicht speziell genug, falls die Argumente nicht autoritativ, definitiv, grundlegend sind. Und wie sollen sie auch nur eine dieser Eigenschaften haben, wenn nicht durch die Hilfe Gottes oder der Vernunft oder der Wirklichkeit? Die Wahl einer kritischen Sprache hängt daher von der Autorität ab, die der Kritiker in Anspruch nehmen möchte, damit er gehört wird. Und das hängt wiederum von seinem Verhältnis zu seinem Publikum ab.

Mein Interesse in diesem Buch gilt im wesentlichen dem, was man »Hauptstromkritik« nennen könnte, gilt also Kritikern, die ihrem Publikum hinreichend nahe und ihrer Stellung hinreichend sicher sind, so daß sie es nicht nötig haben, eine hochspezialisierte oder esoterische Sprache zu gebrauchen. Der Ausdruck »Hauptstromkritik« scheint vielleicht ein Widerspruch in sich zu sein – stellt sich der Kritiker nicht per definitionem gegen die Hauptströmung, »die vorherrschende Meinung«? Kritik hat jedoch in jeder Gesellschaft ihre eigene vorherrschende Tendenz, festgelegt durch die gegebenen Normen, Hoffnungen und Ideale. So schreibt der afrikanische Dichter und Kritiker Breyten Breytenbach, über seine eigene Randstellung nachdenkend: »Besser über die genauen Weisen sprechen, wie der Dichter als Unangepaßter in seine gesellschaftliche Umgebung eingepaßt ist. [...] Dichtung ist Hauptstrom.«[15] Die Intuition des Dichters muß freilich formal ausdifferenziert werden, bevor sie den Zwecken einer spezialisierten Kritik genügen kann. Aber es ist eine offene Frage, wie die ausgefeilten Versionen mit den ursprünglichen zusammenhängen, die formale Kritik mit der allgemeinen Klage, die Theorie mit der Intuition. Welche Sprache bevorzugt die Gesellschaftskritik? Bei dem Versuch, diese Frage zu beantworten, werde ich die hermetischen Formen der Kritik weitgehend ignorieren, obwohl ich den Beweis ihrer Belanglosigkeit nicht führen kann. Es ist eine demokratische Annahme, daß der »Hauptstrom« besser ist. Jedenfalls ist er breit genug, mir zu erlauben, die Schwierigkeiten des kritischen Unterfangens zu erforschen. Hier auch bringen sich Kritiker in eine andere Lage im Verhältnis zu ihrem Publikum, greifen zu anderen linguistischen

Strategien, formulieren andere Ansprüche an Autorität. Sie beziehen Stellung – und das braucht die Kritik; aber sie nehmen weder denselben Standpunkt ein noch haben sie dieselbe Stellung gegenüber der Gesellschaft, die sie kritisieren.

## *Der Kritiker als Held*

Die gemeinsame Klage ist oft nur ein Murmeln; Unterdrückung und Angst machen sie undeutlich. Der Kritiker jedoch nimmt kein Blatt vor den Mund und trotzt den etablierten Mächten. Er ist ein Held – nicht nur heute, unter dem Einfluß romantischer Vorstellungen, sondern auch in alten Zeiten, bevor Helden romantische Gestalten waren. Der Kritiker ist gelegentlich sogar doppelt heroisch: er kritisiert die Mächtigen, und dann kritisiert er die anderen, die Mitglieder der klagenden Öffentlichkeit, weil sie die Klage mißverstehen oder nicht laut genug klagen oder nur klagen und niemals handeln oder weil sie rücksichtslos und erfolglos handeln. Der Kritiker fordert beide, Freunde und Feinde, heraus; er verurteilt sich selbst zu intellektueller und politischer Einsamkeit.

Das ist zumindest das geläufige Bild der Kritik, und es ist ein Bild, das von den frühesten Zeiten an von den Kritikern selbst befördert wurde. Amos möchte uns wissen lassen, wie ihn die Autoritäten warnten: »Weissage nicht wider Israel und predige nicht wider das Haus Isaak.« Und seine Antwort kommt prompt: »Darum spricht der Herr also.«[16] Der Prophet bleibt hart: trotzig, deutlich, furchtlos. Es ist an uns, aus anderen Quellen (oder beim kritischen Lesen seines eigenen Textes) die tatsächliche Stärke seiner Gefolgschaft zu entdecken. Sokrates handelt vor dem Athener Schwurgericht ähnlich und nimmt offen die Heldenehre in Anspruch, vergleicht sich mit dem Krieger Achilles, der seine Zeit nicht damit verbringt, »Gefahr um Leben und Tod in Rechnung [zu] ziehen«. Er müsse »vielmehr allein darauf sehen, ob er recht oder unrecht tue, ob sein Handeln das eines guten oder eines bösen Mannes sei«. Auch Sokrates handelt recht und akzeptiert das Risiko des Todes; schließlich akzeptiert er den Tod selbst. Aber er sagt uns, wie knapp die Abstimmung ausfiel: »Nun aber wäre ich, wie man sieht, wenn nur dreißig Stimmen [von 500] anders gefallen wären, freigesprochen worden.«[17] Sokrates war also in Athen nicht unbeliebt; man hätte ihm niemals vorwerfen können, die Jugend verdorben zu haben, wenn die Jugend sich nicht um ihn geschart hätte. Er starb umgeben von Freunden. Aber man stellt ihn sich gewöhnlich allein vor, im Bunde einzig mit seinem *daimonion*, stolz auf seine Mission als Kritiker, unbeeindruckt von der Feindschaft der Menschen. Er hält es für seine Aufgabe, Fragen zu stellen, zu prüfen, zu erproben und die Menschen zu tadeln, die er auf den Straßen Athens trifft – und sie zu lehren, dem Guten nicht zum eigenen Nutzen, sondern zum Nutzen der Stadt nachzustreben. Er spricht mit jedem, der zuhören will, mit Fremden ebenso wie mit Einheimischen, aber er sorgt sich besonders um seine Mitbürger, »insofern ihr mir näher seid als Verwandte«. Amos argumentiert ähnlich: »Aus allen Geschlechtern der Erde habe ich euch gekannt« – so spricht der Gott des Bundes vom Sinai zu seinem Volk –, »darum will ich auch euch heimsuchen in all eurer Missetat.«[18] Dies sind, so vermute ich, Beispiele antiker Beschränktheit. Eine Kombination von Verwandtheit und Übereinstimmung bindet den Kritiker an die, die er kritisiert; ihm liegt an ihrer Tugend oder ihrem Wohlergehen.

Aber als die Gemeinschaften, auf die diese Beschränktheit zugeschnitten war, größer wurden und sich (teilweise) auflösten, begannen manche Möchtegern-Kritiker die Bande mit der Stadt und ihren Bewohnern als einen illegitimen Zwang zu fürchten. Sie suchten nach einem größeren Schauplatz und einer umfassenderen Vollmacht. Dem Trotz gesellte sich im Selbstbild des Helden innere Distanz. Der Anstoß war platonisch; später war er stoisch und christlich. Jetzt sagte man, Kritik erfordere, daß der Kritiker die Stadt verlasse, die man sich als eine dunkle Höhle dachte. Er müsse, einzig von der Wahrheit erleuchtet, seinen Weg draußen finden; erst danach dürfe er zurückkehren, um die Bewohner zu prüfen und zu tadeln. Der zurückkehrende Kritiker sieht die Menschen nicht als Verwandte; er sieht sie mit einer neuen Objektivität; sie sind seiner neugewonnenen Wahrheit fremd. Die Suche nach der Wahrheit auf Kosten eigener familiärer oder freundschaftlicher Beziehungen isoliert den Kritiker, und die Wahrheit, die er durch Distanz und Abreise entdeckt, verleiht seiner Kritik ihre eigentümliche Autorität. Die Kritik unterscheidet sich von der allgemeinen Klage, weil der Kritiker sogar nach seiner Rückkehr noch außerhalb der Stadt bleibt. Die Rückkehr ist nur physisch, der Standpunkt moralisch und intellektuell. Kritische Distanz ermöglicht eine neue Art von Kritik. Die Möglichkeit indes ist schwer errungen, denn sie verlangt den absichtlichen Bruch mit dem Gemeinwesen. Das Heldentum des Kritikers beginnt noch vor seiner Kritik – indem er sich befreit und Distanz schafft.

Kritische Distanz zeigt sich in Amos' Prophezeiung oder in Sokrates' Darstellung seiner Athener Gespräche in der *Apologie*. Doch vielleicht verbirgt sie sich implizit im Anspruch auf göttliche Bevollmächtigung, den beide Männer erheben. Der Kritiker zeigt sein Gefühl für diesen Abstand, wenn er auf seine Vollmacht verweist. Man kann sich zwar eine Art demokratische Vollmacht denken, aber sie würde jedermann autorisieren. Ein Kritiker, der eine besondere Vollmacht für sich beansprucht, muß Abstand vom *demos* halten. Im Extrem macht er sich zum Feind seines eigenen Volkes, zumindest in dessen gegenwärtiger Verderbtheit. Das Modell ist hier Jesus Christus, sofort als Prophet und Retter erkennbar, wenn er seinen Aposteln verkündigend dargestellt wird:

»Ihr sollt nicht wähnen, daß ich gekommen sei, Frieden zu senden auf die Erde. Ich bin nicht gekommen, Frieden zu senden, sondern das Schwert. Denn ich bin gekommen, den Menschen zu erregen wider seinen Vater und die Tochter wider ihre Mutter und die Schwiegertochter wider ihre Schwiegermutter. Und des Menschen Feinde werden seine eigenen Hausgenossen sein.«[19]

Wir lassen außer acht, ob es sinnvoll ist, Jesus einen Gesellschaftskritiker zu nennen; diese Sätze sind jedenfalls oft (zum Beispiel von dem Florentiner Mönch Savonarola oder vom Genfer Reformator Johannes Calvin) als Beweis für die radikale Verpflichtung genommen worden, auf der Kritik gründet. Dann beweist der Tod Jesu das Wagnis dieser Verpflichtung. Um der religiösen Wahrheit oder der philosophischen Objektivität willen fordert er zum Haß auf die Menschen auf, mit denen er lebt – das ist sein Heldentum.

Bei der Gestaltung dieses Heldenbildes wurden die Geschichten von Sokrates und Jesus merkwürdig verwirrt und vermengt. Der Prozeß gegen den Philosophen, die Leidensgeschichte des Propheten und Heilands verschmelzen zu einer einzigen Botschaft: Tod ist das unvermeidliche Wagnis sowohl von Philosophie wie von Prophetie, wenn sie wesentlich und unverhohlen kritisch werden. Tatsächlich jedoch sind die beiden Geschichten eher verschieden. Während das Leben Jesu, wie es in den Evangelien mitgeteilt wird, nur *ein* mögliches Ende haben kann, läßt sich für Sokrates leicht ein anderes denken. Er hätte freigesprochen werden können. Es hätte ihm sogar der spöttisch geäußerte Wunsch erfüllt werden können, die Stadt möge ihm eine bestimmte Summe Geldes gewähren, mit der er seine Suche nach Wahrheit finanzieren könnte. Dann hätte er den Rest seines Lebens mit kritischem Fragen verbracht: eine hilfreiche, wiewohl keine heldenhafte Rolle. Das Bild als Held freilich entspricht dem Ehrgeiz der meisten Kritiker besser – jedenfalls in dem Sinne, daß es ihre Eigenart bestätigt und fördert, ihnen die »höchste Würde« eines, der Risiken eingeht, verleiht, die sonst, wie Simone de Beauvoir bemerkt hat, Jägern und Kriegern vorbehalten ist.[20] Kritik wäre ein »weibliches« Geschäft, wie es die gemeinsame Klage oft zu sein scheint, wenn sie keine Gefahr enthielte.\*

Aber das Bild ist auch eine Antwort auf tatsächliche Gefahren. Ich möchte sie nicht verharmlosen oder den Mut des distanzierten und trotzigen Kritikers leugnen. Mut ist eine seiner Haupttugenden, doch gelegentlich gehören auch Loyalität und Gemeinsinn

---

\* Eine der gängigen allgemeinen Formen des Klagens wird gewöhnlich als »Frauensache« angesehen: Der Klatsch, schreibt Patricia Meyer Spacks, »verkörpert eine andere Unterhaltung, als sie im öffentlichen Leben üblich ist, [...] er liefert einer alternativen Kultur die Sprache«. Männer klatschen ebensoviel wie Frauen, natürlich, aber vor allem unter Frauen wird der Klatsch »eine Quelle für die Untergeordneten«. Dies ist jedoch keine Quelle, aus der zu schöpfen viel Mut erfordert; sie ist für jene bestimmt, die sich nicht leisten können, ihren Mut öffentlich zur Schau zu stellen. Siehe Spacks, *Gossip*, Chicago 1986, S. 5, 46.

dazu. Wenn er *hier* steht und nicht anders kann, ist er nicht immer distanziert. Wir müssen drei Aspekte des Heldentums unterscheiden. In der aktuellen Erfahrung des Gesellschaftskritikers gehören Distanz, Trotz und Gefahr nicht unbedingt zusammen. Sokrates zum Beispiel sah sich den Gefahren des Projekts der Kritik ausgesetzt, ohne jemals die freundschaftlichen Bande zu seiner Stadt verletzt zu haben. Er trotzte den Athener Geschworenen, aber er distanzierte sich nicht von seinen Mitbürgern. Und es hat viele andere Kritiker gegeben, die ihr Leben mehr oder weniger nach dem Bild des Helden geformt haben, obschon sie sich selbst niemals in wirklicher Gefahr befanden. Wieder könnte man an den Fall der französischen *philosophes* denken – ihre Werke wurden oft zensiert, doch ihr Leben war nie bedroht. Kritiker identifizieren sich ihrem Selbstgefühl nach jedoch eher mit Sokrates als mit Voltaire oder Helvétius.

Die Risiken der Kritik unterscheiden sich, wie zu erwarten, je nach den gesellschaftlichen und politischen Verhältnissen. Selbst Jesus hätte ohne Gefahr prophezeien können, wenn nicht die Römer das Land besetzt gehalten hätten. Einige Kritiker riskieren heute Gefängnis und Tod, während andere risikofrei Kritik üben. Auch ist die Gefährdung des Kritikers nicht durch seine Distanz bestimmt – das Wagnis ist für Kritiker am größten, wenn sie gemeinsam ein diktatorisches Regime anklagen, etwa unter den Generälen in Argentinien, in Polen in den Tagen der Solidarność oder in Südafrika unter dem Apartheidregime. Der Abstand, den der Kritiker hält – oder besser, der Abstand, den er zu halten hat –, kann ebenfalls sehr verschieden sein, manchmal hinsichtlich der Lehren, die er für wahr hält, manchmal hinsichtlich der Institutionen und Praktiken, die er zu kritisieren wünscht. Kritische Distanz ist ein umstrittenes Territorium, und der Anspruch des Kritikers, abseits zu stehen, muß stets selbst kritisch geprüft werden. Nicht jeder Kritiker ist ein Held. Noch verdient jeder Möchtegern-Held Bewunderung, der, die Mißbilligung und sogar den Tod hofierend, Bewunderung erheischt. Es ist eine der Entdeckungen der modernen Demokratie – ein Fortschritt, den wir seit den Griechen gemacht haben –, daß wir, wenn wir den Kritiker nicht töten, dadurch das Recht erwerben, ihn nicht zu bewundern.

Unter Bedingungen der Freiheit und der Toleranz nimmt das kritische Unterfangen einen Charakter an, der sich von dem unterscheidet, den es früher (und, was das betrifft, fast immer) hatte. Vielleicht ist es diese Tatsache, die kritische Intellektuelle heute dazu veranlaßt, ihre Spezialisierung zu betonen und sich selbstbewußter und distanzierter zu geben als ihre Vorgänger. In der Tat ähneln sie mehr denn je anderen Mitgliedern der klagenden Öffentlichkeit: Wir alle beschäftigen uns mit den Vollmachten der anderen und sind immer dem Heldentum des anderen gegenüber skeptisch. Menschen mit einem Gefühl für Kritik als heroisches Unterfangen sorgen sich, dieses Unterfangen sei heute zu leicht. Die liberale Kultur absorbiert Kritik, findet sie interessant, sogar aufregend – sie ist, wie Marcuse gesagt hat, eine Form der Unterhaltung. Sokrates erscheint in einer Talk-Show; Platon, würdiger, mehr auf Abstand bedacht, erhält einen Lehrstuhl an einer großen Universität. Der ärgerliche und entfremdete Gesellschaftskritiker rennt mit dem Kopf gegen eine Gummiwand.[21] Er erlebt uneingeschränkte Toleranz, während er Respekt im Widerstand sucht. Distanz bedeutet unter diesen Bedingungen nicht viel mehr als Rückzug; die wahrscheinliche Wirkung ist Gleichgültigkeit und Resignation oder bürgerliche Idiosynkrasie. Und es gibt keinen Anreiz, in die Höhle zurückzukehren, oder alle Anreize sind falsch, haben nichts mit dem inneren Wert der kritischen Tätigkeit zu tun. Ich vermute jedoch, daß die Distanz im Selbstbild des Kritikers stets überschätzt wurde. Kritik ist dann am mächtigsten – so lautet meine These –, wenn sie den gemeinsamen Klagen der Menschen Stimme verleiht oder die Werte erhellt, die jenen Klagen zugrunde liegen. Und dann ist sie selbst in einer liberalen Gesellschaft kaum lediglich aufregend. »Manchmal«, so schreibt Martin Buber, »gehe ich im Bemühen, gerecht zu sein, in der Dunkelheit, bis mein Kopf an die Wand stößt und schmerzt, und dann weiß ich: Hier ist die Wand und ich kann nicht weiter.«[22]

## Kritische Pluralität

Stellen wir uns einen Gesellschaftskritiker vor, der mit seiner Familie und seinem Lande bricht, die Höhle verläßt, die wahre Lehre entdeckt und dann zurückkehrt, um seine früheren Mitbürger und Kollegen und ihre Lebensweise an seinen neuen und objektiven Maßstäben zu messen. Ein Held, sicherlich (würden wir ihn nicht gerne töten?), und für die Zwecke der Kritik durchaus genügend – wir bräuchten nicht mehr als einen einzigen solchen Menschen. Wenn er die Wahrheit kennt und uns leidenschaftslos beurteilt, unparteiisch, so wie ein Fremder, dann könnten wir nur stillschweigend zuhören; seine Kritik würde unsere Klagen übertönen. Nicht bloß unsere, denn besäße er genug Zeit und Energie, so wäre er ein Herkules unter den Kritikern. Wären seine Maßstäbe objektiv, so könnte ihm niemand mit Gründen seine Wirkung bestreiten.

Doch es gibt keinen Herkules, keinen einzigen allen genügenden Kritiker, und das ist eine Tatsache, für die wir vermutlich einander zu danken haben. Obwohl die intellektuellen Auswirkungen der abendländischen Kultur zweifellos wesentlich monistisch sind, so daß Kritiker ständig versucht sind, sich selbst als Herkules wahrzunehmen, ist die kulturelle Praxis ganz anders. Wir sind uns nicht darüber einig, welche Lehre die wahre Lehre ist, und deshalb haben wir viele Gesellschaftskritiker; Kritik stürmt von allen Seiten auf uns ein. Es gibt keine Möglichkeit, das kritische Unterfangen so zu definieren, daß wir die Ergebnisse stets bewundern können. Und es ist auch nicht einfach zu sagen, was Gesellschaftskritiker tun. Sie machen alles mögliche; sie prüfen uns nach unterschiedlichen Maßstäben, unter unterschiedlichen Gesichtspunkten, in verschiedenen kritischen Sprachen, auf verschiedenen Stufen der Spezialisierung, mit unterschiedlichen Absichten. Ganz allgemein: Sie achten auf unsere Fehler – Schwächen des Einzelnen ebenso wie der Institutionen, denn es verrät immer eine Schwäche des Einzelnen, das Versagen bestimmter Männer und Frauen, wenn schlechte Institutionen geduldet werden. Aber da unsere Fehler auf so vielfache Weise benannt und gezählt werden, müssen die Kritiker sich um unsere Aufmerksamkeit bemühen, und das tun sie, indem sie einander kritisieren. Nun ist das kein Grund für uns andere, schweigend zuzuhören. Wir haben teil an der kritischen Anstrengung der Kritik, indem wir einen Kritiker oder eine Gruppe von Kritikern gegenüber einer anderen unterstützen. Diese Teilhabe ist unter den Bedingungen der Neuzeit durchaus verbreitet und besonders wichtig. Die moderne demokratische Gesellschaft ist eine Konfabulation von Kritikern. Aber dann ist es sinnlos, nach universalen Reichweiten zu suchen. Jede Gesellschaft ist ihre eigene Konfabulation.

Vielleicht gibt es gemeinsame Kennzeichen des kritischen Unterfangens. Es beruht auf Hoffnung; es kann nicht ohne ein gewisses Gefühl für geschichtliche Möglichkeiten betrieben werden. Kritik ist zukunftsorientiert – der Kritiker muß glauben, daß die Lebensführung seiner Mitmenschen einem moralischen Anspruch mehr genügen kann, als sie es jetzt tut, oder daß ihr Selbstverständnis gründlicher sein kann, als es jetzt ist, oder daß ihre Institutionen gerechter organisiert sein können, als sie es jetzt sind. In all seinen Prognosen der Verdammnis muß ein Prophet wie Amos die Chance der Reue und Reform offenhalten, sonst gäbe es keinen Grund für die Prophezeiung. Der Wunsch des Sokrates, daß er bezahlt werden sollte, damit er seine Mitbürger kritisiere, ist ähnlich optimistisch – nicht weil er glaubt, daß der Vorschlag angenommen wird, sondern weil er glaubt, daß seine Kritik unerläßlich ist: sie kann Athen zu einer besseren Stadt machen. Selbst die wüsteste Satire auf Denkweisen und Bräuche gründet in der Hoffnung, so schwach oder bitter sie auch sein mag, daß Geist und Sitten in der Zukunft *anders* sein könnten. Die traditionelle Klage der Konservativen, der Verfall sei irreparabel, wird trotz der Untertöne von Melancholie und Verzweiflung vorgebracht, um den Niedergang aufzuhalten oder ihn wenigstens hinauszuzögern. Es gibt keine strikt rückwärtsgerichtete Gesellschaftskritik, als ob Kritik eine Art Vergeltung und Strafe für vergangene Verbrechen sei; der Kritiker mag seinen Maßstab der Vergangenheit entlehnen, doch seine Absicht ist, diesem Maßstab in der Zukunft Resonanz zu verschaffen.

Daraus folgt, daß rigider historischer Determinismus mit der Arbeit der Kritik unverträglich ist. Selbst wenn die eine von der Geschichte verwirklichte begriffliche Möglichkeit auch die vom Kritiker gewählte ist, hat er keinen Grund, diese Wahl zu verteidigen oder eine Gesellschaft als mangelhaft zu rügen, in der eine große Anzahl von Menschen sich dem widersetzt. In einer determinierten Welt ist der Widerstand ebenso makel- wie gegenstandslos. Ich will damit nicht sagen, daß Kritik und Determinismus niemals in Geist und Werk eines Einzelnen gleichzeitig existiert haben. Der Marxismus ist das klassische Beispiel einer Doktrin, die beide miteinander kombiniert. Die Tatsache, daß Marx gelesen wurde, als ob er ein universaler Gesellschaftskritiker wäre, ein Herkules unter den Kritikern, hat vermutlich etwas mit dieser Kombination zu tun. Wenn die Geschichte nur ein einziges mögliches Ende hat, dann kann jedes zeitweilige Innehalten, jede gesellschaftliche Formation kurz vor dem Ende gemessen werden und sich als unfertig herausstellen. Aber das ist, wie Marx gelegentlich sagt, eine wissenschaftliche und keine moralische Messung.[23] Es ist eine Messung aus großer Entfernung und zum Teil deswegen ihrem Charakter nach nicht kritisch. Es gibt nichts und niemanden zu kritisieren. Jeder Halt auf dem Gleis der Geschichte ist genauso bestimmt wie der Bahnverlauf selbst. Wenn Marx kritisch über die bürgerliche Gesellschaft schreibt, entsagt er seiner deterministischen Konzeption. Und obwohl er in der Tat ein mächtiger Kritiker ist, gibt es dann keinen Grund, ihn für einen Universalkritiker zu halten – er kann nicht länger behaupten, einen objektiven und notwendigen Maßstab anzuwenden; er erforscht lediglich einige der begrifflichen und praktischen Möglichkeiten, die die Bourgeoisie eröffnet.

Bedarf es einer Theorie wie der von Marx, damit wir wissen, welches jene Möglichkeiten sind? Eine der Versionen der Gesellschaftskritik ist in diesem eigentümlichen Sinne theoretisch. Sie geht von historischen oder soziologischen Hypothesen aus, die den inneren Spannungen oder weitreichenden Tendenzen zeitgenössischer Institutionen besondere Beachtung schenken. Unter Verzicht auf den Determinismus sucht der Kritiker nach einer strukturalistischen Fassung der wahrscheinlichen Ursache – oder zumindest nach einem mehr oder weniger »wissenschaftlichen« Grund, der ihn denken lassen könnte, daß diese Maßstäbe nicht jenseits der Geschichte liegen, sondern in ihrem Rahmen bestimmbar sind. Gesellschaftskritik ist, in dieser Sicht, an eine kritische Theorie der Gesellschaft gebunden.[24] Aber ich glaube nicht, daß diese Bindung unvermeidbar ist. In der langen Geschichte der Kritik wurde das Gefühl der Möglichkeit häufiger vorausgesetzt als theoretisch begründet. Oder es wurde aus theologischen oder philosophischen Argumenten über menschliches Wirken abgeleitet. Männer und Frauen müssen, so wird gesagt, in der Lage sein, das zu tun, was Gottes Beschluß befiehlt, oder was weltliche Moral gebietet. Die Wahrheit dieses Anspruchs hängt natürlich davon ab, wie der Kritiker Gott und Moral versteht. Die entscheidende Abhängigkeit ist nicht theoretisch, sondern praktisch: Menschen können nur das tun, was sie glauben oder was man sie glauben machen kann, das getan werden sollte. So wie die kritische Theorie versagt, wenn sie nicht die alltägliche Erfahrung erkennbar darzustellen vermag, so versagt auch Kritik im allgemeinen, wenn sie ihre Brisanz nicht aus alltäglichen Auffassungen von Gott und der Moral ziehen kann. Der Kritiker geht beispielsweise vom Standpunkt der Rechtsprechung aus, die sich auf göttliche Gesetzgebung beruft, oder von der bürgerlichen Idee der Freiheit, und nimmt an, das, was im Bewußtsein wirklich ist, sei in der Praxis möglich, und dann stellt er die Praktiken in Frage, die diesen Möglichkeiten nicht entsprechen. Doch sowohl die Gesetze als auch der bürgerliche Freiheitsgedanke lassen mehr als eine Möglichkeit zu: Es gibt ebenso viele Möglichkeiten, wie es plausible Auslegungen der Gesetze und des Freiheitsgedankens gibt. Und deshalb gibt es wiederum viele Gesellschaftskritiker und viele Formen der Kritik; die Orientierung auf die Zukunft ist keine Einschränkung des kritischen Pluralismus. Jede Geschichtstheorie läßt einige Möglichkeiten nicht zu und eröffnet andere, aber das bedeutet nur, daß Geschichtstheorien selbst durch rivalisierende kritische Schulen ins Wanken gebracht werden. Die historische Analyse ist eine mögliche kritische Sprache, nicht die einzige, denn es gibt Kritiker, die die Geschichte ingesamt verwerfen, und andere, die sich nur so weit auf sie einlassen, als sie ihre eigenen historischen Grenzen erkennen und ihre Maßstäbe für die Kritik lokalen Sitten entnehmen. Es gibt kein plausibles Verfahren, den Umfang und die Vielfalt der Kritik zu begrenzen, es sei denn, man will sie unterdrücken – dies freilich ist ein Angriff weit mehr auf das Projekt der Kritik selbst als auf die Pluralität der Kritiker.

## *Die Motive der Kritik*

Gesellschaftskritiker werden von der Leidenschaft zur Wahrheit oder der Empörung über Ungerechtigkeit oder der Sympathie für die Unterdrückten oder der Angst vor der Masse oder dem Machthunger getrieben – und, im Grunde, von dem Wunsch, ein Held zu sein: Sokrates als Achill verkleidet. Der bevorzugte Beweggrund indes, der in philosophischen Darstellungen der Kritik und in der Selbstdarstellung von Kritikern am häufigsten auftaucht, ist Wohlwollen, ein distanziertes Interesse an dem Wohlbefinden der Menschheit. Die Kritik mag erbarmungslos und schmerzlich sein, aber der Kritiker spricht zu uns wie Hamlet zu seiner Mutter: »Zur Grausamkeit zwingt bloße Liebe mich.«[25] Liebe zwingt seine Hand, doch weil das, was er sagt, nicht liebevoll klingt, würde er lieber schweigen. Daher rührt der Mythos des widerstrebenden Kritikers, des von Gott berufenen Propheten, der sich dem Ruf verweigerte, wenn er könnte, oder des Bürgers, der grimmig wartet, bis die Qual, ein gesellschaftliches Übel zu beobachten, größer ist als die, sich öffentlich dagegen auszusprechen. Tatsächlich gibt es viele Kritiker, die nichts dagegen haben, sich öffentlich zu äußern, die sogar, wie der Römer Cato, die Geißelung durch andere genießen. Und die Behauptung scheint pedantisch, daß Geißelung deshalb, weil sie moralisch nötig ist, niemals ein Genuß sein dürfe. Auch Menschenfeindschaft ist ein Motiv der Kritik. Der Kritiker ist denen, die er kritisiert, nicht freundlich gewogen. Allerdings sollte er seine Verbundenheit mit ihnen anerkennen: Wäre er ein Fremder, wirklich desinteressiert, ließe sich nicht einsehen, warum er sich in ihre Angelegenheiten einmischen sollte. Die leidenschaftliche Liebe zur Wahrheit ist kein hinreichender Grund, wenn sie nicht durch die Leidenschaft ergänzt wird, den Menschen die Wahrheit mitzuteilen (statt die Entdeckung für sich selbst zu behalten oder der Nachwelt zu überliefern). Die Beziehung ist jedoch ein Problem, wenn wir annehmen, daß allein der entfremdete oder der willentlich Abstand haltende Kritiker die Wahrheit erkennen, die gesellschaftliche Maskerade durchschauen und die moralische Verderbtheit hinter der Maske wahrnehmen kann. Vielleicht liebt er seine Mitmenschen nicht; aber hat er nicht, solange er sie als Mitmenschen anerkennt, ein wichtiges Motiv, Teil der Maskerade zu sein? Selbst der Menschenfeind schreckt vielleicht, wenn er sich seiner Heimat verbunden fühlt, vor den härtesten Wahrheiten zurück. Sicherlich, viele Kritiker haben gemeint, sie müßten sich lösen, die Freundschaftsbande zerreißen; es war eher diese Handlung als die kritische Intervention, die ihren Mut auf die Probe stellte. Aber ich interessiere mich für ein ganz anderes Argument: daß die Verbindung nicht so sehr gewählt als vielmehr vorgegeben ist, und daß das Unbehagen dessen, der nicht dazugehört, die Kritik motiviert und ermöglicht. Das ist es, was den Kritiker antreibt und seine Tiefenwirkung und Grausamkeit begründet. Er liebt die Wahrheit oder die Verkündigung der Wahrheit, oder er haßt die Ungerechtigkeit oder was auch immer, weil er entfremdet ist. Dieses Argument ist überzeugend von Christopher Lasch in einem Aufsatz über Lincoln Steffens, einen der originellen amerikanischen »Skandalaufdecker«, dargestellt worden:

»Es ist an der Zeit, daß wir Radikale wie Lincoln Steffens nicht als Menschen sehen, die durch einen bestimmten humanitären Idealismus getrieben sind, sondern als Menschen, die zur Rebellion kamen, weil sie sich schon früh der Kultur ihrer eigenen Klasse entfremdet hatten; als Folge insbesondere der Unmöglichkeit, im Rahmen der Konventionen die Art von Karriere zu verfolgen, die sie verfolgen wollten. Die Intellektuellen waren Anfang des zwanzigsten Jahrhunderts zur Rebellion einfach durch die Tatsache vorbestimmt, daß sie Intellektuelle in einer

Gesellschaft waren, die es noch nicht gelernt hatte, den Platz des Intellektuellen zu definieren. [...] Sie waren notwendig Außenseiter: eine neue Klasse, noch nicht vom kulturellen Konsensus absorbiert.«[26]

Dies ist eine soziologische Version der Selbstbeschreibung eines heutigen Kritikers. Sie hat eine offenkundige Schwäche: Wie können wir erklären, warum manche Intellektuelle, die für die Rebellion »vorbestimmt« sind, wirklich Rebellen werden und andere nicht? Warum Steffens und Randolph Bourne und John Reed, aber nicht Walter Lippmann, der zu allen dreien enge Kontakte unterhielt? Und wie können wir die frühere Generation von Rebellen und Kritikern verstehen, bei denen die Intellektuellen des zwanzigsten Jahrhunderts Inspiration suchten – Ralph Waldo Emerson, Henry David Thoreau, Walt Whitman? Und wie ist es mit späteren Rebellen und Kritikern, die den Rahmen für ihre Karriere (die akademische Stufenleiter) gesichert vorfanden, wie zum Beispiel C. Wright Mills oder irgendeiner der zahlreichen Dissidenten unter den Professoren, zu denen Lasch selbst gehört?

Lasch bemerkt scharfsinnig, daß Entfremdung die Absage an die kritische Perspektive erklären kann, den »Verrat« der Intellektuellen. Das erklärt jedoch genausogut das Ende wie den Anfang der radikalen Kritik. »Distanz brachte eine gewisse Verteidigungshaltung gegenüber der Stellung des Intellekts (und der Intellektuellen) im amerikanischen Leben mit sich; und es war diese Verteidigungshaltung [...], die Intellektuelle manchmal veranlaßte, die Rolle des Kritikers aufzugeben und sich mit dem zu identifizieren, was sie für die Gesetze der geschichtlichen Notwendigkeit und der Ermittlung des Volkswillens hielten.«[27] Wieder ist das entscheidende Wort »manchmal«. Manchmal auch nicht, und was macht dann den Unterschied zwischen denen, die das Unternehmen Kritik aufgeben, und jenen, die dabeibleiben? Vielleicht ist dies eine Frage der individuellen Psychologie, aber der Gebrauch von »aufgeben« läßt vermuten, daß Lasch über moralische Möglichkeiten spricht. Menschen werden freiwillig Kritiker, und einige von denen, die diese Möglichkeit ergreifen, sind der Kultur ihrer Klasse (oder ihrer Stadt, ihrem Land, ihrer Rasse oder Religion) keineswegs wesentlich entfremdet – obwohl sie sich selbst in Gegensatz zu wichtigen Zeichen dieser Kultur stellen müssen.

Nehmen wir die allgemeinen Beschränkungen soziologischer Darstellungen als gegeben an; dann dient der Gedanke der Marginalität vermutlich besser als Laschs »Entfremdung« zur Erklärung der Biographie von Gesellschaftskritikern. Sie stammen aus einem entlegenen und vernachlässigten Teil des Landes (Silone) oder einer Kolonie (Camus) oder aus einer dekadenten gesellschaftlichen Klasse (Orwell) oder wählen die Identifikation mit einer unterdrückten Gruppe Ausgestoßener. Aber das ist keine Entfremdung, nicht einmal Trennung; es läßt sich vielmehr als antagonistische Verbindung beschreiben. Eines ihrer häufigsten Merkmale ist die leidenschaftliche Hingabe an Kulturwerte, die im Zentrum heuchlerisch verteidigt, am Rande jedoch zynisch mißachtet werden. Der Antagonismus, nicht die Entfremdung bietet dem kritischen Vorhaben die klarste Orientierung. Da die Kritik aus der allgemeinen Klage hervorgeht, muß sie über die ideologischen Widersprüche und gesellschaftlichen Konflikte erfaßt werden, die sich in der allgemeinen Klage, wenngleich mitunter nur schwach, spiegeln. Diese Erklärung mag selbst »wissenschaftliche« Distanz erfordern. Doch die Kritik braucht das nicht: Ein distanzierter Kritiker könnte sehr wohl nicht antagonistisch genug sein, sondern eher dazu bereit, Widersprüche und Konflikte zu analysieren, als selbst dazu Stellung zu nehmen.

Wir sollten das Wohlwollen des Kritikers nicht vorschnell höher achten als seine Unvoreingenommenheit. Wohlwollen kann selbst eine Maske sein, wie es bei Rousseau heißt, der sarkastisch vom Philosophen sagt, er liebe die Humanität in dem Maße, wie sie es ihm erleichtere, seinen Nachbarn abzulehnen.[28] Aber das ist ein einfacher Fall, weil Wohlwollen hier ein Moment der Täuschung (möglicherweise der Selbsttäuschung) ist. Häufiger ist es durchaus problematisch, so bei dem Kritiker, dessen freundliche Gefühle sich auf zukünftige Generationen richten, derentwegen er mit seinen Zeitgenossen hart ins Gericht gehen zu müssen meint, oder bei dem Kritiker, der in seinem Kopf liebevoll ein idealisiertes Bild seiner Mitbürger oder Glaubensgenossen oder Mitstreiter der Bewegung (irgendeiner Bewegung) hegt und dann gehalten ist, den Menschen, denen er wirklich begegnet, zu sagen, daß sie den Ansprüchen nicht genügen. Wie das letzte Beispiel nahelegt, kann Wohlwollen dem Kritiker Verbündete bringen; es bringt ihm allerdings nicht immer Verbündete, mit denen er zufrieden ist. Seine heftigste Kritik zielt oft auf Individuen und Gruppen, denen er sich besonders nahe fühlt, die ihn am ehesten enttäuschen könnten. Christliche Priester tadeln die Gläubigen, ignorieren die Ungläubigen; marxistische Militante machen sich Sorgen um die Arbeiterklasse, nicht um das bürgerliche Bewußtsein.

Enttäuschung ist eines der häufigsten Motive der Kritik. Wir haben eine Vorstellung davon, wie Institutionen funktionieren oder wie Menschen sich verhalten sollten. Und dann geschieht etwas, und die Autoritäten handeln mit ungewöhnlicher Brutalität; oder etwas geschieht nicht, die Menschen sind passiv und gleichgültig, und wir fühlen uns in die Gemeinschaft der Gesellschaftskritiker gedrängt. Es braucht jedoch einige weitere Motivation, bis man tatsächlich dazugehört und an dem Projekt Kritik festhält. Enttäuschung genügt nicht. Auch ein desinteressierter Wunsch nach Wohlergehen der Menschheit scheint kein ausreichendes Motiv zu sein. Moralische Solidarität mit den Agenten oder den Opfern der Brutalität und Gleichgültigkeit ist da schon ein stärkerer Beweggrund. Wir fühlen uns verantwortlich für bestimmte Personen, identifizieren uns mit ihnen. Ungerechtigkeit geschieht in meinem Namen oder widerfährt meinem Volke, und ich muß mich dagegen wenden. In diesem Falle ist Kritik eine Folge der Verbundenheit.

Aber die moralischen Bindungen werden in der Moderne wesentlich komplizierter, wenn die Opfer sich selbst organisieren, eine Bewegung oder Partei bilden und ihre Interessen verfechten – oft in einer Sprache, die von der des Kritikers gründlich verschieden ist. Das ist sicher alles zum Guten, obwohl der Kritiker es bisweilen schwierig findet, seine besondere und einsame Rolle aufzugeben. Und es ist nicht klar, ob er das überhaupt tun sollte: Bewegungen und Parteien bedürfen der Kritik ebenso wie Gesellschaftssysteme; doch sie bedürfen auch des Engagements und der

Unterstützung. Die Möchtegern-Kritiker werden von den Militanten gewarnt, die Sünde des Stolzes zu vermeiden, gedrängt, sich nicht selbst vom politischen Kampf abzuschneiden. Stellen wir uns einen Kritiker vor, der sich von Gedanken an Strategie und Taktik bedrückt fühlt – nicht nur von ideologischen Bewegungen, sondern von praktischen Vorgängen, der politischen Version von Täuschung, Überfällen aus dem Hinterhalt, Angriffen und Einkreisungen. Sollte er, immer kritisch, dem Erfolg im Wege stehen oder seine Skrupel beiseite lassen und den Vorschriften folgen? Wenn er entfremdet und defensiv ist, wie Lasch es beschreibt, dann wird er sich vermutlich der Parteidisziplin beugen, verstummen, auf Befehl marschieren. Dafür gibt es zahlreiche Beispiele, vornehmlich aus dem zwanzigsten Jahrhundert. Aber diese Probleme sind nicht die, denen sich die Intellektuellen des Altertums, des Mittelalters oder der Frühen Neuzeit gegenübersahen (obwohl die katholische Kirche ihre eigenen inneren Kritiker seit langer Zeit schon vor ähnliche Probleme stellt).[29]

Dieselben Motive, die zu einem bestimmten Zeitpunkt zur Kritik herausfordern, münden in einem anderen in Beschwichtigung oder Zustimmung. Das wird am deutlichsten angesichts politischer Macht. Viele zeitgenössische Kritiker werden wegen ihres Engagements in und für Parteien und Bewegungen dorthin gezogen, wo Aussicht auf Macht besteht – die gefährlichste der Fallen. Sie stellen sich die Partei als die nächste Regierung vor, sich selbst als Amtsinhaber (als Lenins, nicht als Stalins), die endlich ihre Kritik in kraftvolle Praxis übersetzen können. Politische Macht bedeutet in zweierlei Hinsicht das Ende der Kritik, erstens, weil der Kritiker nach der Effektivität strebt, die Macht ermöglicht, und zweitens, weil er, wenn er Macht hat, nicht länger seinen eigenen Wirkungen gegenüber kritisch sein kann. Da diese Wirkungen zweifellos der Kritik bedürfen, müssen andere Menschen diese Aufgabe wahrnehmen, die wiederum von ihren eigenen gesellschaftlichen Bindungen beflügelt werden, ihrem eigenen Ehrgeiz und ihrem eigenen Bild von Heldentum. Jedem Kritiker, der es zu Amt und Würden bringt, folgt ein anderer Kritiker, der behauptet, daß es »Verrat« sei, ein Amt auszuüben. Man könnte die neuere Geschichte der Gesellschaftskritik in der Tat als eine Reihe von solchen Sukzessionen schreiben. Aber es gab und gibt immer Kritiker, die sich weigern (und solche, die es niemals schaffen), aufzusteigen.

### *Gesellschaftskritik und öffentliche Empörung*

Was die moderne Kritik sowohl aufschlußreich als auch fragwürdig macht, ist nicht die Entfremdung des Kritikers, sondern die immer lauter werdende Begleitmusik. Gesellschaftskritiker waren in dieser Epoche weitverbreiteter Mobilität, demokratischer und totalitärer Politik, der Allgemeinbildung und Massenkommunikation selten einsame oder ferne Gestalten. Sehr wahrscheinlich sind sie, gleichgültig wo, stets Teil einer Masse. In der Vergangenheit haben Kritiker wie die puritanischen Prediger oder die Redner der Französischen Revolution vielleicht eine Zeitlang ein öffentliches Gefolge gehabt, doch meist richtete sich die Kritik an ein begrenztes Publikum: die kleine Schicht der Gebildeten und der Mächtigen. Unabhängig davon, worüber der Kritiker sprach, dies waren die Adressaten, zu denen er sprach. Seine Lage unterschied sich kaum von der anderer Mitglieder der klagenden Öffentlichkeit, denen es – als Bittsteller oder Kläger, gelegentlich sogar als Rebellen – gelang, bei der Elite Gehör zu finden. Es gab keinen anderen, zu dem sie sprechen konnten, auf niemanden sonst kam es an. In traditionalen Gesellschaften müssen Kritiker den Blick nach oben richten. Heute sind viele Menschen wichtig, und deshalb blicken sich die Kritiker um. Die allgemeine Mobilität macht, losgelöst von ihrem Zweck, die alten Fragen nach Sprache, Spezialisierung und Distanz aktuell und dringlich. Wie stellt der Gesellschaftskritiker eine Beziehung zu diesen vielen Menschen her, die eine Stimme gefunden haben, die auf ihre Rechte pochen, die die Rechte anderer verletzen, die sich zu Versammlungen treffen, die durch die Straßen ziehen, die in Lager gepfercht werden, die Schmerz und Wut empfinden, die Bomben werfen, die nach einem Führer suchen, die die

Disziplin einer Bewegung oder Partei akzeptieren – und von denen zumindest einige darauf warten, seine Bücher zu lesen?

Der konservative Philosoph Ortega y Gasset meint, die allgemeine Mobilisierung verlange vom Kritiker lediglich eine Richtungsänderung. Die wenigen Auserwählten könnten nicht länger miteinander streiten oder gegen die noch Auserwählteren und Wenigeren, die Beherrscher der Wirtschaft und des Staates, argumentieren, sie müßten die anderen kritisieren, den Mob der Aufsteiger unter den mittelmäßigen Männern und Frauen, die »Senkrecht-Barbaren«, die nicht von außen, sondern von innen kommen.[30] Ortegas Buch *Der Aufstand der Massen* wurde in billigen Ausgaben veröffentlicht und viele Jahre lang in Proseminaren und Kursen debattiert, hat also vermutlich die richtigen Leser gefunden: die ehrgeizigsten und aggressivsten der Barbaren. Aber Ortega scheint niemals Verbundenheit mit diesen Menschen verspürt zu haben – der Ton seines Buches ist weniger enttäuscht als vielmehr boshaft und verächtlich. Er war bereit, der allgemeinen Klage (oder einigen allgemeinen Klagen) eine kultivierte Stimme zu leihen. Er wünschte allerdings, daß die Unkultivierten schweigen sollten, wenn die Kultivierten gesprochen hatten. Was geschieht jedoch, wenn sie nicht schweigen, wenn der Lärmpegel ständig steigt, wenn die Politik plötzlich nur plump und laut scheint? Dann mögen Unvoreingenommenheit und Distanz, der herkömmlich bessere Teil der Weisheit, zwar vernünftig und geboten sein. Aber sind sie auch der bessere Teil der Kritik?

Diese Frage stellt sich unmittelbar bei jenen Kritikern, die in der Alltagspolitik und der Popularkultur Anlässe der Bewunderung und Grund zur Hoffnung zu erkennen meinen. Doch die Enttäuschung folgt auf dem Fuße, und alsbald erscheinen, wie bei Ortega, die Spuren der Verachtung in ihren Schriften. (Herbert Marcuse gibt dafür ein Beispiel.) Doch das, was mich hier interessiert, sind die frühen Begegnungen zwischen kritischen Intellektuellen und dem »Volk« (der Arbeiterklasse, den Farbigen, den Frauen usw.). Es sind nämlich die Intellektuellen, die die Grenze zwischen den beiden Gruppen ziehen – und sich dann daranmachen, sie zu überqueren. Bisweilen nimmt die Art der Grenzziehung das Versagen vorweg. So schreibt der russische Radikale Dimitrij Iwanowitsch Pissarew um 1860:

»Nur eine materielle Katastrophe [...] treibt die Masse zur Unruhe, zur Zerstörung der normalen, träumerisch ruhigen, vegetativen Existenz. [...] Die Masse macht keine Entdeckungen und begeht keine Verbrechen; andere Menschen denken und leiden, suchen und finden, kämpfen und irren sich ihretwegen – andere Menschen, die ihr immer fremd sind, sie immer mit Verachtung betrachten und gleichzeitig immer daran arbeiten, die Annehmlichkeiten ihres Lebens zu mehren.«[31]

Hier dient die »Unruhe« der Massen keinem gesellschaftlichen Zweck; allein die Elite der radikalen Kritiker und Revolutionäre handelt absichtsvoll, das Volk ist nichts anderes als das Objekt ihres wohlwollenden Handelns. Aber es gibt zwei Möglichkeiten, die beide in Marx' Schriften skizziert sind. Die erste Möglichkeit besteht darin, daß die Menschen Instrumente der Sozialkritik sind oder, im organischen Bild von Marx, daß die kritische Philosophie der Kopf und das Proletariat das Herz der Revolution ist.[32] Die philosophische »Negativität« der Kritik formt und leitet die Rebellion der Unterdrückten. Es blieb Lenin vorbehalten zu proklamieren, der Kopf selbst müßte der Vorhut oder Partei einverleibt werden, bevor er die Leitungsfunktion erfüllen kann. Man könnte sagen, daß dieses Argument das Scheitern antizipiert, denn alles hängt davon ab, ob das Instrument erfolgreich »gebraucht« wird oder nicht. Menschen sind notorisch widerspenstig, aufrührerisch und undankbar.

Die zweite Möglichkeit ist, daß die Menschen Gegenstand der Kritik sind: Der Aufstand der Massen ist die Mobilisierung der allgemeinen Klage.\* Jetzt hat der Kritiker Anteil an einem Vorhaben, das nicht mehr lediglich sein eigenes ist; er agitiert, lehrt, berät, fordert heraus, protestiert *von innen*. Das ist *meine* Einschät-

---

\* Dies ist die übliche marxistische Sicht, obschon ich nicht sagen kann, wie viele marxistische Intellektuelle sie tatsächlich geteilt haben. So behauptet es das *Manifest*: Der Kapitalismus lehrt die Arbeiter, die ihn erfahren, Gesellschaftskritiker und Revolutionäre zu werden. Intellektuelle haben wenig mehr zu tun, als die Bedeutung dieser Erfahrung zu interpretieren.

zung der Situation und der angemessenen Arbeit zeitgenössischer Gesellschaftskritik. Ich will damit nicht behaupten, daß sie sich dem Lärm und dem Gewicht der Zahl beugen müsse. Sie hat ihre eigentümliche Stimme; sie verteidigt ihre Unabhängigkeit; sie ist immer noch Bestandteil der altehrwürdigen Gemeinschaft, deren geschichtsübergreifende Existenz ich in dieser Einleitung zu beschwören versuchte. Nur dies eine ist anders: Sie ist neu mit den Bewegungen und Hoffnungen der Allgemeinheit verknüpft. Sie ist ebenso engagiert wie unabhängig. Die Kritiker kritisieren nicht nur, sie müssen auch Hinweise geben, Programme entwerfen, Partei ergreifen, politische Entscheidungen treffen – und all dies oft unter schwierigen Umständen. Sie sind auf der Hut vor den häufig selbstverschuldeten Niederlagen der Mobilisierten und trotzdem nicht bereit, die Rückkehr zur traditionellen Passivität zu propagieren. Solche Kritiker müssen nach einem Weg suchen, in Übereinstimmung mit ihrer neuen Begleitung und gleichzeitig gegen sie sprechen zu können. Sie müssen einen Standort finden, an dem sie ihrer Anhängerschaft nahe sind, aber nicht von ihr aufgesogen werden.

Dies ist das allen Protagonisten dieses Buchs gemeinsame Dilemma. Sie sind allesamt Männer und Frauen der Linken, sonst wäre es nicht ihr Dilemma. Ich beschäftige mich hier nicht mit Autoren wie Ortega oder, allgemeiner, der konservativen Klageliteratur – womit nicht gesagt sein soll, daß dies nicht mitunter eine eindrucksvolle und anregende Literatur sei. Ich will auch nicht leugnen, daß das Lamentieren seinen Platz in der Kritik hat. Vielmehr beginne ich mit Julien Benda, der ein klassischer Repräsentant des alten Gedankens der intellektuellen Distanz und der Einsamkeit des Kritikers ist und der gegen die Bereitwilligkeit zeitgenössischer Intellektueller, sich Massenbewegungen zu verbünden, polemisiert. Aber Benda schreibt mehr im Zorn als in Trauer; sein Lamento kommt von links, ist eher eine Jeremiade als ein Klagelied. (Die Bewegungen, an die er denkt, sind nationalistisch und faschistisch.) Er meint, daß der Intellektuelle der Gesellschaft am besten aus der Ferne dient, aber er wünscht zweifelsfrei, daß der Intellektuelle diene. Und er hat auch, wie wir sehen werden, nichts gegen eine Art Zwangsverpflichtung bei bestimmten Kämpfen gegen Tyrannei und Unterdrückung. Benda legt die Bedingungen der Beweisführung des zwanzigsten Jahrhunderts fest. Alle anderen Autoren, mit denen ich mich beschäftige, sind in der einen oder anderen Weise verpflichtet, einbezogen, beteiligt, aber sie sind gewarnt und müssen sich jetzt den Gefahren ihrer Tätigkeit stellen. Trotz dieser Gefahren ist es ein neuer Grund zum Lamentieren, wenn die Dienstverpflichtung nicht mehr möglich scheint.

Nach Benda habe ich nach repräsentativen Gestalten gesucht, deren Arbeit durch die Triumphe und Katastrophen unserer Zeit beeinflußt wurde: die zwei Weltkriege, den Kampf der Arbeiterklasse, nationale Befreiung, Feminismus, totalitäre Politik. Die Auswahl ist meine eigene, jedoch nicht ganz und gar persönlich oder zufällig. Ich habe es vorgezogen, über Gesellschaftskritiker zu schreiben und nicht über Philosophen der Kritik*, und eher über professionelle Kritiker als über politische Aktivisten auf dem Weg zu Macht und Amt. Und ich habe Kritiker der »Hauptströmung« den Sektierern vorgezogen. Meine Protagonisten sind wohlbekannt; zumeist kannten sie einander oder wußten voneinander; sie berufen sich manchmal direkt, manchmal indirekt auf die Arbeit der anderen; bei allen Meinungsverschiedenheiten haben sie viel gemeinsam. Sie sind alle, um einen Ausspruch Michel Foucaults zu gebrauchen, »allgemeine Intellektuelle« – einschließlich Foucaults, der behauptet, daß das Zeitalter der »allgemeinen Intellektuellen« vorüber sei. Sie alle haben etwas über die Gesellschaft insgesamt zu sagen und auch über das Projekt der Kritik selbst. Obwohl sie neue Probleme mit einer neuen Dringlichkeit aufnehmen, kümmern sie sich um die Themen, die für die altehrwürdige Kritikergemeinde stets im Mittelpunkt gestanden haben. Wie verhält sich der Kriti-

---

\* Deshalb wurde Jean-Paul Sartre ausgelassen, der trotzdem auf diesen Seiten eine wesentliche Rolle spielt. Sartres Theorie ist eine der wichtigsten gesellschaftskritischen Theorien des zwanzigsten Jahrhunderts, und ich widme ihren Schwächen reichlich Raum. Aber er war nicht vorrangig ein Mann der Praxis. Obwohl ihm das Alltagsverhalten seiner Zeitgenossen mißfiel, interessierte er sich nicht wirklich dafür, er hielt mit großer Beständigkeit an einer sehr stereotypen Sicht der Institutionen und Praktiken fest, die es formten.

ker anderen Kritikern gegenüber? Welche Art Autorität kann er beanspruchen? Wieviel Abstand braucht er? Wo findet er seine Maßstäbe? Welche Sprache spricht er? Welche Motive treiben ihn zur Arbeit?

Es mag sein, daß meine annähernd chronologische Liste der Kritiker eine Geschichte erzählt: die vom Aufstieg und Fall, dem Werden und Vergehen kritischer Verbundenheit. Der Aufstand der Massen eröffnete bestimmte Möglichkeiten, mit denen sich, das sei gesagt, in beispielhafter Weise Autoren wie Ignazio Silone und George Orwell beschäftigten. Aber eine lange Reihe von Niederlagen hat jene Möglichkeiten verschlossen. Der Kritiker ist wieder allein oder zumindest jeder engen Beziehung zu einem Publikum beraubt und gehalten, Autorität wiederzugewinnen, indem er Distanz entfaltet. Silone und Orwell mögen heute wie Figuren aus einer fernen Vergangenheit anmuten – moderne Gestalten aus postmoderner Zeit gesehen. Vielleicht. Ich behaupte, daß sie immer noch beispielhaft sind und daß Kritik in Verbundenheit noch möglich ist. Aber ich warte mit dem Beweis, bis ich die Geschichte zu Ende erzählt und mich mit den fortgeschrittensten Formen kritischer Unverbundenheit auseinandergesetzt habe.

# 2
# Julien Benda und der Verrat der Intellektuellen

Seine anderen Bücher sind längst vergessen; sein Leben, das neun Jahrzehnte umspannte, ist heute nur noch eine Fußnote der Geschichte; aber Julien Bendas *Der Verrat der Intellektuellen* wird gelesen werden, solange es Intellektuelle gibt, die des Verrats fähig sind.[1] Womöglich brauchen wir zu seinem Verständnis eines Tages die Hilfe eines wissenschaftlichen Apparats, denn die Beispiele und Hinweise beziehen sich zumeist auf die ideologischen Kontroversen der späten zwanziger Jahre. Aber das Buch ist mit einer Leidenschaft, Beredsamkeit und Klarheit geschrieben, die es über jene Kontroversen emporheben oder, besser gesagt, die diese Kontroversen oft zu unseren eigenen machen. Es bleibt das beste Selbstzeugnis eines kritischen Intellektuellen und die lebendigste Darstellung der Versuchungen und Gefahren intellektueller Politik, die wir kennen. Und deshalb ist es der notwendige Ausgangspunkt für die Betrachtung der Gesellschaftskritik im zwanzigsten Jahrhundert. Die darin vorgetragenen Argumente wurden oft wiederholt; viele Menschen haben sich bemüht, die Rolle des »wahren Intellektuellen« Bendas zu spielen. Es ist keine einfache Rolle, jedenfalls nicht, wenn man das Textbuch wörtlich nimmt, und Benda selbst hat es keineswegs konsequent befolgt. Einige Menschen haben die Schwierigkeiten gespürt und versucht, den Text neu zu schreiben, und eben das habe ich mir ebenfalls vorgenommen. Ich will Bendas theoretische Argumente und seine praktische Politik sorgfältig erwägen und dann eine andere (obwohl ähnlich normative) Darstellung von Verrat und Treue des Intellektuellen versuchen.

## Bendas radikaler Dualismus

Benda findet seine *clercs* oder Intellektuellen im moralischen, nicht im soziologischen Feld. Er hat Vorstellungen von dem, was wir die soziologischen Voraussetzungen nennen könnten – vom materiellen Unterbau und den institutionellen Grenzen –, aber sie stehen nicht im Zentrum seiner Aufmerksamkeit. Er ist von Anfang an ein Moralist; seine Absicht ist, Intellektuellen zu sagen, wo sie stehen sollten und wie sie sich verhalten sollten. Und er hätte es für einen Fehler gehalten, die Klasse der Intellektuellen zu beschreiben, ohne auf ihre moralische Einstellung und Aufgabe zu achten. Entweder handeln die Mitglieder einer solchen Klasse in Übereinstimmung mit bestimmten Prinzipien und sind in der Tat Intellektuelle, oder sie tun es nicht und sind es nicht. Bendas dramatischer Titel behauptet, daß jene, die nicht richtig handeln, Verräter sind; sie sind zur anderen Seite übergelaufen. Doch viele von denen, die Benda beim Namen nennt, sind in Wirklichkeit Heuchler. Jedenfalls versucht er, die Wirkungen von intellektueller Heuchelei und Verrat im Europa seiner Zeit zu untersuchen. Was geschieht, vor allem in der Welt der Alltagspolitik, wenn »falsche« Intellektuelle sie erobern?

Benda ist Dualist und Funktionalist. Sein Gallien ist in *zwei* Teile geteilt: ein fernes und ideales Reich, in dem die (wahren) Intellektuellen zu Hause sind, und ein reales, nahes und unmittelbares Reich, das von Politikern und Militärs bewohnt wird. Beide sind für die zivilisierte Gesellschaft insgesamt unabdingbar, so wie auch die Unterscheidung zwischen beiden unabdingbar ist. Intellektuelle verfechten die Werte von Wahrheit und Gerechtigkeit; Politiker und Soldaten tun, was für das Überleben und für die Entwicklung der Gemeinschaften, in denen sie leben, nötig ist. Neugierde, Verspieltheit, Skepsis und kritische Unterscheidung machen den »clerc« aus; Loyalität, Pragmatismus und weltliche Interessen den »Laien«. »Die Voraussetzungen für die Kultur«, schreibt Benda, »sind wohl nur insofern gegeben, als die Menschheit eine Funktionsteilung befolgt, das heißt, solange es neben denjenigen, die weltlichen Leidenschaften nachgehen und die entsprechenden Tugenden glorifizieren, eine Klasse von Menschen gibt, die solche Leidenschaften herabsetzen und Werte preisen, die über Weltliches und Zeitliches hinausgehen.«[2]

Bendas Überlegung ist, typisch für ihn, emphatisch und radikal; er war eben keiner, der sich zurückhielt. »Clercs« und Laien können beide nur dann nützliche Arbeit leisten, wenn sie sich die Arbeit teilen. Bendas Funktionalismus ist in seinem Dualismus begründet. Hier ist er der Tradition verbunden, die hinter seinen religiösen Bildern steht, ist er eher augustinisch und lutherisch als katholisch, obwohl er den Katholizismus des Mittelalters bewundert. Das Reich des Intellektuellen ist nicht von dieser Welt. Daraus folgt, daß die Welt nicht von Intellektuellen regiert werden sollte. »Wie man sieht, grenze ich mich schärfstens ab gegen jene, die den *clerc* gern die Welt regieren sähen [...]. Denn nur um den Preis, göttlichen Charakter anzunehmen, könnte die menschliche Sphäre der Religion des wahren *clerc* Folge leisten – das heißt, um den Preis ihrer Existenz *als menschliche*.«[3] Mir scheint, daß dies keine gänzlich zutreffende Charakterisierung von Bendas eigentümlicher Haltung ist, aber er schreckt nicht vor ihrer politischen Konsequenz zurück. Die Moral des Kaisers, darauf besteht er, ist »die rechte Moralität« für das Wohlergehen weltlicher Reiche. Seine Überlegung ist der sehr nahe, mit der Luther sich ähnlich emphatisch und radikal gegen protestantische Heilige ausspricht: »Aber es soll nicht sein und soll niemand denken, daß uns Gott so lasse regieren und herrschen mit weltlichem Recht und Strafe, sondern der Christen Wesen soll gar davon geschieden sein [...], denn wir sind in ander höher Wesen gesetzt, welches ist ein göttlich ewig Reich.«[4] Für einen Mann, der sich nach 1890 zu den Anhängern von Dreyfus zählte und in den Jahren nach 1930 und 1940 den Antifaschisten anschloß, ist das eine seltsame Behauptung. Aber Benda gelangt auf ehrliche Weise zu ihr und gibt sie nur unter Schwierigkeiten auf, denn sie folgt aus seinem Dualismus.

Ich betrachte zunächst die nähere Seite des Dualismus, Bendas eigene Seite, das Reich der Intellektuellen. Hier ist er ein moralischer und emotionaler Asket. Er hat wenig über das materielle Leben seiner »Männer des Geistes« mitzuteilen. Obwohl er annimmt, daß das Streben nach Wohlstand für sie nicht sonderlich wichtig ist, fordert er kein Armutsgelübde. Vielmehr macht ihm der Gefühlsreichtum der Alltagswelt Sorgen. Der Intellektuelle muß den Leidenschaften und Bindungen der Menschen distanzierter gegenüberstehen als ihrem körperlichen Wohlbefinden: »Er *spielt* menschliche Leidenschaften, statt sie auszuleben.« Er ist »völlig desinteressiert«, »allein von dem Verlangen nach Wahrheit geleitet, ganz unabhängig von allen Gedanken an die Forderungen, die die Gesellschaft stellt«.[5] Benda fürchtet nicht den Vorwurf der »Wurzellosigkeit«, der häufig gegen Schriftsteller wie ihn erhoben wird, denn er glaubt mit Plutarch: »Der Mensch ist keine Pflanze, zur Unbeweglichkeit bestimmt, verwurzelt in dem Boden, dem sie entsprießt.«[6] Es ist in der Tat für einen Intellektuellen gefährlich, ein Heimatland zu haben, denn die Versuchungen des Nationalismus sind die stärksten aller Versuchungen. Er muß sein eigenes Land so anschauen, als ob er Bürger eines anderen wäre.[7] Bendas Philosoph kehrt niemals in die Höhle zurück, er kommt nur gelegentlich vorbei, um die Insassen zu kritisieren. Die Philosophie ist eine strenge Disziplin, und es ist unwahrscheinlich, daß sie weltlichen Lohn einbringt – weder den Wohlstand aller Nationen noch die heimatliche Wärme einer bestimmten Nation.

Die erste Aufgabe des *clerc* ist das Streben nach Wahrheit; die zweite, sie in der Welt zu verbreiten. Er verkündet Wahrheiten, die Laien nicht hören wollen, und zahlt dann den Preis. Auch hier neigt Benda zu einer radikalen Botschaft. Der Intellektuelle, der, so schreibt er, »heutzutage den Realismus seines Staates verurteilt, fügt diesem Staat echten Schaden zu. Woraus folgt, daß der Staat, im Namen des praktischen Interesses, dessen Wahrung sein Amt ausmacht, das Recht, ja vielleicht sogar die Pflicht hat, diesen Intellektuellen zu belangen.«[8] Sokrates handelte richtig und die Athener Geschworenen ebenfalls. Wir erkennen einen Intellektuellen an seiner heroischen Bereitschaft, »den Schierlingsbecher zu trinken«. Es kommt mir jedoch so vor, als ob ein von Benda unterrichteter Intellektueller sich nicht, wie Sokrates, weigern würde, der *polis* zu entfliehen; er würde sich nicht an einen Ort gebunden fühlen.

Auf der anderen Seite des Dualismus findet man die genaue Umkehr des moralischen Asketizismus, eine Politik, die so frei von Moral ist, wie Moral frei ist von Interesse und Affekt. Hier ist Bendas Vorbild der Fürst Machiavellis, der sich selbst mit ernsthafter Hingabe, die eines besseren Zieles wert ist, beibringt, »nicht gut zu sein«. Die Welt muß von Staatsmännern regiert werden, die sich darauf eingestellt haben, Philosophen zu vergiften. Sie sind nicht begierig darauf, sind nicht absichtlich grausam – wenn sie wirklich Staatsmänner sind, stellen sie eine nüchterne Rechnung an und reichen dann das Gift oder auch nicht. Doch Nüchternheit kann nicht ihr einziges Merkmal sein. Sie müssen ebenso imstande sein, politische Leidenschaften nicht nur auszudrücken, sondern auch zu kontrollieren. Auch hier beweist Benda den Mut zu einer dualistischen Überzeugung. Obwohl er den Nationalismus seiner Zeit haßte und August Barrès und Charles Maurras für die größten der zeitgenössischen Verräter hielt, konnte er in Gedanken an ihre Arbeit schreiben: »Jeder Franzose, dem an der Erhaltung seiner Nation gelegen ist, muß froh sein, daß sie im letzten Jahrhundert eine fanatisch nationalistische Literatur hervorgebracht hat.«[9] Die Deutschen hatten nationalistische Geschichte und Dichtung zu einer weltlichen Notwendigkeit gemacht, und der Welt mußte gedient werden.

Freilich nicht durch die *clercs*, jedenfalls nicht durch wahre *clercs* denn ihr Dienst verwischt die Grenze zwischen den beiden Reichen. Im Idealfall tun Politiker und Soldaten, was sie hier und jetzt zu tun haben, und Intellektuelle prangern sie an, wenn das, was sie tun, falsch ist. Intellektuelle können Politiker und Militärs nicht daran hindern, »die ganze Geschichte von Haßgeschrei und Schlachtenlärm widerhallen« zu lassen; aber sie haben sie »davon abgehalten, [...] aus der Arbeit an ihrer vollen Entfaltung noch Größe beziehen zu wollen«.[10] Das nämlich verlangt das Überleben der Kultur: nicht, daß das Böse verboten ist oder auf es verzichtet wird, sondern daß es als Böses erkannt wird, so daß selbst dann, wenn die Moral verletzt ist, »die Moralbegriffe intakt bleiben«. Es ist gut, wenn Fürsten Heuchler sind, wie Machiavelli sie zu sein lehrte, denn »sie erkennen zumindest die Maßstäbe an, die sie überschreiten«. Machiavelli mag ein Lehrer des Bösen gewesen sein – unter gewissen Umständen und, wie Benda bemerkt, »nicht ohne Melancholie« –, aber für ihn und die Fürsten, die er instruierte, gilt, daß »das Böse, selbst wenn es der Politik dienlich ist, nicht aufhört, das Böse zu sein«.[11] Benda kehrt immer wieder zu diesem Punkt zurück, denn hier liegt der Keim für den Verrat der Intellektuellen.

Falsche Intellektuelle sind »Moralisten des Realismus«.[12] Sie suchen sich einen Platz in der wirklichen Welt, haben teil an ihren Leidenschaften und investieren diese Leidenschaften kraft der Vollmacht, die Verstand und Geist erteilen. Sie moralisieren die Politik nicht in dem Sinne, daß sie sie moralisch machten, sondern vielmehr so, wie wir von jemandem sagen, er rationalisiere seine Handlungen oder Interessen, rechtfertige sie also mit einem Anzeichen von Vernunft. Falsche Intellektuelle verleihen der Politik den Schein der Moralität und lehren Politiker nicht vor allem, Böses zu tun (denn darauf verstehen sie sich ohnehin), sondern es für gut zu halten. Und darum ist das Böse, das sie tun, um so viel schlechter, denn sie lassen sich mit Begeisterung darauf ein und streben mit System danach, mit gutem Gewissen – ohne die Zweifel, das Zögern und die Bedenklichkeit, jene einzigen Errungenschaften der Intellektuellen, die den Menschen nützen, die das Reich der Wirklichkeit bewohnen.

Der Nationalismus ist Bendas Modell für moralisierte Politik. Die mittelalterlichen Kleriker und die frühen modernen Philosophen, die er so sehr bewundert, waren keine Bürger; nationaler Patriotismus war eine Passion, die sie nicht kannten. Und selbst heute gibt der wahre Intellektuelle dem Kaiser, was des Kaisers ist, »eventuell sein Leben, *aber nicht mehr*«. Er läßt sich durch nichts von der »ausschließlichen Huldigung des Schönen und Guten abbringen«. In diesem Verstande, freilich nicht in anderen, ist Hegel ein Musterbeispiel eines *clerc*, da nach der Niederlage von Jena seine einzige Sorge darin bestand, ein »stilles Eckchen zu finden, wo er philosophieren konnte«.[13] In späteren Phasen des Jahrhunderts haben Schriftsteller, die sich selbst Intellektuelle nannten, eine ganz andere Strategie verfolgt. Sie stilisierten die Nation zu einem Kultobjekt; sie begründeten die Moral auf nationalen Traditionen, priesen nur, was für die Geschichte ihres eigenen Landes charakteristisch, was an ihr besonders, eigentümlich war. Von allgemeingültigen Werten war nicht mehr die Rede. Man rechtfertigte alles, was der Erhöhung des Staates förderlich schien. Der neue Nationalstaat hat in der Tat eine authentische, »wirkliche« Geschichte. Aber verräterische Intellektuelle verbanden mit dieser Geschichte einen nicht authentischen Idealismus: eine Überzeugung, eine Behauptung, »ein ganzes Netz eng verwobener Lehren«. Und so transformierten sie die natürliche Gegnerschaft von Nationen in anhaltenden, kohärenten, systematischen Haß, der schließlich im Krieg entfesselt wurde.

Derselbe Prozeß, so glaubt Benda, hat sich in bezug auf Rasse und Klasse abgespielt – mit ähnlichen Ergebnissen. »Die intellektuelle Organisation von politischem Haß« erzeugt gleichzeitig Antisemitismus, Autoritarismus und Nationalismus; alle drei sind im Nationalsozialismus verkörpert, der letzten Allianz von Leidenschaft und Ideologie, der definitiven Preisgabe des »abstrakten Prinzips« und der »interesselosen Tätigkeit«.[14] Benda erspürte früher als die meisten die Gefahr des Nazismus, und er gab die erste von vielen Darstellungen seiner geistigen Quellen bei Hegel und Treitschke, Nietzsche und Sorel, Barrès und Maurras. Es geht mir hier nicht darum, diese Genealogie zu verteidigen oder zu verwerfen. Für einen Mann, der allen »ewigkeitsbewußten, interessefrei distanzierten Männern ein tiefinneres Bekenntnis zur Vorstellung des Guten abverlangte«, war es jedenfalls ein plausibler Katalog von Feinden.[15]

## *Verpflichtung und Einsamkeit*

Doch die gewichtige Unterscheidung, auf der Bendas Beweisführung beruht, ist minder plausibel, und schon während er sie trifft, muß er sie wieder abmildern. Von Anfang an, in den zwanziger Jahren bereits, als er den *Verrat* schrieb, und nicht erst später, als er am antifaschistischen Kampf teilnahm, unterliegt seine These dem schwierigen Prozeß der inneren Revision. Das hat zwei Gründe: erstens sind viele von Bendas größten Helden keineswegs so distanziert und interesselos, wie seine Lehre zu fordern scheint, und zweitens war er, der alte Dreyfus-Anhänger, selber nicht willens, die Welt den Feinden zu überlassen. Man kann den *Verrat* wie ein Palimpsest lesen, in dem das Bild des distanzierten *clerc* das Bild des engagierten Intellektuellen zwar verdunkelt, aber niemals auslöscht. Benda hat ein Gefühl für die theoretischen Komplikationen und kommt immer wieder auf sie zurück, doch er stellt die Bilder niemals scharf ein. Er ist seinem Dualismus verpflichtet und gleichzeitig außerstande, unter seinen Bedingungen zu leben.

Bendas Schwierigkeiten werden durch seine Hinweise auf die Theorie des gerechten Krieges gut illustriert. Er war ein großer Verehrer der katholischen Scholastiker. Er meinte, daß ihre gesellschaftliche Position (definiert durch die Haltung der Kirche gegenüber den weltlichen Mächten und dann durch die Haltung der Klöster und der Universitäten gegenüber der Kirche) kritischer Distanz und dafür beispielhaften Erkenntnissen günstig sei. Die romantische Bewunderung des Krieges schien eines der entscheidenden Zeichen intellektuellen Verrats zu sein – was in der Tat zutrifft –, und er zitiert zustimmend die übliche katholische Verdammung militärischer Aggression. Benda hatte sich über die deutsche Invasion des neutralen Belgien 1914 entrüstet und die französischen Kriegsleistungen nach Kräften unterstützt – nicht, darauf beharrte er, aus einem Nationalgefühl heraus, sondern aus der Einsicht, daß in diesem Falle die Sache der Nation »mit dem Standpunkt der abstrakten Gerechtigkeit identisch« war.[16] Aber die Theorie des gerechten Kriegs definiert diese Sache nicht nur, sie ist auch Ausdruck einer intellektuellen Bemühung, sie wirksam werden zu lassen, Verhalten in der »wirklichen« Welt zu formen und zu beeinflussen, die Moral des Kaisers durch etwas anderes zu ersetzen – ihre Schriften betreffen *jus ad bellum*, nicht die unmittelbareren Probleme von *jus in bello*. Hat der Kampf einmal begonnen, so herrscht der Realismus, und der Kaiser tut, was er für nützlich hält. Die Anwendung von Giftgas, schreibt Benda, sei eine Frage des technischen, nicht des moralischen Urteils.[17] Das war jedoch nicht die Ansicht der Scholastiker, die in ihren Listen der Kriterien eines gerechten Krieges stets auch »gerechte Mittel« aufführten. Ich vermute, daß Benda ein offenes Ohr für den Streit über die gerechten und ungerechten Mittel der Kriegführung gehabt hätte, wenn einzig die Deutschen Giftgas eingesetzt hätten. Sofern es um Franzosen und Deutsche ging, war er niemals ein interesseloser *clerc*. Das spiegelt vielleicht eine menschliche Schwäche, die unvollständige Analyse des gerechten Krieges indes spiegelt eine Schwäche der Argumentation wider.

Wie weit kann der Intellektuelle sich in das Reich der Wirklichkeit wagen? »Wenn der *clerc* auf den Marktplatz hinabsteigt, sehe ich ihn nur dann als jemanden, der seine Aufgaben vernachlässigt, wenn er es tut, um den Triumph einer realistischen Leidenschaft zu sichern.« Dies ist etwa so, als ob guten Intellektuellen ein Freibrief ausgestellt wird, schlechten hingegen nicht. Benda schreibt:

»Gerson, der auf die Kanzel von Notre-Dame stieg, um die Mörder Ludwigs von Orléans mit Worten zu geißeln; Spinoza, der [...] an die Tür der Mörder Witts schrieb: *Ultimi barbarorum*; Voltaire, der für Calas ins Feld zog; Zola und Duclaux, die in einem berühmten Prozeß [der Dreyfus-Affäre] in den Zeugenstand traten – diese *clercs* walteten auf erhabenste Weise nur ihres Amtes.«[18]

Aber es war, um nur auf eines der Beispiele einzugehen, keineswegs Voltaires Absicht, lediglich Zeuge der gerechten Sache zu sein; ihm lag vielmehr daran, Calas zu entlasten und seine Familie zu versorgen, und man könnte von seinen Überlegungen kaum sagen, was Benda später im *Verrat* über den wahren Intellektuellen sagt, nämlich daß »gerade das Fehlen von praktischem Wert die

Größe seiner Lehre ausmacht«.[19] Auch waren die Argumente Voltaires nicht nur für die Familie Calas von praktischem Wert – er hätte sicherlich gesagt, daß es um Frankreich insgesamt besser bestellt wäre, wenn den Hugenotten volle religiöse Freiheit zugestanden worden wäre. Und Benda selbst lobt Spinoza für die Bemerkung, daß Staaten, die die Rechte ihrer Bürger achten, mit hoher Wahrscheinlichkeit länger bestehen als Staaten, die diese Rechte mißachten.[20] Aber dann sagt er auch, daß Intellektuelle, die für ihre Überlegungen praktische Werte in Anspruch nehmen, unterliegen müssen, und zwar »aus dem sehr guten Grund, daß es unmöglich ist, Geistliches und Weltliches zugleich zu lehren, ohne die Institutionen der wirklichen Welt zu untergraben« – und das ist genau das, was die Gegner von Spinoza und Voltaire vermutlich behauptet hätten und was die Gegner von Dreyfus tatsächlich behaupteten.

T. S. Eliot schrieb über Benda, er hülle die »kritische Distanz in romantische Verklärung«.[21] Das Bild des heroischen Intellektuellen, der die Wahrheit ausspricht und Schierling trinkt, war für Benda gewiß von hohem Reiz. Gleichwohl gibt es reichlich Hinweise, daß er den Sieg der Niederlage und den Triumph der Gerechtigkeit dem Martyrium ihrer Befürworter vorzog. Im *Verrat* findet sich ein wundervoller Abschnitt, in dem Benda jene Intellektuellen verdammt, die Gerechtigkeit mit Scheitern gleichsetzen, die einem »Kult des Mißgeschicks« anhängen. Sie sind, meint er, von »dem Gedanken bewegt, daß der Gerechte unvermeidlich schwach ist und leiden muß, daß er Opfer sein muß«. Vielleicht seien sie nicht bereit, sich mit der Stärke zu identifizieren, weil sie Angst haben, als korrupt verdächtigt zu werden. In ähnlicher Weise, so fährt Benda fort, beharrten manche Intellektuelle darauf, daß ihr eigenes Land in einem internationalen Streit stets im Unrecht sei – aus Furcht, in den Verdacht zu geraten, sich nationalistischen Gefühlen anheimgegeben zu haben. Deshalb führe »die Verzückung der Unparteilichkeit, wie jede andere Verzückung, zu Ungerechtigkeit«.[22]

Der Kult des Mißgeschicks und die Verzückung werden gewöhnlich nicht als Zeichen des Verrats der Intellektuellen gedeutet. Sie entstehen nicht unter den nationalistischen Intellektuellen, die Benda verabscheute. Sie sind, so könnte man sagen, die charakteristischen Laster linker Gesellschaftskritiker, der wahren Intellektuellen, der »Anwälte der Gerechtigkeit«. Ich will nicht leugnen, daß es genug Linke gegeben hat, die sich nationaler Selbstgefälligkeit schuldig gemacht haben oder sich vor den Idolen des Staates demütigten. Ich behaupte lediglich, daß die Anstrengung, diese Formen des Verrats zu vermeiden, zur »romantischen Verklärung« der kritischen Distanz führt, aus der sich dann die Selbstwahrnehmung als eines Helden der Loslösung und Distanziertheit ergibt, die Eliot in Bendas eigenen Schriften entdeckte. Man kann in der Tat einen unziemlichen Stolz empfinden, abseits und allein zu stehen: »Le vrai intellectuel«, schrieb Benda, »est un solitaire.«[23] Intellektuelle rühmen sich bisweilen dieser Einsamkeit und ergreifen jede Gelegenheit, sich von denen, die ihnen am nächsten sind, abzuheben. Sie wetteifern in der Verleugnung der Nähe. Benda kämpft, nicht immer erfolgreich, darum, diese Art von Romantizismus zu vermeiden, und sucht Zuflucht in »Verstandeskälte und intellektueller Disziplin«. Hier bleibt er dem strengen Klassizismus treu, dem er vermutlich von Grund auf verpflichtet ist. Beim Lesen dieser Abschnitte sehnt man sich jedoch nach einer Darstellung der Intellektuellenexistenz, die Bendas eigene Politik stichhaltiger erklärte, als sein Buch es vermag.

Bevor ich eine solche Darstellung versuche, möchte ich mich kurz einem Entwurf der Selbstverständigung in Bendas späterem Werk zuwenden. In einem kleinen Buch mit Betrachtungen, *Exercise d'un enterré vif,* geschrieben, als er sich während des Zweiten Weltkriegs versteckt hielt, nennt er sein Judentum einen möglichen Schlüssel zu seiner intellektuellen Politik. Jüdische Intellektuelle in der modernen Welt, so meint er, sind den katholischen Klerikern des Mittelalters vergleichbar: Männer ohne spezielle Loyalitäten. »Sie fühlen sich zum größten Teil nur den Nationen verbunden, die sie sich aufgrund von intellektuellen und nicht von fleischlichen Banden wählen; dadurch entkommen sie den Vorurteilen des Nationalismus und können manche Probleme mit einer Freiheit behandeln, die allein die emanzipiertesten Nichtjuden erlangen.«[24] Dies ist natürlich eine herkömmliche Ansicht, freilich eine, die Benda unter dem Druck des nationalsozialistischen Antisemitismus auf sich selbst übertrug. Man könnte noch einen Schritt weiter gehen und sagen, sein Konzept kritischer Distanz rühre nicht nur daher, daß er als Jude von anderen Nationen abgeschnitten ist, sondern auch daher, daß er ein assimilierter Jude ist, der von anderen Juden abgeschnitten ist. Benda identifizierte sich niemals mit den französischen Juden als Gruppe; so gesehen war er in der Tat »un solitaire«. Und im Falle seiner eigenen »Rasse«, wie er es nannte, scheint er durchaus bereit, dem Kult des Mißgeschicks Tribut zu zollen – er glaubt, ein Jude zu sein sei nur dann der Gerechtigkeit förderlich, wenn er heimatlos und verfolgt ist. Benda verdammt den Zionismus als ersten aller Nationalismen, fast so, als ob er bei seiner Abrechnung mit dem intellektuellen Verrat seine eigene Glaubwürdigkeit unter Beweis stellen wollte.[25]

Und doch war eines der wichtigsten Vorbilder Bendas ein entschiedener Zionist. Das Beispiel Albert Einsteins ist aufschlußreich, denn es entspricht in fast jeder Hinsicht dem Modell eines wirklichen Intellektuellen. Fast einschränkungslos galt für ihn, wie Benda im *Verrat* schreibt, daß er »sich einzig und allein der Leidenschaft des Denkens hinzugeben« vermochte.[26] Politik tauge für den Augenblick, soll Einstein gesagt haben, »aber eine Gleichung ist für die Ewigkeit«. Das ist ein Satz, den Benda sicherlich zitiert hätte, wäre er ihm bekannt gewesen. Er hatte gute Gründe, Einstein zu bewundern, denn sie beide teilten eine tiefe Abneigung gegen jede Art von kollektivem Egotismus und ein festes Vertrauen in unveränderliche Werte. Isaiah Berlins Darstellung von Einsteins Überzeugungen könnte auch auf Benda zutreffen:

»Er war weder ein Subjektivist noch ein Skeptiker. [...] Moralische und ästhetische Werte, Regeln, Maßstäbe, Grundsätze lassen sich nicht von den Naturwissenschaften herleiten, [...] aber sie sind für Einstein auch nicht erzeugt oder durch Unterschiede der Klasse oder Kultur oder Rasse bedingt. Sie sind nicht weniger als die Naturgesetze [...] allgemeingültig, für alle Menschen

jederzeit wahr und verkörpert in den Grundzügen (nicht den Mythen) der großen Weltreligionen.«[27]
Wie Benda glaubte Einstein, daß die Juden aufgrund ihrer Geschichte die wichtigsten Ideale intellektuellen Lebens verkörpern: »Wissen um des Wissens willen«, eine fast fanatische Gerechtigkeitsliebe, den Wunsch nach persönlicher Unabhängigkeit. Aber Einstein wollte sich nicht nur mit diesen Idealen identifizieren, sondern auch mit den Menschen, die sie hegten. Denn Ideale an sich machten für ihn nicht das Leben aus; für sich allein förderten sie ebenso oft »moralische Instabilität« wie Heldentum. »Der Mensch kann sich nur entfalten«, schrieb er, »wenn er in einer Gemeinschaft aufgeht.«[28] Das ist wohl übertrieben. Das Ziel, das Einstein sich steckte, war nicht Selbstentäußerung, sondern »spirituelles Gleichgewicht« – und dies hielt er nur im Sozialverband einer Nation für möglich. Ein Kritiker wie Benda könnte Einstein vorhalten, daß er, obwohl er sich immer für heimatlos hielt (ein gutes Zeichen), nichtsdestoweniger den Versuchungen der Gemeinschaft erlegen sei. Innerhalb der zionistischen Bewegung freilich war Einstein ein Einzelgänger und Abtrünniger. Er war niemals leicht zufriedenzustellen, obwohl »seine Loyalitäten unverletzt blieben«. Er war ein Mann der Leidenschaften *und* der Distanz und fand sein Gleichgewicht im Ausgleich der beiden Kräfte.

## *Wider den Dualismus*

Auf seine Weise hielt Benda es ebenso, und zwar nicht mit den Juden, sondern mit den Franzosen. Der *Verrat* ist voller naiver Beweise seiner Liebe zu Frankreich, einer Liebe, die weit über die »auf Vernunft gegründete [...] Zuneigung« hinausgeht, die allein er dem wahren Intellektuellen einräumt. Sogar in den Jahren nach 1930, als er die »Idee von Europa« predigte und die reale Einheit europäischer Staaten forderte, hielt er dafür, daß, nachdem Latein als gemeinsame Sprache nicht mehr zur Verfügung stand, das Französische wegen seiner »Rationalität« der beste Ersatz wäre.[29]

Nach langem Nachdenken erkannte er in den vierziger Jahren den Ursprung seiner eigenen Distanziertheit nicht darin, daß er Jude war, sondern darin, daß er »die Sprache von Descartes« sprach (doch das taten Barrès und Maurras auch).[30] Ich vermute, daß hier mehr Gefühl als Einsicht am Werke ist, doch der Satz enthüllt eine Wahrheit über Bendas persönliche Situation – er war wenn nicht »verloren«, so doch, um nochmals Einstein zu zitieren, »total absorbiert« im Leben Frankreichs, ein engagierter, allerdings oft kritischer Intellektueller. Er faßte seinen eigenen Dualismus in einer Weise, die er niemals vollständig offenlegte oder erforschte.

Doch es mag zu einfach sein, das intellektuelle Engagement einzig im Zusammenhang mit der Nation, der Sprache, dem Vaterland usw. zu betrachten, denn sie bilden – außer für Heimatlose – ebenso das unvermeidliche existentielle Netz, wie sie gewollte Loyalitäten stiften. Denken wir statt dessen an die Sache, die Bewegung und die Partei: Einladungen an die Intellektuellen, sich »für die Dauer« eines bestimmten politischen Konflikts oder, da mancher Streit niemals aufhört, ständig zu engagieren. Benda hat sich stets geweigert, dieser Einladung zu folgen. Er scheint den »Abstieg auf den Marktplatz« als gelegentlichen Beutezug einiger heroischer Individuen angesehen zu haben (zum Beispiel von Emile Zola im Fall Dreyfus): hinunter und zurück, ein rascher Vorstoß zur Verteidigung von Werten und Ideen und dann die Rückkehr in das einzige Reich, in dem jene Werte dauerhaft Bestand haben. Der Intellektuelle, wie Benda ihn sich vorstellt, ähnelt dem Protagonisten des amerikanischen Western: ein einsamer Revolverheld kommt in die Stadt, sorgt dafür, daß die Schurken verschwinden, und reitet danach wieder in die Berge oder die endlose Ebene hinaus – zwei romantische Einzelgänger, die niemals unter Bürgern heimisch werden können. Solche Gestalten sind jedoch nur dann wirksam, wenn es auf dem »Marktplatz« und in der Stadt die Grundstrukturen von Recht und Gerechtigkeit bereits gibt. Sie bestätigen die Maßstäbe, denen sich die Menschen verpflichtet fühlen, und verteidigen Institutionen, die zwar angegriffen werden, aber schon bestehen. Anders gesagt, insofern die Moral des Kaisers die Moral der wirklichen Welt *ist*, können sie nicht einfach kommen und gehen; sie müssen bleiben und kämpfen.

Dies sind im wesentlichen die Überlegungen von Paul Nizan, der 1932 eine heftige Attacke (*Die Wachhunde*) gegen die französischen akademischen Philosophen veröffentlichte – unter denen er Benda für »den gewieftesten« hielt (vielleicht weil Benda niemals Akademiker war).[31] Seine vielgerühmte Distanziertheit, so behauptete Nizan, war eine arglistige Täuschung; sie diente in Wahrheit der Aufrechterhaltung der »etablierten Ordnung«, dem Muster bürgerlicher Herrschaft. Wenn man die Welt dem Kaiser überläßt, dann dient man keinem Ideal, man dient dem Kaiser. Alles andere – universale Werte, kritischer Abstand, die Suche nach der Wahrheit – ist dann bloße Heuchelei. Die einzige Alternative bestehe darin, den sozialen Kampf mitzukämpfen, sich der Arbeiterklasse anzuschließen. Da Benda niemals werden konnte, was Antonio Gramsci einen »organischen« proletarischen Intellektuellen nannte, bedeutete das in der Praxis die Unterwerfung unter die Disziplin der Kommunistischen Partei. Als Nizan dies 1932 in Frankreich schrieb, kann er schwerlich verstanden haben, was diese Unterwerfung einschloß.

Benda selbst hatte eine realistische Perspektive; ihm kamen die Grundlagen seiner Theorie zustatten. Er antwortete Nizan 1935 mit der nüchternen Auskunft, daß er, vor die Wahl zwischen der Aufrechterhaltung der Unterdrückung und dem Verlust intellektueller Unabhängigkeit gestellt, sich mit der Aufrechterhaltung der Unterdrückung abfinden würde.[32] Er dachte nicht, daß dies notwendig sei, aber wie ließ es sich zu seinen Bedingungen vermeiden? Das Dilemma war ganz real. Die Bereitschaft des Intellektuellen, »den Schierlingsbecher zu trinken«, mag mehr erklären, als Nizan annahm, aber sie ist nicht dasselbe wie die Bereitschaft, ununterbrochen gegen Unterdrückung aufzutreten. 1937, als Benda bereits einige Zeit im antifaschistischen Kampf engagiert war, bot er einen Kompromiß an: »Ich gebe zu, daß es den weltlichen *clerc* gibt, den militärischen, den, der sich mit dem Relativen abfindet, um etwas für das menschliche Wesen zu erreichen.«[33] So wird der mit seelsorgerlichen Aufgaben beschäftigte Gemeindepriester durch den

Gedanken an den Mönch (le regulier) gestärkt, der allein mit Gott lebt. Vielleicht – obwohl ich eher zu denken bereit bin, Gott werde durch die Arbeit des Gemeindepriesters gestärkt. In dem langen Kampf gegen den Nazismus hätte Benda sehr wohl in der Idee der absoluten Intellektualität Trost finden können. Ich bezweifle, daß er durch jene absolutistischen Intellektuellen getröstet wurde, die sich selbst dann weigerten, mitzukämpfen.

Alle Schwierigkeiten und Unwahrscheinlichkeiten der Konzeption Bendas wurzeln in seinem radikalen Dualismus. Es gibt kein Reich absoluter Intellektualität, zumindest keines, das von menschlichen Wesen bewohnt ist. Wir können so tun, als ob Klöster oder Akademien ein solcher Ort wären. Dann aber wäre es unwahrscheinlich, daß die dort lebenden Männer und Frauen Bendas politische Bescheidenheit nachahmen. Benda hätte durch Platons Votum zugunsten der Philosophen und den politischen Aufstieg mittelalterlicher Mönche gewarnt sein müssen. Philosophen und Kleriker, die mit der Ewigkeit in Berührung sind, greifen mit hoher Wahrscheinlichkeit nach dem Augenblick. So auch Intellektuelle, die denken, sie kennten den Lauf der Geschichte. Solche Leute sind gefährlich. Die Kenntnis der Wahrheit ist immer fragmentarisch, und die Leidenschaft für die Wahrheit ist immer unrein. Die Wahrheit selbst mag allgemein und unveränderlich sein, wie Benda meinte, aber jede ihrer praktischen Verkörperungen in einer philosophischen Theorie oder poetischen Vision ist parteiisch und ideologisch, eine Mischung aus Einsicht und Kurzsichtigkeit. Jede dieser Verkörperungen ist umstritten, und in jeder Auseinandersetzung steht nicht nur die Wahrheit, sondern auch der gute Ruf, das Prestige und der Ruhm auf dem Spiel. Dies zu sagen bedeutet nicht, dem Zynismus Vorschub zu leisten oder eine intellektuellenfeindliche Doktrin zu propagieren. Es bedeutet, die eine Seite von Bendas Dualismus in Zweifel zu ziehen, um die andere zu retten.

Denn es gibt auch kein Reich der Wirklichkeit, wie Benda es beschreibt, wo der Kaiser über alles herrscht und die Gerechtigkeit für weltliche Interessen immer eine Bedrohung darstellt. Sie bedroht tatsächlich einige weltliche Interessen, doch sie ist zugleich eng verwoben mit den Strukturen und Praktiken der menschlichen Existenz. Die Gerechtigkeit ist nicht lediglich in Theorien und Visionen repräsentiert, sondern ebenfalls in Konventionen, Sitten, Überzeugungen, Ritualen und Institutionen. Das Kennzeichen des Intellektuellen ist nicht, daß er diesen Formen des »wirklichen Lebens« entfremdet sein muß und sie unterschiedslos mit Argwohn überzieht – denn sicherlich muß er sie gelegentlich verteidigen –, sondern daß er niemals blind loyal und unkritisch ist. Er steht ein wenig abseits; er baut eine kritische Distanz auf, allerdings eine Distanz, die sich in Zentimetern messen läßt. Es ist nicht eine Sache eines (geistigen) Lebens an einem anderen Ort, jenseits eines Abgrunds, in einer anderen, abgetrennten Welt; es betrifft das Leben *hier* – und es bedeutet einen Schnitt. Kritische Intellektuelle halten sich häufiger, als wir annehmen, an die moralischen Maßstäbe ihrer Zeit, ihres Orts; sie sprechen die Sprache ihrer Umgebung. Aber sie lehnen die simplen Heucheleien ab – oder sollten es doch –, die den Alltag angenehmer machen. Sie sprechen harte Wahrheiten aus, zuerst für sich selbst, dann für andere. Harte, aber vertraute Wahrheiten, andernfalls würde sie niemand verstehen. Heimatlosigkeit ist nicht ihr natürlicher Zustand, und obschon sie bisweilen die Erkenntnis schärft, hat sie auch, wie Einstein wußte, ihre eigene Pathologie. Auch ist es nicht das natürliche, sondern nur das gelegentliche Schicksal von Intellektuellen, den Schierlingsbecher trinken zu müssen. Und diejenigen, die ihre Heimat aufgeben oder das Gift nehmen, sind nicht die einzigen Protagonisten intellektueller Arbeit.

Das heißt nicht, daß Bendas Maßstäbe zu hoch sind, sondern daß sie die falschen sind. Jedenfalls sind sie die falschen Maßstäbe, soweit es die Gerechtigkeit betrifft. Die reine Wissenschaft, die Kunst um der Kunst willen, die kontemplative Versenkung in Gott – das mag ihre Jünger weit tragen, wenn nicht in ein anderes Reich, so doch außerhalb der Reichweite von uns übrigen. Wo sie wirklich zur Ruhe kommen, braucht uns hier nicht zu kümmern. Die Liebe zur Gerechtigkeit freilich ist etwas ganz anderes. Sie bringt den Intellektuellen wieder in unsere Nachbarschaft, zwingt ihn zu einem Standort mitten unter uns. Und hier ist das angemessene

Vorbild nicht der mittelalterliche Mönch, sondern der biblische Prophet.

Es wirft ein Licht auf Bendas Leben, daß er die prophetischen Bücher erst Anfang der vierziger Jahre las (er war Mitte Siebzig), als er sich vor den Nazis verstecken mußte. Die Verfolgung zwang ihm »ein Gefühl auf, das ich nie zuvor gekannt hatte, das einer Verehrung für meine Rasse in der Person ihrer Propheten, die auf Kosten ihrer eigenen Gemütsruhe den Gedanken der Moral in die Welt schleuderten«.[34] In gewisser Weise erfaßt er das Wesen der biblischen Prophetie sehr genau, wenn er schreibt, daß die Propheten »niemals aufhörten, die Unsterblichkeit ihres eigenen Volkes zu verkünden (nicht jedoch um sie der Moralität anderer Völker gegenüberzustellen)«. Doch der Ausdruck »in die Welt schleuderten« stimmt nicht und ist irreführend. Er suggeriert, daß die Propheten außerhalb von Gesellschaft und Politik standen. Das war nicht der Fall. Sie wandten sich von ihr ab und kehrten wieder zu ihr zurück; sie sprachen auf dem Markt und in den Höfen der Mächtigen. Sie trösteten ihr Volk und prangerten es an. Vor allem fühlten sie sich zur Gemeinschaft gehörig, und die Moral, die sie verfochten, war nur eine stärkere Fassung der Moral, nach der das Volk selbst zu leben meinte.

Ein gewisser Grad an Distanz ist, wie Lewis Coser gesagt hat, die notwendige Bedingung intellektueller Existenz. Das mag einhergehen – in gewissem Grade *muß* es einhergehen – mit »einer tief empfundenen Verpflichtung auf die Ideale und Hauptwerte der eigenen Gesellschaft«.[35] Und wenn zu den Idealen und Werten, dann auch zu den Menschen, die sie beherzigen (wie bei Einstein und den Juden). Benda schreibt häufig über Wahrheit und Gerechtigkeit, als ob sie körperlose Begriffe wären. Doch sie sind bloß von der wirklichen, wenn auch unvollkommenen, Erfahrung abstrahiert. Es gehört nicht zu den Aufgaben des Intellektuellen, die Erfahrung in der Abstraktion zum Verschwinden zu bringen. Seine Aufgabe ist es, die Erfahrung dem kritischen Urteil zu unterziehen. Und das kann er tun, ja sogar nur dann tun, wenn er sie als seine eigene Erfahrung, das alltägliche Leben seiner Gemeinschaft wahrnimmt.

## Der Intellektuelle in der Welt

Benda glaubte, daß die Hauptquellen des intellektuellen Verrats »die natürliche Leidenschaft« und die verwandten Leidenschaften der Identifikation seien. Sicherlich können solche Gefühle leicht in Täuschung und Selbsttäuschung, Entschuldigung und Rationalisierung münden. Der *Verrat* ist voll von ernüchternden Beispielen. Andererseits sind wir, wie Coser sagt, »den Dingen gegenüber besonders kritisch, die wir lieben«, in welchem Fall die Liebe selbst kaum für die Preisgabe kritischer Urteilskraft verantwortlich sein kann. Ich vermute, daß dieser Verzicht eher der Macht als der Leidenschaft gehorcht, genauer: der Macht der Leidenschaft, nicht der Leidenschaft für Zugehörigkeit und Solidarität. Dies ist die einzige Askese, der der Intellektuelle sich verschreiben muß – er darf nicht über andere herrschen, nicht deshalb, weil Herrscher niemals gerecht sind, sondern weil sie niemals vollkommen gerecht sind, und es gehört zum Handwerk des Intellektuellen, auf die unvermeidliche Kluft zwischen Anspruch und Leistung hinzuweisen. Die Gerechtigkeit ist ein Urteil aufgrund von Macht, nicht von Liebe.

Der Verrat der Intellektuellen ist das Versagen, dieses Urteil zu fällen. Seine Ursprünge liegen oft in einer verstohlenen Bewunderung für jene Aktivisten, Mächtigen und Militärs, die tun, was der Intellektuelle niemals tun kann, und die deshalb auf eine Weise stark und effektiv scheinen, wie er es niemals sein kann. Machiavellis Schriften über Cesare Borgia geben ein Beispiel, das moderne Intellektuelle oft nachgeahmt haben, die sich selbst im Spiegel ihres Geistes nicht als mächtige politische Führer, sondern als Männer und Frauen mit Zugang zur Macht sehen – die glücklich sind, dem Fürsten ins Ohr flüstern zu können. Benda erkennt, daß der verräterische Intellektuelle Stärke und Macht versteht, aber er meint, dies käme indirekt zustande. Der »Verräter« liebt seine Nation und möchte, daß sie stark sei. Er verteidigt in der Überzeugung, daß Stärke von Autorität abhängt, »autokratische Systeme, willkürliche Regierungen, [...] die Vernunft des Staates, die Religionen, die Unterwerfung aus blindem Gehorsam fordern«.[36] Aber die Verbindung ist gewöhnlich nicht indirekt. Wenn Intellektuelle zu Verteidigern der Tyrannei werden, dann deshalb, weil sie hoffen, Tyrannen zu werden – oder zumindest Ratgeber von Tyrannen. Und das ist nicht so, weil sie das Gefühl für Distanz verloren hätten. Der Wunsch, Tyrann zu sein, wird durch das Gefühl von Distanz eher gefördert als gedämpft, also durch die Überzeugung, überlegenes Wissen zu besitzen, und durch die Verachtung der Menschen.

Das entscheidende moralische Prinzip des wahren Intellektuellen hat die Form einer sich selbst verneinenden Verordnung. Vor vielen Jahrhunderten brachte das ein jüdischer Weiser zum Ausdruck, als er anderen Weisen und Möchtegern-Weisen empfahl: »Liebt die Arbeit, herrscht nicht über andere und sucht niemals die Freundschaft der Amtsträger.«[37] Julien Benda lebte nach dieser Maxime, obwohl er sie nicht kannte. Aber er hat niemals ihre moralische und gesellschaftliche Wurzel begriffen. Eine der Hauptursachen des »großen Verrats« vermutete er darin, daß der Intellektuelle mittlerweile aussah wie jeder beliebige andere. Anders als der mittelalterliche Kleriker muß er die volle Verantwortung eines Bürgers auf sich nehmen. »Seine Nation schnallt ihm einen Tornister auf, [...] erdrückt ihn mit Steuern, [...] die Zeiten des Mäzenatentums sind vorüber, [...] er muß sich seinen Lebensunterhalt selber verdienen« usw.[38] Benda verfällt gelegentlich, wiewohl selten, in das, was ich konservative Lamentation genannt habe. Und möglicherweise macht all dies das Überleben von »nichtpraktischen Werten« problematischer denn je: Marcuse macht vierzig Jahre später einen ähnlichen Vorschlag. Andererseits kann es auch Schranken für den Verrat schaffen, wenn die Intellektuellen im strengen Verstande Bürger sind. Denn der Verrat ist der Treuebruch nicht nur am abstrakten Ideal der Gerechtigkeit, sondern ebenso an konkreten menschlichen Interessen, die das Ideal schützen sollte. In unserer Zeit (auch in der Bendas) haben Intellektuelle zu oft behauptet, sie verteidigten das Ideal, während sie den Sinn für die Bedeutung von Interessen längst verloren hatten. Und so haben sie sich selbst in Gegensatz zu ihrer Umwelt gebracht, Bekanntschaft mit Amtsträgern gesucht und ihrerseits gelernt, andere zu beherrschen. Die Demokratisierung des politischen und intellektuellen Lebens macht es schwerer, die »Sache« der Intellektuellen zu verfechten. Sie weist auf ein anderes Bild. In diesem Bild ist der Intellektuelle kein Bewohner einer autonomen Sphäre, kein Kenner esoterischer Wahrheiten, sondern ein Nachbar, der sich, und zwar mit Leidenschaft, den Wahrheiten widmet, die wir alle kennen.

# 3
# Der Krieg und Randolph Bourne

*Bourne aus Bloomfield*

Bourne, etwa zwanzig Jahre jünger als Julien Benda, veröffentlichte seine Kritik am Verrat der Intellektuellen mitten im Ersten Weltkrieg, ein Jahrzehnt vor dem Erscheinen von Bendas *Verrat*. Er war ein »clerc avant la lettre« und spielte seine Rolle mit glänzender Vehemenz und politischer Rücksichtslosigkeit. Benda selbst unterstützte die französischen Kriegsleistungen 1914 und rechtfertigte sie noch 1927, und das muß es seinen Mitbürgern erleichtert haben, seine Kritik am Nationalismus zu akzeptieren. Bournes Haltung war radikaler. Mit einer winzigen Minderheit amerikanischer Intellektueller und einer kleinen Gruppe amerikanischer Sozialisten trotzte er 1917 der Kriegshysterie und trat für das »Ideal« ein. Nicht jedoch für Bendas Ideal: Bourne war ein erklärter, wenngleich eigensinniger Nationalist und sehnte sich danach, ein Mitglied der, wie er sie nannte, »geliebten Gemeinschaft« zu sein. Er strebte eher nach Zugehörigkeit denn nach Abstand. Als er den amerikanischen Kriegseintritt anprangerte, meinte er, die »amerikanische Verheißung« zu verteidigen.

Dennoch wäre Bourne, suchte man ein amerikanisches Muster von Bendas »wahrem Intellektuellen«, der beste Kandidat. Wenige Amerikaner haben sich ähnlich leidenschaftlich wie er als Intellektuelle empfunden, und wenige sind diesem Ruf so treu gefolgt. Die gesamte kritische Literatur stimmt in dieser Beschreibung Bournes überein, und gewöhnlich wird es so dargestellt, als ob sein Schicksal geradezu überdeterminiert gewesen sei – als ob die Rolle des »wahren Intellektuellen« ihm auf den Leib geschrieben und von der Gesellschaft zugedacht worden sei, noch bevor er sie aus moralischen Erwägungen wählte. Seines verzerrten Gesichts wegen und aufgrund seines buckligen Körpers war Bourne nach dieser Anschauung von Kindheit an zum Außenseiter verdammt. Er fühlte sich fremd im kleinstädtischen New Jersey, und er ging nach New York, um im großen Maßstab entfremdet zu sein. Dort geriet er in die neue Klasse klassenloser Intellektueller, die Christopher Lasch als Geschöpfe unseres Zeitalters beschrieben hat. Ohne Bindung an eine Kirche oder Sekte, ohne klaren beruflichen Status lebte Bourne in einem gesellschaftlichen Vakuum; er war einer jener einsamen und entfremdeten Menschen, die zu Kritik und Rebellion »prädestiniert« sind.[1] Distanz und Ferne waren wie für ihn gemacht. Bournes Selbstbeschreibung paßt zu dieser Darstellung: er sei »ein einsamer Zuschauer«, schrieb er in einem Brief an einen Freund (Juli 1915), »vom Handeln zurückgestellt, um meditieren zu können [...]. Ich habe unerwartete Fähigkeiten, mit der wirklichen Welt unverträglich zu sein.«[2] Wenn Lasch recht hat, dann sind diese Fähigkeiten nicht gänzlich unerwartet, denn Bournes Unverträglichkeit zeichnete auch viele andere aus, war ihr gemeinsames Schicksal. In diesem Fall indes machte die »ungeschickte Hand der Natur«, wie Theodore Dreiser es nannte, das Schicksal gewichtiger und härter.

Die Person, der es widerfährt, kann ein gemeinsames Schicksal unterschiedlich erfahren und gestalten. Bourne gibt oft eine kompliziertere Darstellung seines Lebens. Im folgenden schildert er in einem frühen Brief (März 1913) seinen Ehrgeiz und eine Vorahnung, die dem bekannten Gegensatz von Handeln und Kontemplation einen zweiten, aufschlußreichen Dualismus hinzufügt:

»Ich möchte ein, wenn auch nur unbedeutender, Prophet sein. Ich kann jetzt fast mit Sicherheit erkennen, daß mein Lebensweg am Rande der Dinge verlaufen wird und ich wider den Stachel löcken muß, und daß ich die Etablierten kritisieren, die Zufriedenen und Selbstgefälligen verspotten werde. Niemals werde ich die Kompetenz haben, selbst die Angelegenheiten der Welt zu leiten und zu verwalten, sondern ich werde gezwungen sein, dazusitzen und wie ein Schakal in der Wüste zu heulen und zu klagen, daß alles falsch gemacht wird.«[3]

Ezechiel oder Ismael, Prophet oder Ausgestoßener – die Wahl fällt leicht, wenn man frei wählen kann. Man kann jedoch nicht wählen, ein Prophet in der Wüste zu sein, denn ein Prophet braucht ein Publikum. Er will und muß gehört werden, ob er nun in seinem Lande etwas gilt oder nicht; er kann nicht nur »heulen«, er muß auch die Volkssprache sprechen. Wäre er wirklich isoliert und allein, bewohnte er wirklich ein gesellschaftliches Vakuum, so könnte ihn nur göttliches Eingreifen vorm Vergessenwerden bewahren (so wie es Ismael bewahrte).

Aber das gesellschaftliche Vakuum ist, wie ein schwarzes Loch, ein hypothetisches Phänomen, und wir wissen genug über Bournes Jugend, um diese Hypothese ausschließen zu können. Seine Entfremdung und seine Zugehörigkeit haben eine Geschichte, die in Bloomfield in New Jersey beginnt, wo er bis zu seinem 23. Lebensjahr lebte. Ich möchte Bournes Einstellung zum Krieg ergründen, doch es ist seine Einstellung zu Bloomfield, die ihn zum Gesellschaftskritiker machte. Er ist vor allem ein Kritiker der Gesellschaft in seinem Heimatort, den er, durchaus plausibel, als repräsentativ für das zeitgenössische Amerika erachtet. Er erwarb seine ethischen Auffassungen daheim. Niemand wird kritisch distanziert geboren. Bournes erste Jahre verlaufen konventioneller, als man in Anbetracht seiner körperlichen Erscheinung erwarten würde. Er war der Sprecher seiner Abschlußklasse, gab die Schulzeitung heraus, war aktiv in seiner Kirche (der Ersten Presbyterianischen), ein eifriger Leser der Stadtbücherei in Bloomfield und schien nicht zur Rebellion »vorherbestimmt«. Er war 1903 zur Universität Princeton zugelassen worden, konnte seine Studien aber erst fortsetzen, als er 1909 ein Stipendium der Columbia Universität gewonnen hatte. Vielleicht waren es die pekuniären Schwierigkeiten, die sein Studium behinderten, die ihn zur »Ironie« bewogen, wie er seine kritische Haltung nannte. Sechs Jahre lang arbeitete er für seinen Lebensunterhalt, und diese Erfahrung bildete gleichsam die materielle Basis für seine spätere Bindung an die Sozialdemokratie. Am Anfang jedoch »war Sozialismus wirklich angewandtes Christentum«. Er lernte es in seiner Bibelklasse für junge Männer – oder hörte sich selbst dort die These erläutern.[4]

Seine erste sozialkritische Schrift enttarnt die Heuchelei einer Kleinstadt. Sie nimmt die anerkannten Grundsätze der lokalen Elite beim Wort – Grundsätze, die Bourne niemals völlig preisgab, obwohl er sie auf eine Weise interpretierte, welche die Kirchenältesten in Bloomfield empörte. »Der Sozialgeist der herrschenden Klasse«, schrieb er in einer Betrachtung über Bloomfield, die er 1913 in *Atlantic Monthly* veröffentlichte, »scheint in der Täuschung zu bestehen, daß ihre eigenen persönlichen Interessen mit denen der Gesellschaft im großen identisch sind.«[5] Eine verbreitete Täuschung, und Bournes Angriff auf sie hat vieles mit anderen Angriffen gemein, die etwa um die gleiche Zeit von anderen Kindern der herrschenden Klasse vorgetragen wurden. Die Ältesten behaupten, der Gemeinschaft zu dienen, und das christliche Ideal des Dienens ist für ihr Selbstverständnis wesentlich. Aber dieses Ideal ist im Grunde eine Ideologie: Das »Dienen der Ältesten ist äußerst egoistisch«, schrieb Bourne in einem anderen Artikel in *Atlantic Monthly*, um dann den ehrenwerten Lesern der ehrenwerten Zeitschrift die radikale Kritik an »guten Taten« zu verkünden:

»Wie steht es mit der Person, der Gutes getan wird? Wenn das Gefühl von Opfer und Dienen irgendwie selbstlos wäre, würde die moralische Bestätigung des Empfängers das gesuchte Objekt sein. Aber es läßt sich nicht sagen, daß jede verdienstvolle Handlung, die durch eine Art Opfer oder Dienst auf seiten des Täters zustande kommt, auf seiten des Empfängers zu einer Depression führt.«[6]

Ein Menschenfreund, der es mit der Moral ernst meint, würde danach trachten, eine Gesellschaft zu schaffen, in der Menschenfreundlichkeit überflüssig wäre: »Eine Gesellschaft Gleichwertiger, die frei ist zur Zusammenarbeit und frei zum Geben und Nehmen.« Die Ideologie des Dienens setzt jedoch Ungleichheit voraus, und die Praxis bestätigt sie und setzt sie fort. Die herrschende Klasse erniedrigt diejenigen, denen sie dient; sie mästet sich auf deren Kosten mit Selbstachtung. Bourne argumentiert hier nicht aus großer Distanz. Was er beobachtet, beobachtet er aus der Nähe:

»Wie gut wir diese Sorte Mensch kennen, [...] der sein Leben lang Gutes getan hat. Wie seine Persönlichkeit dadurch aufgelebt ist! Wie er unaufhörlich in jeder Ritze seiner Seele moralisches Fett verstaut hat! Seine Güte war ihm Lebensmittel. Die Bedürfnisse und Bedrücktheit anderer Menschen waren ihm, ganz unbewußt, die Luft, die er atmete.«[7]

Dies ist in der Tat ein prophetischer Stil, der Ezechiels, nicht Ismaels (mit mehr als nur einem Hauch Nietzsche). Trotz der moralischen Wut, die von den Ausrufungszeichen signalisiert wird, beabsichtigte Bourne jedoch nicht, das Ideal des »Dienens« zu verwerfen. Im Juli 1916, als ihm die Agitation für eine Art »Vorbereitung zum Krieg« Sorge bereitete, schlug er in *The New Republic* ein »moralisches Äquivalent« zur Einberufung der Soldaten vor. William James hatte Jahre zuvor einen ähnlichen Vorschlag gemacht und den Wert gemeinsamer Anstrengung und persönlicher Opfer anerkannt. Jetzt stellt Bourne die Frage: »Wie können wir alle zusammen Amerika dienen und das Leben der Nation verbessern?« und entwickelte als Antwort darauf die Idee eines Peace Corps in der Heimat. Mich interessieren hier weniger die Einzelheiten des Vorschlags – sie bezeugen, daß Bourne »feministisch« gesinnt war, aber auch, wie hellhörig er die Belange der Arbeiterbewegung erfaßte – als vielmehr der Geist, der in ihm weht. Der Schreiber ist Randolph Bourne aus Greenwich Village, ein amerikanischer Bohèmien und Radikaler, doch der Geist ist der eines früheren Bourne, des Bourne aus Bloomfield und der Ersten Presbyterianischen Kirche: »Ich sehe vor mir ein Bild mit einer Schar eifriger jugendlicher Missionare, die über das ganze Land ausschwärmen.« Dies ist transformiertes Dienen, weil es wirklich universal und egalitär ist, aber es ist immer noch Dienst: »Nahrungsmittelinspektion, Fabrikinspektion, organisierte Hilfe, die Sorge für Abhängige, Spielplatzbetreuung, Krankenhauspflege.«[8]

»Eifrige jugendliche Missionare« – hätte Bourne jemals über die Vorhut der Revolution geschrieben, so wäre die Beschreibung wohl die gleiche gewesen. Er trennt die Welt nach Generationen, bevor er sie nach Klassen trennt, und er neigt dazu, über Generationen und Klassen im Stil eines weltlichen Evangelisten zu schreiben. Da der Stil authentisch ist, ist er nicht ohne Reiz. Bourne ist der Verfechter von »anheben« und »bewegen« (»lift and stir« – zwei seiner Lieblingsworte, die er regelmäßig als Substantive verwendet) –, nicht der üblichen christlichen Erbaulichkeit, vielmehr von etwas, das dem nahe kommt: eine Bewegung nach vorn, radikale Agitation zum Nutzen einer reicheren Kultur und einer »experimentierfreudigen« Lebensweise. Er votiert für eine frische »amerikanische Neuartigkeit«, für die Arbeit seiner eigenen Generation, die in Bournes Aufsätzen ebensowohl jugendlichen Enthusiasmus wie radikale Politik gefunden zu haben scheint. »Es ist der Ruhm der heutigen Zeit, daß man in ihr jung sein kann.«[9] Sein eigenes Amerika ist immer jung, und sein früher Tod im Alter von 31 Jahren bewahrte ihn davor, ein Bild von sich selbst in seinen mittleren Jahren malen zu müssen. Für ihn konnten Lebensmitte und Mittelklasse Bedingungen bleiben, die zur Kritik herausforderten. Beide zusammen wurden von den Ältesten in Bloomsfield repräsentiert, »dem privaten Klub gemütlicher Familien der Mittelklasse«, die zugleich die »ältere Generation« bildeten. Was hatten diese Menschen falsch gemacht? 1917 schrieb Bourne über intellektuellen Verrat. In den Jahren vor 1917 schrieb er wiederholt über den Verrat der Ältesten. Sie hatten sich von der amerikanischen Verheißung abgewendet, hatten Privilegien gewählt, nicht das leidenschaftliche Engagement. Ehrgeizige Intellektuelle besitzen kein Monopol auf die Vernunft. »Die Stadt verwandelt sich von einem Dorf in ein Industriezentrum, [...] die Welt wird größer, die Gesellschaft weitet sich aus, formidable Krisen tauchen auf«, und die ältere Generation – die Geschäftsleute, Rechtsanwälte, Pfarrer und Lehrer in Bloomfield und tausend anderen Orten sind »erschöpft, bequem, gerissen«.[10] Bourne sieht in den Veränderungen gute Gelegenheiten, die amerikanische Verheißung zu verwirklichen. Einwanderer kommen, Arbeiter machen mobil, Frauen pochen auf ihre Rechte. Die sozialen Klassen (ob nach Generationen oder wirtschaftlichen Gesichtspunkten geordnet), zu denen Bournes Eltern und Großeltern zählen, ziehen sich ängstlich oder angewidert zurück. Ihr Verhalten ist nicht einmal grausam; außer vielleicht im oberen Abschnitt der sozialen Stufenleiter fehlt ihnen die Energie dazu. Sie sind absichtlich unwissend, verschließen sich sowohl vor dem Elend als auch vor der Hoffnung ringsum. Bourne appelliert an ein früheres Amerika, die Welt der Urgroßväter – Emerson, Thoreau und Whitman –, und an ein zukünftiges, das seine Zeitgenossen nach dem Bild der Verheißung schaffen: offen, lebendig, demokratisch, kooperativ.

Bournes »geliebte Gemeinschaft« war weder Bloomfield noch Greenwich Village; er war nicht wirklich ein Bohémien. Die Gemeinschaft, von der er träumte, war im amerikanischen Alltag zwar nicht verwirklicht, aber ihm doch immanent. Das Gespür dafür verlieh seiner Kritik Konkretheit und Kraft. Er stand den Honoratioren von Bloomfield fern, aber er war nicht distanziert, denn die Verheißung wird nur denen zuteil, die dazugehören. In einem frühen Aufsatz »Das Leben der Ironie« bezeichnet er sich selbst als »Teilnehmer« und vergleicht seinen eigenen kritischen Stil mit dem eines ungenannten Gegners, der wahrscheinlich H. L. Mencken ist. Beide sind Richter ihrer Gesellschaft, doch Mencken urteilt aus der Distanz; er mokiert sich, ist satirisch, brutal, arrogant. Bournes idealer Kritiker ist ganz anders; die Benennung »Richter« paßt vermutlich gar nicht auf ihn:

»Wenn der Gedanke, der ironische Mensch sei ein Richter, bedeutet, seine Haltung sei völlig distanziert, völlig objektiv, ist der Vergleich schlecht gewählt. Denn der Kritiker gehört genauso zur Menschheit wie jeder der Menschen, mit denen er sich beschäftigt. Die Welt ist keine Bühne, in der der ironische Betrachter im Publikum sitzt. Seine eigenen persönlichen Reaktionen auf die Menschen um ihn herum machen all das aus, worauf seine Gedanken und Urteile beruhen. *Er hat ein persönliches Interesse an dem Fall.* [...] Wenn der ironische Betrachter etwas zerstört, zerstört er seine eigene Welt; wenn er etwas kritisiert, kritisiert er seine eigene Welt.«[11]

Bourne verstand sich gelegentlich selbst als »einsamen Zuschauer«, aber das wollte er nicht sein. Abstand, meinte er, macht zynisch und bitter, und das paßte beides nicht zu seinem jugendlichen Evangelismus. »Der ironische Mensch zählt in der Welt. [...] Er ist beharrlich und kann so lästig fallen wie ein Missionar.« Wie

»Richter« ist auch »Missionar« nicht ganz das richtige Wort, denn ein Missionar trägt seine Botschaft in ferne Länder, während Ironie als kritischer Stil nur zu Hause am Platze ist. Bourne hielt sich für einen Mann mit einer Mission – die Neuartigkeit Amerikas zu verstehen und zu verteidigen. Aber er hatte keine Botschaft zu verkünden, zumindest nicht im üblichen Sinne. Als er Bloomfield und die Erste Presbyterianische Kirche verließ, gab er auch den Gedanken an ewige Wahrheit auf. Die Ironie ist ein Deutungsmittel anderer Art. »Wir wissen vielleicht nicht viel und können das meiste niemals wissen«, schrieb er 1913 in einem Brief, »aber immerhin können wir das Positive unserer menschlichen Erfahrung interpretieren. [...] Nur wenn wir versuchen, die Welt durch reines Denken zu verstehen, stoßen wir auf Schwierigkeiten.«[12]

## *Kulturnationalismus*

Bourne ist also ein *clerc* besonderen Zuschnitts. Ich vermute, daß sich sein Nationalismus aus seiner Verpflichtung zur Alltagserfahrung erklären läßt. Als er im Jahr vor dem Krieg in Europa reiste, fand er viel zu bewundern (besonders auf dem Kontinent; in England scheint er den Schatten von Bloomfield wahrgenommen zu haben), aber er kam mit dem Entschluß zur »Entkolonisierung« heim. Amerika sollte auf eigenen Füßen stehen, seine eigenen Quellen nutzen, wieder Anspruch auf sein demokratisches Schicksal erheben. Wie jeder andere junge Mann der neuen Republik (und Leser von *The New Republic*) nannte er sich einen Kulturnationalisten. Das bedeutete nicht, daß er bereit war, die nationale Kultur, so wie er sie vorfand, gutzuheißen. Was er zu Hause antraf, roch nach Süßlichkeit und Muff, also nach Heuchelei. Die Oberfläche war zu glatt; alles Interessante und Vitale war unterdrückt. Die Wirklichkeit Amerikas war rauher, lebendiger, widerspenstiger, als die Ältesten es zuließen.

So mußte der Inhalt des Kulturnationalismus erst bestimmt werden. Bourne hoffte dabei mitreden zu können – und konnte es auch eine Weile. Die Literaturkritik, die er in *The New Republic* und später in *Dial* publizierte, sollte als Replik in einem Kulturkampf gelesen werden, in dem seine Hauptstrategie darin besteht, sein Publikum zu erzürnen, und in dem sein größter Feind ein Publikum ist, das allzu sanft ist, sich nicht aufregt.»Der Literat braucht Schutz vor dem liberalen Publikum, das ihn akzeptiert, obwohl er es schockiert [...], das ihn auf subtile Weise zähmt, während es an ihm Gefallen findet.«[13] Bourne setzte sich für Schriftsteller ein, die er für unzähmbar hielt, wie Theodore Dreiser,»das Produkt aus den ungeschlachten Kräften des Kleinstadtlebens und der ungeheuren Desorganisation der weiten amerikanischen Welt«. Dreiser stellt sich in seinen Romanen selber zur Schau, und die Zurschaustellung »ist eine Offenbarung der amerikanischen Seele«. Ein Teil der Offenbarung ist sexuell: »[Dreiser] fühlt eine heilige Sendung, den amerikanischen literarischen Aberglauben zu zerstören, daß Menschen keine sinnlichen Wesen seien.« (Ebenso wie das Dienen hatte die Sexualität Anfang des zwanzigsten Jahrhundert in Amerika ihre Apostel – und hat sie seitdem immer gehabt.) Ein anderer Teil der Offenbarung ist in einem weiten Verstande kulturell: »Er legt Nachdruck auf ein neues Amerika, [...] latent expressiv. [...] Denn Dreiser ist ein echter Halbamerikaner, ein Geschöpf des amerikanischen Konglomerats, das andere Wurzeln hat als die englische Tradition.«[14] Bourne beruft sich auf diese »anderen Wurzeln« und verwandelt dadurch den Kulturnationalismus in die Apologie einer »Konglomerat«-Kultur und, wie es in einem seiner besten Aufsätze heißt, einer »transnationalen« Nation.

Trotz seiner sozialistischen Prägung war er kein Nationalist, der der Arbeiterklasse beispringen wollte, und kein Literaturkritiker, der nach proletarischer Literatur fahndete. Seine prophetische Nachsicht ist keine moderne Spielart von *Der dritte Stand in Frankreich* des Abbé Sieyès. Seine Befürwortung des Aufstands der Massen hat die Form einer Verteidigung der großen Einwanderung. Bournes Botschaft ist, daß alle »Halbamerikaner«, jene Amerikaner, die ihre Wurzeln noch in einem anderen Land haben, gleichwohl Amerikaner sind.[15] Seine Überlegungen zu den Unterschieden zwischen den Generationen paßten genauer auf die Einwanderer als auf die Arbeiter: Hier waren neue Amerikaner für ein neues Amerika. Und jede Gruppe von Einwanderern brachte ihre eigene Kultur mit, gleichgültig, ob sie nun hoch oder niedrig war, und erzeugte ihre eigenen Intellektuellen. Bourne hatte große Sympathien für die Juden – nicht, weil er sich den Menschen aus der Lower East Side, dem Judenviertel New Yorks, besonders verbunden fühlte, sondern weil er die »Klarheit des Ausdrucks [...], die radikale Philosophie [...], die meisterhafte Gedankenleistung« der ihm bekannten jüdischen Intellektuellen schätzte: Walter Lippmann, Felix Frankfurter, Horace Kallen, Morris Cohen.[16] Sie waren die ersten amerikanischen Repräsentanten der großen Immigration; es würde viele mehr ihnen ähnliche geben, sofern die neuen Amerikaner nicht dem Druck ausgesetzt waren, sich nach dem Vorbild der älteren zu richten. Nicht das Fabriksystem war es, wovor sich Bourne am meisten fürchtete; es war, um das damals geläufige Bild zu gebrauchen, der Schmelztiegel.

Was würde aus Amerika werden? Bourne bekannte, es nicht zu wissen. Er wußte nur, daß die USA keine Nation nach europäischem Muster werden würden, mit einer Herrenrasse, die ihre Kultur den Minderheiten aufzwingt. Seine Englisch-Amerikaner waren eine Minderheit unter vielen, und sie handelten gegen ihre eigentümlichen Werte, wenn sie den anderen Minderheiten die Anpassung abnötigten – »als ob sie wollten, daß die Amerikanisierung nur zu unseren Bedingungen stattfinden sollte und nicht mit Zustimmung derer, die regiert werden«.[17] Die Zustimmung nämlich würde etwas völlig Neues hervorbringen, ein Leben mit Konflikten, gestützt auf Zusammenarbeit, dessen Reichtum kaum vorstellbar war. Unterdrückung der Vielfalt, Zersplitterung der integralen Kultur der ihrer Herkunft verbundenen Gruppen dagegen mündeten in »farblose, reizlose, schale« Gleichförmigkeit. Die wirkliche Alternative zu dem, was Kallen »eine Nation von Nationalitäten« nannte, war eine Nation ohne Nationalcharakter. Bourne nahm Beschreibungen der Massengesellschaft vorweg, als er über das Schicksal der »assimilierten« Amerikaner schrieb:

»Sie werden das Strandgut des amerikanischen Lebens, die tiefe Unterströmung unserer Zivilisation mit ihrer lüsternen Billigkeit und dem falschen Geschmack und dem spirituellen Habitus, ohne Verstand und ernsthafte Gefühle, die wir in unseren schlampigen Städten sehen, in unseren öden Filmen, unseren gängigen Romanen und in den leeren Gesichtern der Menge auf den Straßen der Städte [...], den Kulturwracks unserer Zeit.«[18] Dies klingt, als ob ein Aristokrat gegen die moderne »Horde« polemisiere. Doch erinnern wir uns daran, daß Bourne zugunsten der Menschen mit den fremden Namen, den merkwürdigen Gebräuchen und dem wunderlichen Benehmen argumentierte. Er hatte vor solchen Menschen nur dann Angst, wenn sie ihren Stolz, ihr Selbstwertgefühl und ihre kollektive Identität verloren. Wenn er ein Aristokrat war, dann war er mehr als bereit, rivalisierende Aristokraten zu dulden; er wollte keine Unterwerfung.

Ein Einwandererstaat verkörpert Weltoffenheit, solange er nicht zum Schmelztiegel wird. Das war Bournes Vision von Amerika: eine große kulturelle Vielfalt, in der jede Gruppe von Immigranten für sich blieb, aber mit den anderen in Wechselwirkung stand, deren einzelne Mitglieder also gleichzeitig Schweden, Italiener, Slawen oder Juden – und Amerikaner waren. Der Vision mag es an soziologischer Kohärenz fehlen, doch sie ist großzügig, umfassend und bejahend – und das zu einer Zeit, in der viele amerikanische Apologeten der »Gemeinschaft« nach einer Eindämmung der Immigration riefen und die rasche, wenn nötig sogar zwangsweise Angleichung der Einwanderer an einen konformen Amerikanismus verlangten. Ein »transnationales Amerika« war für ihn kein transzendentes Ideal; es erwuchs vielmehr aus der Geschichte der Nation und dem Vertrauen in die Demokratie, und er verfolgt es als amerikanischer Demokrat gegen Amerikaner, die wie er englischer Abstammung waren (und die, wie er betonte, nicht die Kultur der Indianer übernommen hatten).

## *Dienen und Solidarität*

Aber was für ein Demokrat war das, der so streng über das »Strandgut des amerikanischen Lebens [...], die leeren Gesichter der Menge« urteilte? Bourne war, schon in seinen frühen Aufsätzen, höchst selbstbewußt, und er erlaubte sich »eine gewisse versuchsweise Herablassung gegenüber dem Demos«.[19] Er stand nicht abseits; er war mit dem Leben derer, die er kritisierte, verwoben; er hatte ein persönliches Interesse an ihnen, aber er war an Verbesserung interessiert, nicht nur an der Beziehung. Trotz seines Votums für das Gemeinsame war sein Stil nicht sentimental.

Raymond Williams, der englische Sozialist und Gesellschaftskritiker, hat zwei Arten der Kritik unterschieden: die eine beruht auf dem Ideal des Dienens, die andere auf dem der Solidarität. Die erste ist auf Hierarchie und Autorität gegründet, die zweite auf »gegenseitige Verantwortung« (»eine freie, wechselwirkende Gesellschaft Gleichwertiger«).[20] Williams zieht die Solidarität vor, Bourne ebenfalls. Doch die Alternative ist zu einfach. Es ist nicht schwierig, sich Gesellschaftskritiker vorzustellen, die einer Kultur oder einem Land oder einer Religion oder einer Klasse treu sind und dennoch durch die Umstände ihrer Geburt oder Erziehung gezwungen sind, in einer hierarchischen Welt zu arbeiten. Dieses Schicksal teilte Bourne mit allen der in diesem Buch porträtierten Autoren. Anteilnahme, Verpflichtung, Austausch, Mitgefühl – all dies ist bis zu einem gewissen Grade möglich. Doch die Forderung nach strenger Solidarität ist oft eine Einladung zur Unehrlichkeit. Was konnte Bourne tun? Die »orthodoxen Ältesten der sozialistischen Kirche« – nicht unähnlich den Ältesten der Presbyterianischen Kirche – drängten ihn, sich seines »Universitätswissens« zu entschlagen und seinen »Intellektualismus« zu verstecken. »Geh in die Gewerkschaften und die Ortsvereine der Sozialisten«, sagten sie ihm, »und lerne von den Arbeitern.« Er war grundsätzlich dazu bereit; er hatte in den Jahren, in denen er Lohnempfänger gewesen war, viel gelernt. Aber jetzt meinte er, daß er etwas zu lehren hätte. »Die Arbeiterbewegung dieses Landes braucht eine Philosophie, eine Literatur, eine konstruktive sozialistische Analyse und Kritik der Beziehung zur Industrie.« Und »die einzige Art, wie der mittelständische Radikalismus dienen kann, ist, mit Entschlossenheit und Konzentration intellektuell zu sein«.[21] Bourne wollte ein kritischer Diener der Arbeiterbewegung sein, der neuen Einwanderer, des Landes und der Kultur. Das einzige legitime Ziel des Dienens ist es jedoch, den Dienst überflüssig zu machen. Der gute Diener arbeitet für eine zukünftige Solidarität. Absichtsvoll sucht er die Bedingungen zu transformieren, die seiner Arbeit Wert und ihm selbst Bedeutung geben. Ein solches Vorhaben ist unter den Radikalen des zwanzigsten Jahrhunderts nicht ungewöhnlich, obschon immer bezweifelt wird, daß es ernst gemeint sei. »Das Ziel der Intellektuellen«, schrieb Lenin einmal, »ist es, spezielle Führer innerhalb der Intelligentsia überflüssig zu machen.«[22] Mag sein, doch Lenins stärkerer und widersprüchlicher Punkt ist, daß jetzt Führer aus der Intelligentsia nötig sind. »Die Arbeiterbewegung«, behauptet Bourne in ähnlichem Sinne 1916, »wird um ihrer selbst willen zu diesem Denken [sozialistische Analyse und Kritik] gelangen.« Aber Bourne strebte niemals eine »spezielle Führerschaft« im Sinne Lenins an. Er marschierte mit der kulturellen Avantgarde, nicht mit der politischen Vorhut; er beanspruchte keine staatliche Macht. Sein Verständnis der Rolle des Intellektuellen ist von seinem evangelistischen Vokabular gefärbt: Prophet, Missionar, Apostel – »Wünschen wir uns nicht Leute, die einen Hauch von Apostel haben?«[23] In Sätzen wie diesem steckt Anmaßung, aber es ist keine leninistische Anmaßung. Sie rechtfertigt intellektuelle Intoleranz und radikale Kritik, aber nicht Herrschaft und Unterdrückung.

Der Kritiker ist jemand, der »in der Welt zählt«. Aber er zählt, weil das, was er sagt, die Welt in bestimmter Weise bewegt. Weil er beharrlich ist, in Zweifel zieht, lästig fällt, involviert ist, übt er Einfluß aus – obschon manchmal, wie Bourne zugibt, »mit unerwarteter Wirkung«.[24] Selbst in diesem Eingeständnis zeigt sich das, was mir als die Oberseite von Bournes Selbstverständnis erscheint: der apostolische Schwung, der bis zu den Kriegsjahren fast alle seine Veröffentlichungen kennzeichnet. Seine Briefe deuten die Unterseite an: in der Welt nicht zählen, sondern in der Wüste heulen, nicht Ezechiel, sondern Ismael. (Diese zweite Seite drückt, wie mir scheint, eine stärkere Anspruchshaltung aus als die erste.) Die veränderte Situation des Selbst, zuerst in der Welt, dann in der Wüste, ist wohl ein Spiegel der »Klassenlosigkeit« von Bourne und seinen Freunden, der Tatsache, daß sie, wie Lasch sagt, »in einer Gesellschaft Intellektuelle sind, die noch nicht gelernt hatte, den Platz des Intellektuellen zu definieren«.[25] Aber ist es nicht charakteristisch für Intellektuelle, daß sie sich derlei Definitionen widersetzen? Sicherlich hätte Bourne sich widersetzt, denn was sonst könnte es bedeuten, ein »experimentelles Leben« zu führen? Gleichzeitig waren das Experimentieren und das Evangelisieren in den Jahren nach 1910 eindeutig dem Mittelstand zugeordnet, ihr soziologischer Ort unverkennbar. Bourne war ein Radikaler aus dem Mittelstand und hat niemals vorgegeben, etwas anderes zu sein. Herablassung war für ihn nicht selbstverständlich; es war eine Pose, die er seiner Mission zuliebe annahm, die Schutzfarbe des Kritikers. Sein Stil kombinierte Schüchternheit mit einer Vorliebe für romantische Gefühle. Er scheint jedenfalls seinen eigenen Geisteskräften gegenüber niemals in jener nervösen Verteidigungshaltung gewesen zu sein, niemals jene Angst vor dem Intellektuellen empfunden zu haben, die andere Intellektuelle in extreme Formen der Isolation oder des Engagements trieben. Trotz der Unsicherheiten, die seine Briefe bekunden, hatte Bourne ein beachtliches direktes Gespür dafür, worum es ihm ging. Er sah es als seine Aufgabe an, den Heucheleien der Ältesten und der Passivität der Menschen entgegenzutreten – und sein Selbstgefühl, ob oben oder unten, spiegelte die Stellung der Opposition in der amerikanischen Gesellschaft (offensichtlich auch den Lauf seiner eigenen Karriere im Widerstand). Einzig der Krieg trieb ihn in die Wüste.

## *Krieg*

Zuerst jedoch bedeutete Widerstand gegen den Krieg für Randolph Bourne Vitalität. Niemals war seine Prosa so geladen, seine Stimme so stark, seine Argumentation so beweiskräftig wie in den Aufsätzen, die er zwischen Juni und Oktober 1917 für *Seven Arts* verfaßte. Es ist schwer zu glauben, daß er in diesen Monaten so unglücklich war, wie er behauptet. Ein Mann, der so schreibt, muß glühen. Aber er schrieb nicht nur gegen den Krieg; er schrieb auch, und das war wichtiger, gegen die Intellektuellen, die den Krieg unterstützten – und diese waren seine Freunde und Lehrer. So war der Stolz des Widerstandes vom Gefühl für Verlust und Verrat überschattet.

»Ein Krieg, den die Intellektuellen absichtlich herbeiführten!« So kommentierte Bourne ironisch den Leitartikel der *New Republic* vom April 1917, in dem behauptet wurde, der »Einfluß« einer »zahlenmäßig unbedeutenden Klasse« habe zu Amerikas Eintritt in den Krieg geführt: »Universitätsprofessoren, Ärzte, Rechtsanwälte, Geistliche und [wer sonst?] Journalisten in Zeitschriften und Zeitungen.«[26] Bourne verwarf sowohl den amerikanischen Kriegseintritt als auch den »Einfluß« dieser Klasse der Intellektuellen, und es scheint klar, daß er sich über das zweite genauso aufregte wie über das erste. Er nannte sich selbst gelegentlich einen Pazifisten, und er ist seitdem immer wieder von Pazifisten Gefährte oder Sympathisant genannt worden; doch ich kann in seinen Aufsätzen keinen Hinweis darauf finden, daß er sich einem religiösen oder politischen Pazifismus verpflichtet fühlte. Er hat sich nie gesträubt, den Gebrauch von Gewalt in Betracht zu ziehen. Sein Vorschlag einer »amerikanischen Strategie« als Reaktion auf den Angriff durch deutsche Unterseeboote enthielt »die sofortige Garantie, den bedrohten Nationen Nahrung und Schiffe zu liefern und die angreifenden U-Boote zu zerstören«.[27] Das klingt nach einem Programm für einen begrenzten Seekrieg; es ist jedenfalls kein Programm für Neutralität oder Isolation oder Nichtangriff. Aber der Krieg, in den Amerika 1917 eintrat, war nicht begrenzt, und der amerikanische Kriegseintritt erlegte den Alliierten auch keine Beschränkungen auf. Allenfalls entfesselte er eine neue »Großartigkeit«, letzte Ziele weit jenseits dessen, was militärischer Macht gelingen könnte – und dafür machte Bourne die Intellektuellen haftbar. In Bendas Terminologie »moralisierten« sie den Krieg, machten sie den Kampf gegen Deutschland zu einer »Sache«, hofften sie, im Mahlstrom des weltweiten Krieges das zu erreichen, was sie in Zeiten häuslichen Friedens nicht hatten erreichen können. Diese vage Hoffnung löste wiederum einen immensen Appetit auf Ämter aus, der besonders unpassend schien: Denn selbst wenn der Krieg ein guter Krieg gewesen wäre, hätte er ständige und systematische intellektuelle Kritik erfordert.

Es ist aufschlußreich zu beobachten, wie die Hauptbegriffe von Bournes früheren Aufsätzen in seinen Schriften aus der Kriegszeit wiederkehren. Die Kultur von Prophezeiung und Dienen, behauptet er jetzt, sei eine unwesentliche Kultur gewesen, in der es den meisten Propheten und Dienern sowohl an emotionaler Beteiligung als an Verstandesschärfe gefehlt habe. Sie sei weder deutlich empfunden noch konkret praktiziert worden. Gerade die Oberflächlichkeit der amerikanischen Verpflichtung mache sie für weltweite Unternehmen geeignet. Die Intellektuellen »hatten niemals Verantwortung für Arbeitskampf und Unterdrückung der Massen und ausgeschlossene Rassen übernommen, und deshalb hatten sie einen großen Vorrat müßigen emotionalen Kapitals zu investieren«. Oder: »Zu viele dieser Propheten sind Männer, die unter den Grausamkeiten und Dürftigkeiten der amerikanischen Kultur ziemlich flott lebten. [...] Ihr Moralgefühl wurde durch das erregt, was sie in Frankreich und Belgien sahen, aber es war ein Moralgefühl, das relativ wenig von tiefer Sorge und das Nachdenken über die Unzulänglichkeiten der amerikanischen Demokratie beeinflußt war.«[28] Bourne behauptete niemals, daß die Intellektuellen nicht genügend distanziert wären. Sie waren nicht genug engagiert. Sie kannten die Arbeiter oder Einwanderer kaum, denen zu dienen sie vorgaben. Sie waren nicht wirklich in den Kampf für die Demokratie verwickelt oder von ihm absorbiert. Sie hatten folglich keine klare Anschauung davon, was Demokratie bedeutet. Sie waren begierig zu handeln, doch weil sie keinerlei Erfahrung mit gemeinschaftlichem Handeln hatten, waren sie leicht für die Disziplin des Krieges zu gewinnen. »Sie haben [...] außer dem intelligenten Dienen, der bewundernswerten Anpassung der Mittel an die Ziele, keine klare Lebensphilosophie. Sie haben ungenaue Vorstellungen von der Art Gesellschaft, die sie wünschen [...], aber sie verfügen über all die Talente und Einstellungen zur Verwaltung, die zu ihrer Verwirklichung nötig sind.« Vor allem wünschten sie, ebenso wie Bourne, in der Welt zu zählen – und als der Krieg begonnen hatte, »war die einzige Möglichkeit, etwas zu zählen, ein Rädchen im Getriebe zu sein«.[29]

Bournes Zorn hatte ein genaueres Ziel, als sein Gebrauch des Pronomens der dritten Person Plural vermuten läßt. Er wollte viele erreichen, aber er wendete sich direkt nur an wenige, an seine Kollegen bei *New Republic* und seine Lehrer an der Columbia Universität, besonders Walter Lippmann und John Dewey. Lippmann war nach Washington gegangen; Deweys Verteidigung der Kriegsleistungen war nach Meinung Bournes die wichtigste. Lippmann war der Chef jener jungen Männer, die »im pragmatischen Dispens geschult« waren, von dem Bourne sagte, es habe den Anschein, sie und der Krieg hätten aufeinander gewartet. Dewey war der Chefpragmatiker. Lippmann und Dewey sahen beide im Krieg eine Gelegenheit, nicht nur die Welt in einen Hort der Demokratie zu verwandeln, sondern auch die Demokratie daheim zu fördern – die Bundesregierung sollte ein Instrument des demokratischen Wandels werden und die Regierung durch ein neu sozialisiertes Volk Rückgrat bekommen. War das nicht ein Dienst für die Sache der Solidarität?

Ich vermute, daß Bourne einen Verteidigungskrieg befürwortet hätte, wenn er zum Schutze einer bedrohten Gemeinschaft geführt worden wäre. Aber ein Krieg, der geführt wird, um eine Gemeinschaft zu schaffen? Das war eine Verzweiflungstat, war naive und willkürliche Politik, denn der Krieg ist keine Maschine, die ein paar Intellektuelle kontrollieren können. Die Kriegstechnik war nicht für soziale Dienste gemacht; sie gehorchte anderen Zwecken und hatte andere Wirkung. In den ersten Monaten des Krieges erkannte Bourne mit bemerkenswerter Voraussicht, welche Wirkung das vermutlich sein würde. Er argumentierte jetzt als ein echter Prophet, obwohl sein wachsendes Beharren auf der Unvermeidlichkeit dessen, was er vorhersah, seinen Schreibanlaß auszuhöhlen drohte:

»Der Krieg bestimmt sein eigenes Ziel – Sieg, und die Regierung löscht alle Kräfte automatisch aus, die die Energie von der Bahn der Organisation zu diesem Ende ablenken oder abzulenken drohen. Jede Regierung wird so handeln, die demokratischste genauso wie die autokratischste. Nur ›liberale‹ Naivität ist schockiert über willkürlichen Zwang und Unterdrückung. Wer den Krieg will, will das Böse, das organisch damit verbunden ist.«[30]

Das mag nicht allgemein zutreffen, aber es traf 1917 ziemlich genau zu. Präsident Wilson führte ein geteiltes Land in einen unnötigen Krieg, und das Ergebnis war eine merkwürdige Kombination weitverbreiteter Gleichgültigkeit und nationaler Hysterie, demokratischer Propaganda und brutaler Unterdrückung – ein »psychischer Komplex von Panik, Haß, Wut, Klassenarroganz und patriotischer Großtuerei«, der nur in Enttäuschung und geistiger Verarmung münden konnte. Es war »ein von Intellektuellen absichtlich herbeigeführter Krieg« (das war Teil der Klassenarroganz) im Angesicht »des Zögerns und der schwachen Wahrnehmung der amerikanischen demokratischen Massen«.[31] Der Versuch, gesellschaftliche Solidarität durch militärische Mobilisierung herzustellen, war zum Scheitern bestimmt.

Die Intellektuellen hatten ihre wahre Aufgabe verraten. In seinem stärksten Aufsatz, »Zwielicht der Idole«, einem Angriff auf John Dewey, machte Bourne »den pragmatischen Dispens« für den Verrat haftbar. Dewey lieferte keine philosophische Kritik des Pragmatismus; er war selbst ein philosophischer Pragmatist, bevorzugte eine experimentierfreudige Lebensweise, war geprägt von dem Sinn für Offenheit, Fortschritt, Teilhabe, den guter Pragmatismus beflügelt. Aber dieser Sinn muß gefördert und gepflegt werden, »Schritt für Schritt« überprüft, durch den Verstand geformt und kontrolliert werden. Die reine Lust auf Handeln und Wirksamkeit, die Suche des Realisten nach »Einfluß« ist vulgärer Pragmatismus, eine Doktrin für Bürokraten und »spezielle Führer«. Selbst Dewey, so nahm Bourne feinsinnig wahr, »hat sein Gefühl der Zugehörigkeit zur kontrollierenden Klasse irgendwie bewahrt«. (Aber was kontrolliert er?) Seine Schüler waren »ungeheuer gut auf die Durchführungsbestimmungen vorbereitet und erbärmlich schlecht auf die intellektuelle Interpretation oder die idealistische Fokussierung der Ziele«.[32]

Die Aufgabe der Intellektuellen ist es, Fragen nach Zweck und Wert zu stellen. Gewiß, Werte sind nicht voraussetzungslos bekannt; sie müssen, wie Dewey lehrte, experimentell erarbeitet werden. Die wichtigen Experimente indes finden zuerst in Gedanken und dann in der Praxis statt. »Interpretation« und »Fokussierung« gehen dem Handeln voraus, denn wie wüßten wir sonst, was wir tun sollten? Dewey, so behauptete Bourne, hatte es versäumt, diese notwendige Reihenfolge klarzumachen. Er neigte gutmütig zu der Annahme, daß andere Menschen Hoffnungen, Absichten und politische Vorstellungen hegten, die den seinen ähnelten. Was sonst sollten sie auch wollen? »In seiner Lehre gab es immer diese unglückliche Zweideutigkeit, wie denn nun Werte erschaffen werden.«[33] Bourne selbst hatte wenig über die Schöpfung von Werten mitzuteilen. Seine Überlegungen setzten erst *nach* der Schöpfung ein, *in medias res*. Entscheidend war, den Werten, die wir schon haben, kritische Aufmerksamkeit zu widmen. »Unsere intellektuelle Klasse mag während der letzten zwei Kriegsjahre sehr wohl damit beschäftigt gewesen sein, die Ideale und Bestrebungen der amerikanischen Demokratie zu untersuchen und klarzustellen.« Das ist ein Zitat aus dem ersten der Aufsätze gegen den Krieg, veröffentlicht im Juni 1917. Als er im Oktober »Zwielicht der Idole« schreibt, scheint ihm Klarstellung nicht mehr zu genügen. Jetzt sollen die Intellektuellen »wüten und kämpfen, bis neue Werte aus der Mühe hervorgehen und wir unseren demokratischen Weg aufschimmern sehen«.[34] Selbst hier jedoch wird schlicht angenommen, daß wir verpflichtet sind, einen »demokratischen« Weg zu finden, und der Weg ist noch dazu »unserer«, es geht also für Bourne um eine kollektive Zukunftsvision. Solange er sagen konnte: »unser Weg«, glaubte er, trotz seiner Wut der Sache der Solidarität dienen zu können. Er glaubte (auch) noch, daß diese Sache eine lebhafte und konzentrierte Intelligenz erforderte. Ihr half praktisches Dienen, »frohes und forsches Ans-Werk-Gehen« nur dann, wenn diese Praxis sich intellektuell an den eigentlichen Zielen orientierte.

Liberale Intellektuelle hatten sich zum Teil aus Furcht, vom großen nationalen Kampf abgeschnitten zu werden, für die Kriegsanstrengungen engagiert. Gegen den Krieg zu sein bedeutete, nutzlos in der Wüste zu heulen. Weil sie darauf nicht vorbereitet waren, waren sie willens zu glauben, daß die Langzeitwirkung des Kampfes gut sein würde – fast als ob sie dächten, daß »ein Krieg, den *The New Republic* befürwortete, unbedingt ein besserer Krieg werden müsse, als man gehofft hatte«.[35] Jedenfalls wollten sie sich selbst nicht von seinem »Management« ausschließen. Wie könnten sie dienen, wenn sie die Organe und Instrumente des Dienstes nicht im Griff hätten? »Unsere Freunde erzählten uns immerzu«, schrieb Jane Addams Jahre später, »daß wir jede Chance eines zukünftigen Einflusses aufgeben, daß wir intellektuellen Selbstmord begehen würden, wenn wir uns von der im Lande herrschenden Kriegsstimmung ferngehalten hätten.«[36] Bournes Antwort lautete, die Intellektuellen hätten bereits Selbstmord begangen, indem sie sich auf einen Kampf eingelassen hatten, den sie niemals kontrollieren konnten. Ihr Anspruch auf politische Wirksamkeit war erbärmlich; es waren »die am wenigsten demokratischen Kräfte im amerikanischen Leben«, die den Kriegsverlauf tatsächlich beeinflußten, während die Intellektuellen, von innen her, nicht einmal der liberalen Kritik beizuspringen vermochten. Ihr Einfluß reichte kaum zur Regierungspropaganda und schon gar nicht bis zur Kriegführung. Sie hatten sogar die Fähigkeit eingebüßt, die Unterdrückung daheim zu beklagen, die sie einst zu verhüten versprochen hatten. »Ihr Denken«, schrieb Bourne, »war wenig mehr als eine Beschreibung und Rechtfertigung der Vorgänge geworden.«[37] All das stimmte, wie Lippmann und Dewey, die besten der angeworbenen

Intellektuellen, später zugeben. Doch so wie die Anpassung seiner Kontrahenten hatte auch Bournes Opposition ihren eigenen Preis. Obwohl er meist wie Ezechiel schrieb, fühlte er sich zunehmend wie Ismael, und seine letzten Aufsätze, die zum Zeitpunkt seines Todes noch unveröffentlicht waren, lassen seine wachsende Verzweiflung erkennen.

## *Distanz und Verzweiflung*

Macht kann persönlich korrumpieren oder nicht; manchmal tut sie es und manchmal nicht. Aber das Streben nach und die Ausübung von Macht korrumpieren zweifellos das Geistesleben, jedenfalls wie Bourne das Geistesleben verstand: als ein Leben voller Ironie und Kritik, das intensiv und konzentriert gelebt wird. Angesichts ihrer Aufgabe haben Intellektuelle keine andere Wahl, als sich von offiziellen Positionen und Doktrinen fernzuhalten. So sprach sich Bourne Jahre vor Benda für eine Aufteilung der Arbeit aus zwischen denen, die Werte »schaffen«, »verstehen« und »bekräftigen«, und jenen, die tatsächlich für die »Durchführungsbestimmungen vorbereitet« sind. Doch Bourne beharrte gleichzeitig darauf, daß Werte durch die »Durchführungsbestimmungen« geformt werden mußten: Es ist die Arbeit der amerikanischen Intellektuellen, das politische Handeln auf demokratische Ziele auszurichten. Sie weisen den politischen Führern den Weg – und dann verfolgen sie ihre Spuren, begleiten nicht, sondern rügen und kritisieren jede ihrer Bewegungen. Hier blieb Bourne seinem protestantischen Evangelismus treu; er glaubte nicht, daß die Werte des »clerc« sich von denen des Laien unterscheiden. Es gibt nur einen Satz Werte, der (für Amerikaner) in der Idee der amerikanischen Verheißung liegt. Aber es gibt zwei Arten von Menschen: die einen interpretieren die Verheißung, die anderen verwirklichen sie.

Eine einzige Verheißung, so wie es nur ein einziges gelobtes Land gibt: Intellektuelle wohnen weder im Ideal noch in der Praxis in einem anderen Reich. »Er kritisiert seine eigene Welt.« Dieselben Leute, die sich dem Wettbewerb um Ämter versagen, müssen den demokratischen Austausch wachhalten. Der Krieg machte diese verwickelte Lage zunehmend prekärer. Pragmatische Intellektuelle, die dazu neigten, sich selbst »Realisten« zu nennen, fanden es schwierig, abseits zu bleiben; Radikale wie Bourne fanden es schwierig, den Austausch aufrechtzuerhalten. Wäre er enger mit der Sozialistischen Partei verbunden gewesen, hätte er auf Unterstützung für seine Polemik rechnen können. Aber obwohl er mit den Sozialisten sympathisierte, fühlte er sich zu den Reformern, den liberalen Nationalisten, den Progressiven, den Bohémiens aus Greenwich Village hingezogen – Menschen, die, mit wenigen Ausnahmen, nicht zur Polemik neigten. In dem Aufsatz in *Seven Arts* von 1917 widersteht Bourne sogar dem Gedanken seiner eigenen Entfremdung. Er sei ein »durch und durch Unzufriedener«, schrieb er in »Zwielicht der Idole«, aber nicht einer aus jenem alten Stamm Unzufriedener, die vor dem Krieg nach Europa gingen. Er würde kein Expatriierter werden, selbst wenn das wieder möglich wäre; er und seine Freunde »sind vom Gefühl her zu sehr mit den Möglichkeiten des amerikanischen Lebens verwoben, als daß sie von ihm lassen könnten«.[38] Das waren tapfere Worte, und das tapferste war »Möglichkeiten«. Bourne glaubte noch – oder bekannte zu glauben –, daß die Arbeit des Intellektuellen sinnvoll sei und trotz des im Krieg vergossenen Blutes einer Existenz Inhalt und Ziel geben könnte. »Der Krieg – oder die amerikanische Verheißung: man muß wählen.«[39] Aber es blieb noch die Verheißung.

Der Tonfall der Schriften Bournes ändert sich 1918, obwohl unklar bleibt, wie entschieden die Veränderung war. Vielleicht bewahrte er sich ein Gefühl für seine Aufgabe; er schrieb schließlich weiter. Aber er wurde auch skeptischer gegenüber den »Möglichkeiten« des amerikanischen Lebens – und bitterer in seiner Skepsis. Jetzt erschien selbst in seinen veröffentlichten Texten die Lage des Intellektuellen zunehmend extremer – er ist ein »geistiger Landstreicher«, ein »deklassierter Geist«, ein »Gesetzloser«, sogar ein »Exilant«. Und in einem Brief an Van Wyck Brooks (März 1918) scheint Bourne an der Demokratie selbst ebenso zu verzweifeln wie an der Verpflichtung des Propheten, zu seinem Volke zu sprechen: »Warum lassen wir unsere Stimme in der Wüste ertönen, wenn eine gesunde, robuste und einige Demokratie nicht nur nicht hören will, sondern fast dazu bereit ist, unser Blut, so wie es ist, zu vergießen, um den Feind im Ausland zu zerstören?«[40] Von der Wüste her sehen die Dinge in der Tat anders aus, häßlicher, bedrohlicher, als wenn man auf bewohntem Gebiet steht. In Bournes letzten Arbeiten ist die von ihm kritisierte Welt nicht mehr seine eigene.

Die wichtigste dieser Schriften ist der unvollendete Aufsatz »Der Staat«. Sie markiert den Anfang einer politischen Theorie und fast das Ende von Bournes Politik. In Kriegszeiten, so schreibt er, können Bürger nichts tun. Der Kriegszustand ist der »unerbittliche Schiedsrichter, der die Geschäfte und Haltungen und Meinungen der Menschen bestimmt«. Das ist das *telos* der staatlichen Macht: Das dauerhafte Ziel der Amtsinhaber ist eben diese »unerbittliche« Bestimmung über das Leben der Untertanen, die nur dann möglich ist, wenn die Mobilisierung beginnt. »Der Krieg ist die Gesundheit des Staates.« Die Untertanen widersetzen sich dem nicht, denn Krieg kommt auch ihnen gesund vor. »Das Ziel und der Wunsch der Gemeinschaft leben in jedem Menschen, der sich mit ganzem Herzen der Sache des Krieges hingibt. [...] Er erlangt damit stolze Selbstsicherheit, eine Empfindung für die Richtigkeit all seiner Gedanken und Gefühle, so daß er in der Unterdrückung der Gegner oder Ketzer unbesiegbar stark ist.«[41] Die Stärke des Einzelnen dient jedoch nur dazu, die Macht des Staates zu vergrößern, aus der sich die Gedanken und Gefühle des Einzelnen herleiten.

Bourne unterschied sorgfältig zwischen der Nation und dem Staat – er war noch Nationalist – und schrieb der Nation alle »das Leben fördernden Kräfte« zu, die Industrie und Kultur ermöglichen. Aber die Nation ist eine komplexe Gemeinschaft, »keine Gruppe [...], [sondern] ein Netzwerk aus einer Vielzahl von Gruppen, die die Zusammenarbeit und Gleichgesinntheit der Menschen auf allen möglichen Ebenen und in allen möglichen menschlichen Interessengebieten und Unternehmungen darstellen«. Sie gewährt ihren Mitgliedern nicht die unmittelbare Zusicherung der staatlichen Macht. Die Nation entsteht durch die »Zerstreuung der Herde« – ein langer und schwieriger gesellschaftlicher Prozeß –, während der Staat, insbesondere der Staat im Kriegszustand, die Herde neu erschafft. Nur autonome Erwachsene, Menschen, die moralischer Wahlen und vernünftiger Zusammenarbeit fähig sind, können die Nation bewahren, während die Nation sich selbst sozusagen durch die Ausbeutung der latenten Kindlichkeit ihrer Untertanen erhält, die im Krieg wirkliche Kinder werden, »gehorsam, respektvoll, vertrauensvoll [...], voll jenes naiven Vertrauens in die Allweisheit und Allmacht des Erwachsenen, der für sie sorgt [...], indem sie ihre Verantwortung und Ängste verlieren«.[42] Krieg ist die Gesundheit des Staates, aber der moralische Tod des Volkes. Gleichwohl stürzt sich das Volk kopfüber in den Tod, und die Intellektuellen (so hatte Bourne schon früher behauptet) rennen ungeachtet ihres Stolzes und ihrer Erhabenheit mit. Die Seele sehnt sich nach Sicherheit, »der Verstand sehnt sich nach Gewißheit«. Der Krieg, oder jedenfalls die Idee des Krieges, sorgt für beides.

Bourne hat die Theorie von der zerstreuten Nation und dem Herdenstaat skizziert, weil die Gelegenheit sich dazu unmittelbar anbot. Die Vorstellung vom Staat als einer Instanz, die sich sozialen Unterschieden ihrem Wesen nach widersetzt, nimmt möglicherweise spätere Theorien der totalitären Politik vorweg (in denen die ideologisch strukturierte Partei oder Bewegung eine ähnliche Rolle spielt). Aber sie ist kaum entwickelt und praktisch ohne geschichtlichen Zusammenhang. Die Vorstellung der Herde ist minder interessant und sogar noch weniger entwickelt; Bourne übernahm sie von der populären Soziologie seiner Zeit und benutzte sie, um eine demokratische Öffentlichkeit zu geißeln, die sich der Hysterie des Chauvinismus und der Repression hingegeben hatte. Sie bildet den Gegensatz zu seiner »geliebten Gemeinschaft« und scheint jetzt dem amerikanischen Leben so immanent zu sein, wie die andere es vor dem Krieg war. Was war mit der Welt der Urgroßväter passiert, der demokratischen Verheißung, dem transnationalen Amerika? Es scheint kaum noch zuzutreffen, daß sie durch den intellektuellen »Realisten« verraten worden seien. Sie sind nicht gegenwärtig genug, um verraten werden zu können. Die nationale oder transnationale Gesellschaft ist im Vergleich mit der Großartigkeit der kriegführenden Nation so schwach, daß sie nicht länger als politisches Ideal oder als Integrationskraft fungieren kann. Doch es sollte noch mehr (und Schlimmeres) dazukommen. In dem wohl letzten von Bourne formulierten Text, in Bleistift auf die Rückseite des Manuskripts von »Der Staat« gekritzelt, beschreibt er eine vollständig determinierte soziale Welt, in der die Einzelnen im Frieden wie im Krieg »völlig hilflos« und die Waffen der Kritik endgültig stumpf sind. Die meisten Menschen »leben ein Leben, das wenig mehr als eine Reihe quasi-offizieller Handlungen ist«, während der Rebell sofort vernichtet wird. Was wir für unsere persönliche Wahl und eigene Entscheidungen halten, ist lediglich Ausdruck »der gesellschaftlichen Kodizes und Institutionen«.[43] Der Text, den seine Herausgeber »Alte Tyranneien« nannten, läßt den »Staat« wunderbar robust erscheinen. Es ist, als ob Bourne ungefähr einen Monat vor seiner letzten Krankheit einen theoretischen Nachruf verfaßte: eine Darstellung des Todes nicht des Mannes, wohl aber seiner Mission.

Die letzten Arbeiten lassen eine Verknüpfung von Distanz und Determinismus vermuten, auf die ich schon im ersten Kapitel hinwies. Nur der Kritiker, der sich verbunden fühlt, vertraut der Wirksamkeit des kritischen Unterfangens – weil er sich selbst für jemanden hält, der »in der Welt zählt«. Aus großer Entfernung gesehen ist die Welt schlicht das, was sie ist, und der einsame Zuschauer zählt nicht. Vielleicht dachte Bourne, daß er am Ende eine Art wissenschaftlicher Distanz erreicht hatte, aber das ist eine Ablösung, die der Verzweiflung entspringt. Oder sollte die Beschreibung umgekehrt lauten: eine aus der Ablösung entsprungene Verzweiflung? Es kommt darauf nicht an; der Kreis ist geschlossen und ist ein Teufelskreis; es gibt keinen Ausweg. »Wir alle kommen als Einzelwesen in ein organisiertes Herdenganzes, in dem wir so bedeutsam sind wie ein Tropfen Wasser im Ozean.«[44]

Aber das ist nicht der authentische Bourne, der Mann, der 1917 so wütende Artikel schrieb und offensichtlich etwas ausrichten wollte. Seine distanzierte Wissenschaft ist eine kriegsbedingte Halluzination. Als in New York der Waffenstillstand gefeiert wurde, schrieb er seiner Mutter: »Jetzt, da der Krieg vorüber ist, können die Menschen wieder frei sprechen, und wir können es wagen zu denken. Es ist wie das Erwachen aus einem Alptraum.«[45] Wenige Wochen später starb er an einer Grippe.

# 4
# Martin Bubers Suche nach Zion

*Philosophie und Kritik*

Ich habe keine Ich-Du-Beziehung zu Martin Buber. Seine philosophische Theologie oder religiöse Philosophie schien mir immer unklar und ominös. Das Leben im Dialog ist zu bedeutungsschwer, um je von armen Sterblichen gelebt zu werden; allenfalls Engeln, von Natur aus innig, mag es gelingen. Aber vielleicht sollten wir uns den Buberschen Dialog als frühe Fassung dessen denken, was zeitgenössische kritische Theoretiker ideale Kommunikation nennen: in Bubers Fall nicht so sehr von Angesicht zu Angesicht als vielmehr von Seele zu Seele, ein »reiner« Austausch, in dem die Spuren von Eitelkeit und Selbstinteresse getilgt sind. Buber betont persönliche Intensität, absolute Offenheit, das Geschenk des Selbst an den anderen.[1] Die theoretische Struktur dieses Austausches, die Bemühung, daraus eine systematische Ethik abzuleiten – all das kommt erst später. Aber Buber ist bereits imstande, instrumentalen und manipulativen Austausch zu kritisieren. Ohne Intimität oder (genuine) Intensität ist der Austausch mit negativer Bedeutung besetzt: Ich-Es. Die Polaritäten des Ich-Du und Ich-Es erfüllen das Weltall; es bleibt wenig Raum für ein gewöhnliches gutes Gespräch oder eine böse Bemerkung. Doch ich verdächtige Buber in diesen Punkten eines hinterlistigen Realismus und eines gesünderen Menschenverstandes, als er manchmal zeigt. Die überhitzte Prosa seiner Hauptwerke mag es bisweilen verdecken: Wirklichkeitssinn und Common sense sind die überraschenden Kennzeichen seiner Gelegenheitsschriften.

»Gelegenheitsschriften« ist nicht ganz der richtige Ausdruck. Buber war ein außerordentlich produktiver Schriftsteller; er scheint unablässig geschrieben zu haben, und ohne Schwierigkeiten wandte er sich nach großen Projekten kleineren zu. Seine philosophischen Bücher, seine Chassidischen Geschichten, seine Vorträge zum Judaismus, seine Bibelübersetzungen und Exegesen machten ihn berühmt. Nichts davon geschah zufällig. Als Partizipant und Kritiker zionistischer Politik ist er weniger bekannt. Auch da war sein Interesse kein Zufall, vielmehr durchdringt nichts sein Leben und Werk so stark, ist nichts so allgegenwärtig wie seine Verpflichtung zum Zionismus. Aber da schreibt er anders: kurze Aufsätze, Zeitungsartikel, öffentliche Verlautbarungen, offene Briefe – alles in einer direkten, machtvollen und relativ einfachen Prosa. Als Buber 1938 seine Antrittsvorlesung an der Hebräischen Universität hielt, sagte einer seiner Zuhörer: »Klar, er hat unsere Sprache gelernt: jetzt ist er auf hebräisch genauso unklar wie auf deutsch.«[2] Seine zionistischen Arbeiten verfaßte er den größten Teil seines Lebens auf deutsch, später dann auf hebräisch, und sie sind selten unklar. Viele von ihnen hat Paul Mendes-Flohr in einem Band zusammengefaßt. Im Zusammenhang gelesen offenbaren sie das ganze Ausmaß von Bubers Leistung: fast ein halbes Jahrhundert anhaltender und mutiger Kritik.[3] Genaugenommen ist sein Werk kein Dialog – Buber war oft in Kontroversen verstrickt, doch er löste selten die Reaktionen aus, die er sich erhoffte. Und doch ist es vorbildlich, und der Philosoph und Theologe Buber muß auch als Gesellschafts- und Politikkritiker durchaus ernstgenommen werden.* Ich vermute, daß seine Kritik durch seine Philosophie genährt wird (obwohl es kaum einmal philosophische Verweise gibt); sein Verständnis des Zionismus und seine Konzeption der Kritik hängen offensichtlich mit seiner allgemeineren Theorie zusammen. Doch sie stehen auch für sich und lassen sich

---

* Es ist die Bemerkung wert, daß zwei andere Kritiker, mit denen ich mich hier beschäftige, Bubers Werk kannten und schätzten: Albert Camus hielt viel von seinen Büchern, besonders von *Ich und Du*, und korrespondierte mit Buber (Buber erwiderte die Bewunderung und veranlaßte die Übersetzung von *Der Mensch in der Revolte* ins Hebräische). Ignazio Silone schrieb 1961 einen Brief, in dem er Buber für den Nobelpreis für Literatur vorschlug – vermutlich für seine Chassidischen Geschichten, die Ähnlichkeit mit den Erzählungen aufweisen, durch deren Stil sich Silone auszeichnet.

unschwer in der Sprache des politischen Engagements des zwanzigsten Jahrhunderts ausdrücken. Dies ist meine eigene Sprache, und ich werde nicht nach ihren Urgründen suchen. In Bubers Fall ist der Grund wohl nährreich, aber auch schlammig. Womöglich war er sein Leben lang von dem leidenschaftlichen Wunsch getrieben, zionistische Juden sollten eine Ich-Du-Beziehung zu palästinensischen Arabern entwickeln. Zum Glück für sein kritisches Unterfangen verfocht er auch ein minder extravagantes Programm, das sich leichter mit dem gewöhnlichen Verständnis zionistischer Politik in Einklang bringen ließ, obwohl die Spannung zwischen beiden sehr groß blieb.

## *Interpretation und Wiederholung*

In einem Brief, den David Ben Gurion zu Bubers achtzigstem Geburtstag schrieb, lobte er dessen »treue Teilhabe an der Arbeit der Wiedergeburt Israels von unserer Jugend bis heute«.[4] In seiner Jugend hatte Buber einige Jahre lang die theoretische Zeitschrift der Zionistischen Bewegung herausgegeben. Seit dieser Zeit hat er kein Amt innegehabt und für die Bewegung weder offiziell noch inoffiziell gearbeitet. Seine »treue Teilhabe« bestand in ständiger Kritik, deren Adressat oft Ben Gurion selbst war. Aber er blieb von 1898 bis zu seinem Tode 1965 überzeugter Zionist. Als er 1962 gebeten wurde, für den American Council on Judaism, eine antizionistische Gruppe, einen Aufsatz zu schreiben, lehnte er brüsk ab, denn seine eigene »Kritik an der Araberpolitik der israelischen Regierung kommt von innen, ihre von außen«.[5] Buber ist ein nationalistischer Kritiker der nationalistischen Politik, eine Position, die Julien Benda für ausgeschlossen hielt. Diese Kritik von innen wurde zuerst 1921 in einem Aufsatz entfaltet. Buber verteidigte sie ausführlich 1932 in einer Rede in Antwerpen, wobei er sich direkt auf Bendas *Der Verrat der Intellektuellen* berief.

Bubers Überlegung in dem Aufsatz »Nationalismus« (1921) weist zwei der wichtigsten Züge innerer Kritik auf, und deshalb will ich ihn genauer betrachten. Er beginnt mit der Unterscheidung von Volk, Nation und Nationalismus, wobei das erste ein Gegenstand allgemeiner Erfahrung, eine »Schicksalseinheit« ist, das zweite ein kollektives Bewußtsein für diese Einheit und das dritte eine überhöhte oder »überbewußte« Wahrnehmung angesichts von Teilung oder Unterdrückung.

Volk ist ein Impuls, Nationalität eine Idee, Nationalismus ein Programm.[6] Das Programm ist unter Schwierigkeiten entstanden; die Nation soll mobilisiert werden, um einige Mängel im Zusammenleben zu überwinden. Die Mobilisierung ist, so glaubt Buber, legitim, aber die Belastungen, auf die sie reagiert, und der nötige Enthusiasmus erzeugen zusammen oft Vermessenheit und Extremismus. Der Nationalismus neigt dazu, seine Grenzen zu überschreiten. Aber wie erkennt und bestätigt man die Grenzen? Buber verwirft die übliche philosophische Antwort auf diese Frage, die, so schreibt er, darin besteht, »den großgewordenen Gruppenegoismus von außen einzuschränken, ihn nicht von dem Wesen des Volkes aus, sondern von abstrakten sittlichen oder sozialen Postulaten aus zu humanisieren«[7]. Seine Alternative ist ihrem Wesen nach zweifach: Erstens ist Gruppenegoismus, wie zu erwarten, im Innern der Gruppe durch »den menschlichen Charakter selbst« begrenzt, durch gemeinsame Erfahrungen und Werte. Volk und Nationalität beschränken zusammen den programmatischen Nationalismus. Für die Juden wurde das Rechtsverständnis zuerst in den Gesetzestafeln des Exodus festgelegt, dann von den Propheten bestätigt und in Jahrhunderten des Exils und der Verfolgung bekräftigt; jetzt muß es bestimmen, was Zionisten tun und lassen sollen. Der jüdische Nationalismus ist nur insoweit legitim, als seine Aktivitäten durch das Adjektiv und nicht durch das Substantiv geprägt werden. Seine Begriffe leiten sich nicht von der Kategorie »Nation«, sondern von der Kategorie »Judaismus« her. Diese Herleitung hat natürlich nicht die von Buber erhofften Ergebnisse, sofern nicht zugleich seine Darstellung des Judaismus akzeptiert wird, aber dies ist eine Darstellung, die viele Zionisten, wenn auch nicht viele religiöse Juden, vermutlich als angemessen und geistesverwandt empfunden haben.

Die zweite Grenze, auf die ein sich ausweitender Gruppenegoismus stößt, liegt im Vorgang der Ausweitung selbst. Programmatische Nationalisten begegnen anderen Nationen mit ihren eigenen Programmen. Hier lassen sich politische Bewegungen mit Einzelpersonen vergleichen. »Auch der echte Mensch behauptet sich gegen die Welt, aber er behauptet zugleich die Welt gegen sich. Das erfordert eine jeweilige Abgrenzung des eigenen gegen das fremde Recht.«[8] Die Anerkennung, daß der andere Mensch Rechte hat, folgt, so glaubt Buber, aus dem Wesen der Begegnung selbst. »Das ist nur gesunder Menschenverstand«, wie der *Talmud* sagt. »Wer weiß, ob anderes Blut roter ist [als seins]? Vielleicht ist sein Blut roter.«[9] Das gleiche Argument gilt in bezug auf die Gruppe: »Es gibt keine Skala der Völkerfunktionen; keine von ihnen ist höher zu stellen als andere.«[10] Wir erwerben moralisches Wissen über andere Menschen nicht durch Vergleich und Klassifizierung, vielmehr verstehen wir andere, indem wir unser Selbstverständnis auf sie anwenden. So argumentiert Buber 1929, als er auf seine Mit-Zionisten reagiert, die den arabischen Nationalismus für ein »Kunstprodukt« halten: »Wir wissen, daß [...] es bei uns eine echte nationale Einheit und eine echte nationale Bewegung gibt; warum sollen wir annehmen, daß es sie bei den Arabern nicht gebe?«[11]

Für die philosophische und praktische Ethik ist klar, welch hohen moralischen Wert es hat, sich in die Lage eines anderen versetzen zu können – wir müssen versuchen, die Welt aus der Sicht des anderen wahrzunehmen. Es ist jedoch wichtig zu betonen, daß dies genau das Gegenteil von einem anderen Gemeinplatz ist, der es uns zur Pflicht macht, von jeder besonderen Perspektive Abstand zu nehmen, uns zu lösen, die Welt gleichsam mit den Augen Gottes zu betrachten. Dabei sind wir bescheidener, wenn wir hineingehen, statt zurückzutreten. Wir können in der Tat niemals die Weltansicht des anderen verstehen, wenn wir uns in seine Lage versetzen, denn was er sieht und hofft, was ihn empört und vergnügt, ist stärker von seinen Lebensumständen beeinflußt als durch unsere Situation. Aber wir können die einfache moralische Tatsache verstehen, daß er existiert, daß er Hoffnungen, Kümmernisse und Vorlieben hat, die unseren ähnlich sind – und genauso legitim.*

Stellen wir uns vor, schreibt Buber, »wir wären die Eingesessenen und die anderen die Anwärter, die nun ins Land gekommen sind und von Jahr zu Jahr mehr davon in Besitz nehmen wollen! Wie würden wir das uns Widerfahrende empfinden?«[12] Unsere Vorstellung reicht nämlich nicht aus, um sicher wissen zu können, wie der andere reagiert. Wir werden nicht zu einem Teil seines Kopfes, wenn wir uns in seine Lage versetzen. Zu denken, daß wir es täten, ist ein charakteristischer Fehler von Philosophen, die meinen, daß Köpfe keine Geschichte haben. Wir reproduzieren die Gedanken eines anderen nicht, weil wir es nicht können; wir wiederholen statt dessen unsere eigenen. Wenn wir herausfinden wollen, was andere denken, müssen wir sie fragen. Aber die Erkenntnis, daß die anderen Erfahrungen und Gedanken haben, die unseren ähnlich sind, ist schon an sich eine wichtige moralische Leistung. Das ist, so schreibt Buber in »Nationalismus«, die Leistung des Propheten Amos, der seinem Volk sagt, daß derselbe Gott, der es aus Ägypten führte, auch die Philister aus Caphtor und Aram aus Kir führte. Statt sich einen allgemeinen Exodus vorzustellen, stellt Amos sich eine Reihe solcher Auszüge vor, und die Tatsache, daß er nur ein Ereignis der Reihe kennt, hält ihn nicht davon ab, die moralischen Werte der anderen zu akzeptieren.[13]

Bubers erste Einschränkung für nationalistische Exzesse ist wesentlich interpretierend – er muß dazu eine Geschichte über die Erfahrung der Juden erzählen und wie sie verstanden wurde. Seine zweite Einschränkung ist im Grunde eine Wiederholung – er muß erkennen, daß von anderen eine ähnliche Geschichte erzählt werden könnte. Ähnlich, jedoch verschieden – es gibt keine ideale

---

* Buber geht manchmal noch weiter, so wenn er (unter dem Eindruck des Araberaufstands von 1929) schreibt, daß »wir die Fähigkeit brauchen, uns selbst in die Lage des anderen, des Fremden, zu versetzen und seine Seele zu unserer zu machen« (*A Land of Two Peoples: Martin Buber on Jews and Arabs*, ed. Paul R. Mendes-Flohr, Oxford 1983, S. 79). Dies ist die Sprache von Ich und Du, und sie fordert viel mehr, als wir tun müssen (oder tun können). Die Moral verlangt, daß wir die Seele des anderen anerkennen, nicht, daß wir sie uns zu eigen machen.

Geschichte, es gibt nicht die eine richtige Darstellung nationalistischer Hoffnung, die wir und die anderen in der besten aller Welten gleichzeitig geben würden. Aber während legitimer Nationalismus in Bubers Deutung viele Formen haben kann, scheint der illegitime Nationalismus nur eine zu haben, und seine Bedingungen werden von den abstrakten Begriffen des politischen Realismus diktiert. Was der Realist sieht, ist eine Welt von Nationalstaaten, von denen jeder ohne Verbindung mit seiner eigenen Geschichte und Kultur wahrgenommen wird. Deshalb sind Ziel und Handeln bei allen gleich; keiner hat einen anderen Zweck, als sich selbst zu erhalten und zu behaupten. Es gibt keinen Ausgangspunkt für eine Interpretation, und die Wiederholung ergibt nur eine endlose Reihe von Nationen, die so geängstigt und aggressiv sind wie wir selbst. Zionisten, die nach »Normalität« streben, die wünschen, daß die Juden eine Nation unter anderen Nationen bilden, möchten eigentlich, so schreibt Buber, mit in die Reihe gehören. Er leugnet die Legitimität dieses Ziels: Die Aktivitäten, die wir in Palästina begonnen haben, sind nicht darauf gerichtet, »um noch ein Völkchen neben den Völkern, noch ein Staatlein inmitten der Staaten zu etablieren, einen Partner des Weltgezänks und der Weltintrige mehr«.[14] Der Zionismus muß eine Nation schaffen, die sich von allen anderen unterscheidet, die dem treu ist, was Buber seine »Ewigkeitsmission« nennt. Der Ausdruck ist ominös und ähnlich wie das »manifeste Schicksal« der amerikanischen Ideologie voll böser Vorzeichen; aber das Böse wird durch Wiederholung vermieden. Dann erkennen wir an, daß jede Nation ihre Mission hat, und es bleibt nur noch die »Demarkationslinie« zwischen der einen Mission und der anderen zu bezeichnen. »Keine Nation der Welt hat [Selbsterhaltung und Selbstbehauptung] als einzige Aufgabe, denn genau wie ein Einzelner, der sich selbst nur erhalten und behaupten will, ein Leben führt, das unbedeutend und nicht gerechtfertigt ist, so verdient es eine Nation, ausgelöscht zu werden, wenn sie kein anderes Ziel hat.«[15]

Obwohl es kein einziges richtiges nationalistisches Programm gibt, keinen allgemeingültigen Missionsbegriff, können wir immer noch hoffen, eine einzige richtige Regel zu finden, nach der sich die

Demarkationslinie ziehen läßt. Doch Buber meint, eine solche Regel gebe es nicht. Zwar gibt es Regeln, zum Beispiel sind Mord und Enteignung verboten, aber diese bestimmen die Linie nicht. Die Linie muß ausgehandelt werden; sie ist das Ergebnis von »tausend kleinen Entscheidungen«.[16] Hier hat die Politik Vorrang vor der Philosophie, obwohl die Politik sich stets von Interpretation und Wiederholung leiten lassen muß. »Es gibt keine Formeln: für wirklich verantwortliche Führung gibt es nur eine Orientierung, aber keine Formeln.« Moral kann nicht aus der Ferne wirken. Das ist die ausdrückliche Antwort Bubers auf Julien Benda. Sicherlich haben Intellektuelle ihren Ruf verraten, wenn sie Apologeten dieses oder jenes nationalistischen Programms wurden, für jedes Vorhaben »Worte für den Bedarf hergestellt haben«, wie Buber sagt. Aber dieser Verrat »kann nicht dadurch gesühnt werden, daß der Geist sich auf sich selbst zurückzieht, sondern dadurch nur, daß er gutmacht.«[17] »Wahre Wirklichkeitsdienste« sind sowohl kritisch als auch weltlich, kritisch in der Welt und gegenüber der Welt. Bubers Verteidigung der Weltlichkeit ist manchmal nüchtern und manchmal hochtrabend, manchmal prosaisch und manchmal poetisch, als ob er ein wenig unsicher ist, welcher Art Welt er sich verpflichtet hat. »Wenn im öffentlichen Leben Arbeit getan werden muß«, schrieb er 1930, »muß sie nicht jenseits aller Auseinandersetzungen verrichtet werden, sondern in ihnen.« Und in derselben Schrift heißt es: »Das Wort ist nicht in seiner Reinheit siegreich, sondern in seiner Verderbtheit – es trägt in der *corruptio seminis* Frucht.«[18] Für Buber war das Wort in der Tat nicht siegreich, aber er blieb trotzdem bei seiner weltlichen Verpflichtung, »dem Geist treu [...], aber treu in der Wirklichkeit«. Gegen den Realismus der *raison d'état* kämpfte er um die Begründung seiner eigenen Realpolitik. Ich möchte mich jetzt dem Kern dieser Politik zuwenden.

## *Binationalismus*

Das Hauptthema von Bubers Kritik zwischen 1918 und 1965 war das Versagen der zionistischen Führer. Sie wirkten nicht nachdrücklich, nicht erfinderisch genug für die arabisch-jüdische Zusammenarbeit in Palästina. Bubers Gegner in der Bewegung bestanden darauf, daß das Wort »genug« hier bedeutungslos sei, denn Zusammenarbeit zwischen Juden und Arabern sei nicht möglich. Welche Motive konnten die Araber für die Zusammenarbeit mit diesen jüdischen Eindringlingen haben? Man braucht nur Bubers Gedankenexperiment nachzuvollziehen – man stelle sich die Juden als Einwohner, die Araber als Einwanderer vor, »die nun ins Land gekommen sind und von Jahr zu Jahr mehr davon in Besitz nehmen wollen« –, um zu sehen, daß das Problem keine Lösung hat. Für viele zionistische Führer nahm die Begegnung mit den Arabern fast von Anfang an die Gestalt einer geschichtlichen Tragödie an. Die Juden mußten kommen, denn sie hatten keinen anderen Platz; die Araber waren schon dort und besaßen, wie Buber es nannte, ein »unverzichtbares Recht«, dort zu bleiben. Was anderes konnte man tun, als die Tragödie zu Ende zu spielen, sobald sie einmal als solche erkannt war? Bald genug ließ die drohende Gefahr einer Katastrophe in Europa eine tragische Begegnung mit den Arabern in Palästina als kleinen Preis für einen eigenen Platz erscheinen. Aber Buber lehnte diese tragische Perspektive sein Leben lang ab. Die Ablehnung geschieht auf zwei Ebenen, und auf der zweiten ist sie, so scheint mir, erfolgreicher als auf der ersten. Die erste ist höher: Buber schlägt vor, die Tragödie durch die Errichtung eines Binationalstaats zu beenden. Die zweite ist niedriger: Buber versucht die Tragödie im Rahmen der »tausend kleinen Entscheidungen« zu bewältigen, indem er sich jeder Provokation oder jedem Terror widersetzt und nach arabischen Zeichen der Partnerschaft sucht, ohne auf sie zu warten – die Eindringlinge, dachte er, müßten die Initiative übernehmen, um einen gewissen Grad an gegenseitigem Vertrauen zu schaffen. Der Binationalstaat steht im Mittelpunkt dessen, was man Bubers Makrokritik nennen könnte. Aber er war auch mit bewundernswerter Ausdauer ein zionistischer Mikrokritiker.

Ich glaube nicht, daß Binationalismus jemals eine plausible politische Möglichkeit sein kann. Das dazu nötige Vertrauen hätte nur gewonnen werden können, wenn die jüdischen Siedler aufgegeben hätten und weggezogen wären – und dann wäre Vertrauen unnötig gewesen. Dann hätte den Arabern gewöhnlicher Nationalismus genügt. In der Tat genügte ihnen der gewöhnliche Nationalismus; er war für ihre Zwecke ausreichend, weil sie niemals vorhatten, mit den Juden politische Macht zu teilen; sie waren in der Mehrheit und forderten ihre demokratischen und ihre nationalen Rechte. Gewöhnlicher Nationalismus reichte in Anbetracht ihrer wesentlichen Ziele, die Buber zumindest vorübergehend teilte, auch für die Juden; sie wollten »das Recht der Juden auf freie Einwanderung sichern«.[19] Er lehnte das übliche nationalistische Ziel, den souveränen Nationalstaat, ab, aber es ist schwer auszumachen, wie das Recht auf Einwanderung je ohne Souveränität hätte beansprucht werden können. Buber behauptete in den zwanziger und dreißiger Jahren, daß die Araber jüdische Einwanderer akzeptieren würden, wenn nur die zionistische Führerschaft sich zu wirtschaftlicher Kooperation und politischem Kompromiß verpflichten würde. Was auf dem Spiel stand, waren nicht nur die Institutionen oder die praktische Politik des Binationalstaats, sondern die Bevölkerung selbst. Wer würde da leben und zu den Bürgern des Staates zählen? Wie viele von jeder Nation? Weil Buber sich dem Binationalismus verpflichtet fühlte, wurde er dazu getrieben, das jüdische Recht, das Land zu besiedeln, zu leugnen oder zumindest zu beschränken.

Masseneinwanderung hätte die Araber natürlich erschreckt und sie zu einer immer leidenschaftlicheren nationalistischen Politik gereizt. Aber Buber hatte eine andere und, meiner Meinung nach, minder rühmliche Sorge. Die Einwanderer würden ängstliche Juden sein, Flüchtlinge eher als Pioniere, deren Verzweiflung so groß sein würde, daß sie blind wären für die Gerechtigkeit eines binationalen Staates. Es war unwahrscheinlich, daß sie das Programm Bubers unterstützen würden. Dies war in der Tat eine wirklichkeitsnahe, aber keine wohlwollende oder großzügige Meinung. Die schließlich von Buber übernommene Formel verlangte die »größtmögliche Anzahl« jüdischer Einwanderer, wobei »möglich« eine komplexe Funktion der Aufnahmefähigkeit der jüdischen Gemeinschaft in Palästina und der Zustimmung der arabischen war (oder zu sein schien – seine Sprache war niemals deutlich).[20] Das freilich war innerhalb der zionistischen Bewegung eine unmögliche Position – Buber machte sie sich in genau dem Augenblick zu eigen, als die Notlage der Juden überaus bedrohlich wurde.

Der Binationalismus der späten dreißiger und vierziger Jahre erscheint besonders doktrinär, ein Triumph des moralischen Prinzips über die moralische Wirklichkeit. Angesichts einer zunehmend verschärften Verfolgung durch die Nazis und eines wachsenden Flüchtlingsstroms konnten die palästinischen Juden kaum etwas anderes tun, als für die »freie jüdische Einwanderung« zu kämpfen – eine Notwendigkeit, ob sie nun »richtig« war oder nicht. Doch Buber konnte sich niemals dazu durchringen, die Notwendigkeit anzuerkennen. Der Schrecken des Nazismus kommt in den veröffentlichten Schriften dieser entscheidenden Jahre kaum einmal vor. Erst 1959 versuchte er zu erklären, wie die extreme Konstellation und die Not der Flüchtlinge die binationale Redlichkeit hatten überwältigen können. »Das Prinzip der selektiven, organischen Entwicklung« konnte, so heißt es, nicht bestehen und wurde »von den Folgen des grauenhaftesten Ereignisses der modernen Geschichte, der Ausrottung von Millionen Juden durch Adolf Hitler, überrannt«. »Die gepeinigten, gehetzten Massen drängten nach Palästina [...]. Wer hätte es über sich gebracht, diesem Ansturm der Heimlosen gegenüber die Fortsetzung der selektiven Methode zu vertreten! Die Massen kamen, und mit ihnen kam die Notwendigkeit politischer Sicherung.«[21]\* Hier sagt Buber, was

---

\* Man vergleiche diese Zeilen mit der Rede von Berl Katznelson, dem moralischen Führer des Arbeiterzionismus, die er zwanzig Jahre früher auf dem 21. Zionisten-Kongreß 1939 hielt. Auch Katznelson hatte eine Selektionspolitik befürwortet; jetzt, in Erkenntnis der Bedrohung durch die Nazis, forderte er die Masseneinwanderung. »Wir können fragen, warum die Geschichte nicht freie [...] und wohlerzogene Juden mit ihrer Mission beauftragte, sondern ihnen jüdische Flüchtlinge vorzog, die jämmerlichsten der Menschen, die, dem Schicksal preisgegeben,

er zu sagen hat: daß die Flüchtlinge aufgenommen werden mußten, und daß die Gemeinschaft, die sie aufnahm, sie vor weiteren Angriffen schützen mußte (»die Notwendigkeit politischer Sicherung« ist Bubers späte Verbeugung vor Staatentum und Souveränität). Aber er erlebt die Ankunft der Flüchtlinge als Enttäuschung seiner theoretischen Hoffnungen, und das ist, menschlich gesehen, keine Reaktion, die diesen Erfahrungen angemessen ist.

Dies, so scheint mir, war Bubers schlimmste Zeit. Und doch stand sein verbissener, entschiedener Widerstand gegen den jüdischen Staat in Übereinstimmung mit seiner Einstellung in den ersten Jahren der Bewegung; sie kennzeichnet sogar einen wichtigen Zug zionistischen Denkens. Buber wandte sich gegen die moralische Wirklichkeit des Lebens in Palästina, gegen die Notwendigkeit, mit den Arabern zusammen einen *modus vivendi* zu finden. Sie war Ausdruck einer in Jahrhunderten der Staatenlosigkeit geborenen Empfindsamkeit und, wie Arnold Zweig 1918 an Buber schrieb, den Paraphernalien der Macht, »Kanonen, Flaggen und militärischen Dekorationen«, nicht wohlgesonnen.[22] Eine Art sozioökonomischer Normalität war unter zionistischen Führern sehr begehrt: jüdische Bauern, Werftarbeiter, Techniker, selbst Polizisten. Aber politische Normalität – »noch ein Partner des Weltgezänks und der Weltintrige mehr« – blieb bis in die vierziger Jahre ein höchst umstrittenes Thema. Nur die jüdische Hilflosigkeit gegenüber dem Nazismus ließ die Normalität in allen ihren Formen zunehmend attraktiver erscheinen. Angesichts dieser Hilflosigkeit mußte jeder, der sich der »normalen« Souveränität widersetzte, erklären, wie er die drängenden und übermächtigen Probleme des jüdischen Volkes zu lösen gedachte. Soweit ich es sagen kann, hat Buber das nie getan, und wenn er im Mai 1948, kurz nach der Unabhängigkeitserklärung Israels, schrieb, daß es »damals den Ju-

---

herumgetrieben wurden. Aber wir können die Tatsache nicht ändern. Das hat die Geschichte so bestimmt, und es bleibt uns nichts anderes übrig, als die Wahl zu akzeptieren. [...] Um was geht es dem Zionismus schließlich? Sommerlager? Treffen am Sabbath? Ist es nicht immer das Ziel gewesen, [...] dem jüdischen Volk das wahre Heil zu bringen?« (Berl Katznelson, *Collected Writings*, Bd. 9, Tel Aviv 1948, S. 75.) Ich verdanke diesen Hinweis Dahlia Ofer.

den nicht gelungen [ist], normal zu werden. In dieser Stunde scheint es ihnen in einem furchtbaren Maße zu gelingen«, hatte der Ausbruch nicht die kritische Kraft, die Buber beabsichtigt hatte.[23] Welche Alternative zu diesem beängstigenden Erfolg gab es?

Bubers Mikrokritik arbeitete vor dem Hintergrund seiner binationalistischen Überzeugungen, aber sie diente gleichzeitig einem anderen Zweck – die Tragödie des jüdisch-arabischen Konflikts sollte nicht vermieden, sondern die von den Juden begangenen Ungerechtigkeiten sollten verharmlost werden. »Wir können nicht umhin, insgesamt Unrecht zu tun«, schrieb er 1945, »aber uns wurde die Gnade zuteil, nicht mehr Unrecht tun zu müssen, als absolut nötig ist.« Die Besiedlung selbst war ungerecht, denn sie engte den arabischen Lebensraum ein, »wenn nicht in der jetzigen Generation, so doch jedenfalls für zukünftige Generationen«.[24] Doch Buber war bereit, diese Ungerechtigkeit zu verteidigen. Er widersetzte sich jedes Jahr aufs neue hartnäckig der Anwendung von Gewalt durch die Siedler, wenn sie nicht buchstäblich und im engen Sinn defensiv war. Als er zum Beispiel 1938 und 1939 gegen den jüdischen Terrorismus argumentierte, zog er die entscheidende »Demarkationslinie« klar und kraftvoll: »Wenn ein Mann ins Zimmer tritt, in dem sein Kind spielt, und sieht einen Fremden mit angelegter Flinte im Fenster stehen, so tut er seine väterliche Pflicht und sein Recht, wenn er dem anderen mit einem Schuß zuvorkommt.« Wenn aber der Angreifer entkommt und er »nun einen des Wegs ziehenden Dritten überfällt, nur weil er mit jenem gleichen Blutes war, was für eine Pflicht und was für ein Recht kommen ihm zu?«[25] Diesem kurzen Aufsatz mit seinem Kehrreim »Vertrauen wurde enttäuscht« folgte ein anderer – beide sind es wert, wieder gedruckt zu werden –, der die »Pseudo-Simsons« der jüdischen Rechten anprangerte. Wieder und wieder leugnete Buber die Wirksamkeit von Gewalt, ohne je eine pazifistische Haltung anzunehmen; nur ein Kompromiß könne den Weg zu alltäglicher Koexistenz und Zusammenarbeit von Juden und Arabern bahnen. Nach der Unabhängigkeit, als seine große Politik in Stücken lag, behielt Buber seine kritische Einstellung bei, verwarf Enteignung und Vergeltungsmaßnahmen und suchte lokal Gelegenheiten zur

Zusammenarbeit. Seine Mikrokritik gab ihm in jenen Jahren Kraft und ehrte ihn.

Ich möchte auf Bubers Leben als eines Bürgers Israels zurückkommen, der einem großen Teil der Politik des Staates von innen her mit Widerstand begegnete. Aber ich muß zuerst etwas darüber sagen, wie er selbst diese innere Einstellung verstand.

## »Dieser Ort, dieses Volk«

1945 attackierte eine Gruppe militanter Juden des rechten Flügels, angeführt von Menachim Begin, die *Ichud* (Union), die Organisation, die Buber für die letzten dreiundzwanzig Jahre seines Lebens politische Heimat war. Die Mitglieder von *Ichud*, so schrieb Begin, seien Professoren vom Scopus (dem Hügel, auf dem die Hebräische Universität liegt; der hebräische Name bedeutet »Hügel der Wahrnehmung«), und sie waren »in der Tat Beobachter, [...] nicht Teil von dem, was sich unten abspielte; sie residierten oben auf den Höhen eines moralischen Olymps«.[26] Dies ist die häufig gehörte Kritik an kritischen Intellektuellen, aber sie hatte eine besondere Kraft und war 1945 besonders schneidend, denn »unten« hatte sich gerade der Holocaust abgespielt. Buber kam nicht um eine Antwort herum, obwohl er auf solche Gegner in der Regel nicht reagierte. Er behauptete, daß der »ruhige, kultivierte, vorwurfsvolle« Ton (die Adjektive sind die Begins), in dem er und seine Freunde schrieben, nicht bedeutete, daß sie nicht um die Juden Europas geweint hätten, sondern nur, daß sie zu weinen aufgehört hätten, damit sie sich um die schwere Wahl kümmern könnten, die den Juden Palästinas jetzt bevorstand. »Wer in der Hölle war und wieder das Tageslicht erblickt, hat gelernt, ruhig und deutlich zu sprechen.« Er weist damit auf Platons bekanntes Bild hin. Aber es gibt einen wichtigen Unterschied. Die Hölle ist nicht die Höhle; sie ist schlimmer, und das Tageslicht ist gewöhnliches Licht. Buber sagt nicht, daß der Philosoph die Höhle verlassen muß, sondern daß er die Konzentrationslager verlassen muß. Er kann nicht ruhig und vernünftig sprechen, wenn er sich nicht selbst vom Holocaust distanziert. Ich habe schon angedeutet, daß Buber die notwendige Distanz vielleicht übertrieben hat. Aber er witterte schon sehr früh einige Pathologien einer Politik, die gänzlich von der Erfahrung des Holocaust geprägt wurde: die Vorstellung, man müsse »gegen die ganze Welt kämpfen«, und die Gleichsetzung von Heldentum mit der Weigerung, auf einen Kompromiß einzugehen. Das ist, so schrieb er, »nicht das Heldentum des Prometheus, sondern das von Don Quijote, [...] einem tragischen Don Quijote, tragisch im vollen Wortsinn«.[27]

Wenn es keine Rückkehr aus der Hölle ist, dann auch nicht vom Himmel – der kritische Philosoph steht auf dem Boden, er steht sogar auf einem bestimmten Stück Boden. Bubers Beispiel ist der alte biblische Prophet (den er hier besser versteht als Benda), der »die Menschen nicht mit einem allgemeingültigen Bild der Vollkommenheit, einem Pantopia oder einer Utopia konfrontiert. Er hat auch nicht die Wahl zwischen seinem Heimatland und einem anderen Land, das ›ihm besser paßt‹. Bei der Verwirklichung ist er an den *topos*, an seinen Ort, sein Volk gebunden, weil es das Volk ist, das den *Anfang* machen muß«.[28] Das ist, so nehme ich an, sowohl eine Selbstbeschreibung als auch ein historisches Porträt. Bubers prophetische Gegenwart – das bärtige Gesicht, die volltönende Stimme, eine Sprache, die sich zu oft um poetische Kraft bemüht – muß viele Menschen in Palästina und dann in Israel verärgert haben, die trotz ihres *topos* nicht in ihrer Alltagspolitik nach Prophezeiungen suchten. Aber er war gleichwohl an eben dieses Volk gebunden, und zwar auf genau die von ihm beschriebene Weise. Die Behauptung, der Prophet sei nur einer aus dem Volke, gehörte jedoch nie zu seiner Beschreibung. Bubers Politik ist elitär und auch prophetisch, »gleichermaßen frei«, schrieb er 1947, »von dem Größenwahnsinn der Führer und der Wankelmütigkeit der Massen«.[29] Seine Einstellung zur Masseneinwanderung war von demselben elitären Denken bestimmt (er zog das »Prinzip der selektiven Entwicklung« vor), obwohl, wie er Jahre später zugab, unter den Flüchtlingsmassen »die Tradition der messianischen Verheißung fortlebte«.[30] Und falls sie nicht lebendig war, was konnte der Prophet anderes tun, als das Volk an den Kompromiß zu erinnern? Er konnte sich schwerlich ein »passenderes« Volk suchen. Das Gefühl der Zugehörigkeit und der Verpflichtung mäßigt die Arroganz einer »geistigen Elite«, wenn es ernsthaft und beständig ist.

Auf festem Boden stehend, machte Buber einige überraschend weitsichtige Prophezeiungen. Er bezeichnete sich selbst stets als einen Realisten, und seine kritischen Schriften zeugen von einem bewundernswerten Verständnis für das Konkrete und von unerschrockener Nüchternheit. Wir stellen uns oft vor, daß politische Führer realistisch und nüchtern sein müssen, während Gesellschaftskritiker Idealisten sind, scharf, jedoch distanziert, ohne Kontakt mit den Komplexitäten des Alltags. Die Arbeitsteilung sorgt dann wie ein kluger Personalberater dafür, daß wir diesen alten Stereotypen entsprechen. Aber die Stereotype stimmen fast nie. Ohne das, was Buber den Größenwahnsinn der jüdischen Führer nannte, hätte es niemals einen jüdischen Staat gegeben. Größenwahn ist allerdings das falsche Wort zu ihrer Beschreibung; sie waren verrückt vor Hoffnung, nicht vor Macht oder Ruhm, und ohne diese Verrücktheit hätten sie nicht das tun können, was sie taten. Buber indes sah eine Wirklichkeit, die ihnen fast allen entging. Er sah erstens, daß die Teilung Palästinas und der Aufbau Israels nicht nur einen Krieg bedeuteten, sondern eine Reihe von Kriegen. Das internationale Ansehen des neuen Staates konnte nicht wettmachen, was ihm fehlte, nämlich Übereinstimmung zwischen den palästinischen Juden und Arabern, Israel würde deshalb »seine besten Kräfte an militärische Werte hergeben« müssen.[31] Und er sah zweitens, was Souveränität für die Juden bedeutete, nämlich politische Macht zusätzlich zu ihrer realen wirtschaftlichen Überlegenheit sowie die Beschränkung der Araber auf den »Status zweitklassiger Bürger« – was es um so schwerer machte, vor Ort zur notwendigen Übereinstimmung zu kommen[32].

Unter den Bedingungen der mittleren und späteren vierziger Jahre sprachen diese Gründe vielleicht nicht deutlich genug gegen die Staatengründung. Buber beschrieb, so hätte man sagen können, einfach die Risiken, die einzugehen waren. Und wenn man sich auf die einlassen wollte, dann müßten sie wohl abgeschwächt oder sogar geleugnet werden. Ich vermute, daß Ben Gurion wirklich glaubte, auf den Krieg für Israels Unabhängigkeit würde eine Art Frieden folgen. Buber glaubte das nicht, und in den ersten Kriegswochen muß er den Tiefpunkt seiner Beziehung »zu diesem Ort, diesem Volk« erreicht haben. Der Binationalstaat war, wie es schien, für immer verloren: Araber und Juden arbeiteten nur im gemeinsamen Gemetzel zusammen. Das Massaker an arabischen Dorfbewohnern in Deir Yasin bestätigte den Vertrauensbruch, den Buber bereits 1939 in der Reaktion jüdischer Gruppen des rechten Flügels auf den arabischen Terrorismus erkannt hatte. Er bestand dennoch auf seiner Zugehörigkeit: »Oft hatten in früheren Zeiten arabische Horden Untaten dieser Art verübt, und meine Seele hatte mit den Opfern geblutet; hier aber ging es um unser eigenes, um mein eigenes Verbrechen, um das Verbrechen des Juden am Geist.«[33] Aber es war nicht wirklich sein eigenes Verbrechen. Wenn jemals ein Mensch unschuldig war, dann er; und Menschen mit seinen politischen Ansichten müssen versucht gewesen sein, Unschuld in Flucht zu verdrehen, ihre Verbindungen abzuschneiden und sich auf die Suche nach einem ›passenderen Land‹ zu machen. Einige von Bubers Freunden und Anhängern verließen damals Palästina. Buber zog es vor, zu bleiben. »Darum kann ich gar nicht anders«, schrieb er im Mai 1948, »als an ihm [dem Krieg] mit meiner eigenen Existenz teilzunehmen, und mein Herz bebt heute wie das Herz jedes jüdischen Menschen.«[34]

Nach 1949 schloß Buber Frieden mit dem neuen jüdischen Staat, obwohl die Araber es nicht taten. Dies mag als großer Verrat am politischen Prinzip angesehen werden, doch was mir auffällt, ist Bubers absolut unveränderte Haltung im Sinne der »tausend kleinen Entscheidungen«. Es ist ein beispielhafter Augenblick in der Geschichte der Gesellschaftskritik, wenn ein Kritiker auf das Scheitern seiner größten Hoffnungen reagieren muß. Es ist nicht so, daß Israels Sieg im Unabhängigkeitskrieg eine Niederlage für *Ichud* war; der Krieg selbst war die Niederlage. (Den Krieg zu verlieren, wäre eine größere Niederlage gewesen, wie Buber erkannte, als sein »Herz bebte«.) Als der Kampf vorüber war, begrüßte ein mitfühlender Geschäftsmann in Jerusalem Buber mit einem Satz, der im Leben von Kritikern im zwanzigsten Jahrhundert häufig ein Echo gefunden hat: »Oh! Eine solch schlimme politische Schlappe, wie sie Ihr Kreis erlitten hat, ist nicht alltäglich. Es sieht so aus, als ob Sie den Tatsachen ins Auge sehen und sich zunächst einmal mit Schweigen zufriedengeben müssen.«[35] Buber gab sich nicht zufrieden; er scheint nach dem Krieg nicht weniger aktiv gewesen zu sein als vorher, zumindest bis Alter und Krankheit seine Tätigkeit einzuschränken begannen. (Er war 1949 zweiundsiebzig Jahre alt, aber immer noch politisch engagiert und vielbeschäftigt.) In der Tat war die Niederlage nicht eine »schlimme Schlappe«, denn die Menschen, denen Buber sich verpflichtet fühlte, waren unversehrt und frei, geradezu besessen von einer neuen Fähigkeit, sich nicht nur in die Weltpolitik »hineinzudrängen und einzumischen«, sondern auch Frieden mit den arabischen Nachbarn zu suchen, falls die Führer dazu die notwendigen moralischen Kräfte aufbrächten. So gewöhnte sich Buber an die Staatlichkeit und blieb ein Kritiker des Staates – der Wirklichkeit jetzt mehr als der Idee, der Politik eher als des Programms.

Buber kündigt sein Einlenken in einem orakelhaften Ton an, der viele seiner Leser verärgerte und noch ärgert: »Ich habe die aus dem Krieg hervorgegangene Form des neuen jüdischen Gemeinwesens, den Staat Israel, als den meinen akzeptiert. Ich habe nichts mit jenen Juden gemein, die ihn, die taktische Gestalt jüdischer Selbständigkeit, bestreiten zu dürfen meinen. Das Gebot, dem Geist zu dienen, ist jetzt von uns in diesem Staat, von ihm aus zu erfüllen.« Aber nicht dabei innezuhalten: die einfache Aussage und nicht das hochfliegende »Ich habe [...] akzeptiert« ist das Entscheidende. Buber appellierte an seine politischen Freunde, auf den neuen Grundlagen des Staates »all das gut zu machen, was einst verfehlt wurde, [...] die verschüttete Bahn für ein Einvernehmen mit dem arabischen Volke von neuem freizumachen«.[36] Binationalismus taucht in seinen Schriften bald als Föderation auf: Wenn er Nationen nicht in einem einzigen Staat verbinden konnte, dann wollte er Staaten zu einem größeren Bund zusammenbringen. Aber ganz am Ende seines Lebens, in seinem letzten veröffentlichten Aufsatz, fordert er eine »konföderative Union« Israels und der arabischen Staaten, die, so schrieb er, eine »wesentlich größere nationale Autonomie erlauben würde« als ein Staatenbund.[37] Er kam, so denke ich, allmählich dazu, nicht nur den Staat zu akzeptieren, sondern auch seine Souveränität zu schätzen – niemals sicherlich als ein Gut an sich, sondern als ein notwendiges Instrument, um Gutes zu bewirken. Unsere Generation ist, schrieb er 1957, seit zweitausend Jahren die erste Generation von Juden, die die Voraussetzungen für die Erfüllung der jüdischen »Mission« hat, also »die Unabhängigkeit eines starken Kerns [...], die Macht, selbst in nicht zu kleinem Umfang ihre Institutionen, Lebensweise und Beziehungen zu anderen Nationen zu bestimmen«.[38]

Buber setzte sehr hohe Maßstäbe für den Gebrauch dieser Macht, und der neue Staat wurde dem natürlich nicht gerecht. Seine kritischen Schriften nach 1948 sind eine Litanei von Protesten; meistens haben sie die Form von offenen Briefen, öffentlichen Verlautbarungen, an Amtsträger gerichteten Memoranden, denn jetzt gibt es jüdische Offizielle, die an ihre größere Verantwortung erinnert werden müssen. Diese ist in ihrem Ausmaß wirklich atemberaubend. Soll der neue Staat ein »jüdischer Staat« sein, schreibt Buber, so muß er »sein ganzes gesellschaftliches Leben unter [Gottes] Herrschaft stellen, was die Verwirklichung von Gerechtigkeit und Wahrheit in den inneren und äußeren Beziehungen bedeutet«.[39]* In Bubers nach 1948 verfaßten Schriften fällt besonders seine Bereitschaft auf, sich den Einzelheiten seines extravaganten Einlenkens zu widmen. Der Binationalismus war für ihn eine Art theoretische Garantie für Frieden und Gerechtigkeit; Föderation und Konföderation haben seiner Meinung nach weniger Gewicht, und Eigenstaatlichkeit ist nichts als Macht und Möglichkeit. Wir haben, schrieb er 1949, ein Ziel erreicht, aber es heißt

---

* Eine Darstellung dessen, was Buber mit Gerechtigkeit in internationalen Beziehungen meint, findet sich in seinem Buch *Pfade in Utopia*, das 1949 erschien, ein Jahr nach Israels Unabhängigkeitskrieg. Dies ist Bubers wichtigstes Werk zur politischen Theorie, eine verblüffende weltliche Verteidigung des kommunistischen Sozialismus, mit einem Epilog zum Kibbutz. Merkwürdigerweise spielen die Argumente dieses Buches bei seiner Kritik am Zionismus kaum eine Rolle.

nicht Zion. »Wir haben volle Unabhängigkeit, einen Staat und alles was dazugehört, aber wo ist die Nation in dem Staat? Und wo ist der Nationalgeist?«[40] Er ist immer noch Zionist, sucht also noch nach Zion, doch die Suche scheint, jedenfalls so wie sie sich in seinen veröffentlichten Schriften bekundet, minder programmatisch, als sie einmal war, begrifflich zu wenig genau bestimmt. Es ist mehr wie eins nach dem anderen; »die Verwirklichung der Gerechtigkeit« bedeutet, in diesem und im nächsten Augenblick gerecht zu handeln, es bedeutet, die Initiative bei der Ansiedlung arabischer Flüchtlinge zu ergreifen, das Kriegsrecht in arabischen Gebieten zu beenden, auf Vergeltungsanschläge gegen arabische Zivilisten zu verzichten, Arabern im Berufsleben und im öffentlichen Dienst Israels Chancen einzuräumen usw. Was dahinter steht, ist eher ein »Orientierungsplan« als eine Blaupause oder eine Theorie. Sofern Buber immer noch die Ähnlichkeit mit einer Tragödie leugnet, so jetzt fast ausschließlich auf der Ebene der alltäglichen Entscheidungen, die ich die »untere Ebene« genannt habe.

Er war, am weltlichen Maßstab für Erfolg gemessen, auf der unteren Ebene nicht erfolgreicher als auf der oberen. Sein früherer Standpunkt zu Einwanderung und Unabhängigkeit entzog ihm alle Unterstützung des Volkes, die er jemals genossen hatte. Einige wenige Minister der frühen Arbeiterregierungen teilten seine Meinung, waren jedoch nicht so gleichgesinnt, daß sie ihre Karrieren auf dem harten Boden arabisch-israelischer Zusammenarbeit opfern wollten. Sie gaben, so dachte Buber, der ewigen Versuchung von Eigenstaatlichkeit und politischem Realismus nach und »sahen in den Forderungen, die von flüchtigen Interessen diktiert werden, [...] die entscheidenden und in der Tat endgültigen Forderungen«.[41] Er gab der entgegengesetzten (und genauso ewigen) Versuchung zur kritischen Philosophie nicht nach: sich zu weigern, die Werte von »vorübergehenden Interessen« und die moralische Haltung von Menschen anzuerkennen, die diese Interessen vertreten. »Ich habe keinerlei Vollmacht, zu erklären«, schrieb er 1953, »daß unter allen Umständen das Gruppeninteresse den moralischen Forderungen geopfert werden muß.« Er wunderte sich nur über Amtsträger, die nicht die Narben dieses »inneren Konflikts« trugen. Die moralische Forderung kommt von innen: »Waren wir nicht Fremdlinge in Ägypten?« Die politischen Interessen sind unmittelbar und drängend und, so wird gewöhnlich gesagt, mit der Moral unvereinbar. Wo also sind die Narben?[42]

Erfolg, wie ihn die Welt mißt, ist nicht das Maß der Gesellschaftskritik. Der Kritiker wird an den Narben gemessen, die seine Hörer und Leser tragen, an den Konflikten, die er wahrzunehmen zwingt, nicht nur in der Vergangenheit, sondern auch in der Zukunft, und an den Erinnerungen, die diese Konflikte hinterlassen. Er ist nicht dann erfolgreich, wenn er Menschen für seine Sache gewinnt – denn manchmal ist es gar nicht möglich –, sondern wenn er zum kritischen Argument steht. Oft genug fühlte sich Buber als Prophet in der Wüste, doch die richtige Reaktion auf dieses Gefühl, so meinte er, sei nicht »der Rückzug in die Rolle des schweigenden Zuschauers, wie es Platon machte«. Statt dessen muß der Prophet weiter sprechen. »Er muß seine Botschaft vortragen. Die Botschaft wird mißverstanden, mißdeutet, mißbraucht; sie bestätigt und bestärkt die Menschen in ihrer Ungläubigkeit. Aber ihr Stachel wird allezeit in ihnen löcken.«[43] Diese Zeilen haben einen gewissen romantischen Schwung, und obwohl ich bei Gesellschaftskritikern Romantik eher abzulehnen geneigt bin, ist ihr Elan doch unwiderstehlich. Mendes-Flohrs Sammlung von Bubers kritischen »Botschaften« legt nahe, daß sein Werk immer noch einen Stachel hat. Und wenn es Leser gibt, in denen dieser Stachel löckt, dann kann das Volk nicht gänzlich ungläubig sein.

# 5
# Antonio Gramscis Engagement

*Fragen*

Sein Leben ist eines von denen, die zu hypothetischen Fragen einladen. Gramsci war einer der Gründer der Kommunistischen Partei Italiens, ein vorzüglicher Schriftsteller und ganz entschieden militant; Faschisten warfen den 35jährigen 1926 ins Gefängnis, wo er elf Jahre später, 1937, dem mittleren Jahr der Moskauer Prozesse, starb. In seinen *Gefängnisheften* – Tausende von Seiten, zu denen jetzt Tausende von Seiten gelehrter und politischer Exegesen hinzugekommen sind – schrieb er aus geschichtlicher Perspektive, im Stil von Reflexionen; er wußte praktisch nichts über das, was im letzten Jahrzehnt seines Lebens außerhalb seiner Gefängniszelle vor sich ging. Die fortschreitende Deformierung des internationalen Kommunismus geschah sozusagen hinter seinem Rükken. Bewahrte Mussolini ihn vor der stalinistischen Orthodoxie oder beraubte er die Linke eines tapferen und hochintelligenten Gegners des Stalinismus? Was hätte Gramsci gesagt, wäre er in den dreißiger Jahren frei gewesen, hätte er in den vierziger und fünfziger Jahren gelebt? Wo hätte er gestanden, als Ignazio Silone 1929 Parteidisziplin und kommunistische Orthodoxie verwarf? Wen hätte er 1946 unterstützt, als Elio Vittorini die Geistesfreiheit kommunistischer Militanter gegenüber Gramscis altem Freund und politischem Nachfolger Palmiro Togliatti verteidigte? Und, was uns mehr betrifft, ist Gramsci der heimliche Ahnherr, der zum Schweigen gebrachte Theoretiker des Eurokommunismus (oder des Eurosozialismus)? Oder war er stets ein treuer Leninist, damals und wahrscheinlich auch heute der Diktatur des Zentralkomitees gehorsam?

Fragen wie diese sind offensichtlich nicht zu beantworten, und doch bilden sie die Grundlage der außerordentlich großen Anzahl von Büchern und Studien über Gramsci, die nicht nur in Italien, sondern neuerdings auch in England und Frankreich, ja sogar in den USA (wo das Interesse freilich eher akademisch als politisch ist) erschienen sind. Linke Autoren versuchen zweifellos, Gramsci zu verstehen, aber sie wollen ihn auch für sich in Anspruch nehmen. Denn er ist im zwanzigsten Jahrhundert ein seltener Vogel – ein *unschuldiger Kommunist* –, und er brauchte die Partei nicht zu verlassen, sondern nur von einem faschistischen Gericht schuldig befunden zu werden, um seine Unschuld zu bewahren. Meistens dient die Aneignung seines Werks einer guten Sache; sie hilft, die demokratische Politik in einem kommunistischen oder extrem linken Rahmen zu legitimieren. Gramscis Jahre des antifaschistischen Kampfes und danach seine Gefängnisjahre summieren sich zu einer Gegentradition, die der langen Reihe leninistischer Präzedenzfälle entgegengehalten werden kann.[1] Aber ist Gramsci in der Tat eher ein demokratischer Kommunist als sein Kontrahent, so wie man von jemandem sagen könnte, er sei ein demokratischer Sozialist, wenn man damit meint, daß er ein sozialistisches Regime nur mit der Zustimmung des Volkes errichten würde? Ich glaube nicht; seine Sicht der Rolle der Partei und der Intellektuellen im politischen Leben ist so zweideutig, so schmerzlich ungelöst, daß man ihr keinen derartig sympathischen Namen geben kann. Gramsci ist keinem »Ideal« verpflichtet, wie Benda es beschreibt, also etwa der Freiheit oder Gerechtigkeit oder Selbstbestimmung. Er ist einer Doktrin verpflichtet, einem Bündel »wissenschaftlicher« Argumente, die er wissenschaftlich zu verstehen beansprucht und für die er sich politisch zu engagieren hofft. Alle Probleme seiner Arbeit gründen in der Spannung zwischen dem Anspruch und der Hoffnung, dem Verständnis und dem Engagement, der marxistischen Wissenschaft und der Politik der Arbeiterklasse.

## Die Intellektuellen und der Stellungskrieg

Die Hauptfigur in Gramscis Version der marxistischen Theorie ist der sich seiner Sache verpflichtet fühlende Intellektuelle. Gramsci schätzt vor allem die *intellektuellen* Fähigkeiten des Intellektuellen, seine Arbeit als Philosoph und Kritiker. Seit Marx hat noch jeder marxistische Führer sich als Theoretiker beweisen müssen – denn wie ist es möglich, im politischen Leben ohne eine richtige Theorie richtig zu handeln? Das einzige Ziel der Theorie, der einzige Grund, die richtige haben zu wollen, ist das politische Handeln, und zwar ein genau festgelegtes Handeln: die Vorbereitung des Proletariats auf die Machtübernahme. Gramsci muß diese marxistische Auffassung intellektueller Orientierung mindestens während der kurzen Jahre geteilt haben, in denen er die italienischen Kommunisten anführte. Im Gefängnis jedoch, nach den schrecklichen Niederlagen Anfang der zwanziger Jahre, plädierte er für eine entscheidende Verschiebung der Prioritäten. Im Westen könne die Machtübernahme erst dann stattfinden, wenn eine neue Proletarierkultur geschaffen sei, und dann käme sie relativ leicht zustande und würde nach einer kurzen politischen oder militärischen Auseinandersetzung das Ergebnis eines langen Kulturkampfes bestätigen. Deshalb sei es die Aufgabe des Intellektuellen, nicht nur aufgrund einer korrekten Theorie zu handeln, sondern auch eine neue Deutung der Welt zu entwickeln und zu erläutern.

Gramscis große Entdeckung war die der Dichte und Komplexität, der Robustheit der bürgerlichen Gesellschaft. In den hochentwickelten kapitalistischen Ländern, behauptete er, ist der Staat die Schöpfung der Eliten der Zivilgesellschaft, der instrumentelle Anhang einer herrschenden Klasse und ihrer unmittelbaren Verbündeten. Staat und Klasse stehen immer in einer, wie die marxistische Sicht nahelegt, »richtigen Beziehung« zueinander. (Gramsci scheint sich wenig für andere marxistische Gegenstände wie etwa wirtschaftliche Strukturen oder die Produktionsverhältnisse interessiert zu haben.) Nur in Ländern wie Rußland ist der Staat »alles« und die Zivilgesellschaft »urtümlich und gallertartig«, die Klassen unentwickelt, politisch unorganisiert, unfähig, die staatliche Macht zu kontrollieren. Unter solchen Bedingungen ist ein leninistischer *coup d'état* möglich.[2] In Italien jedoch ist dergleichen unmöglich (und in England und Frankreich erst recht), weil der Staat durch das geschützt wird, zu dessen Schutz er angeblich geschaffen wurde. Die wirkliche Bastion der bürgerlichen Macht ist das gewöhnliche Leben. In den alltäglichen Handlungen und Beziehungen und, wichtiger noch, in den Gedanken und Einstellungen, die hinter diesen stehen, offenbart sich die Vorherrschaft einer Gesellschaftsklasse. Der Staat kann erst dann erobert werden, wenn diese Hegemonie bezwungen ist.

Gramsci unterscheidet zwischen einem »Bewegungskrieg«, wie Lenin ihn in Rußland kämpfte, und einem »Stellungskrieg«, der in den entwickelten Ländern des Westens geboten ist. Der erste der beiden bedeutet buchstäblich und einfach die Eroberung der staatlichen Macht – der Gebäude, der Kommunikationszentren, der Polizei. Der zweite ist die »Ergreifung« der Zivilgesellschaft, die weder buchstäblich noch einfach ist, sondern mehr eine Infiltration als eine Übernahme, ein langer und zäher Kulturkampf, in dem die neue Welt langsam und schmerzlich die alte ersetzt. Dieses Konzept läuft auf eine Art kommunistischen Fabianismus hinaus – der sich jedoch mehr auf das Radio, die Presse und die Schule konzentriert als auf das städtische Wasserwerk. Und Gramsci teilt manchmal in der Tat den Optimismus der Fabier: »In der Politik ist der ›Stellungskrieg‹, einmal gewonnen, für immer entschieden.«[3] So wurde die Französische Revolution in den Jahren der Aufklärung gewonnen, nicht in den aufregenderen Tagen des Aufstands. Der Prozeß, nicht die »Ereignisse«, gab den Ausschlag.

Gramsci sieht diesem Prozeß jedoch nicht untätig oder bedauernd zu. Hier trennte er sich selbst von seinem eigenen Verständnis der deutschen und österreichischen Sozialdemokratie; er ist ein Leninist des Kulturkampfs. Der lange Prozeß der Aufklärung ist *de facto* ein Krieg. Er erfordert Disziplin, Organisation, ständige Kampfbereitschaft; er erfordert eine Struktur von Befehl und Gehorsam und eine Vorhut von Intellektuellen, eine Kommunistische Partei. Aber wiewohl seine militärischen Bilder Gramscis Radikalität bezeugen, werden sie seinen praktischen Absichten nicht gerecht. Und auch sein Vergleich von Partei und dem Fürsten Machiavellis ist nicht unmittelbar einsichtig: Was ist das Leben des Fürsten anderes als ein endloser Bewegungskrieg? Gramsci meint etwas anderes. »Der moderne Fürst muß und kann lediglich der Verkünder und Organisator einer intellektuellen und moralischen Reform sein, [...] das Terrain für die spätere Entwicklung des national-volksnahen [...] Willens zur Verwirklichung einer überlegenen totalen Form der modernen Zivilisation bereiten.«[4] Es ist ein schwieriger Satz, wegen der Häufung zukunftsgerichteter Präpositionen, Adjektive und Substantive – als ob Gramsci, hilflos in Mussolinis Gefängnis einsitzend, erkennt, daß eine »überlegene« Zivilisation sehr weit weg ist. Der Satz scheint drei ihrer Entwicklungsstufen zu beschreiben: 1. Die Partei bereitet das Terrain für 2. die Entwicklung eines »national-volksnahen« (nicht nur proletarischen) Willens, der noch nicht das Ziel ist, sondern der 3. auf die Verwirklichung eines neuen Lebensstils zielt. In den *Gefängnisheften* konzentriert sich Gramsci zumeist auf die Probleme des ersten Stadiums. Was genau bedeutet es, einem neuen Volkswillen das Terrain zu bereiten? Und warum setzt das eine disziplinierte politische Partei voraus? Warum nicht wie im Frankreich des achtzehnten Jahrhunderts eine Gruppe von *philosophes*? Vielleicht verwechselte Gramsci diese beiden und stellte sich eine utopische Vorhut, eine disziplinierte Armee freier Intellektueller vor.

## *Das Problem des »gesunden Menschenverstandes«*

Die Partei hat die Aufgabe, eine »intellektuelle und moralische Reform« herbeizuführen, wobei Reform nicht Wachstumspolitik im Stile der mitteleuropäischen Sozialdemokratie meint, sondern etwas, das einer religiösen Reformation oder einer Kulturrevolution gleicht. Gramscis Marxismus zwingt ihn zu der Überzeugung, daß der Inhalt dieser Reform, ihr sozialistischer oder kommunistischer Charakter, historisch bestimmt ist. Die Kultur der Zukunft wird – wenn auch nicht bewußt oder hoch oben – von der industriellen Arbeiterklasse getragen. Sie zeigt sich in der praktischen Aktivität der Arbeiter (Zusammenarbeit in der Fabrik, gewerkschaftliche Solidarität), aber noch nicht in ihrem Weltverständnis, noch nicht in dem, was Gramsci ihren »gesunden Menschenverstand« nennt. So zielt die Reformierung der Partei darauf, die Arbeiter auf ihr eigenes Handlungsniveau zu heben, »die Kultur der Sphäre der Praxis anzupassen«.[5]

Der Ausdruck »gesunder Menschenverstand« ist, vermute ich, Gramscis Lesart des falschen Bewußtseins. Aber sie ist subtiler als der übliche marxistische Begriff, der fast ohne alle Beschämung nach jedem Versagen einer Revolution wiederholt wird. Die gängige Auffassung blamiert die Opfer: Wenn die Arbeiter nur ihre eigenen Interessen kennten! Gramsci verfällt leicht in diesen Stil, und Frank Parkin ist nicht gänzlich unfair, wenn er »eine Reihe von marxistischen Theoretikern beschreibt, von Lukács und Gramsci zu den althusserianischen und Frankfurter Schulen«, deren Diagnose revolutionären Scheiterns »in der verblümtesten und gelehrtesten Weise [folgert, das] Proleratiat litte unter einer Art kollektiven Gehirnschadens«.[6] Deshalb ist die Partei unerläßlich, das unbeschädigte Gehirn der Arbeiterklasse – sie wahrt die »wirklichen« Interessen der Arbeiter, mit oder ohne deren Unterstützung. Es muß jedoch gesagt werden, daß Gramsci mit dieser Darstellung nicht zufrieden war. Wo in den *Gefängnisheften* vom »gesunden Menschenverstand« die Rede ist, umfaßt er sowohl richtige als auch falsche Gedanken – und auch Gedanken, auf die diese Prädikate nicht zutreffen, so wie sie offensichtlich nicht auf das Bewußtsein als Ganzes zutreffen. Was hier im »Stellungskrieg« zur Diskussion steht, ist die Kultur selbst, von der Philosophie und der Religion bis hinunter zu den allergewöhnlichsten Vorstellungen von Gesundheit und Krankheit, Liebe, Ehe, Arbeit, Warentausch, Ehre und Solidarität. Es ist deshalb für die Partei nicht einfach, ihre »richtige« Linie darzulegen und den politischen Kampf zu leiten. Ist sie ein Agent der intellektuellen und moralischen Reform, so ist sie einer, der nur durch die Arbeiter wirken kann, nicht hinter ihrem Rücken oder über ihren Kopf hinweg – sie müssen ihr Weltverständnis ändern, bevor sie die Welt verändern können. Oder, demokratischer gedacht – und manchmal schreibt Gramsci auch in diesem Stil –, sie muß den Arbeitern helfen, sich zu bilden und zu wandeln.

Gramscis Argumentation beginnt mit der klar egalitären Bemerkung, daß »alle Menschen Intellektuelle sind. [...] Es gibt kein menschliches Handeln, aus dem sich alle Formen intellektueller Teilhabe ausschließen lassen: *homo faber* und *homo sapiens* lassen sich nicht trennen«.[7] Männer und Frauen können nicht leben, arbeiten, lieben und Kinder erziehen, ohne eine bestimmte Weltansicht zu teilen, ohne einem Kodex moralischen Verhaltens zu folgen, ohne ein festes Ensemble von überlieferten Vorstellungen, auf das sie setzen oder das sie verändern. Selbst die bedeutenden Philosophen haben am Anfang nur eine Ahnung von Moralität und Wahrheit. Und unser Geist ist keine *tabula rasa*, auf die die herrschende Klasse – oder die Partei, wenn sie nur zuerst dort ist – ihre Anweisungen, die Zeichen einer herrschenden Ideologie schreibt. Unser Bewußtsein ist vielmehr ein geschichtliches Kompositum, das Produkt eines Prozesses, der in uns (dies ist Gramscis bester Ausspruch) »unendlich viele Spuren abgelagert hat, ohne ein Verzeichnis des Inventars zu hinterlassen«.[8] Zu den Merkmalen der herrschenden Klasse zählt, daß ihre professionellen Intellektuellen imstande sind, dieses Kompositum zu verfeinern und umzubilden oder jedenfalls mit einer neuen »Ablagerung« zu überdecken, und zwar nicht nur für ihre eigenen Schüler und Leser, sondern für die Gesellschaft im ganzen. Sie formulieren eine hohe Philosophie, die sich, obschon stark verzerrt, auf jeder Stufe der gesellschaftlichen und intellektuellen Tätigkeit wiederholt. Es kommt dann zu einem merkwürdigen Bruch in der Kultur der untergeordneten Klassen. Ihr Denken reflektiert ihre praktische Aktivität nicht; Bewußtsein folgt nicht der Existenz. Dieser Bruch, so behauptet Gramsci in einem wichtigen Abschnitt seiner *Gefängnishefte*,

»bedeutet, daß die fragliche Gesellschaftsgruppe in der Tat ihre eigene Auffassung von der Welt haben kann, auch wenn sie nur embryonisch ist; eine Auffassung, die sich selbst im Handeln manifestiert, aber nur gelegentlich und blitzartig. [...] Doch diese selbe Gruppe hat, aus Gründen der Unterwerfung und intellektuellen Unterordnung, eine Auffassung übernommen, die nicht ihre eigene ist, sondern von einer anderen Gruppe ausgeliehen wurde; sie bestätigt diese Auffassung verbal und glaubt, sie folge ihr selbst«.[9]

Und folgt ihr, so fährt Gramsci fort, in »normalen Zeiten«. Tatsächlich ist dieses Ausleihen unvollständig; die geborgten Gedanken werden mit Fragmenten älterer Ideologien kombiniert und wie sie den Erfordernissen einer konkreten gesellschaftlichen Situation angepaßt. Einerseits eine praktische Aktivität, die nicht artikuliert werden kann, andererseits die teilweise und zusammenhanglose Artikulation ererbter und geborgter Gedanken – das meint Gramsci mit »gesundem Menschenverstand«, der Alltagsweisheit, mit der die Menschen ihren Weg in der Welt finden. »Gesunder Menschenverstand ist das Volksgut der Philosophie.«[10]

Gramsci adaptiert und kompliziert damit den Satz von Marx: »Die Gedanken der herrschenden Klasse sind in jeder Epoche die herrschenden Gedanken.«[11] Doch sein Verständnis der »herrschenden Gedanken« hat politische und kulturelle Vorzeichen angenommen, die – jedenfalls bis vor kurzem – nur wenige Marxisten gutzuheißen bereit waren. Er selbst beachtet nicht immer die Signale und Andeutungen in seinen eigenen Überlegungen, die auf die Ersetzung der politischen Ökonomie durch eine Kulturanthropologie hinweisen. Wenn der marxistische Intellektuelle den Arbeitern von Angesicht zu Angesicht gegenübersteht, im Bemühen um Verständnis und um den »gesunden Menschenverstand« der Arbeiterklasse zu reformieren, bringen ihn eben diese Überlegungen in das bekannte Dilemma: Sollte er in seiner Distanz zum Arbeiter einen Vorzug sehen, oder sollte er selbst direkt an ihrem Alltagsleben Anteil nehmen? Sollte er außen stehen, oder sollte er das Risiko eingehen, sich »unter die Eingeborenen« zu mischen?

Der Intellektuelle muß seine Wahl zwischen Distanz und Nähe treffen, und bei dieser Wahl sind zwei Argumente Gramscis entscheidend. Leider weisen sie in verschiedene Richtungen. Das erste Argument stammt von Marx, der es jedoch niemals entfaltet hat: Herrschende Gedanken sind immer mehr als die vernünftige

Begründung von Klasseninteressen. »Jede neue Klasse nämlich, die sich an die Stelle einer vor ihr herrschenden setzt, ist genötigt, schon um ihren Zweck durchzuführen, ihr Interesse als das gemeinschaftliche Interesse aller Mitglieder der Gesellschaft darzustellen.«[12] Gramsci führt diesen Gedanken aus: Ideen werden erst dann prägend, sagt er, wenn sie in einer »universalen« und nicht »korporativen« Sprache ausgedrückt werden – und Universalität ist niemals bloß eine Vortäuschung. Jede Herrschaft ist ihrem Wesen nach »national-volksnah«, selbst wenn ihre zentralen Werte und die Grundsätze ihrer Organisation durch den Lebensstil einer bestimmten Klasse geprägt sind.[13] Die sichtbare Organisation der Vorherrschaft und der dazu artikulierte Wertezusammenhang haben ihre Wurzel in einem komplexen politischen Prozeß. Und das Ergebnis ist etwas, das einer gemeinsamen Kultur sehr nahe kommt. Herrschende Intellektuelle sind mit Schreibstiften bewaffnet, nicht mit Schwertern; sie müssen die von ihnen verteidigten Ideen Leuten plausibel machen, die eigene Vorstellungen haben und die die Intellektuellen des Alltagslebens sind. Zwang hat seinen Platz in (oder neben) der Hegemonie, die Macht der Gedanken indes liegt anderswo, und Herrschaft ist ohne Ideen nicht möglich. Muß eine regierende Klasse sich allein auf Gewalt verlassen, steckt ihre Herrschaft in einer Krise. Will sie die Krise vermeiden, muß sie Kompromisse schließen: »Die Tatsache der Vormachtstellung setzt voraus, daß man die Interessen und Neigungen der Gruppen berücksichtigt, die dieser Hegemonie ausgeliefert sind, und sie setzt auch ein gewisses Gleichgewicht voraus, womit gesagt sein soll, daß die vorherrschenden Gruppen einige Opfer bringen müssen, die korporativen Charakter haben.«[14]

Parkins Witzelei über den Gehirnschaden trifft also nicht den Nervenpunkt in Gramscis Argumentation: Wenn untergeordnete Klassen eine Weltansicht vertreten, die sich mit ihrem Handeln nicht verträgt, dann deshalb, weil sie ihnen, wenn auch unter Zugeständnissen, einen gewissen Freiraum für praktisches Handeln beläßt (obschon nicht für ein vollständiges Klassenbewußtsein). Die herrschenden Klassen internalisieren Widersprüche. Daraus scheint zu folgen, daß marxistische Intellektuelle sich nicht außerhalb der Welt der Kultur und des »gesunden Menschenverstandes« bewegen müssen, um die »wirklichen« Interessen der Arbeiterklasse zu erkennen; denn diese Interessen sind, allerdings nur teilweise, in die hegemonialen Strukturen inkorporiert. Die Arbeiter haben einen Platz in der alten Gesellschaft, sind untergeordnet, aber nicht ganz negativ – es ist nicht nur das Fehlen von Status und Berechtigung –, und die Opposition beginnt im Grunde dort, wo sie sind.

Gramscis zweites und ganz anderes Argument gründet in seiner allgemeinen Konzeption des Bewußtseins. So wie der »gesunde Menschenverstand« reichen die herrschenden Gedanken weit über »Interessen und Neigungen« hinaus. Die von bürgerlichen Intellektuellen erwogenen Ideen repräsentieren nicht nur das wichtigste, sondern auch das der Wahrheit nächste Verständnis der gesellschaftlichen Wirklichkeit (und, nicht zu vergessen, der Naturwissenschaften). Sie kristallisieren sich zu den schönsten Auffassungen von Kunst und Literatur; sie verkörpern den klassischen Humanismus ebenso wie den bürgerlichen Liberalismus. Sie sind ganz einfach die besten Gedanken der Epoche (und aller früheren Epochen), und der Marxismus selbst führt sie fort, so wie er auch die »Vollendung« der deutschen Philosophie, der englischen Volkswirtschaftslehre und der französischen politischen Wissenschaften ist.[15] Die neue in der Arbeiterklasse fundierte Kultur läßt sich allein im Medium dieser Gedanken ausdrücken. An diesem Punkt werden keine Opfer oder Zugeständnisse gefordert. Es macht vielmehr Angst, daß die Kulturherrschaft so radikal unvollständig ist. Herrschende Gedanken herrschen direkt und vollständig einzig unter den Herrschern und den Intellektuellen. In den untergeordneten Klassen sind diese Gedanken nicht mehr als die letzten der »unendlichen Spuren«, die alle anderen überlagern, aber nicht ersetzen. Der Gemeinverstand der Massen bleibt bis zu einem bedeutsamen, wiewohl unbestimmten Grad (es gibt kein Inventar) vorbürgerlich, eine gar nicht stimmige Mischung aus Vorurteilen, Aberglauben und »Utopien«, die ihrerseits von früheren herrschenden Ideen abstammen, die selbst niemals gänzlich verstanden oder absorbiert worden waren.[16] Und neben all dem gibt es im Keim Anzeichen von etwas radikal Neuem.

Oder vielleicht auch nicht so radikal Neuem, denn die Anzeichen ziehen ihre »Spuren« in den herrschenden Ideen. Weil die Hegemonie Zugeständnisse machen muß oder ihrem Wesen nach wissenschaftlich und »fortschrittlich« ist, läßt sich die Kultur der Zukunft von Intellektuellen wie Marx oder Gramsci voraussehen, die in der herrschenden Klasse aufwuchsen, Anteil an ihrer Kultur hatten und sich dann zu ihrem Gegner erklärten. Allerdings müssen sie sich auch zum Gegner der Arbeiterklasse erklären, jedenfalls soweit die Arbeiterklasse von ihrem »gesunden Menschenverstand« bestimmt ist. Obwohl sie auf eine neue Kultur hoffen, sind die kommunistischen Intellektuellen die Pfeiler der alten Hegemonien.

## Die Partei und die Arbeiter

Dies also ist Gramscis Dilemma: Seine Aufgabe ist Gesellschaftskritik, aber seine Kritik gilt nicht vornehmlich den dominanten Gruppen oder den eklatanten Ungerechtigkeiten in der Gesellschaft, in der er lebt. Er muß vielmehr das Bewußtsein, die Kultur und die Lebensweise der Menschen, die er zu leiten hofft, affizieren. Er muß sie kritisieren, ohne sich ihnen zu entfremden; er muß ihr »moralisches und intellektuelles Leben« reformieren, ohne ihnen sein eigenes aufzudrängen. Er muß sich selbst, wie Gramsci sagt, zu »einem neuen Typus von Philosophen machen, [...] einem ›demokratischen Philosophen‹« – also einem, dessen Philosophie »eine aktive soziale Beziehung zur Veränderung der kulturellen Umgebung« unterhält[17] – eine Beziehung zu Menschen, deren praktische Tätigkeit (da sie einer progressiven Gesellschaftsklasse angehören) die Umgebung bereits verändert und die, zumindest schwach, wissen, daß dem so ist. Das ist keineswegs eine einfache Demokratie, denn das Wissen der Menschen ist tatsächlich schwach – nicht weil *sie* schwach sind, sondern weil ihr kultureller Status gebrochen und aus den Fugen ist, während derjenige der Intellektuellen der Partei wissenschaftlich und präzise ist. Die beiden stehen zueinander wie Lehrer und Schüler, also keineswegs wie Gleichwertige. Mutmaßlich übernimmt der Lehrer die seinen Schülern gemäße Führung, denn seine Lehre soll in ihrem Leben schon implizit enthalten sein. Er erscheint ihnen jedoch mit hoher Wahrscheinlichkeit als Außenseiter, als Bote einer neuen und fremden Wahrheit.

Er erscheint als Außenseiter vor allem deshalb, weil er ein Außenseiter ist – er ist ein Fremder in bezug auf die Klasse, einer, der wahrscheinlich nicht in einer Industriestadt aufgewachsen ist oder jemals in einer Fabrik gearbeitet hat. »Das Proletariat als Klasse«, schrieb Gramsci 1926, kurz vor seiner Verhaftung, »hat wenig organisierende Elemente, hat keine Intellektuellen oder kann seine eigenen Intellektuellen nur sehr langsam und mühsam heranbilden und erst nachdem es die Macht im Staate erobert hat.«[18] Eine düstere Aussicht, besonders düster der letzte Satz, der vermuten läßt, daß das Proletariat im langen »Stellungskrieg« von Außenseitern geführt wird. Sechs oder sieben Jahre zuvor, als die Betriebsräte, die Sowjets Italiens, in Turin aktiv waren und er die Räte verteidigte, hatte Gramsci anders argumentiert (1926 bestand seine Politik überwiegend aus innerparteilichen Intrigen). Damals behauptete er, daß die Räte Modelle des proletarischen Staates seien und in ihnen die Herausbildung einer neuen Kultur schon weit fortgeschritten sei. Sein Leben lang erblickte er in den Räten die charakteristische Gestalt der Organisation der Arbeiterklasse und die Arena für ihre Erziehung. In den Räten, schrieb er 1919, konnte die Arbeiterklasse »sich selbst erziehen, Erfahrungen sammeln und ein verantwortliches Bewußtsein für die Pflichten gewinnen, die den Klassen obliegen, die die Macht im Staate haben«.[19] In den *Gefängnisheften* ist weniger klar, daß er an Selbsterziehung denkt. Vielleicht hat er niemals wirklich daran geglaubt; Gramsci hatte etwas von einem Schulmeister an sich, und er scheint stets einen strengen Begriff von den Aufgaben des Proletariats (den »obliegenden« Pflichten) vertreten und wenig Respekt vor dessen Mitgliedern empfunden zu haben. Sie hatten zwar keinen »Gehirnschaden«, aber sie waren kulturell retardiert; ihre Rückständigkeit war der praktische Ausdruck der Unterordnung. Kurzzeitig, 1919, in einem Augenblick der Begeisterung, wies er die Rolle des »Tutors« energisch zurück.[20] Doch die *Gefängnishefte* sind, scheint mir, eine Apologie genau dieser Rolle, sie spiegeln die Lektion wider, die Gramsci aus der Niederlage der Räte und dem Triumph des Faschismus gezogen hat.

Aber die Apologie hat auch ihre Schwierigkeiten: Gramsci wollte zwar eine Partei mit Betreuerfunktion, aber zugleich eine Partei, die bereit war, ihre Schüler (nicht zu bald) ihren eigenen Weg gehen zu lassen. Er meinte, es sei »die Aufgabe der Intelligenzija [...], spezielle Führer aus der Intelligenzija überflüssig zu machen«.[21] Im Augenblick jedoch brauchte es nichts so sehr wie »spezielle Führer«:

»Kritisches Selbstbewußtsein bedeutet historisch und politisch die Schaffung einer Elite von Intellektuellen. Eine Menschenmasse kann sich nur dann auszeichnen, wird nur aus eigener Kraft unabhängig, wenn sie sich im weitesten Sinne organisiert; und es gibt keine Organisation ohne Intellektuelle, [...] ohne daß der theoretische Aspekt der Verbindung von Theorie und Praxis konkret durch die Existenz einer Gruppe von Menschen ausgezeichnet wird, die sich auf die begriffliche und philosophische Ausarbeitung von Ideen spezialisiert haben.«[22]

Da die Arbeiterklasse solche Menschen nicht aus ihrer eigenen Mitte hervorbringt, können sie nur aus der Gruppe der »traditionellen Intellektuellen« kommen, die hauptsächlich, wie Gramsci selbst, aus dem Kleinbürgertum stammen. Doch die Einstellung dieser Intellektuellen zum Proletariat ist verkrampft und instabil, und die philosophische Herausbildung von Gedanken, die die Lage des Proletariats erhellen, ist ein Prozeß »voller Widersprüche, Fortschritte und Rückzüge, Zersplitterungen und Umgruppierungen, in denen die Loyalität der Massen oft auf eine schwere Probe gestellt wird«. Dennoch müssen die Massen in dem langen Stellungskrieg loyal bleiben. »Loyalität und Disziplin sind die Wege, auf denen [sie] an der Entwicklung der Kulturbewegung als ganzer teilhaben.«[23] Für sie ist der Stellungskrieg ein Krieg *in* der Stellung. Sie müssen lernen, stillzuhalten, während eine ziemlich aufsässige (und unzuverlässige) Gruppe von Lehrern um die Formulierung eines geeigneten Lehrplans ringt.[24]

Die englischen Herausgeber der *Gefängnishefte* versichern uns, daß Gramsci, wenn er das Wort »Elite« gebraucht, nicht den reaktionären Tonfall der »Elitisten«, der Anhänger von Vilfredo Pareto und Gaetano Mosca, aufnimmt. Zweifellos; aber was genau meint er? »Der Entwicklungsvorgang ist«, so schreibt er, »mit einer Dialektik zwischen den Einzelnen und den Massen verknüpft.«[25] Dies ist der Stil jemandes, der sich dessen, was er sagt, nicht sicher ist oder der vermeiden will, genau zu sagen, was er meint. In der Tat sieht Gramsci sich vor ernste Probleme gestellt. Der Intellektuelle in der Partei darf den Arbeitern nicht zu nahe kommen, damit er nicht seine Fähigkeit verliert, ihren »gesunden Menschenverstand« zu kritisieren. Sich romantisch zu identifizieren bedeutet, die Nerven zu verlieren, und die Unterstützung proletarischer Spontaneität wäre schlechte Politik, ganz so, als ob man Aberglaube und Volksweisheit der Wissenschaft vorzöge. Andererseits ist es nicht minder schlechte Politik, die proletarische Spontaneität zu verwerfen, denn jede spontane Bewegung »enthält Rudimente bewußter Führerschaft«.[26] Und eine Verweigerung der Identifikation ist aus Gründen, die ich oben angedeutet habe, ebenfalls gefährlich, schließlich ist es das praktische Handeln des Proletariats (und nicht der bürgerlichen Intellektuellen), worin die Kultur der Zukunft vorgebahnt ist: »Der sozialistische Staat existiert potentiell schon in den Institutionen des gesellschaftlichen Lebens, das die ausgebeutete Arbeiterklasse kennzeichnet.«[27]

Der Intellektuelle schwankt unsicher und unstet zwischen der Hochkultur der alten Gesellschaft, deren fortschrittlichste Erzeugnisse die modernen Naturwissenschaften und der Marxismus selbst sind, einerseits und dem »gesunden Menschenverstand« des Volkes, der internalisierten Praktik der Unterordnung (und des Widerstands gegen die Unterordnung), die jedoch in sich die Chiffre einer noch höheren Kultur trägt, andererseits. Er möchte Missionar *und* Genosse sein. Als Missionar sucht er Kunst und Wissenschaft und »die Philosophie der Praxis« den Massen zu vermitteln; seine Aufgabe ähnelt der des Lehrers bei Gramsci, der sich aufgerufen sieht, »volkstümliche« Weltanschauungen zu entkräften und »sie durch Auffassungen zu ersetzen, die für überlegen gehalten werden«.[28] Als Genosse strebt er eine aktive Symbiose mit dem Volk an, vielleicht sogar die »Einheit von manueller und intellektueller Arbeit« (etwas, das Gramsci selbst niemals versuchte und in Anbetracht seines prekären Gesundheitszustandes wohl auch nicht hätte versuchen können), und sodann eine Veränderung aus dem »gesunden Menschenverstand« der Arbeiterklasse.[29]

Die Kommunistische Partei verfolgt natürlich die Absicht, zwischen diesen beiden Positionen auszugleichen. Im Ideal bringt die Partei eine Elite von Intellektuellen und die »fortschrittlichsten« Sektionen des Proletariats im politischen Tageskampf zusammen. Erziehung und Handlung gehen Hand in Hand; die Protagonisten der beiden Tendenzen lernen voneinander. Die intellektuelle Elite, von einer Ethik der Gleichwertigkeit geleitet, kooperiert eng mit den Intellektuellen des Alltagslebens. Ihre Mitglieder sind Kritiker des »gesunden Menschenverstandes«, doch sie proklamieren nicht umstandslos ihre eigenen wissenschaftlichen Erkenntnisse. »Anfänglich« zumindest stützen sie sich »auf den gesunden Menschenverstand selbst, um zu beweisen, daß ›jeder‹ ein Philosoph ist, und daß es nicht darauf ankommt, eine wissenschaftliche Denkweise von Anfang an neu zu entwickeln [...], sondern darauf, eine schon bestehende Aktivität zu erneuern und ›kritisch‹ zu machen«.[30] Gramsci schlägt ein überraschendes Modell vor: die Predigermönche des Mittelalters, die in religiösen Orden organisiert sind, die ihren Mitgliedern »eiserne« Disziplin auferlegen, nicht um einer Verschwörung willen, sondern »so, daß sie gewisse Grenzen der Unterscheidung zwischen ihnen selbst und den ›Einfachen‹« nicht überschreiten. Wenn sie sich jenseits solcher Grenzen bewegen, dann werden die Intellektuellen »zu einer Kaste oder Priesterschaft«.[31]

Falls Gramsci diese Gefahr erkennt – die soeben zitierten Zeilen könnten selbstkritisch gemeint sein –, so ist nicht klar, was er dagegen zu unternehmen gedenkt. In der Praxis wurden die Positionen, die seine Partei in dem einen oder anderen politischen Streit einnahm, häufiger durch die Päpste und Bischöfe der Komintern bestimmt als durch die innere »Dialektik« von Theorie und »gesundem Menschenverstand«. Auch war diese Dialektik niemals so ergiebig, wie Gramsci hoffte – und aus Gründen, die er stets mit erbarmungsloser Offenheit darlegte. Das Proletariat erzeugte nur überaus zögernd Repräsentanten des Fortschritts. Von wenigen Ausnahmen abgesehen, waren die Intellektuellen in der Partei keine »organischen Intellektuellen« der Arbeiterklasse. Weder stammten sie aus dieser Klasse, noch fühlten sie sich ihr zugehörig (außer vielleicht in der Zeit der Turiner Streiks). Die Partei blieb während der zwanziger Jahre überwiegend eine missionarische Einrichtung, deren Mitglieder einander Genossen nannten, den Arbeitern, deren Gefährten sie zu sein wünschten, jedoch radikal entfremdet waren. Die Sozialisten erreichten eine deutlich bessere Integration mit den Arbeitern, freilich, wie Gramsci sagte, aus Opportunismus: indem sie die Theorie dem »gesunden Menschenverstand« opferten.

Vielleicht erschöpfen die kommunistischen und sozialistischen Erfahrungen in der Tat die realistischen geschichtlichen Möglichkeiten: Entweder operiert eine Elite von Intellektuellen missionarisch von außen, oder es entsteht eine Massenpartei ohne missionarische Elite und alsbald auch ohne Mission. Hier zeigt sich eine vage, jedoch aufschlußreiche Entsprechung zu Julien Bendas radikalem Dualismus. Die kommunistischen Intellektuellen sind die *clercs*, der Wahrheit oder zumindest der »richtigen ideologischen Position« verpflichtet, während die Sozialisten »Laien« sind, die, obwohl meist ohne große Wirkung, in der wirklichen Welt agieren, sich den Umständen anpassen und durch Kompromisse (weniger durch Bekehrung) Verbündete zu gewinnen trachten. Gramscis hartnäckiger Gebrauch militärischer und machiavellistischer Bilder bezeugt, wie heftig er wünschte, diesen Dualismus zu überwinden – um, wie es sich für einen ordentlichen Marxisten ziemt, zugleich ein kritischer Theoretiker und ein Taktiker, ein Revolutionsführer und ein Predigermönch, ein *militanter clerc* zu sein. In einem Stellungskrieg spielt die Taktik jedoch eine nachgeordnete Rolle (und im Gefängnis ist sie belanglos). Hier sind die ausgreifenden Strategien der Kulturkritik wichtig. Woher soll diese Kritik kommen?

Wenn die Arbeiter tatsächlich die Kultur der Zukunft repräsentieren, dann hatten die Sozialisten recht, als sie dachten, daß sich praktisches Handeln langsam zu einer neuen Kultur entwickeln sollte.\* Das wesentliche Argument für kommunistische Politik ist die (leninistische) These, daß diese innere Kritik und diese Veränderungen innerhalb der Klasse nicht möglich sind. Die Hegemonie kann nur durch bürgerliche Intellektuelle im Exil abgeschafft werden, die hegemoniales Wissen besitzen. »Nur nach der Erschaffung eines neuen Staates kann sich das kulturelle Problem einer kohärenten Lösung zuwenden.«[32] Diese Bemerkung in den *Gefängnisheften* ähnelt der Formulierung von 1926. Gramscis Meinung ist klar: Die Arbeiterklasse wird erst dann ihre eigenen organischen Intellektuellen oder ihre eigene Kultur hervorbringen können, wenn die Tätigkeit der kommunistischen Missionare durch die Macht des Staates gestützt wird, wenn der Staat die Medien und das Erziehungssystem kontrolliert. Ich habe die Pädagogik als eine Metapher für Gramscis Politik gebraucht; aber Gramsci nimmt das Bild wörtlich, er hat ein direktes, sowohl persönliches als auch theoretisches Interesse an der Schule und dem Lehrplan. Hier beruft er sich am ausdrücklichsten auf seine eigene Erfahrung und erlaubt uns einen kurzen Blick in die Psyche eines kommunistischen Militanten.

## *Kommunistische Schulung*

Einige von Gramscis ersten Arbeiten befassen sich mit Bildungsfragen, aber die systematischste Untersuchung steht in den *Gefängnisheften*, wo er einen Reformvorschlag kritisiert, den der idealistische Philosoph Giovanni Gentile, Mussolinis Erziehungsminister, eingebracht hatte. Die Einzelheiten des Vorschlags brauchen uns hier nicht zu beschäftigen; er war ausgesprochen »progressiv«, betonte die Bedeutung einer sogenannten »aktiven Erziehung« gegenüber

---

\* Oder, alternativ, kulturelles Handeln zu einer neuen Praxis: Dies ist die Haltung von Anhängern und Zeitgenossen Gramscis, die, anders als er, entschieden mit der Idee einer Politik der Vorhut brachen und dazu neigten, der Popularkultur mehr Wert zu verleihen.

der reinen »Unterrichtung«, die als trocken und formal geschildert wurde, immer nur das Alte wiederholend und unfähig, die Aufmerksamkeit der Jugend zu wecken. Gramscis Reaktion ist erstaunlich konservativ:

»Latein und Griechisch wurden durch ihre Grammatik, mechanisch, gelernt; aber der Vorwurf, das Formale sei überbetont oder der Stoff zu trocken, ist sehr ungerecht und unangebracht. In der Erziehung hat man es mit Kindern zu tun, denen man gewisse Gewohnheiten wie Fleiß, Genauigkeit, Präzision, Haltung (auch körperliche Haltung) und die Fähigkeit, sich auf bestimmte Themen einzustellen, einprägen muß. Diese lassen sich nicht ohne die mechanische Wiederholung disziplinierter und methodischer Handlungen erwerben.«[33]

Eine derartige Erziehung hat, so scheint es, keinen ausgesprochenen Klassencharakter; sie ist weder bürgerlich noch (Gramscis Wort) »oligarchisch«. Die alten Schulen, in denen Griechisch und Latein gelehrt wurden, waren nur deshalb oligarchisch, weil Kinder von Arbeitern ausgeschlossen waren. Werden solche Kinder zugelassen, so ändert sich der Charakter der Schule. Gramsci befürwortet die »Allgemein-« oder »Gesamt-«Schule und gleichzeitig den traditionellen Lehrplan. Widerstrebend stimmt er dem Verzicht auf alte Sprachen zu, obwohl er sich für diese Reform nicht begeistern kann, die auf der Linken viele Fürsprecher hat. »Es wird nicht einfach sein, neue [...] Themen in einer dialektischen Form Gestalt annehmen zu lassen, die für die Erziehung und allgemeine Persönlichkeitsentwicklung gleichwertige Ergebnisse bringen.«[34]

Die Herausforderung für eine wirklich fortschrittliche Erziehung ist nicht, einen neuen Lehrplan zu entwickeln, sondern Kinder aus der Arbeiterklasse (und Bauernkinder) mit dem Besten aus Literatur und Wissenschaft in Berührung zu bringen. Die Schule muß, wie die Partei, in einem Spannungsverhältnis zum Gemeinverstand des Volkes stehen. Kommunisten sollten nicht versuchen, diese Spannung zu entschärfen; sie sollten auf ihr beharren, mit ihr leben und ihr bis zur Aufhebung des »gesunden Menschenverstands« standhalten. Der Lehrer, schreibt Gramsci, »muß sich des

Gegensatzes zwischen der Art von Kultur und Gesellschaft, die er repräsentiert, und der Art von Kultur und Gesellschaft, die durch seine Schüler repräsentiert wird, bewußt sein, und [er muß sich] seiner Verpflichtung bewußt sein, die Bildung des Kindes in Übereinstimmung mit jener und *im Konflikt* mit dieser zu beschleunigen und zu regulieren«.[35] Erziehung ist Schwerarbeit; niemand ist von Geburt an mit Sorgfalt, Genauigkeit und Neugier ausgerüstet, sie zu erwerben ist in Anbetracht des kulturellen Konflikts (des Stellungskriegs) und dessen, wie die beiden Seiten darauf vorbereitet sind, für Kinder von Fabrikarbeitern viel schwieriger als für Kinder der Bildungsschicht. Und wenn schon, in diesem Punkt ist Gramsci unnachgiebig: »In der Zukunft könnten diese Fragen äußerst brennend werden, und es wird nötig sein, der Neigung zu widerstehen, das leicht zu machen, was nur um den Preis der Verzerrung leicht gemacht werden kann.«[36]

Es war für Gramsci selbst, als Sohn und Enkel von Provinzbeamten, nicht leicht gewesen; es würde für Schüler aus niederen Gesellschaftsschichten noch schwerer sein. Und doch waren es, wie er glaubte, die Schulen, der alte Lehrplan, das mechanische Lernen und die gelegentliche Zuwendung höchst unfähiger Lehrer gewesen, die ihn aus der entlegenen und zurückgebliebenen Provinz Sardinien ins moderne Turin gebracht hatten. Körperlich schwach, oft krank, bucklig und fast ein Zwerg hatte er seinen Weg gemacht, allerdings nicht ohne fremde Hilfe. »Erwarte von niemandem etwas«, schrieb er 1927 an seinen Bruder Carlo, »und du vermeidest Enttäuschungen.«[37] Dennoch sind seine Bemerkungen zur Erziehung (auch seine Briefe aus dem Gefängnis, in denen er sich um die Erziehung seines Sohnes sorgt) voller Erwartungen. Die Schule ist natürlich ein Agent der Hegemonie, das heißt, sie lehrt »ein verantwortungsvolles Bewußtsein für die den Klassen obliegenden Pflichten, die im Staate die Macht haben«. Aber sie vermag das ebensowohl für den Arbeiter wie für den Patron – sofern nur Arbeiter zu den Schulen zugelassen wären. Sie würden, so behauptete Gramsci, unter den Bedingungen der bürgerlichen Herrschaft nicht zugelassen, allenfalls zu Schulen, deren Lehrplan ihren mutmaßlichen Fähigkeiten und Interessen angeglichen wurde. Und dort würden sie nicht mit der vorherrschenden Kultur konfrontiert und nicht das »verantwortliche Bewußtsein« einer herrschenden Klasse kennenlernen. Die Schulen würden erst dann für die Arbeiter arbeiten, wenn es einen Arbeiterstaat gäbe. Die traditionellen Schulen legen trotzdem, wie Gramscis eigene Erfahrung beweist, nahe, was zu tun ist.

Gramscis Anmerkungen zur Erziehung sind streng, und ihre Strenge ist persönlich und ideologisch. Seine Briefe sind im selben Ton geschrieben. Ich kann über die Quellen dieser Strenge in seinem Leben nur spekulieren, doch es scheint die Spekulation wert zu sein. Das Dilemma eines Intellektuellen wie Gramsci ist ein persönliches Dilemma. Was er von den Arbeitern erwartete, ist das, was er meinte, für sich erreicht zu haben. Sie müssen so radikal mit dem »Sardinien« des »gesunden Menschenverstands« brechen, wie er mit dem wirklichen Sardinien gebrochen hatte, in dem er geboren und aufgewachsen war. Sie müssen dahin gelangen, ihre »geistige Sklaverei« so sehr zu hassen, wie er die Rückständigkeit Sardiniens haßte. In Sardinien, schrieb er einmal, habe er nur »die brutalsten Aspekte des Lebens« kennengelernt. In Wahrheit hatte er dort mehr kennengelernt: die Anfänge des Aufruhrs, Mitgefühl mit den Unterdrückten, ja sogar Solidarität – in Gestalt des sardischen Patriotismus, ein Gefühl, das er lange unterdrückt hatte, als er die *Gefängnishefte* schrieb.[38] Aber all das waren erste Gefühle, eng an den dortigen »gesunden Menschenverstand« geknüpft, und sie mußten, wie Gramscis englische Editoren sagen, »transzendiert« werden. So verhielt es sich mit dem »gesunden Menschenverstand« der Arbeiter, obschon er manchmal nur »rudimentäre« Solidarität hervorbringt.

Gleichzeitig macht Gramsci sich Sorgen über intellektuelle Transzendenz. Hier findet diese Sorge ihren theoretischen Ausdruck:

> »Das populäre Element fühlt und weiß, versteht aber nicht; das intellektuelle Element weiß, aber es versteht nicht und kann insbesondere nicht immer fühlen [...]. Der Fehler des Intellektuellen besteht darin, zu glauben, daß man ein Intellektueller sein kann (und nicht nur ein Pedant), wenn man sich von Volk

und Nation unterscheidet und löst, also die Menschen versteht, ohne ihre elementaren Leidenschaften zu teilen oder zu verstehen und ohne sie dialektisch mit den Gesetzen der Geschichte und einer erhabeneren Weltauffassung zu verknüpfen, die wissenschaftlich und kohärent durchdacht ist – dem Wissen also.«[39] Er äußert eine ähnliche Sorge in persönlichem Zusammenhang: In einem Brief an seine Frau erinnert er sich an ein liebloses Leben (bevor er ihr begegnet war) und bekennt, daß er sich oft gefragt habe, »ob es möglich wäre, mich selbst mit der Masse der Menschen zu verbinden, wenn ich niemals irgend jemand geliebt [hätte], nicht einmal meine eigene Familie, [ob] es möglich war, ein Kollektiv zu lieben, wenn ich niemals selbst von einzelnen Menschen geliebt worden war«.[40] Der ungeliebte und sich selbst bemitleidende Intellektuelle ist uns vertraut genug, denke ich, und ich möchte mich nicht mit ihm beschäftigen, sondern vielmehr mit der ersten von Gramscis Fragen, die seine Ablehnung von Heim und Heimat ausdrücken. Er hatte sich um einen großen persönlichen Preis gelöst. Konnte er sich jetzt kameradschaftlich Männern und Frauen verbunden fühlen, die sich nicht gelöst hatten, die die Rückständigkeit verkörperten, die er überwunden hatte? Wie konnte er ohne ein Gefühl für die eigene Vergangenheit Mitgefühl mit den Menschen entwickeln, die noch in jener Vergangenheit lebten?

Es ist eine ehrliche Frage, die, noch einmal, an Rousseaus Verachtung für Philosophen erinnert, die die Menschheit lieben, aber ihren nächsten Nachbarn verachten. Hat Gramsci jemals die Arbeiter »geliebt«? Ich zögerte, die Frage in dieser Form zu stellen, hätte Gramsci sie nicht selbst gestellt. Es ist keine Frage, die, soweit ich weiß, in der Literatur zu Gramsci jemals erörtert worden ist. Die Autoren konzentrieren sich fast ausschließlich auf kulturelle Themen und die marxistische Theorie. Aber die *Gefängnishefte* lassen eine Antwort vermuten: er liebte die Arbeiter wohl nur so, wie ein strenger Lehrer einen zurückgebliebenen, widerspenstigen, freilich vielversprechenden Schüler liebt. Es ist nicht die Liebe eines Bruders oder Freundes. Gramsci muß sich selbst in direkten Gesprächen, besonders 1919 und 1920 in den Fabriken, anders geäußert haben. Sein Stil im Gefängnis ist jedoch distanziert und fordernd. Natürlich will er die elementaren Leidenschaften der Arbeiter fühlen, aber er weiß, daß er über ein höheres Wissen verfügt.

Was Gramsci fordert, ist, daß der vielversprechende Schüler seine eigene »Kultur und Gesellschaft« aufgibt. Das ist die Forderung, die die Partei an die Arbeiterklasse insgesamt richtet. (Es geschieht jedoch immer mit dem »caveat«, daß die praktische Aktivität der Arbeiter bereits eine neue Kultur und Gesellschaft anzeigt. Dessen sind sich indes nur wenige der Intellektuellen in der Partei und einige wenige »fortschrittliche« Arbeiter bewußt.) Kann man dies von erwachsenen Menschen fordern und sich gleichzeitig ihren Gefährten nennen? Gramscis Erziehungsprogramm läuft darauf hinaus, mit Arbeitern so umzugehen, als ob sie Einwanderer in einem fremden Land wären, »Grünschnäbel«, wie er selbst einer war, als er nach Turin kam. Sie haben den entscheidenden Schritt getan – in die moderne Fabrik –, und jetzt müssen sie sich auf die neue Welt einlassen, die sie betreten haben, oder sich dazu erziehen lassen. Aber ein Programm wie Gramscis funktioniert am besten mit Kindern, also »nach der Erschaffung des neuen Staates« (und dann funktioniert es ähnlich wie die »Amerikanisierung«, die sich zu Beginn des zwanzigsten Jahrhunderts in den USA – im wesentlichen durch die öffentlichen Schulen – abspielte). Es ist zwingender und weniger attraktiv als ein Programm für Erwachsene. Da Gramsci nicht aus der neuen Welt stammt, ließe sich denken, er habe die Schwierigkeiten erkannt. Tatsächlich aber scheint er, nachdem er in die neue Umgebung gezogen ist, sich angepaßt und seine eigene Vergangenheit unterdrückt hat, erst recht dafür zu plädieren, andere denselben Prozeß durchlaufen zu lassen (oder sie dazu zu zwingen?).

## Gramscis Lehre

Diesen Prozeß zu vollenden ist die zentrale Maxime des Stellungskrieges. Ich möchte meine eigene Darstellung von Gramscis Politik vervollständigen, indem ich zwei Beschreibungen des Bewegungskriegs (aus den *Gefängnisheften*) zitiere, also aktueller Revolutionskriege. Die erste handelt von den Bolschewiki, die vorzüglich manövrierten und die Staatsmacht übernahmen, ohne je eine Stellung erobert zu haben:

»Eine Elite, die aus einigen der aktivsten, energischsten, unternehmungslustigsten und discipliniertesten Mitgliedern der Gesellschaft besteht, wandert aus und übernimmt die kulturellen und historischen Erfahrungen der fortschrittlichsten Länder des Westens, ohne je die wesentlichen Kennzeichen ihrer eigenen Nationalität zu verlieren, also ohne die emotionalen und historischen Bande zu zerreißen, die sie mit ihrem eigenen Volke verbinden. Nachdem sie so ihre intellektuelle Lehrzeit abgeleistet hat, kehrt sie in ihr eigenes Land zurück und nötigt das Volk, das so historische Stufen überspringen kann, zum gewaltsamen Erwachen.«[41]

Der Hinweis auf »emotionale Bande« ist nötig, so vermute ich, um zu erklären, warum diese unternehmungslustigen Intellektuellen nicht im Westen bleiben, nachdem sie sich die westliche Kultur angeeignet haben. Sie sehen die Sonne, aber sie gehen trotzdem in die Höhle zurück. Gramsci kehrte außer für zwei kurze Besuche niemals wieder nach Sardinien heim, doch vielleicht ist seine wiederholte Forderung, die italienischen Kommunisten sollten sich der Probleme der Bauern annehmen (»die Frage des Südens«) eine Geste, die auf die Rückkehr hinweist. Wenn das so ist, dann ist es eine Geste, die Sentimentalität sorgfältig vermeidet. Auch die Bolschewiki erlaubten ihren emotionalen Bindungen ans alte Rußland niemals, sie bei den Aufgaben zu stören, die sie sich selbst gestellt hatten: das Volk zum gewaltsamen Erwachen zu nötigen. Das Verb läßt das Adjektiv überflüssig scheinen, aber erst beide zusammen machen die Bedeutung des Satzes deutlich.

Die zweite Beschreibung handelt von der Französischen Revolution und den Jakobinern, der revolutionären Elite, die Gramsci bewunderte. Sie führte eine Klasse, die den Stellungskrieg bereits gewonnen hatte. Die Jakobiner, schreibt Gramsci, »machen die Forderungen der Volksmasse zu ihren eigenen« und verfolgen diese Forderungen sodann mit »äußerster Energie, Entschiedenheit und Entschlußkraft«. Sie wurden jedoch nicht allein aufgrund dieser Energie zur Elite. Sie repräsentierten ebenso zukünftige wie gegenwärtige und aktuelle Forderungen: Sie zwangen die Massen zum Handeln, obschon »in Richtung der wirklichen historischen Entwicklung« (so wie ein strenger, aber hingebungsvoller Lehrer einen Lieblingsschüler in Richtung der Verheißung zwingt). Gramsci drängt die Geschichte, die er erzählen will, in ein einziges Bild, wenn er die Jakobiner beschreibt als »eine Gruppe von [...] entschlossenen Männern, die dem Bürgertum in den Hintern tritt«.[42]

Das ist ganz gewiß eine merkwürdige Geschichte, denn im Falle von Frankreich war die Aufklärung der Revolution vorangegangen, und es hätte nicht nötig sein müssen, den triumphierenden Mittelstand auf den Weg zu seiner eigenen Vorherrschaft zu stoßen. Der Hauptgrund für Gramscis Wirkung auf die späteren Marxisten ist seine Neubewertung der bürgerlichen Gesellschaft – sie scheint ihm das Tor zu einer Politik ohne Diktatur und Terror zu öffnen. Gleichgültig, was in Rußland geschieht, im Westen würde der Staat nicht erobert werden können, bevor nicht eine Basis im Volk etabliert war – eine gemeinsame Kultur besänftigt und legitimiert die Ausübung der Macht. Das ist es in der Tat, was Gramsci sich erhoffte, wofür er jedoch niemals den Weg frei sah. Selbst eine Klasse, die von »organischen Intellektuellen« geführt wird, eine mächtige und aufgeklärte Klasse wie das französische Bürgertum, traute sich kaum, die geschwächten Kräfte der Aristokratie und des Absolutismus herauszufordern. Was kann man dann von den italienischen Arbeitern erwarten, die »schlecht sind beim Organisieren der Elemente« und die auf die Anleitung durch Expatriierte wie Gramsci nicht verzichten können? Hätte Gramsci den Arbeitern in den Hintern getreten? Wir können dazu nur sagen, daß er keine Gelegenheit dazu hatte.

Gramscis theoretische Überlegung ist widersprüchlich. Er glaubt, daß in Ländern wie Italien der kulturelle Stellungskrieg vor dem politischen Bewegungskrieg ausgefochten werden und ein »eindeutiges Ergebnis« bringen wird. Dieser Stellungskrieg sollte dann Nötigung, jedenfalls die Nötigung der »Volksmassen« überflüssig machen. Aber er glaubt auch, daß der Stellungskrieg erst endgültig nach der Machtübernahme gewonnen werden wird. Wer wird also das Manöver leiten, mit dem der Staat erobert und gehalten wird? »Eine Gruppe entschlossener Männer«, deren persönliches Leben so widersprüchlich sein muß wie ihre Theorie; denn sie lieben das Volk, das sie nötigen, und lieben es doch nicht wirklich.

Es ist die Kluft zwischen dem elementaren Gefühl und dem »gesunden Menschenverstand« einerseits und Gramscis eigenem absoluten Wissen andererseits, die diese Widersprüche erzeugt. Sie erwachsen aus der Leere zwischen dem Volk und den Intellektuellen, einem ungeheuren Raum, den selbst die Dialektik nicht überbrücken kann. Gramsci möchte ein »demokratischer Philosoph« sein, und seine Konzeption der Vorherrschaft, hätte er sie vollständig entwickelt, hätte sich wohl als der Grund erweisen können, auf dem demokratische Philosophen stehen können. Sicherlich kommt kein kommunistischer Theoretiker einer revolutionären Strategie näher als Gramsci in seiner Gefängniszelle, einer Strategie, die den Normen einer funktionierenden Demokratie entspricht oder auf sie abgestimmt werden kann. Denn er behauptet, daß die Diener der Hegemonie nicht umhinkönnten, durch Eingliederung und Zugeständnisse eine gemeinsame Kultur zu erschaffen, wobei sie die Interessen und Werte untergeordneter Gruppen an ihren eigenen »ideologischen Komplex« anpassen. Untergeordnete Männer und Frauen sind also nicht solche, die sich der Bedeutung ihres eigenen Handelns nicht bewußt sind und die ideologisch durch geborgte Ideen geformt wurden: Sie haben schließlich die Zugeständnisse erwirkt. Kritik kann von innen kommen, und sie selbst können sowohl Subjekte wie Objekte kritischen Handelns sein.

Kritik dieser Art »ermöglicht«, schreibt Gramsci, »einen Prozeß der Differenzierung und Veränderung der relativen Gewichte, die die Elemente der alten Ideologien zu besitzen pflegten. Was früher zweitrangig und nachgeordnet war, [...] wird jetzt als primär gesehen und zum Kern eines neuen ideologischen und theoretischen Komplexes«.[43] Dies ist abstrakt ausgedrückt und wird im Text nicht erläutert; es fehlt die Konkretisierung und Intensität, mit der Gramsci die Themen der Rückständigkeit und Hegemonie erörtert. Aber der Sachverhalt ist wichtig. Moralische und intellektuelle Reform beginnt mit einem innerhegemonialen Kampf, und die neue Kultur ist niemals gänzlich neu; sie ist zum großen Teil eine Neuordnung von Ideen, die es schon in der alten Kultur gab. Denken wir zum Beispiel an den Platz, den Gleichheit im bürgerlichen und im oppositionellen Denken einnimmt. Gleichheit ist in der hegemonialen Kultur ein realer, obwohl deutlich beschränkter Wert, doch sie hat auch eine weitere, »utopische« Bedeutung, die zumindest gelegentlich von den herrschenden Intellektuellen beschworen wird, wenngleich als ein Zugeständnis an untergeordnete Gruppen. So ist sie allgemeiner möglich, ist ein umstrittener oder zu bestreitender Wert – und der Streit darum heißt Stellungskrieg. Warum sollten marxistische Intellektuelle nicht an diesem Krieg als wirkliche Gefährten, als demokratische Philosophen teilnehmen, die sich gleichzeitig mit Ideen identifizieren, die im kulturellen System »zweitrangig und untergeordnet« sind, und mit Menschen, die in der Gesellschaftsstruktur »zweitrangig und untergeordnet« sind? Gramsci gelingt diese weitgreifende und großzügige Identifikation niemals ganz; er ist der stolze Verteidiger »fortschrittlicher« Ideen, und er identifiziert sich einzig mit den »fortgeschrittenen« Mitgliedern untergeordneter Klassen. Wie Randolph Bourne in den USA ist er (und kann nichts anderes sein) »heftig und konzentriert intellektuell«. Aber er ist auch im Gegensatz zu Bourne ein Intellektueller, der besessen ist von einer Theorie, einer neuen und sicheren Wissenschaft, die jeder anderen Form des Wissens überlegen ist.

Gramsci ist, so könnten wir sagen, ein Opfer der marxistischen Teleologie. Fortschritt ist seine Form der Ablösung, und sie zieht genossenschaftlicher Politik bestimmte Grenzen. Je fortgeschrittener seine Theorie, um so weiter ist er in der Praxis von der Rückständigkeit der Arbeiterklasse entfernt. Seine politische Tätigkeit ist eine unregelmäßige Bewegung in Richtung des Volkes, das er zu führen hofft, und wieder von ihm weg. Er weiß zwar, daß er es nicht ohne dessen Zustimmung führen kann, aber er weiß auch, und diesmal mit einem »wissenschaftlichen und kohärent ausgearbeiteten« Wissen, daß es seiner Führung zustimmen müßte und im Lauf der »realen historischen Entwicklung« auch zustimmen wird. Dieses Wissen gewann er, als er Sardinien hinter sich ließ, und es macht ihn zu einem selbstsicheren und in seinen Augen objektiven Kritiker des »gesunden Menschenverstands«. Aber Objektivität hat ihren Preis, den Gramsci auch akzeptiert: »Das intellektuelle Element weiß, aber es versteht nicht [...] immer.« Ohne Verständnis freilich sind Kritik und Führerschaft gleichermaßen korrupt.

Die Gefangenschaft bewahrte Gramsci vor den praktischen Folgen dieser Korruption – oder vor der praktischen Notwendigkeit, sich selbst zu retten. Im Gefängnis rang er mit bewundernswertem Mut und außerordentlicher körperlicher und geistiger Disziplin mit dem Dilemma der intellektuellen Militanz. Er löste dieses Dilemma weder für sich noch für uns. Er gab seine Bindung an die Partei und die Lehre, die sie verkörperte, niemals auf. Er hörte nicht auf zu hoffen, daß der von der Partei geführte Stellungskrieg doch ein demokratischer Krieg sein könnte. Es ist, so denke ich, kein unmöglicher Traum: Die Vorhut verbindet sich mit der Nachhut, nicht unter dem Zwang des Stahls, sondern durch die Überzeugungskraft der Worte. Es ist der Traum eines Intellektuellen, der jedoch durch die Zuversicht eines Intellektuellen gefährdet wird, er werde, wenn er marschiert, immer in vorderster Linie marschieren.

# 6
# Ignazio Silone: »Das Natürliche«

*Kommunismus und »gesunder Menschenverstand«*

Ignazio Silone war, so schrieb Arthur Koestler gelegentlich, »ein natürlicher Kommunist, [...] der einzige unter uns«.[1] Koestler meinte damit, daß niemand Silone zum Kommunismus bekehrt hat; kein radikaler Guru, kein geistlicher oder politischer Führer hatte ihn in die Partei eingeführt. Er war dem gefolgt, was er selbst (bei der Beschreibung seines Bruchs mit dem Kommunismus) das »dunkle Diktat« seines Herzens nannte. Koestler wandte die Gesetze der Newtonschen Physik auf das Parteileben an: Jede Bewegung wird durch eine Kraft hervorgerufen. Intellektuelle müssen wegen ihrer großen Trägheit auf den Weg der kommunistischen Disziplin gestoßen oder gezogen werden. Aber Silone war etwas Besonderes – selbstgetrieben, von Natur aus in Bewegung.

Tatsächlich hat Silone mehrere Darstellungen seiner Entscheidung gegeben, sich der Partei anzuschließen (und noch mehr ausführliche seiner Entscheidung, sie zu verlassen), und es ist klar, daß die Natur wenig damit zu tun hatte. Es ist die Persönlichkeit, die zu solchen Entscheidungen führt: der Charakter, ein Gefühl der Verpflichtung und das, was wir die Gewöhnung an moralisches Verhalten nennen könnten. Koestler behauptet im Grunde, daß Silone seine Gewohnheiten und Verpflichtungen nicht zu verändern, seinen Charakter nicht umzuformen brauchte. Er wurde nicht in der italienischen Kommunistischen Partei neugeboren; er wurde ein neues Mitglied (tatsächlich war er bei der Gründung 1921 dabei), ohne ein neuer Mensch zu werden. Silone bestätigt all dies in *Notausgang*, einer Sammlung autobiographischer Aufsätze, in *Brot und Wein* und *Der Samen unterm Schnee*, seinen beiden teilweise autobiographischen Romanen. In seinen Schriften legt nichts die Vermutung nahe, er sei »solitär« oder halte sich selbst dafür. Silone ist ungewöhnlich wegen seines Muts und der Integrität, mit der er den eingeschlagenen Kurs verfolgt. Aber der Kurs selbst ist nicht ungewöhnlich, und deshalb wähle ich Silone als Vertreter all der Männer und Frauen, die Kritiker ihrer Gesellschaft und sogar Revolutionäre werden, die zwar den üblichen Preis an innerem Aufruhr, Auseinandersetzungen mit der Familie und persönlicher Gefährdung zahlen, aber nicht die Erfahrung von Bekehrung, Wiedergeburt und moralischer Veränderung machen. Ihre Radikalität verträgt sich mit ihrem Vorleben, bedeutet nur ein Leben nach den Grundsätzen, die sie zu Hause gelernt haben. Während Gramsci alles unterdrückte, was in ihm sardisch war, bewahrte und schätzte Silone die »Spuren«, die seine Heimat in den Abruzzen in ihm hinterlassen hatte.

Er ist ein Schriftsteller mit einem kräftigen Sinn für die Örtlichkeit – nicht nur physisch, obwohl man nach der Lektüre seiner Romane den Eindruck hat, für eine Weile in den Bauerndörfern und Kleinstädten der Abruzzen gewohnt zu haben. Die Abruzzen sind auch eine moralische Welt, und Silone beschwört sie, um die Frage nach der Herkunft beantworten zu können: »Aufgrund welcher schicksalhaften Bestimmung oder Gabe oder Überempfindlichkeit trifft man in einem bestimmten Alter die Entscheidung, ein ›Rebell‹ zu werden?« Welche Quelle speist die »spontane Intoleranz der Unterwerfung« und den Widerstand, »sich mit der Ungerechtigkeit abzufinden, auch wenn es andere sind, die davon betroffen werden?«[2] Zweifellos gibt es viele andere Quellen, so wie es viele Rebellionen gibt, doch Silone spricht nicht nur für sich, sondern für zahlreiche andere Radikale, wenn er schreibt:

»Sowohl die Tatsachen, die meine Empörung veranlaßten, als auch die moralischen Beweggründe, die sie rechtfertigen, hingen mit meiner engsten Heimat zusammen. Der Schritt von der Resignation zur Revolte war kurz: Man brauchte nur die Grundsätze, die für das Privatleben galten, auf die Gesellschaft anzuwenden. Damit erkläre ich mir, daß sich alles, was ich bisher geschrieben habe, und wahrscheinlich auch alles, was ich noch schreiben werde, obwohl ich viele Reisen gemacht und lange im

Ausland gelebt habe, nur auf das kleine Stück meiner Heimat bezieht, das man von dem Haus überblicken konnte, in dem ich geboren bin.«[3]

Grundsätze werden durch den Ort bestimmt – das Abenteuer besteht nicht darin, sie ausfindig zu machen, sondern sie zu befolgen. Silone beschreibt die Grundsätze, die die Menschen in den Abruzzen für gültig halten und die sie ihre Kinder lehren. Die Grundsätze sind keineswegs außergewöhnlich; er hätte sie, oder sehr ähnliche, auch im Exil in der Schweiz oder in Frankreich oder in Belgien kennenlernen können (wenn auch vermutlich nicht auf den Kominterntreffen, die er in Moskau besuchte). Er jedoch lernte sie daheim kennen: Moralität war für ihn weniger etwas, das er erwarb, als vielmehr ein Erbe, und es wurde ihm in einem lokalen Dialekt mitgeteilt, den Silone dann sein Leben lang »sprach«. Diese Moralität galt nicht nur für sein Privatleben. Zwar war sie nur innerhalb der Familie oder zwischen engen Freunden spürbar und wirksam und wurde durch Unterdrückung und Angst vom öffentlichen Leben ferngehalten; aber sie zeigte doch wirtschaftliche und politische Beziehungen an. Wie Silone diese Grundsätze auf die Gesellschaft anwandte, lag implizit in den Grundsätzen selbst begründet. Was jedoch implizit war, wurde auch unterdrückt, so daß Ideen wie die der Gerechtigkeit und Freiheit entweder einen ideologischen oder einen utopischen Zuschnitt erhielten. Der Ideologie gegenüber verhielten sich die Bauern der Abruzzen resigniert und zynisch. Die Utopie indes war eine Quelle, wiewohl eine, die nicht unmittelbar genutzt werden konnte: ketzerisch, subversiv und geheim. »Unter der Asche des Skeptizismus«, schreibt Silone, »ist bei denen, die am meisten zu leiden haben, die uralte Hoffnung auf *das Reich*, in dem die Barmherzigkeit den Platz des Gesetzes einnimmt, der alte Traum des Gioacchino da Fiore, der Spiritualisten, der Coelestiner nie ganz erloschen.«[4] So wurden die Grundsätze lange praktiziert, bevor Silone sie aufnahm – aber nur in Träumen. Und doch waren es wirkliche Träume, Träume eines Menschen; sie waren nicht die persönlichen oder idiosynkratischen Erfindungen eines Romanciers. Sie machten einen wesentlichen Teil von Silones Erbe aus.

Selbst die ortsgebundenen Ideologien gehörten zu seiner Erbschaft. In Silones erstem Roman, *Fontamara*, gibt es eine reizende Szene, in der die Bauern beschließen, eine Zeitung zu veröffentlichen, die erste, die ganz ihre eigene sein würde. Wie sollen sie sie nennen? Der Dorfschuster schlägt *Recht* vor. Jemand protestiert, daß sich das Recht immer gegen die Bauern wende; es sei in den Carabinieri verkörpert. »Aber ich meine doch das wirkliche Recht, die Gerechtigkeit«, antwortet der alte Schuster gekränkt. ›Das Recht, das für alle gleich ist.‹«[5] Wirkliches Recht, der Gedanke daran überlebt die in seinem Namen begangenen Verbrechen, und das wird so bleiben, solange der Name ein notwendiger Mantel für Verbrechen ist. Die Bauern mögen bezweifeln, daß es im wirtschaftlichen und politischen Leben des Landes Gerechtigkeit gibt, und sie mögen damit recht haben oder auch nicht, aber sie wissen, was das Wort bedeutet. Sie wissen, was Gerechtigkeit wirklich ist.

Tatsächlich weiß das jeder, selbst die Redner und Politiker in der Stadt, die Meister forensischer Beredsamkeit, die Silone fast grausamer abkanzelt als Platon die Sophisten. Die Redner sind doppelt opportunistisch – begierig auf Applaus, begierig auf Geld. Sie geben sich als Tribunen aus und sprechen zu den Menschen, um Beifall zu heischen; sie arbeiten als Rechtsanwälte und dienen den Grundbesitzern um des Geldes willen. Erfüllt von großen Worten, haben sie wenig Sinn für die Macht der Gedanken, die sie ausdrücken und zugleich ausbeuten. In *Brot und Wein* sagt Zabaglione, früher einmal der Anführer der dortigen marxistischen Sozialisten, der unter großen persönlichen Opfern seine sozialistischen Überzeugungen aufgegeben hat: »Das ist die Wurzel des Übels! [...] die Dinge wörtlich nehmen. Kein Regime darf wörtlich genommen werden; wo käme man sonst hin?«[6] Pietro Spina, die Hauptfigur des Romans, Kommunist und christlicher Heiliger, behauptet das gleiche:

»Die Rasse, der wir angehören, zeichnet sich dadurch aus, daß sie die Grundsätze ernst zu nehmen beginnt, die ihr durch ihre Erzieher und Lehrer beigebracht worden sind. Diese Grundsätze werden als die Grundpfeiler der bestehenden Gesellschaft bezeichnet, aber wenn man sie ernst nimmt und mit ihnen die Gesellschaft selbst vergleicht, dann erkennt man, daß die Organisation und wirkliche Tätigkeit der Gesellschaft diesen Grundsätzen radikal widersprechen und sich nicht an sie halten. [...] Für uns hingegen [...] sind sie eine ernste und heilige Sache. Sie sind [...] das Gerüst unseres Innenlebens. Wir empören uns, wenn wir sehen, welchen schändlichen Gebrauch die Gesellschaft davon macht, indem sie sie als Maske und Mittel zum Betrug benutzt. So wird man Revolutionär.«[7]

Es mag stimmen, daß, wie Marx behauptet, ein weiterer »radikaler Widerspruch« zwischen den neuen Kräften und den alten Produktionsverhältnissen Männer und Frauen hervorbringt, die bereit sind, die »Gesellschaft zu testen« und an der Revolution teilzuhaben. Aber es ist schwer zu glauben, daß jemand allein wegen dieses zweiten Widerspruchs zum kommunistischen Militanten, zum professionellen Revolutionär wird, wie Silone es tat, und ein Leben der Agitation und Gefahr führte. Marx' Widerspruch ist – wie könnte das auch anders sein? – ein Ergebnis unmittelbarer Erfahrung. Und es entscheidet sich auch niemand für die Revolution, indem er sich ein neues System moralischer Grundsätze wählt, die, bis dato unbekannt, für ein neues System produktiver Beziehungen bestimmt sind. Die Revolution wird aus dem Zorn geboren, und was den Zorn erregt, ist die Erfahrung, daß bereits bekannte Grundsätze ignoriert werden; zunächst bejaht man sie, und dann werden sie »abgeschlachtet«. Man muß lernen, was richtig ist – das ist niemals eine Entdeckung oder etwas, das im Alleingang geschieht, als ob der Revolutionär ein besessener Erfinder wäre, der in seinem Keller vor sich hin arbeitet – und dann nachschaut, was falsch gelaufen ist. Die wahre Besessenheit des Revolutionärs zeigt sich, wenn er zu »ernsthaft« ist oder alles zu buchstäblich nimmt.

Das ist zumindest die Besessenheit des Rebellen, wie Silone ihn darstellte und Camus ihn später beschrieb. Revolutionäre von Beruf dagegen brauchen vielleicht neue theoretische Erkenntnisse, Erfahrungen mit der menschlichen Natur oder der Geschichte, bevor sie sich auf ihre Rolle einlassen können. Ein Beruf braucht eine Lehre. Aber der ursprüngliche Impuls, ohne den niemand den Beruf ergreifen würde, kommt nicht aus der Lehre; er kommt vielmehr aus dem, was Silone das »gewöhnliche Gefühl für die Beziehungen zwischen sich selbst und anderen nennt, das gewöhnliche Gefühl für Rechte und Pflichten, die gewöhnlichen Maßstäbe für ein moralisches Urteil«.[8] Eine menschliche Gesellschaft ist nur mit einer gewöhnlichen Moral möglich, und in jeder bekannten Gesellschaft ist Gewöhnlichkeit ein entscheidender Maßstab. Die Aufgabe des Volksredners ist es, die moralischen Untertöne in einer solchen Weise zu artikulieren, daß man die Worte nicht hört – oder so, daß die Worte für Wohlbehagen und Unterhaltung sorgen und nicht für Aufregung. Die Menschen jedoch, die die Worte hören und sie sich zu Herzen nehmen, sind auf dem Weg zur Rebellion.

Dieser Weg ist keineswegs leicht; obwohl er mit dem beginnt, was gewöhnlich ist, hört er doch nicht damit auf. Silone kam durch einen selbstverständlichen und gleichzeitig ketzerischen christlichen Glauben, das, was Gramsci den »gesunden Menschenverstand« der Unterdrückten nannte, zur Kommunistischen Partei. Aber als er einmal in der Partei war, konnte er kein Christ bleiben. Die Partei hatte ihren eigenen Glauben, der keinen Platz ließ für jene Zeit und jenen Raum, aus denen Silone stammte – die Bergdörfer der Abruzzen oder »das noch in mir verankerte ›Mittelalter‹«. So natürlich seine Entscheidung für den Kommunismus auch war, so erforderte sie doch Entwurzelung; er brach mit seiner Familie, verließ seine Heimat, verlor seinen Glauben. »Aber wer kann beschreiben, was der halbverhungerte Junge aus der Provinz in der großen Stadt in seiner elenden Kammer durchmachte, als er den Glauben an die Unsterblichkeit der Seele endgültig aufgeben mußte?«[9]

Aber kann man denn seine unsterbliche Seele verlieren und an seinen praktischen Grundsätzen festhalten, die Kirche verlassen, aber den Lehren der Heiligen Schrift und gläubigen Priestern treu bleiben? Die Welt der Verpflichtungen und Überzeugungen ist niemals so kohärent, daß wir keine andere Wahl haben, als sie entweder zu halten oder zu lassen. Vollständige Integration, Integration im Detail, ist eine soziologische Phantasie. Was wir statt dessen erleben, ist Komplexität und Instabilität, Anomalie und Widerspruch. Wir verändern die Welt – zumindest verändern wir sie für uns selbst – einfach dadurch, daß wir eine der Möglichkeiten wählen, die sie bietet, indem wir zum Beispiel ihre offizielle Ideologie »ernst nehmen« und mit den Amtsträgern brechen. Oder, anders gesagt, indem wir uns jenen Männern und Frauen zugesellen, denen die Amtsträger zu dienen vorgeben, die sie jedoch tatsächlich unterdrücken:

»Viele von uns haben an einem bestimmten Sonntag aufgehört, die Messe zu besuchen, nicht weil die Dogmen in unseren Augen plötzlich ihre Gültigkeit verloren hatten, sondern weil die Menschen in der Kirche uns langweilten und fremd waren, während uns die Gesellschaft derer anzog, die ihr fernblieben. [...] Was unsere Auflehnung bestimmte, war die Wahl der Gefährten. Diese Gefährten waren für den, der in meinem Heimatort die Kirche verließ, die Tagelöhner. Es waren nicht so sehr die Menschen, die uns anzogen, als vielmehr die Situation, in der sie lebten.«[10]

Silone wählte die Tagelöhner, deren tägliche Unterdrückung und quälende Armut den »radikalen Widerspruch« zwischen den Prinzipien und der Praxis offenbarte. Aber es gab keine Möglichkeit, dieser Wahl politisches Gewicht zu geben, ohne die Welt des Dorfes zu verlassen. Diese Bauern hatten Angst, waren unwissend, resigniert; ihr Widerstand war passiv und halbherzig; sie waren nicht in der Lage, sich selbst zu organisieren, und betrachteten Organisatoren von außen mit unendlichem Argwohn. Die beißende Ironie, die für Silones Romane kennzeichnend ist, ist eine Bauernironie, das Ergebnis einer langen Reihe von Erfahrungen mit der Korruptheit politischer Auftritte. Die Heuchelei von Landbesitzern und Rechtsanwälten, die ironische Resignation der Bauern, seine eigene Ernsthaftigkeit – das alles zwang Silone, einen »Notausgang« aus der Landschaft zu suchen, die er liebte.

Er kam in die Stadt, wo seine Entscheidung für die Bauern ihn »natürlich« in die Partei des Proletariats führte: zuerst in die Sozialistische Jugend, dann in die neue Kommunistische Partei. Sein

Verhalten ist ungewöhnlich – er hatte mit der etablierten Kirche gebrochen und fand sich in einer neuen Institution wieder, die ihre eigene »Sprechweise, Symbole, Organisation, Disziplin und auch Parteiprogramm und Parteidoktrin« hatte.[11] Zu keinem Zeitpunkt stand es Silone frei, wie man es gewöhnlich bei einem Kritiker erwartet, sich umzuschauen, die besten moralischen Grundsätze zu wählen, die ideale Gesellschaft zu entwerfen, Parteiprogramme zu vergleichen, darüber zu befinden, welche Handlungsweise strategisch günstig ist. Die Geschichte, die er uns erzählt, ist bewegend und machtvoll, weil sie eine Geschichte unendlicher Verwirrung und subtiler Zwänge ist. »Wir werden Revolutionäre [...] aus Motiven, die in uns liegen und die uns selbst oft nicht ganz klar sind. Ehe wir wählen, sind wir gewählt worden, ohne uns dessen bewußt zu sein. Die neue Ideologie lernen wir gewöhnlich erst später in den Parteischulen kennen.«[12] In Silones Fall war das Lernen schwer; der Verbleib in der Partei erforderte eine Art Bekehrung, die der Eintritt nicht erfordert hatte. Es war nicht leicht, so schreibt er, »das Gefühl der Auflehnung gegen eine alte, unerträgliche soziale Wirklichkeit mit den ›wissenschaftlichen‹ Forderungen einer genau festgelegten politischen Doktrin in Einklang zu bringen«.[13] Offensichtlich war der Einklang niemals vollkommen; anders als Gramsci war Silone kein wissenschaftlicher Soziologe. Aber er blieb fast zehn Jahre lang in der Partei und lebte nach ihren Regeln, »im Herzen ein Marxist«.[14]

### Der Untergrund

Nach dem faschistischen Staatsstreich ging die Partei in den Untergrund, und Ende der zwanziger Jahre war Silone der Anführer der Untergrundorganisation (während sein Freund Palmiro Togliatti im Exil dem Zentralkomitee vorstand). Es waren schwierige Jahre. Silone hielt sich versteckt, änderte seinen Namen (»Silone« ist ein Pseudonym), mied Freunde und Verwandte – jeden außerhalb der Partei, der wissen konnte, wer er war. »Ich richtete [...] mich darauf ein, wie ein Fremder im Vaterlande zu leben.«[15] Später fand er, die Anpassung sei zu leicht gewesen – dies war ein Lebensstil, der »in keiner Weise mit der kommunistischen Mentalität unvereinbar war«. Jemandem, dessen Radikalismus sich vom christlichen Glauben herleitete, muß die Parteidoktrin oft wie eine fremde Religion erschienen sein; ein Leben nach ihren Leitlinien sieht ganz anders aus als ein »Leben als Fremder«. *Brot und Wein* und *Der Samen unterm Schnee* sind gleichzeitig Romane über den Abschied von der Partei und die Heimkehr – in die Dörfer, zu den Leuten in den Abruzzen, zu dem »paläo-christlichen Erbe« des Helden (und Silones eigenem). »Er ist froh, zurückgekehrt zu sein und sich wiedergefunden zu haben.«[16] Aber wie hatte er sich verloren? Wie verträgt sich der Kommunismus mit einem Leben in der Fremde, einem Leben im Untergrund, oder paßt er sogar dazu?

Der Untergrund ist in Silones Schriften keineswegs ein negativer Begriff. Als er sich von der Parteiarbeit zurückzog, verließ er Italien und lebte von 1929 bis 1945 im Exil, ein Fremder im Lande anderer. Er konnte auch dort nicht offen leben, nicht einmal in der neutralen Schweiz, denn er war bald wieder in die Politik verwickelt, diesmal in den nichtkommunistischen Widerstand gegen den Faschismus. Bei einem Schriftstellertreffen in Basel beschreibt Silone 1947 sich selbst als Vertreter der Widerstandsbewegung, »jenes unsichtbaren grenzenlosen Lands im Untergrund, das wir in den langen Jahren der Verfolgung geschaffen haben, jenes Landes, dessen freie und treue Bürger wir bleiben möchten«.[17] Hier ist der Untergrund der unsichtbaren Kirche assimiliert, wenngleich Pietro Spina in *Der Samen unterm Schnee* auf dem diesseitigen Ende des Jenseits besteht: »Ich will damit nicht sagen, unser Reich sei im Himmel; den Himmel überlassen wir großmütig den Priestern und Spatzen\*; nein, jetzt und so lange, bis wir die Oberfläche der Erde

---

\* Er bezieht sich da auf Heinrich Heines »Deutschland, ein Wintermärchen«: »Den Himmel überlassen wir / Den Engeln und den Spatzen.« Dieses Gedicht, geschrieben 1844, auf dem Höhepunkt von Heines Neigung zur radikalen Politik, war ein Lieblingsgedicht der europäischen Linken. Silone könnte es in den Parteischulen gelesen haben.

nicht von eurer lästigen Gegenwart und der verpestenden und verfluchten Gegenwart eurer Herren befreit haben werden, ist unser Reich ein unterirdisches Reich.«[18] Aber obwohl dieser Untergrund ein Leben im Versteck bedeuten mag, so erfordert er doch kein Leben als Fremder; er ist verträglich mit dem sicheren Gefühl, daheim zu sein. Spina lebt in der Tat im Hause seiner Großmutter, das er in einer imaginierten Unterhaltung mit einem Polizisten beschreibt; Silone war 1947 gerade erst nach Italien zurückgekommen und hatte sich jetzt offen der Sozialistischen Partei angeschlossen. Sein Untergrund ist schlicht die Solidarität der Unentwegten, die Verbindung von Männern und Frauen, die die moralischen Grundsätze ernst nehmen, die jeder sonst lediglich akzeptiert und routinemäßig ignoriert. Silone war der Kommunistischen Partei ursprünglich beigetreten, weil er meinte, sie sei eine solche Verbindung – und manchmal war sie es; manchmal fand er unter Kommunisten, die »gewöhnliche Linkssozialisten« waren, jene unbefangene Aufgeschlossenheit, Solidarität und Unvoreingenommenheit, »[...] die seit jeher die echten Kraftquellen des Sozialismus im Kampf gegen die Dekadenz des Bürgertums und den Leerlauf des bürgerlichen Lebens gewesen sind«.[19] Diese gewöhnlichen Sozialisten lebten angesichts des Faschismus ebenfalls im Untergrund oder nahmen gelegentlich an Untergrundaktivitäten teil, aber sie lebten nicht wie Fremde in ihrem eigenen Land.

Wie ein Fremder leben bedeutete, in Distanz zu dem Volk leben, das man zu mobilisieren und führen hoffte – vielleicht in kritischer Distanz; wichtiger noch, in einer durch Ideologie und Organisation vermittelten Distanz. Es bedeutete, nichts von dem zu wissen, was ein Kritiker und Revolutionär unbedingt wissen muß (und er hatte als solcher begonnen, weil er es wußte), also die gesellschaftlichen Bedingungen und die moralischen Grundlagen, die die etablierte Ordnung unerträglich machten, nicht zu kennen. Statt dessen mußte das Parteimitglied eine Ersatzwahrheit lernen, und gelehrt wurde eher das, was unvermeidlich, als das, was unerträglich war. Pietro Spina trägt bei der Rückkehr nach Italien einen unvollendeten Aufsatz über die Probleme der Landwirtschaft bei sich, der diese Wahrheit entwickeln soll. Wie Silone selbst ist Spina wegen des landwirtschaftlichen Elends zum Kommunisten geworden: ihm wurde Ungerechtigkeit zuerst in der Unterdrückung der Bauern bewußt. In der Partei jedoch war der Bauer eine unbekannte Figur, das Mitglied, wie Gramsci sagte, einer »übergangenen« sozialen Klasse. Spinas erdachter Aufsatz soll vermutlich Gramscis wirklichen Aufsatz zur »Frage des Südens« in Erinnerung rufen, der zur Zeit seiner Verhaftung 1926 noch nicht fertiggestellt war. Obwohl die »Frage des Südens« einen wichtigen theoretischen Wendepunkt darstellt, ist dieser Text, so sagen die Gramsci-Forscher, nichtsdestoweniger ein lebloses Dokument; auch Spina findet seinen Aufsatz trocken, nachdem er eine Weile auf dem Lande gelebt hat:

»Er zieht aus seinem Köfferchen die Hefte mit den Notizen, die er während der Emigration aufgezeichnet hat. Er liest sie noch einmal durch und ist betroffen von ihrem abstrakten Charakter. Alle diese Zitate von Meistern und Epigonen über die Agrarfrage, diese Statistiken, diese Tabellen bilden die papierne Scheinwelt, in der er bisher gelebt hat. Das Land [...] scheint ihm Papierland, mit Papierbergen, Papierhügeln, Feldern, Gemüse- und Blumengärten aus Papier zu sein. Die großen Ereignisse, die darin erwähnt sind, sind Papierereignisse, Papierschlachten, Papiersiege. Die Bauern sind Papierbauern. Die Fehler und Mißstände, gegen die der Kampf geführt werden soll, sind aus Papier.«[20]

Spina »ist betroffen von ihrem abstrakten Charakter«. Keine ganz plausible Betroffenheit, denke ich, weil Abstraktion eine gewöhnliche und auch unentbehrliche intellektuelle Tätigkeit ist. Doch Silone bringt sie hier mit einer künstlichen Distanz des Selbst zum Alltagsleben in Verbindung, einem theoretischen Verständnis, einem absoluten Verständnis sogar, das den Mangel an Praxiswissen verdeckt. Und er assoziiert dieses wiederum mit der Partei und ihrer »bis ins einzelne kodifizierten Lehre«. Wie die Kirche kultiviert die Partei ihre eigene Wahrheit und hat den Kontakt mit der konkreten Wahrheit der »gesellschaftlichen Wirklichkeit« verloren. Sie existiert um ihrer selbst, nicht um der Sache willen, der sie ursprünglich dienen sollte. Wirkliche Bauern existieren wegen der

Papierbauern; ihre Aufgabe ist es, die in der Parteiideologie beschriebenen »Papierkriege« auszufechten – und wehe ihnen, wenn sie sich inkorrekt verhalten. Parteimitglieder verlieren den Sinn für ihre eigene nützliche Rolle – darin liegt die moralische Bedeutung eines Lebens als Fremder. Wenn die Kommunisten für den Augenblick in den Untergrund getrieben werden, ist es einfach, sie sich als Herrscher des Landes vorzustellen (die gleichzeitig wie Fremde leben). Sie haben die faschistische Doktrin schon akzeptiert, die Silone in *Der Samen unterm Schnee* karikiert: »Das Taschentuch ist nicht für die Nase da, sondern die Nase ist geschaffen worden, um dem Taschentuch als Vorwand zu dienen.«[21]

Die Korruption der Kommunistischen Partei hatte natürlich andere und direktere Gründe. Ihre Mitglieder waren in einem zweiten Sinne Fremde; sie waren imaginäre Bürger des »ersten Arbeiterstaates«, der kein unsichtbarer Staat war, sondern ein realer, mit Grenzen und Bürokraten und Polizisten. Die kommunistische Politik in Italien war in den zwanziger und dreißiger Jahren wenig mehr als ein verzerrtes Echo der kommunistischen Politik in Rußland. Die »Papierereignisse, Papierkriege und Papiersiege«, denen die italienische Wirklichkeit rücksichtslos untergeordnet wurde, waren nicht einmal auf italienischem Papier geschrieben. Diese Unterordnung wurde theoretisch gerechtfertigt (welthistorische Begriffe: der erste Arbeiterstaat), und die Theorie hatte die Wirkung, daß jeder lokale Streit relativiert wurde. Wieder einmal ähnelte die Partei der Kirche, die Silone verlassen hatte; sie hatte ihre eigene historische Sendung und ihre eigenen praktischen und zweckdienlichen Gründe, die Grundsätze zu mißachten, die zu wahren sie gegründet worden war. So sagt Spina in *Brot und Wein*:

»Nachdem er mit der Kirche gebrochen hatte, die in ihrer Dekadenz nichts als Opportunismus und Rücksichtnahme auf die Gesellschaft war, ist er nicht einem anderen Opportunismus verfallen, dem von den Interessen einer Partei diktierten Opportunismus? Er brach mit der alten Welt und ihren Annehmlichkeiten, brach jede Verbindung mit seinen Verwandten ab [...], nahm sich vor, für die Gerechtigkeit und Wahrheit zu leben und trat einer Partei bei, in der man ihm erklärte, daß Gerechtigkeit und Wahrheit nur kleinbürgerliche Vorurteile seien.«[22]

So entfernte sich Spina von der Partei, und Silone selbst zog sich zurück: sie waren beide natürliche Exkommunisten.*

## Die naturalistische Phase der Revolution

Als Silone die Parteiarbeit aufgegeben hatte, schrieb er als erstes *Fontamara*. Statt eines Pamphlets über die Agrarfrage verfaßte er einen Roman über ein Bauerndorf. Manche Kritiker haben behauptet, daß die Bauern des Romans immer noch Papierbauern seien, aber das scheint mir eine mißverstandene Kritik zu sein. *Fontamara* ist ebenso eine politische Fabel wie ein realistischer Roman; seine Charaktere stehen stellvertretend für Männer und Frauen und sind deshalb Fabelwesen, aber sie wandeln nicht nur auf einer ideologischen Linie. Silone findet in ihnen eine Integrität, der die Bürokraten der Partei (und der Kirche) schon vor langer Zeit entsagt hatten. Doch er findet auch Ignoranz, Abwertung, Angst und Egoismus. »Ich weiß sehr gut, daß ihr geistiges Elend, gehegt und gepflegt von den Nutznießern dieses elenden Zustands, sehr oft ebenso groß ist wie ihre körperliche Bedürftigkeit.«[23] Ein französischer Kritiker schrieb über Tolstoi in seinen späten Jahren, »er trage immer noch den alten *muschik* in sich«.[24] Tolstoi wog das gesellschaftliche Böse gegen die einfache, wiewohl sublime Redlichkeit des russischen Bauern ab. Gelegentlich scheint Silone ähnliches zu tun, aber er teilt nicht wirklich die Illusionen Tolstois. Er besteht nur darauf, daß radikale Politik in einem engen Verhältnis

---

* Silone verließ die Partei, so sagt sein alter Freund und Genosse Togliatti, seiner *anima bella*, seiner schönen Seele, zuliebe. Der Ausdruck ist höhnisch gemeint, und Hohn ist in der rauhen, realistischen und (im einen oder anderen Sinn) offiziellen Kritik von Gesellschaftskritikern selbstverständlich. Togliatti erkennt die Grundsätze an, nach denen Silone handelt, aber er hält sie für rein persönlich und ästhetisch, nicht für moralisch oder politisch ernsthaft. Siehe Giorgio Bocca, *Palmiro Togliatti*, Rom 1973, S. 416. (Ich verdanke diesen Hinweis Franco Ferraresi.)

zu den Bedürfnissen und Werten der Unterdrückten stehen muß. Silones Sozialismus, schreibt sein Freund Nicola Chiaromonte, »liegt ganz und gar in der Erinnerung an das Schalten und Walten der Bauern und an die Tatsache, daß das Bedürfnis nach Gerechtigkeit ein wesentlicher und alltäglicher Bestandteil dieses Lebens ist, genauso wie wesentlich und alltäglich die Hoffnung dazugehört, daß die Herrschaft der *force majeure* eines Tages ein Ende haben wird. Silone ist an dieses Bedürfnis und diese Hoffnung gebunden, und im Vergleich damit ist ihm nichts anderes wichtig«.[25]

*Fontamara* stellte die Rückkehr Silones zu den Quellen seines Radikalismus dar. Im Exil lebend, konnte er nur in der Vorstellung (und auf dem Papier) zurückkehren. Aber die Rückkehr bestimmt von da an seine Politik, so wie vorher marxistische Theorie und russische Kriege, und deshalb müssen wir genau verstehen, was sie bedeutet. Gefährdet nicht diese geistige Heimkehr, diese willentliche Aufgabe der Distanz das kritische Vermögen? So wie die Gesellschaftskritik üblicherweise verstanden wird, ist der Verlust vorhersagbar, und Silones frühere Genossen bejahten diese Vorhersage natürlich nach Kräften. Thorstein Veblen beschreibt in seinem Aufsatz über die Juden, wie das Problem gemeinhin gesehen wird. Man stört, so schrieb Veblen, »den intellektuellen Frieden nur, wenn man als Preis dafür ein intellektueller fahrender Geselle wird«. Der kritische Intellektuelle mit seiner »freischwebenden skeptischen Initiative« hat notwendigerweise »seinen sicheren Platz im Rahmen der Konventionen, in die er hineingeboren wurde, aufgegeben« und, ebenso folgerichtig, nirgendwo eine neue Sicherheit gefunden.[26] Aber diese vollständige Heimatlosigkeit, diese gewaltige Distanz, ist eine für Menschen kaum erträgliche Bedingung. Ganz ähnlich mag das Schicksal der radikal innovativen Künstler und Wissenschaftler sein, die selbst in der Sphäre der Bohèmiens oder unter Berufskollegen wenige Menschen finden, die bereit sind, ihre Isolation und Unsicherheit zu teilen. Doch unter politisch engagierten Intellektuellen ist Silones Karriere wahrscheinlicher: sie gehen von einer Glaubenshaltung oder Lehre zur nächsten. Selbst ein distanzierter Gesellschaftskritiker muß einen Standpunkt ausbilden, und wahrscheinlich wird es ihm gelingen, sich selbst davon zu überzeugen, daß sein Standpunkt sicher (und sogar ein möglicher Sammelpunkt) ist. Benda ist ein Beispiel für jemanden, der trotz seiner jüdischen »Wanderschaft« seinen Ort auf dem Boden der Ewigkeit fand und ohne viele Skrupel die abstrakten und allgemeinen Ideale der Aufklärung verfocht. Silone wählte, nach seinem Notausgang, die Sicherheit der Kommunistischen Partei. Gewiß erleichterte diese Parteimitgliedschaft die Kritik an der italienischen Gesellschaft; sie erleichterte jedoch nicht die Kritik an der Ideologie. Silone kritisierte die Partei erst, als er zu den moralischen Prinzipien und dem ketzerischen Christentum zurückgekehrt war, die er als Kind kennengelernt hatte. Das Adjektiv »freischwebend« beschreibt ihn nicht hinreichend.

Man könnte natürlich ein Kritiker des Kommunismus einfach dadurch werden, daß man die kommunistischen Grundsätze ernst nimmt. Was die Kritik betrifft, so ist intellektuelle Wanderschaft niemals unabdingbar. Aber körperliches Wandern und die Härten des Exils sind oft zwangsläufig, weil jemand, der moralische Grundsätze ernst nimmt, es vermutlich schwer hat, seinen Lebensunterhalt zu verdienen oder den ideologischen Versionen von Anstand und Achtbarkeit gewachsen zu sein, oder der Aufmerksamkeit der Polizei zu entgehen. Silone verließ die Abruzzen und lebte nie wieder dort, obwohl er zu einem Besuch heimkehrte und, anders als Gramsci, darüber schrieb – einer der besten Aufsätze in *Notausgang* ist die Geschichte einer mißlungenen Rückkehr. Und auch seine Romanhelden kehren in die Heimat zurück, um dort zu leben. »Ich bin zurückgekehrt«, sagt Spina, »um wieder atmen zu können.«[27] Man könnte meinen, daß die Luft des Exils einen Menschen frei macht. Aber die Partei weiß es besser. So sagt der Funktionär Oscar zu dem kommunistischen Rebellen Rocco in *Eine Handvoll Brombeeren*, einem von Silones späteren (Nachkriegs-) Romanen: »Dein Fall [...] beweist eindeutig, welche Gefahren einem jeden von uns drohen, wenn die Partei uns für eine gewisse Zeit in die Gegend schickt, aus der wir stammen [...]. In unserer Heimat fallen wir leicht in die primitive, kindliche Phase der Revolution zurück, in die naturalistische Phase.«[28] Wieder greift Oscar die Natur an, wieder das Naturell und die moralischen Konventionen. Befreit von diesen Konventionen, stehen Männer und Frauen in der Tat der Parteidisziplin zur Verfügung. Aber sie sind nicht frei (oder, besser, sie sind nicht lange frei).

Oscars Argument ist von Michael Harrington genauer und gnädiger formuliert worden: »Das Auftreten von Bauern in der politischen Belletristik der Linken«, schrieb Harrington um 1960, »ist ein Zeichen der Verzweiflung. [Die Verzweiflung zeigt sich] in Silones Abkehr von der Kommunistischen Partei und seiner Hinwendung zur traditionellen Weisheit seiner Heimatprovinz, von der proletarischen Revolution zur *jacquerie*.«[29] Hier geht es weniger um Heimkehr als um die Heimkehr in ein Bauerndorf. Harrington sorgt sich, daß Silone von der Engstirnigkeit, den strengen Moralbegriffen, dem sporadischen Zorn und der tiefen Hoffnungslosigkeit der italienischen Landbevölkerung erfaßt werden könnte – noch ein ermüdeter Radikaler, der sich in den Nebel der Beziehung zum Organischen hüllt und seinen Geburtsort aufsucht, um bei seinen Vorfahren zu sterben. Aber was Silone mit den Bauern der Abruzzen teilt, ist nicht ihr Alltag, sondern ihre Unzufriedenheit mit dem Alltag. Als Rebell zog er aus, und er kehrt heim, um noch einmal die Quellen seiner Rebellion zu öffnen, aufs neue die Ketzereien und Utopien des bäuerlichen Bewußtseins zu erforschen.

Ich weiß nicht, ob er das Bauerndorf richtig schildert; er macht es jedenfalls nicht zu einem ideologischen Kleinlandbesitz. Wenn Pietro Spina und Rocca in die Fabriken Turins zurückgekehrt wären, hätte das dieselbe politische Bedeutung gehabt. Silone suchte nach der Reinheit von Bedürfnis und Rebellion, und er hätte das auch in Turin gefunden haben können, wäre er dort geboren worden und aufgewachsen. Die Rückkehr ist kein Zeichen der Verzweiflung, scheint mir, sondern eher die Anerkennung eines bestimmten Versagens und einer Niederlage, des Versagens der Vorhut der neuen Politik, der Niederlage des Kommunismus. Es ist nicht so, daß die Partei niemals an die Macht kommen wird – in *Eine Handvoll Brombeeren* hat sie, jedenfalls in einem kleinen Zipfel des ländlichen Italien, die Macht erobert –, sondern daß sie keine gerechte Gesellschaft herbeiführen kann und auch nicht mehr dafür einsteht. Sicherlich ist es besser, das anzuerkennen, als es nicht anzuerkennen, die Anerkennung ist sogar ein kleiner Triumph für die Wahrheit und vielleicht auch für die Gerechtigkeit. Und als Spina in »traditioneller Weisheit« eine Basis für den Widerstand gegen neue und alte, linke und rechte Unterdrücker findet, ist das ebenfalls ein kleiner Sieg.

Kleine Siege immer noch, die gegen eine große Niederlage gesetzt sind, eine weltgeschichtliche Niederlage, das Ende des von der Russischen Revolution inspirierten Traums. Jetzt müssen radikale Kritiker doppelt kritisch sein, erstens gegenüber der etablierten Gesellschaftsordnung, zweitens gegenüber dem Instrument der Umformung, das sich im Laufe der Geschichte entwickelte, jetzt aber korrupt ist. Die doppelte Kritik führt in eine politische Sackgasse, und die Romane *Brot und Wein* und *Der Samen unterm Schnee* beschäftigen sich vor allem mit diesem Sachverhalt. Sie quälen, sind grimmig, oft schmerzhaft zu lesen und bezeichnen doch eine Kapitulation – gewiß keine kritische Kapitulation. *Samen unterm Schnee* ist der dichteste und ausgefeilteste von Silones Romanen; sein Porträt der Elite in den Provinzen des faschistischen Italiens ist eindrucksvoll. Er erfaßt diese Eliten in einem Augenblick der Niedrigkeit und des Opportunismus, in dem sie vor Angst erstarrt sind, und stellt sie den wenigen Genossen Spinas gegenüber, den »Samen unterm Schnee«, deren Freundschaft und gute Stimmung (im Augenblick) keine politische, sondern eine moralische Alternative bedeuten, *nur* eine moralische Alternative. Spina hat »nicht vergessen, daß die soziale Frage [...] eine moralische Frage ist und daß sie nicht mit rein moralischen Mitteln gelöst werden kann«.[30] Und sie kann auch nicht von Männern und Frauen gelöst werden, die keine Beziehung zu den moralischen Beweggründen haben, die sie einmal antrieben, eine Lösung zu suchen.

## Gefährten

Was sind diese moralischen Gründe? Immer wieder drückt Silone sie in seinen Romanen und Aufsätzen durch »die Wahl der Gefährten« aus. Seine eigene moralische Geschichte beginnt mit einer Lektion, die ihn sein Vater lehrte. Als Kind machte er einmal eine scherzhafte Bemerkung, als ein »zerlumpter, barfüßiger, kleiner Mann« von zwei Carabinieri ins Gefängnis abgeführt wurde. Sein Vater wurde sehr zornig:
»Über einen Häftling lacht man nicht! Niemals.
Warum nicht?
Weil er sich nicht verteidigen kann. Und weil er vielleicht unschuldig ist. Und vor allem, weil er unglücklich ist.«[31]

Als Silone die Kirche verließ, wählte er zu seinen Gefährten jene Mitglieder der italienischen Gesellschaft, die unter allen Umständen unglücklich waren. Und als er die Partei verließ, handelte er aus ähnlichen Motiven (obschon jetzt aus einer internationalen Perspektive): Sind wir auf der Seite der zur Zwangsarbeit Verurteilten oder auf der Seite ihrer Wächter?[32]\* Die politische Geschichte des zwanzigsten Jahrhunderts legt nahe, daß die Antwort auf diese Frage weniger offensichtlich ist, als es den Anschein hat. Vielleicht ist es lediglich ein bäuerliches Vorurteil, eine sentimentale Identifikation (die »naturalistische Phase« der Revolution), wenn Gefängnisinsassen den Wärtern vorgezogen werden. Was ist, wenn die Gefängniswärter die wahre Lehre, den Arbeiterstaat, den geschichtlichen Fortschritt repräsentieren? Wenn Silone seine Wahl

---

\* Man vergleiche damit George Orwells Bemerkung in *Mein Katalonien*: »Wenn ich aber einen lebendigen Arbeiter aus Fleisch und Blut im Kampf mit seinem natürlichen Feind, dem Polizisten, sehe, brauche ich mich nicht zu fragen, auf wessen Seite ich stehe« (S. 124). Die Theorie des Klassenkampfes mag etwas, aber sicher nicht viel, mit diesen Aussagen zu tun haben. Silone und Orwell hätten sie wahrscheinlich der allgemeinen Anständigkeit zugeschrieben. Ich bin nicht sicher, daß dieselbe Zuordnung für Sartres Ausspruch gilt: »Jedesmal, wenn die Staatspolizei auf einen jungen Militanten feuert, bin ich auf der Seite des Militanten.« »Militant« hat nicht dieselben moralischen Konnotationen wie »Arbeiter« und »Lagerinsasse«. Sartre wird zitiert in Simone de Beauvoirs *La Cérémonie des adieux*, Paris 1981, S. 121.

rechtfertigen muß, braucht er eine eigene Konzeption. »Im wesentlichen besteht diese in der dauerhaften Gültigkeit bestimmter moralischer Werte« – verkörpert, zumindest manchmal, in Verwandtschaft und Freundschaft. Die meisten Menschen erfahren diese Werte in solchen Zusammenhängen, oder sie werden überall, in Schule und Kirche und auf dem Markt laut verkündet und klingen doch falsch. Sozialismus ist das Versprechen, daß sie nicht falsch klingen, und deshalb für Silone eine »Ausweitung der ethischen Anforderungen der eingeschränkten Sphäre des Einzelnen und der Familie auf den ganzen Bereich der menschlichen Aktivität«.[33] Das Thema wiederholt sich – ich begann damit –, aber es geht Silone niemals darum, einen Katalog ethischer Postulate zu verteidigen; es geht ihm um Großzügigkeit, Offenheit und Solidarität. Dies sind und werden die Werte sein, die den Anspruch der Gerechtigkeit begründen. Unter dem Einfluß des Marxismus haben Parteimitglieder sie zu relativen Werten erklärt, aber sie gelten fort, und aus diesem Grunde ist der Sozialismus eine permanente Anstrengung des »menschlichen Geistes«.[34]

Das ist Silones Konzeption. Als er älter wurde, drückte er sie manchmal in christlicher und messianischer Sprache aus, doch dieses Christentum ist immer das Christentum der Gebote, nicht das des Paulus oder der Kirchenväter; es hat die Gestalt einer moralischen Erzählung, nicht einer theologischen Beweisführung. Silones Lehre ist einfach, gewöhnlich, unverblümt; sie bedarf gleichwohl der Interpretation. Die Relativität der Partei ist ein strategischer Relativismus; hinter ihr steht eine absolute Wahrheit, die das letztgültige moralische Ergebnis jeder späteren Strategie garantieren soll. Silone hörte auf, an diese absolute Wahrheit zu glauben, besser gesagt, er durchschaute sie als eine Papierwahrheit, die keinesfalls jene Niederträchtigkeiten, Täuschungen und den Verrat rechtfertigen konnte, welche die Offiziellen der Partei für angebracht hielten. Aber es war nicht Silones Absicht, der absoluten Wahrheit der Partei mit seinem eigenen Absolutismus zu begegnen. Seine Doktrin ist weder eine totale Ideologie noch eine allgemeine Theorie, noch ein umfassendes religiöses Bekenntnis. »In einer Situation, in der die Prämissen der Metaphysik oder sogar der

Geschichte ungewiß und fraglich sind«, schreibt er in »Die Wahl der Gefährten«, »ist das Moralgefühl gezwungen, sich auszuweiten, zusätzlich die Funktion einer Leitlinie zum Wissen zu übernehmen.« Eine solche Leitlinie kann in die Irre führen; Gesellschaftskritiker werden dabei leicht die Beute »eines abstrakten und oberflächlichen Moralismus«, der genauso fragwürdig ist wie die Arroganz des ideologisch korrekten. Doch jetzt genügt es, daran zu erinnern, auf wessen Moralgefühl sich der Kritiker verläßt: »Menschen von Fleisch und Blut, [...] aus einer bestimmten Landschaft und [...] einem bestimmten Kreis.«[35] In Silones Werk gehorcht christliche Demut dem Zweck des moralischen Partikularismus.

Die Grundsätze der Moral sind dauerhaft, jedoch ortsgebunden. Sie spiegeln die Bedürfnisse und Hoffnungen bestimmter Menschen mit Gesichtern und Eigennamen, Berufen und Wohnungen, Sitten und Überzeugungen wider. Man erreicht die Menschheit nur, indem man sich ernsthaft auf solche Menschen einläßt, obwohl es mir scheint, daß Silone keine besondere Eile hat, die Menschheit zu erreichen. Er fürchtet die Abstraktionen; er ist willens, sich von der Weltgeschichte zurückzuziehen. Er ist zufrieden, wenn er seine Erzählungen von den Bauern der Abruzzen beginnen und beenden kann. Bäuerliche Standhaftigkeit ist ein praktischer Beweis moralischer Kontinuität. »Die Wahrheit der *cafoni*«, schreibt Chiaromonte, »ist rustikal und unartikuliert, aber sie dauert, denn sie wird von der Notwendigkeit erzwungen.«[36] Dies ist die Wahrheit, die Silone der Wahrheit der Partei gegenüberstellt. Der Gegensatz zwischen dem, was Dauer hat, und dem, was vergänglich ist, bezeichnet nicht den Unterschied zwischen den beiden: Silones Wahrheit ist selbstverständlich, praktisch und beständig; die Wahrheit der Partei ist esoterisch, theoretisch und dem geschichtlichen Wandel unterworfen. Silone, so könnten wir sagen, ist seinem Dialekt verpflichtet, die Partei ihrer Dialektik.

Ich behaupte nicht, daß Silone ein Rustikaler oder ein Möchtegern-Rustikaler ist, der zur Scholle zurückkehren will (oder darauf drängt, daß wir anderen zur Scholle zurückkehren). Es ist vielmehr ein großes Kompliment, wenn es in *Samen unterm Schnee* von Pietro Spina heißt, er sei »kein bloßer Gehirnmensch, [...] kein Vernünftler, kein Haarspalter«.[37] Doch Spina ist vor allem ein Intellektueller; die beiden Romane, in denen er vorkommt, sind viel eher Darstellungen seiner Gedanken als seines Handelns. Und Silone ist nach seinem »Notausgang«, zuerst aus den Abruzzen und dann aus der Partei, ein städtischer und weltläufiger Gesellschaftskritiker – selbst wenn er nie eine andere Szenerie beschreibt als das bäuerliche Land. Er nennt sich selbst einen aus »der Legion von Flüchtlingen der Internationalen«. Aber anders als viele dieser Flüchtlinge gibt er nur die Ideologie auf, die er in den Parteischulen aufsog. Danach versucht er, wenigstens ein neues Verständnis der Politik zu gewinnen, wenn schon keine neue Ideologie. Zweifellos hat dieses neue Verständnis nicht die analytische Kraft (oder den überschäumenden Optimismus) der marxistischen Theorie, sie hat jedoch den entscheidenden Vorteil, moralisch wesentlich zu sein – sie konfrontiert mit der Wirklichkeit des zwanzigsten Jahrhunderts, nicht nur mit dem Kapitalismus, sondern auch mit der bürokratischen Diktatur. »Zwei Übel«, sagt Don Severino in *Samen unter Schnee*, »das Geld und der Staat, [...] alt wie die Läuse und der Husten, von Natur immer verabscheuenswert, waren erträglich, solange sie in gewissen Grenzen blieben.«[38] Wie Camus einige Jahre später kommt auch Silone dahin, die moralische Bedeutung von Grenzen zu erkennen – eine Erkenntnis, die gleichzeitig einfach und raffiniert ist.

Das ist die Weisheit des ideologischen Flüchtlings, nicht, so denke ich, des intellektuellen Wanderers. Als Kritiker und Romancier ist Silone beständig, geduldig, hartnäckig, aufrichtig – im Gegensatz zum Beispiel zu Koestler, auf den keines dieser Adjektive zuträfe. »Was sollen Flüchtlinge vom Morgen bis zum Abend tun? Sie verbringen die Zeit damit, einander ihre Geschichten zu erzählen.«[39] Silones Geschichte ist, zu Roman und Fabel verwandelt, mehr als dies. Sie ist Kritik der Ungerechtigkeit und Unterdrückung, die mit beachtlicher Kraft durch alle Wechselfälle hindurch aufrechterhalten wird. Ist dies eine Kritik, die andere Menschen inspirieren kann, die nicht zu der Legion von Flüchtlingen gehören? Silones »Notausgänge« könnten ihn sehr wohl isoliert und einflußlos erscheinen lassen. Offensichtlich hat seine Geschichte keine Anhänger erzeugt, während die theoretischen Überlegungen von Marx eine lange Reihe von Marxisten hervorbrachten (von denen Gramsci in einer eindrucksvollen und endlosen Reihe nur einer ist). Es gibt jedoch andere Formen von Kontinuität: Silones Geschichte hat zwar keine Nachfolge, wohl aber eine kritische Tradition etabliert, eine bestimmte Redeweise, auf die Menschen sich zum Teil deshalb einlassen, weil sie ihn bewundern, zum Teil deshalb, weil sie sie unter den möglichen Alternativen für die beste halten. George Orwell und Albert Camus gehören, so denke ich, zu dieser Tradition, partizipieren an Silones Unterfangen, dem Gemeinverstand und einer selbstverständlichen Moralität zu ihrem Recht zu verhelfen.

# 7
# George Orwells England

*Radikalismus und Verwurzelung*

Wie »Ignazio Silone« ist »George Orwell« ein Pseudonym; doch anders als »Silone« ist »Orwell« kein politisches Pseudonym, kein aus Notwendigkeit, auf der Flucht gewählter Name. Orwell hat seinen Namen frei gewählt, und die Wahl ist nicht leicht verständlich. Warum benötigte er ein Pseudonym? Vielleicht brauchen wir diese Frage nicht zu beantworten, um uns dem Mann und seinem Werk zu nähern – ich neige in der Tat zu dieser spießbürgerlichen und durchaus Orwellschen Auffassung. Aber es gibt eine kritische Beurteilung Orwells, für die sein Pseudonym sehr wichtig ist, beinahe so, als ob Namen eine ontologische Qualität hätten. So gesehen wählte er seinen neuen Namen Anfang der dreißiger Jahre, als er zum radikalen Kritiker der englischen Gesellschaft wurde. Der Name entspricht freilich keiner dauerhaften moralischen Wirklichkeit; Orwell konnte die kritische Einstellung nicht durchhalten, zu der ihn der Name verpflichtete. Raymond Williams meint, daß Orwell, indem er sich die Helden seiner eigenen Romane zum Vorbild nimmt, mit der »orthodoxen Routine« seiner Klasse und Kultur bricht und daß es ihm nicht gelingt, sich über die Hoffnungen klar zu werden, die den Bruch motivierten. Er kehrt enttäuscht zurück. Er beginnt als Eric Blair und hört als Eric Blair auf, ohne sich für das erkenntlich zu zeigen, was geschehen ist; er beginnt als Polizist des britischen Imperiums und endet als Ideologe des Kalten Krieges. Im Grunde läßt Williams die kommunistische Verdammung der »Rückkehr« Silones wieder aufleben, aber er tut es von einer unabhängigen linken Position aus, mit Sorgfalt und literarischem Takt.[1]

Es war keine Überraschung, daß Orwells letzte Bücher, *Farm der Tiere* und *1984*, bei vielen Linken ein gewisses Unbehagen hervorriefen, denn das hatten *Der Weg nach Wigan Pier* und *Mein Katalonien* schon früher getan. Es scheint eine grob bestimmbare Gruppe von Leuten gegeben zu haben, eine bestimmte Sorte von Linken, die jedesmal zusammenzuckten, wenn Orwell zur Feder griff (was ihm ein beträchtliches Vergnügen bereitete), und diese Leute müssen seine letzten Bücher in seinen frühesten politischen Schriften vorausgeahnt haben. Raymond Williams ist, wenn auch nicht ganz, ein solcher Linker, denn er erzählt eine differenziertere Geschichte. *Mein Katalonien* bezeichnet für ihn den großen Moment in der politischen Laufbahn Orwells – die ersten Seiten, die begeisterte Würdigung Barcelonas als »einer Stadt, in der die arbeitende Klasse im Sattel sitzt«, den Höhepunkt. Orwells Darstellung ist zurückhaltend: »Es gab vieles, was ich nicht verstand. In gewisser Hinsicht gefiel es mir sogar nicht. Aber ich erkannte sofort die Situation, für die zu kämpfen sich lohnte.«[2] Williams deutet das sehr ähnliche Urteil, das Orwell 1940 über England fällt und das sehr viel mehr Verständnis verrät, als Zeichen der Enttäuschung und der Umkehr. Der entscheidende Text ist *The Lion and the Unicorn*, veröffentlicht im Februar 1941, in dem Orwell einer »Sozialpatriotismus« genannten Krankheit erliegt, sich zur Familie der »vernünftigen, gemäßigten und anständigen Engländer bekehrt« und aufhört, ein radikaler Kritiker zu sein.

Williams argumentiert nicht ohne Sympathie – er tat es jedenfalls nicht, als er 1970 seine Abhandlung über Orwell schrieb; sieben Jahre später schlug er in einem Gespräch mit den ihn drangsalierenden Herausgebern der *New Left Review* einen schärferen Ton an. Die Klassenidentität ist sein Hauptthema, und so wie er die Klasse begreift, erscheint ihm sozialer Patriotismus als eine Erbkrankheit.[3] Orwells politische Schwierigkeiten und schließlich seine Niederlage, so wie Williams sie beschreibt, sind die (vorherbestimmten?) Ergebnisse seiner heldenhaften Anstrengungen, sich selbst zu »Orwell« umzuformen – kühl, leidenschaftslos, erbarmungslos ehrlich und unbelastet von dem überkommenen Prestige seiner Klasse. Er verließ die Polizei, erkundete Paris und London, stieg wieder in die Kohlengruben des Nordens hinab und kämpfte bis zu seiner Verwundung in Spanien. Er riß seine Wurzeln aus und fand sich heimatlos wieder, ohne klare gesellschaftliche Identität. Dies sei die ideale Konstellation für einen Gesellschaftskritiker, wie Julien Benda erläutert, die Grundbedingung seiner Arbeit. Aber Williams argumentiert anders, soziologischer vielleicht oder enger seiner eigenen Herkunft (aus der walisischen Arbeiterklasse) verbunden. Heimatlosigkeit bedeutet für ihn einen Verlust, vor dem selbst ein Orwell, der sich seine Lebensbedingungen ebenso wählte wie seinen Namen, schließlich Schutz suchen muß. Deshalb kehrt er nach England und zum englischen Patriotismus zurück: »nicht so sehr wegen der Mitgliedschaft als wegen der bewußten Verbindung«. In seinen »patriotischen« Arbeiten sucht er zu beweisen, daß er wirklich zur englischen Großfamilie gehört: »Die Gefühle sind verständlich und ehrenwert«, sagt Williams, »aber [...] sie sind zu einfach, zu klar, zu schön.«[4]

Es entbehrt nicht der Ironie, daß diese Kritik an Orwell teilweise mit Orwells Kritik an den linken Intellektuellen übereinstimmt. Ihrer Heimat entfremdete Intellektuelle der Mittelklasse werden durch einen Willensakt Kommunisten oder Mitläufer, so behauptet er, und dann kenne ihr Eigensinn keine Schranken; nur ihre Unkenntnis der Welt, auf die sie sich eingelassen haben, komme ihm gleich. Sie werden eigenwillige Proletarier, Parteianhänger, Apologeten der Sowjetunion. Die Volksfront, bemerkt Orwell in einem Satz, den Williams auf Orwells eigene Politik angewendet haben könnte, sei der »Patriotismus der Entwurzelten«.[5] Orwell hegt kräftige Vorbehalte gegen Entwurzelung, und sein Spott über Männer und Frauen, die ihre Symptome wie Ehrenabzeichen tragen, ist oft grausam. Er läßt keine Entschuldigung für diese Käuze und Exzentriker gelten, diese trägen Menschen, die sich aus einer schwachen Hoffnung auf Gemeinschaft und Disziplin zum Sozialismus und dann zum Kommunismus hingezogen fühlen – »diesen ganzen traurigen Stamm hochgesinnter Frauen und Sandalenträger und bärtiger Obstsafttrinker« usw. Offensichtlich wollte Orwell mit ihnen nicht in Verbindung gebracht werden, obwohl der Verdacht, er könne befürchten, selbst zu diesem

Stamm gezählt zu werden, vorschnell wäre. Bisweilen ist sein Spott recht scharfsinnig, so in seiner knappen Bemerkung zu W. H. Audens Ausspruch (den Orwell unsterblich machte) über »den notwendigen Mord«. Die Zeit für Dichterlesungen, Spaziergänge am See und »vollkommene Kommunikation« werde kommen, schreibt Auden. Aber heute werde anderes gefordert:

»Today the deliberate increase in the
    chances of death,
The conscious acceptance of guilt in
    the necessary murder;
Today the expending of powers
On the flat ephemeral pamphlet and
    the boring meeting.«[6]*

Diese Zeilen skizzieren, sagt Orwell, einen Tag im Leben eines »guten Parteimitglieds«. »Am Morgen ein paar politische Morde, zehn Minuten Zwischenspiel, um ›bürgerliche‹ Reue zu ersticken, dann ein hastiges Mittagessen und ein geschäftiger Nachmittag und Abend, damit Wände beschrieben und Flugschriften verteilt werden.«[7] Auden schlägt einen politischen Ton an, und der Ton ist nicht authentisch; deshalb läßt er sich karikieren. Die »bewußte Anerkennung von Schuld« ist allzu einfach, wenn man keine Erfahrung mit Verbrechen hat. Und sie ist wesentlich schlimmer als Sandalentragen oder Safttrinken. Orwells Kritik ist ernst, ein entscheidender Hinweis auf sein politisches Engagement. Sie läßt vermuten, daß seine Auffassung von Radikalität sehr verschieden ist von der, die Williams schildert. Trotz seines neuen Namens hielt er sich selbst nicht für einen entwurzelten Intellektuellen, einen Sozialisten, allein deswegen, weil er es sein wollte. Wer war nun dieser Mann, bevor er George Orwell ›wurde‹?

Im Grunde war er stets Eric Blair, der Engländer aus der »unteren oberen Mittelklasse«, der Eton besuchte, sich der Polizei in Burma verpflichtete und sie wieder verließ. Man kann Orwells

---

* »Heute die absichtliche Steigerung der/ Todeschancen,/ Die bewußte Anerkennung von Schuld/ beim notwendigen Mord;/ Heute die Kraftverschwendung/ bei platten vergänglichen Flugblättern/ und langweiligen Versammlungen.«

Leben als eine Parade von Personen beschreiben, wobei er in einem Ein-Personen-Stück mehrere Charaktere darstellt – obwohl zur Beschreibung mehr gehört als das von Williams beschriebene Trio von Blair, Orwell und dem verratenen Orwell. Es ist jedoch ebenso wichtig, auf die Beständigkeit nicht nur des moralischen Verhaltens, sondern auch der sozialen Identität hinzuweisen. Orwell verzichtete auf die Autorität seiner Klasse und ihren Anspruch auf Wohlstand und Einfluß (seine eigene Familie hatte keines von beiden gekannt); er änderte seine Meinung – mehr als einmal – und seinen politischen Standpunkt. Aber es gab keine gravierenden Bekehrungen und keinen »Notausgang«. Er mied die Kommunistische Partei, diente niemals einem Gott, der versagte, war Trotzkist auf Distanz, hatte keine Erfahrung mit dem, was Silone »die Situation des ›Ex‹« nannte. Er war rascher Kameradschaft abhold und niemals Proletarier. In *Wigan Pier* und *Mein Katalonien* finden sich idealisierte Porträts einzelner Arbeiter, aber die Stimme des Autors ist in beiden Büchern die eines Reporters aus der (unteren oberen) Mittelklasse. In einem Interview sagt er 1940 zum Thema des »proletarischen Schriftstellers«, was er jederzeit ein Jahrzehnt früher gesagt haben könnte: »Ich glaube, daß die Literatur [des Proletariats] eine etwas anders akzentuierte bürgerliche Literatur ist und sein muß.«[8] *Wigan Pier*, geschrieben 1936, schließt mit einem politischen Argument, das direkt auf seine Haltung im Zweiten Weltkrieg verweist. »Wenn Sie mich mit meiner ›bürgerlichen Ideologie‹ drangsalieren wollen‹, sagte er vor den Mitgliedern des Linken Buchklubs,

> »wenn Sie mir zu verstehen geben, daß ich in ganz subtiler Weise ein minderwertiger Mensch bin, weil ich niemals mit meinen Händen gearbeitet habe, dann machen Sie mich nur zu Ihrem Gegenspieler. Denn Sie erzählen mir entweder, daß ich im wesentlichen unnütz bin oder daß ich mich selbst in einer Weise ändern sollte, die nicht in meiner Macht liegt. Ich kann meinen Akzent oder einen Teil meiner Vorlieben und Überzeugungen nicht proletarisieren, und ich würde es nicht tun, wenn ich es könnte. Warum sollte ich auch?«[9]

Orwell blieb sich treu, so als ob er dem moralischen Gebot folgen wollte, das später Albert Camus zur Maxime seiner Politik während des Algerienkriegs erhob. Er verließ die Polizei in Burma und wurde Sozialist, aber er tat beides, ohne seine »Vorlieben und Überzeugungen« aufzugeben. Er bewegte sich nach links und blieb doch er selbst. Zu Beginn des kontroversen zweiten Teils von *Wigan Pier* werden diese inneren Prozesse spürbar, etwa wenn das aufkommende Gefühl beschrieben wird, daß der britische Imperialismus ein »unterdrückendes System« sein könnte. Orwell trat vom Dienst zurück »beladen mit einer ungeheuren Schuld«, mit der in ihm lebendigen Erinnerung »an Untergebene, die ich herumkommandiert, und alte Bauern, die ich brüskiert, an Diener und Kulis, die ich im Zorn mit Fäusten geschlagen habe«. Aus diesen Erfahrungen gewann er »die einfache Theorie, daß die Unterdrückten immer im Recht sind und die Unterdrücker immer im Unrecht; eine falsche Theorie, die aber natürlich folgt, wenn man selbst einer der Unterdrücker ist«.[10] Die Bemerkung »eine falsche Theorie« ist bedeutsam, und es ist ebenso bedeutsam, daß Orwell den Fehler fast von Anfang an witterte – die »einfache Theorie« ist zum Beispiel in *Tage in Burma*, seinem ersten veröffentlichten Roman, in dem er Engländer und Burmesen gleichermaßen kritisch betrachtet, kaum zu vernehmen.

Schuld ist in der Politik ein schlechter Ratgeber, und Phrasen über Schuld sind es erst recht; beides zusammen erklärt vermutlich einen großen Teil der sich selbst verleugnenden Eigenwilligkeit von Intellektuellen aus der Mittelklasse in den dreißiger Jahren, die sich, der Gelegenheit angemessen, als Arbeiter und Revolutionäre verstanden. Als Orwell abstieg und wegging, kleidete auch er sich entsprechend: »Ich wollte untertauchen, mitten unter den Unterdrückten leben, einer von ihnen und mit ihnen gegen ihre Tyrannen sein.«[11] Doch er mußte lernen, daß er keiner von ihnen sein konnte, und kehrte immer wieder zurück, um seine eigenen Kleider anzulegen. Es war möglich, »auf ihrer Seite« zu sein, ohne eine fremde Autorität vorzuspiegeln. Williams scheint diesen letzten Punkt bewußt zu leugnen, wiewohl er in Abrede stellt, daß der »Anschein« jemals eine dauerhafte Verpflichtung zum Sozialismus begründen könne. Orwell schaffte es, sein altes Selbst mit seiner neuen Politik zu verknüpfen. Die bürgerliche Ideologie hatte schließlich viele Generationen englischer Radikaler dem Sozialismus geöffnet.

Rückkehr ist eines von Orwells Hauptthemen, obgleich sie stets vorsichtiger vor sich geht, als Williams annimmt. Der letzte Absatz von *Mein Katalonien* gibt dafür ein schönes Beispiel. Orwell schildert seine Heimreise von Spanien nach England, die Seekrankheit bei der Kanalüberquerung und das aufdämmernde Gefühl für den langen und gefährlichen Schlaf seines Landes. »Ich fürchte, wir werden nie daraus erwachen, ehe uns nicht das Krachen von Bomben daraus erweckt.«[12] Diese Rückkehr ist jedenfalls alles andere als »zu einfach, zu klar, zu schön«. Orwell läßt seine Bücher nicht in Wigan oder Barcelona oder Lower Binfield enden, sondern er bringt sich oder seinen Helden nach Hause, an einen Ort, von dem er, wenn auch mit einigem Unbehagen, weiß, daß er seiner ist. Er kehrt jedoch auch nicht zurück wie der verlorene Sohn; es behagte ihm gar nicht, als er nach der Veröffentlichung der *Farm der Tiere* von konservativen Verfechtern des Kalten Krieges wie ein verlorener Sohn empfangen wurde. Wem blieb er treu? Gewöhnlich lautet die Antwort: einer gewissen »normalen Anständigkeit«. Das ist zwar nicht falsch, aber nicht genau genug; es hilft nicht bei der Erklärung seines Widerstands gegen entschiedene und keineswegs verhängnisvolle Tendenzen der linken Ideologie (den Kollektivismus und den Internationalismus zum Beispiel), und es erklärt auch nicht die kritische Kraft seiner Schriften über England. Der Widerstand und die Kritik stehen in engem Zusammenhang miteinander. Ich will sie getrennt erörtern und mit Orwells anti-ideologischem Sozialismus beginnen. Für Williams muß dieser letzte Satz ein Oxymoron sein, ein scheinbarer Widerspruch in sich, und vielleicht erkennt er in Orwell nach dem Krieg einen Ex-Sozialisten. Aber Orwell kehrt nach »England, dein England« zurück, ohne seine Opposition gegen die Männer und Frauen aufgegeben zu haben, die die Arbeiterklasse tyrannisierten. Sein Erfolg hat etwas mit seiner Fähigkeit zu tun, sich selbst auf seinen Reisen, körperlichen wie geistigen, mitzunehmen. Er reist mit leichtem Gepäck, sagt Williams.[13] Ich bin da anderer Meinung.

## Englischer Sozialismus

Eines der hartnäckigsten Motive linken Denkens ist im zwanzigsten Jahrhundert die Kritik des »Konsumdenkens«. Marx hatte im »Warenfetischismus« einen Grundzug der kapitalistischen Produktion gesehen – die vom Arbeiter hergestellten Dinge erlangen ein Dasein, das von seiner eigenen produktiven Arbeit unabhängig wird, sich seiner Kontrolle entzieht. Aber auch im kapitalistischen Konsum gibt es Fetischismus, wie nachmarxistische Kritiker, z. B. Herbert Marcuse, behaupten, wobei die Ware Ziel und Inhalt des Alltagslebens ist. Der Wunsch, Güter, Eigentum und Annehmlichkeiten zu besitzen, wird zu einer gesellschaftlichen Kraft, löst sich von den Wünschen der Menschen. Und je mehr dieser Wunsch erfüllt wird, um so unerbittlicher wird er. Modernes Besitztum bedeutet Sachen, zu denen Menschen gehören, es stellt wie die Arbeit selbst eine Form der Herrschaft dar. Der endlose Strom schäbiger und austauschbarer Güter ist gleichzeitig ein Zeichen für kapitalistischen Erfolg und für die Korruption der Bevölkerung. All dies entspricht ziemlich genau dem Kriterium linker Schriftsteller; dessen Gegenstück im rechten Lager ist die verbreitete Ablehnung von Handel, Industrie, Stadtleben, Massenmarkt und Massenmedien. Man kann bei Orwell Spuren davon finden, sogar die rechten und linken Varianten. Er fühlte sich niemals wohl in der Welt moderner Bequemlichkeiten und war einer bemerkenswert ausdauernden und fast lyrischen Nostalgie fähig, so in seinem Roman *Auftauchen, um Luft zu holen* aus den später dreißiger Jahren. Aber er äußerte nie eine ideologische Abneigung gegen die Dinge selbst, gegen die physischen Objekte, die Menschen zu besitzen wünschen; seine Kritik des englischen Kapitalismus schließt den »Warenfetischismus« nicht ein. Im Gegenteil, Orwell scheint, besonders in *1984*, im alltäglichen Fetischismus so etwas wie Rettung zu erblicken.

Es bekommt der Linken niemals, wenn sie sich mit Macht den Werten der Bevölkerung entgegenstellt. Gesellschaftskritiker, die Verbrauchsgüter verpönen, treiben ihre Eigenwilligkeit zum Exzeß. Denn Menschen, die Dinge entbehren, sind für radikale Politik ebensowenig empfänglich, wie hungernde Künstler frei sind für die Kunst. Entbehrung ist Entbehrung; man kann der Welt des Empfangens und Ausgebens nicht entfliehen, indem man nichts empfängt und nichts ausgibt. Der Alltag formuliert seine eigenen Anforderungen, und zwar sowohl an das, was absolut nötig ist, als auch an das Wünschenswerte. Orwell entwickelte von Anbeginn ein Gespür für diese Anforderungen. Oder besser: fast von Anbeginn. Es gab eine Zeit, sagt er in *Wigan Pier*, als »mir Versagen die einzige Tugend schien«.[14] Wieder ein Fehler, und Orwells *Die Wonnen der Aspidistra* ist ein Roman, der aus diesem Fehler hervorging. Als Orwell das Buch schrieb, war er noch nicht politisch aktiv; seine Einfälle waren durch die Traditionen der Bohème, nicht durch radikale Militanz geprägt. Sein Held, Gordon Comstock, Autor eines schmalen, aber »verheißungsvollen« Gedichtbandes, ist aus dem bürgerlichen Leben ausgestiegen und hat der »Welt des Geldes« den Krieg erklärt. Der Krieg ist privat und spielt sich zumeist in seinem Innern ab. Gordons Anprangerungen der Macht des Geldes könnten, obwohl sie keine politische Resonanz finden, sehr wohl aus der Feder des jungen Marx stammen. Doch dieser Krieg kann nicht gewonnen werden, nicht zuletzt wegen Gordons Absolutismus, seiner rigiden Ablehnung aller Kompromisse mit bürgerlicher Solidarität. Er entwürdigt sich, kann nicht schreiben, findet keine Freunde, kann nicht mit Rosemary leben, obwohl er sie liebt, und kennt weder Zufriedenheit noch Freude. Der Roman handelt vom Versagen des »Versagens«. Er endet mit Gordons Rückkehr: zurück aus der Bohème in die untere Mittelklasse. Die letzten Seiten feiern die Wohnung, die Gordon und Rosemary gemietet und eingerichtet haben. »Es kam ihnen wie ein ungeheures Abenteuer vor, diesen Ort ihr eigen nennen zu können. Keiner von ihnen hatte jemals Möbel besessen [...]. Und alles das gehörte ihnen, jedes einzelne bißchen gehörte ihnen – jedenfalls solange sie nicht mit den Raten in Rückstand gerieten!«[15]

Merkwürdige Sätze eines Schriftstellers, der sich nur wenige Monate später zum Sozialismus bekennen sollte. Lionel Trilling vernimmt in ihnen »ein leises, elegisches Echo Defoes und der ersten Jahre des Aufstiegs der Mittelklasse. So etwa, wenn Orwells trauriger junger Mann die einfachen Attribute seines Lebens schätzen lernt: sein eigenes Bett, seine Stühle, seine Pfannen – seine eigene Aspidistra, das häßliche, standhafte, organische Symbol des Überlebens.«[16] Nicht ganz »sein eigen«, vielmehr seines und Rosemarys, und es lohnt sich, das zu betonen, denn Rosemary ist von allen Frauen, die Orwell dargestellt hat, fast die einzige sympathische und starke.* Gordon ist am Ende der Handlung nicht allein. Doch der Roman feiert am Schluß Privatleben und Privateigentum und erinnert damit an frühere Triumphe der Mittelklasse. Er verweist insgeheim auf Orwells spätere Überzeugung, daß der Sozialismus (ebenso wie die Kunst oder die Literatur) diese Triumphe nicht rüde verachten sollte.

Diese Überzeugung ist in Orwells Werk offensichtlich. Ihren bemerkenswerten Ausdruck gewinnt sie in *1984*, wo sie, was ebenfalls bemerkenswert ist, lange nicht beachtet wurde. Nicht nur die geschlechtliche Liebe symbolisiert die Opposition zu dem reglementierten Leben von Parteimitgliedern auf Luftstützpunkt Nr. 1, sondern auch die Liebe zu Dingen – das Notizbuch, in das Winston Smith seine täglichen Aufzeichnungen einträgt, war »ein besonders schönes Diarium [...] mit milchweißem Papier, schon ein wenig vergilbt«; der Briefbeschwerer mit der Koralle, den die Denkpolizei später zerstören wird, »ein sehr schöner Gegenstand«; das Bett in dem möblierten Zimmer, in dem er und Julia sich lieben, »ein prachtvolles Mahagonibett«. Für Winston und Julia ist

---

* Sie ist eine Julia des Kleinbürgertums, aber anders als Julia in *1984* triumphiert sie am Ende. Orwells Darstellung dieser beiden und aller anderen Frauen in seinen Romanen wurde streng und gescheit kritisiert von Daphne Patai in *The Orwell Mystique: A Study in Male Ideology* (Amherst 1984). Sicherlich entspricht Rosemary dem Stereotyp einer Frau; sie interessiert sich zum Beispiel nicht mehr für Gordons Gedichte, als Julia sich für Winstons Politik interessiert. Orwell hat geschlechtsspezifische Stereotype nicht kritisiert – aber vermutlich unterstützt. Er fand jedoch Stärke in diesen Stereotypen – oder besser, er fand Stärke in diesen beiden Frauen, Rosemary und Julia, Verkörperungen der menschlichen Beziehungen, die das Konkrete und Unmittelbare gegenüber (männlicher) Abstraktion verteidigen. Und doch ist es weder moralisch noch politisch einleuchtend, nur Frauen diese Rolle spielen zu lassen.

das Zimmer ein ebensolches Abenteuer, wie die Wohnung es für Gordon und Rosemary ist – und dessen Wonnen sind nicht nur die der Liebe, sondern nicht minder die von Privatleben und Besitz. »Er wünschte, er ginge mit ihr wie eben jetzt durch die Straßen, [...] offen und ohne Angst, um sich dabei über alltägliche Dinge zu unterhalten und alles mögliche für den Haushalt einzukaufen.«[17]

Ist das der Wunsch eines Oppositionellen, eines Gesellschaftskritikers? Nur, könnte man sagen, in der Welt von *1984*, während er in Orwells eigener Welt eine Versöhnung mit der bürgerlichen Gesellschaft signalisiere: die Preisgabe der Waffen der Kritik. Das scheint mir falsch zu sein. Die Erkenntnis, daß Dinge ihren Platz und ihren Wert haben, schärft die Kritik der Ungleichheit und der Unterdrückung. Der »Stumpfsinn von Dingen hat etwas Menschliches an sich, etwas Heilendes, ja sogar etwas Befreiendes«.[18] Diese Haltung wehrt einem asketischen oder puritanischen Sozialismus, erkennt aber einen Sozialismus an, der jedermann »eine kleine persönliche Einflußnahme« zugesteht. Orwells Sozialismus ist konditioniert und konkret; daher rührt sein Interesse an materiellen Besitztümern. Er befürwortet die kollektive Kontrolle der Produktionsmittel, nicht jedoch den Kollektivismus als abstraktes Ideal. Sein Sozialismus entspricht seinem Selbst, und er verteidigt ihn mit dem sicheren Gefühl, daß dieses Selbst, jedenfalls soweit es sich Betten, Stühle und Kochtöpfe wünscht, ja sogar wenn es schöne Bücher und Briefbeschwerer begehrt, alles andere als extravagant ist. Bei »Eigentum im kleinen Rahmen« sollte der Staat sich nicht einmischen, rät er in *The Lion and the Unicorn* bei der Beschreibung seines politischen Programms[19].

Sozialismus im bürgerlichen Gewand? Orwell hätte wohl gesagt, es sei Sozialismus im englischen Gewand. Genauso wie er an Dingen hing, so hing er auch an Orten und ihrer Kultur. Und auch diese Anhänglichkeit schien ihm selbstverständlich. »Vor allem«, sagte er seinen Lesern, die er als skeptisch voraussetzen mußte, »ist es Ihre Kultur, sind Sie es. Ob Sie es hassen oder darüber lachen, Sie werden niemals glücklich sein, wenn Sie lange davon entfernt sind. Der Brotpudding und die roten Pillendosen sind in Ihre Seele eingedrungen.«[20] Jeder wissende Linke wäre in der Tat skeptisch. Das *Manifest der Kommunistischen Partei* hatte ihn gelehrt, daß Arbeiter kein Land besitzen; sie sind eine radikal besitzlose Klasse, im Besitz weder von Sachen noch von Orten. Die Liebe zu diesen beiden ist keine authentische Liebe; sie verbirgt die gesellschaftliche Wirklichkeit. Konsum und Patriotismus, wie sie die herrschende Klasse predigt, waren für ihn ideologische Mystifikationen; der Gesellschaftskritiker hat die Aufgabe, Ware und Länder zugleich zu entmystifizieren. Ich vermute, daß Raymond Williams *The Lion and the Unicorn* als Orwells Wendepunkt auffaßt, den Beginn seiner Umkehr, weil er in diesem Text ausdrücklich einen patriotischen Ton anschlägt: »Ich glaube an England.« Orwell versucht jedoch, den Patriotismus der Linken zuzuordnen. Deshalb ist er nicht nur ein Patriot, sondern ein »sozialer Patriot«. Patriotismus, schreibt er,

»hat nichts mit Konservatismus zu tun. Er ist sogar das Gegenteil des Konservatismus, da er die Hingabe an etwas bedeutet, das sich immer ändert und doch geheimnisvollerweise als dasselbe empfunden wird. Er ist die Brücke zwischen Zukunft und Vergangenheit. Kein wirklicher Revolutionär war je ein Internationalist.«[21]

Der letzte Satz ist vermutlich falsch, sofern nicht das Wort »wirklich« eine weitere Bedeutung enthält. Aber es ist nicht schwer zu sehen, was Orwell meint. Revolutionäre Politik verlangt die Mobilisierung des Volkes; das Volk kann nur mobilisiert werden, wenn seine Gefühle und Werte ebenso ernstgenommen werden wie seine Interessen. Diese Gefühle und Werte wurden geschichtlich geformt, sind spezifisch für eine Kultur. Die Arbeiter, die er kannte oder von denen er wußte, hätten, so dachte Orwell, »eine Menge mehr zu verlieren als ihre Ketten«. 1941 war etwas, was sie verlieren konnten, ihr Land. Denn es war ihres, obschon sie seine Institutionen oder die Regierungspolitik nicht kontrollierten. Wenn sie die Kontrolle hätten, dann wäre England noch englischer: »Durch die Revolution werden wir mehr wir selbst, nicht weniger.«[22] Dieser Satz ist, so denke ich, nicht falsch. Jede wirkliche Revolution (vielleicht ist das die Bedeutung von Orwells »wirklich«) hat die

Tendenz, die politischen oder religiösen Besonderheiten der Gesellschaft, in der sie sich abspielt, zu verstärken. Alte und etablierte Eliten, vornehmlich die Aristokratie, sind stets kosmopolitischer als die Männer und Frauen, die von ihnen beherrscht werden. So auch die marxistische Vorhut; Internationalismus ist eine avantgardistische Ideologie. Orwell selbst handelte aufgrund von internationalistischen Grundsätzen, als er in Spanien kämpfte (er versuchte mehrfach, in der Internationalen Brigade Aufnahme zu finden). Aber er glaubte nicht, daß diese Grundsätze jemals in der spanischen oder englischen Politik eine Quelle der Autorität werden könnten. Sie bestimmten die Loyalitäten von Einzelnen, nicht die Vision revolutionärer Bewegungen. Lokale Streitigkeiten entzündeten sich an lokalen Werten.

Gleichzeitig verachtete Orwell den Nationalismus, den er in einem sehr allgemeinen Sinne verstand – er umfaßte jede Form von kollektiver Selbstverherrlichung, jeden Anspruch auf Gruppen-Vorteil oder Gruppen-Überlegenheit. Englische Nationalisten wollten Indien beherrschen; englische Patrioten wollten England gegen die Nazis verteidigen.[23] Das ist eine saubere moralische Unterscheidung, aber sie vermeidet die schwere Frage: Warum nehmen patriotische Gefühle sofort nationalistische politische Formen an? Orwell scheint zu unterstellen, der Erfolg des Nationalismus der Rechten rühre daher, daß die linken Intellektuellen nicht willens sind, den Patriotismus zu achten und mit ihm zu arbeiten. Das mag ein Teil der Erklärung sein, es ist nicht die ganze. Hier und auch anderswo übertreibt Orwell die Bedeutung der linken Intellektuellen. Er kritisiert sie jedoch mit Recht für »ihre Absage an die gemeinsame Kultur des Landes«. (Man kann zugleich unverbunden und ineffektiv sein.) Diese Loslösung verringert die Wahrscheinlichkeit nicht, daß Intellektuelle zu Nationalisten in Orwells Sinne werden können; sie werden zu Verherrlichern fremder Kollektive, vor allem des stalinistischen Rußland. Orwells Internationalismus dagegen erheischt Kritik jeder verherrlichenden Politik und, vor allem, die Verteidigung lokaler Institutionen.

## Die Kritik der Hierarchie

»Eine Familie, in der die falschen Mitglieder den Ton angeben – das ist wohl die beste Beschreibung Englands in einem Satz.«[24] So schrieb Orwell 1941. Williams gesteht ein, daß viele Linke während des Krieges so empfanden: Der Blitzkrieg einte England, wenngleich er die Linken nicht mit der Herrschaft der Tories aus der Oberklasse versöhnte. Aber Orwell verleiht durch das, was er in diesem kritischen Moment schreibt, dem Mythos der Ganzheit Dauer, und das kann ihm Williams nicht verzeihen:

> »Wenn ich sagen müßte, welche [von Orwells] Schriften den meisten Schaden angerichtet haben, wäre es [...] das schreckliche Zeug vom Anfang des Krieges über England als eine Familie, in der die falschen Mitglieder den Ton angeben, die schlurfenden Tanten und Onkel, die wir ziemlich schmerzlos loswerden könnten. Viele der politischen Argumente der Art von Labourtum [...], die wir gewöhnlich der Tradition von Durbin oder Gaitskell zuschreiben, können auf jene Aufsätze zurückgeführt werden.«[25]

Das ist nicht ganz fair, denn Orwell warnt in *The Lion and the Unicorn* vor einem »bitteren politischen Streit« und meint, daß »es zu dem Punkt kommen könne, an dem Gewalt nötig werden könnte«: »Die Bankiers und die großen Geschäftsleute, die Landbesitzer und die Dividendenbezieher, die Amtsinhaber mit ihren fetten Hintern werden es mit aller Macht verhindern. [...] Es hat keinen Zweck, sich vorzustellen, man könne wesentliche Veränderungen bewirken, ohne die Nation zu spalten.«[26] Was er bezweifelte, war nicht die Fähigkeit der herrschenden Klasse, sich selbst zu schützen, sondern ihre Fähigkeit, das Land zu schützen, die Bevölkerung zu mobilisieren und den Krieg zu gewinnen. Er dachte, daß die Revolution, »eine fundamentale Machtverschiebung«, die Voraussetzung für den Sieg sei. Hier, so stellte sich heraus, irrte Orwell. England gewann den Krieg ohne die »fetten Hintern« der alten Elite. Es kam in der Tat zu einer Machtverschiebung; der Krieg eröffnete den Erfolg der englischen Sozialdemokratie, wie die erste Nachkriegswahl bestätigte. Aber dies war nicht die von Orwell vorhergesehene grundsätzliche Veränderung. Sie machte London (oder Manchester oder Liverpool oder Glasgow) nicht zu einem zweiten Barcelona, hob nicht die Arbeiter »in den Sattel«. Sie schuf nicht jene Kameradschaft, die Orwell in Spanien so sehr geschätzt hatte und die den Sozialismus für ihn lebendig gemacht hatte.

Es wäre jedoch eine Wiederholung von Orwells Überschätzung der Intellektuellen, wenn für den Beginn und die beachtliche Stabilität der »arbeiterfreundlichen« Politik *The Lion and the Unicorn*, also Löwe und Einhorn, verantwortlich gemacht würden. Das von Orwell gezeichnete Familienbild läßt in der Tat vermuten, daß es an revolutionärer Begeisterung mangelte. Bilder indes können keinen Mangel verursachen; sie beschwören ihn nur und zeigen ihn. Orwell verweist ehrlich genug auf eine Popularkultur, die der hegemonistischen Kultur des englischen Kapitalismus nicht völlig entfremdet ist. Williams wirft ihm vor, daß er die Systematik der kapitalistischen Hegemonie nicht erfaßt oder vielleicht absichtlich verschwiegen und seine Leser in bezug auf die unvermeidlichen Schwierigkeiten des kommenden Kampfes irregeführt habe. In der Tat scheint Orwell erkannt zu haben, daß Politik auch in der Familie ziemlich rauh sein kann. Was er nicht erkannte, war die Möglichkeit, ja die Wahrscheinlichkeit, seitab des Weges Kompromisse zu schließen und aufzuhören, ohne gesiegt zu haben. Und er glaubte nicht, daß patriotische Gefühle, wie etwa seine eigenen, Kompromisse eher mehr als weniger wahrscheinlich machten. Aus Gründen, die zwar in seinem Text enthalten sind, aber nicht deutlich ausgesprochen werden, prognostiziert er für England einen Wohlfahrtssozialismus. War das eine Niederlage? Vielleicht. Aber man könnte auch sagen, daß es zumindest der Anfang des »England eigentümlichen« Sozialismus ist, den Orwell immer gefordert hatte. Diesen Gedanken weist Williams zurück; er hält an der Hoffnung auf einen Sozialismus fest, der sowohl eigentümlich als auch radikal ist. England ist keine Familie, sondern eine »Urhorde«, in der die Söhne sich verbünden, um den Vater zu entmachten und zu töten.

Bis heute hat die Verschwörung keinen Erfolg gehabt; sie hat nicht einmal die Energien jener Menschen für sich gewinnen können, die Williams Untertanen nennen würde. Und sie hat auch keine Kritik der englischen Gesellschaft hervorgebracht, die mächtiger ist als diejenige Orwells – obwohl sie sicherlich bissigere, heftigere, im Ton schärfere Kritiker hervorgebracht hat. Orwells Einfluß beruht auf seiner intimen Kenntnis der Gesellschaft, die er kritisiert, und auf seiner Bewunderung für ihre kulturellen und materiellen Errungenschaften: Vornehmheit, Respekt vor dem Gesetz, Toleranz gegenüber der Exzentrizität, Pubs, Musicals, selbst die englische Küche, Kricket, ulkige Postkarten, ländliche Gärten, Blumen, Brotpudding, warmes Bier und »eine schöne Tasse Tee«.[27] All dies beansprucht Orwell für einen egalitären Sozialismus. Es überrascht nicht, daß die revolutionäre Emphase dabei auf der Strecke bleibt. Natürlich soll der Anspruch provozieren. Denn obwohl Orwell der europäischste der englischen Schriftsteller des zwanzigsten Jahrhunderts war (darauf komme ich zurück), gefiel ihm das, was er die »kontinentalisierenden Tendenzen« gutbestallter oder aufsteigender Engländer nannte, überhaupt nicht. Er beleidigte hochgesinnte Intellektuelle und die kulturell ehrgeizige Mittelklasse. Aber das war mehr ein Hobby als ernsthafte Politik, und es wäre falsch, in Orwells kritischem Werk nur die leichte, mitunter perverse Sentimentalität, die Sehnsucht nach dem Leben des gemeinen Volkes zu entziffern. Seine Opposition wendet sich gegen die Klasse selbst. Der Haß auf die Hierarchie ist die beflügelnde Leidenschaft seiner Gesellschaftskritik.[28] Herrschaft und Überheblichkeit auf der einen, Unterordnung, Unterwürfigkeit und Angst auf der anderen Seite – das sind die Kennzeichen der englischen Mentalität, gegen die er polemisiert. Indem er von Kricket, Blumen und der schönen Tasse Tee spricht, sucht er eine eigene Verbindung zu dem Leben herzustellen, das er kritisiert. Ich denke es mir als eine Art Hausmittel gegen intellektuellen Stolz und äußerste Vermessenheit.

Aber gerade diese Verbundenheit zwingt Orwell, so hat Richard Wollheim behauptet, zu einem Begriff von Gesellschaft, der wesentlich konformistisch ist. Sozialismus bedeutete für ihn die Verwirklichung eines »bestimmten Lebensstils«. Männer und Frauen seien natürlich frei, jeweils das Leben zu leben, das sie zu leben wünschen, doch Orwell sah eine bestimmte Wahl voraus, definiert durch englische Fairness und die Selbstachtung der Arbeiterklasse. »Es wäre keine große Parodie auf Orwell, wenn man sagte, daß für ihn eine freie Gesellschaft [nichts anderes als] eine Gesellschaft ist, in der kein Mann vor dem anderen den Hut ziehen muß.« Er lehnte Unterwürfigkeit ab, aber er lehnte auch Verschrobenheit, Heuchelei und Halsstarrigkeit ab – alles, was (in England) anstößig sein könnte. Er hätte solche Besonderheiten nicht unterdrückt, schreibt Wollheim, aber er hätte es auch nicht für einen großen Bruch mit der Freiheit gehalten, wenn sie verdrängt würden. »Und hier bin ich sicher, daß er sich irrte.«[29] Wollheim erfaßt wohl nicht das Ausmaß von Orwells Engagement für die Demokratie – nicht nur für die Souveränität des Volkes, sondern auch für den politischen Prozeß: die Wechselfälle der Debatte und die gegenseitige Toleranz, die verhindert, daß die Wechselfälle explosiv werden. Orwell macht sich über die Verschrobenheit der Linken lustig und bewundert die Gesellschaft, welche die Verschrobenheit der Linken duldet. Er ist weniger radikaler Egalitarist als vielmehr Demokrat. Sein Ziel war die Dezentralisierung der Macht und die Herausbildung einer lebendigen, offenen, freien und freimütigen Politik. Die Bedingung dafür wäre ein annäherungsweise gleiches Einkommen aller – das höchste Einkommen sollte das niedrigste, so schrieb er in *The Lion and the Unicorn*, nicht um mehr als das Zehnfache übertreffen. Auch sei – und das war mindestens gleich wichtig – eine demokratische Reform der Schulen unerläßlich – eine Forderung, die der linke Flügel der Labourpartei nach dem Krieg oft wiederholte. In seinem autobiographischen Aufsatz »Such, Such Were the Joys« nannte Orwell die Schule, die er als Kind besucht hatte, ein Musterbeispiel einer ungerechten Gesellschaft. Er untersuchte die Verbindungen zwischen Klassensnobismus und politischer Tyrannei. Es ist ein verblümtes, aber ungezähmtes Stück Sozialkritik; keine Möglichkeit, sich zu ereifern, wird ausgelassen. Wo andere »arbeiterfreundliche« Radikale sich zurückhielten, befürwortete er die Übernahme der Privatschulen, auch seiner eigenen, Eton, durch den Staat. Schließlich, und das ist besonders aufschlußreich, meinte er, daß die Dezentralisierung der Macht eine direkte und ständige Kontrolle der Regierten über die Regierung voraussetze. Welche Institutionen dies ermöglichen könnten, sagte er nicht; er hätte das Parlament ebensowenig abschaffen wollen wie die örtliche Kneipe. Er wollte die beiden nur einander näher bringen.

Seine demokratischen Loyalitäten lassen sich am besten an seinen literarischen und kulturellen Interessen ablesen. Man denke zum Beispiel an seine Begeisterung für Flugschriften (er sammelte sie, gab sie heraus und verfaßte sie auch gelegentlich), die Alex Zwerdling mit Audens widerstrebender Bereitschaft zur »Kraftverschwendung« an das »bündige und flüchtige Pamphlet« kontrastiert (aber hat er jemals wirklich Kraft verschwendet?).[30] Dies ist die geläufige Haltung intellektueller Literaten, deren wahrer Ehrgeiz es ist, niemals etwas Vergängliches zu schreiben. Aber das flüchtige Pamphlet, so meinte Orwell, ist das Zugeständnis, das man einer lebendigen Politik und einem Massenpublikum macht. Eine Intelligenzija, die Flugblätter verfaßt und das große Publikum erreichen will, wäre mit dem Volk auf eine Weise verknüpft, die Orwell für exemplarisch hielt. Solche Beziehungen, die es in England früher einmal gegeben habe, vermöchte ein erfolgreicher Sozialismus wiederherzustellen und zu erweitern.

Gleichzeitig war Orwell sich der Gefahren eines nicht erfolgreichen Sozialismus bewußt – bewußter, könnten seine linken Kritiker einwenden, als der Gefahren eines etablierten Kapitalismus. Er hat tatsächlich wenig zum Kapitalismus zu sagen. Obwohl er dessen politische Stärke erkannte, erwartete er sein Versagen als Produktionssystem, und Orwells Programm für die wirtschaftliche Nachfolge war das Standardprogramm der Linken seiner Zeit: »Verstaatlichung von Land, Gruben, Bahnen, Banken und der wichtigsten Industrien« (das stammt aus *The Lion and the Unicorn*).[31] Es ging ihm jedoch mehr um die Warnung, daß die Verstaatlichung neue Formen der Oligarchie und neuartige Privilegien mit sich brächte, wenn sie nicht mit »einer grundlegenden Machtverschiebung« einherginge – mit einer demokratischen Revolution.

Viele von Orwells kritischen Schriften zielten auf die beiden Gruppen, von denen er annahm, daß sie eine solche Revolution behindern oder an sich reißen würden, wenn die Kapitalisten einmal besiegt sein würden – die politische und technische Intelligenzija, die Meister der ideologischen Wahrheit und wissenschaftlichen Erkenntnis. Er ist in dieser Hinsicht ein Schüler von James Burnham, doch seine Einsichten sind weitgehend seine eigenen.[32] Seine Gesellschaftskritik folgt seiner literarischen Kritik; in beiden beabsichtigt er, die Barrieren der Elitekultur zu durchbrechen. Daher rührt sein Interesse für die Anziehungskraft guter Schriftsteller wie Charles Dickens und »guter schlechter« wie Rudyard Kipling, über die Schranken von Klasse und Erziehung hinweg. Die Tatsache, daß »so etwas wie gute schlechte Dichtung fortbestehen kann«, sagt er in seinem Aufsatz über Kipling, »ist ein Zeichen, daß sich der Geschmack des Intellektuellen und des einfachen Mannes auf der Straße auf einer emotionalen Ebene treffen«.[33] Es gibt auch geistigen Austausch, und deshalb sollte – und kann – extremen Ideologien Widerstand entgegengesetzt werden. Weil Widerstand möglich ist, ist die Abwertung der Proleten in *1984* eine solch schreckliche Niederlage.

Orwells Haß auf die Hierarchie, die von anderen Linken geteilt wird, drückt sich auch als Furcht aus, eine Reihe von Einrichtungen, in denen Gleichheit nicht verwirklicht ist, könnten durch andere ersetzt werden – und das im Namen des Sozialismus. Deshalb war er ein Kritiker sowohl der oppositionellen als auch der etablierten Eliten, ungestümer vielleicht in seiner Kritik der ersten als in der der zweiten, nicht nur, weil ihm Opposition näher lag, sondern auch, weil er dachte, sie würde gewinnen. Was ihn von anderen »arbeiterfreundlichen« Radikalen scheidet, ist sein Mißtrauen in diesen Sieg und seine ständige Irritation angesichts moderner Gedanken, die, so fand er, nur dazu taugten, den Stolz zu dämpfen. Er war, sagt Zwerdling, »ein interner Kritiker des Sozialismus«.[34] Schriftsteller wie Williams bestreiten dies und sehen in der Kritik nur Orwells Obsession im Zeitalter Stalins. Das ist allerdings nur ein Teil der Geschichte, nicht die ganze. Orwells interne Kritik beginnt früher als seine Besessenheit; sie beginnt in seinem ersten sozialistischen Buch *Der Weg nach Wigan Pier*. Er sorgte sich schon damals, der Sozialismus könne die alte Hierarchie in einer neuen Gestalt reproduzieren, sei womöglich nichts anderes als »eine Reihe von Reformen, die ›wir‹, die Klugen, ›ihnen‹, den niedrigeren Rängen, diktieren«.[35] Die Klugen sind das Produkt des alten Regimes, der bürgerlichen Gesellschaft. Orwell kannte sie gut, und als er sie angriff, beschwor er ihre eigene mutmaßliche Verpflichtung auf die Hauptwerte der bürgerlichen Revolution: Freiheit und Gleichheit.

Dies waren auch die Werte der englischen Arbeiterklasse. Sie hatten, wie er in seinem Aufsatz über Dickens schreibt, »alle gesellschaftlichen Ränge durchsetzt«.[36] Darin liegt der Grund, daß Orwell ein Patriot und zugleich, auf seine Weise, ein Revolutionär sein konnte. Deshalb ist seine Kritik an der auf Vorherrschaft bedachten Kultur niemals so umfassend, daß sie Raymond Williams zufriedenstellen könnte – und deshalb auch fehlt seiner Kritik an der »Kultur des Volkes« und am »gesunden Menschenverstand« der Arbeiterklasse Gramscis ideologische Schärfe. Orwell war dennoch das genaue Abbild eines »national-volksnahen« Intellektuellen; vielleicht fühlte er deshalb, daß eine demokratische Politik leichter zu haben war und dem englischen Lebensstil besser entsprach, als die marxistische Analyse es je einräumen mochte. Gleichzeitig sorgte er sich, daß die Niederlage der demokratischen Politik den Weg für eine Herrschaftsform bahnen könnte, die schlimmer wäre als alles, was das Bürgertum je angerichtet hatte.

## *Alpträume*

Orwells Aufsätze über Dickens und Kipling, Patriotismus und radikale Politik, Pubs, Postkarten und Popularkultur entstammen seinen lichten Stunden. Sie sind manchmal umwölkt, jedoch niemals dunkel. Der Totalitarismus ist sein Alptraum. Am Tage ist Orwell Engländer, in der Nacht ist er Europäer, hochempfindlich für eine Reihe von Erfahrungen, vor denen England bewahrt wurde. In einem 1944 geschriebenen Aufsatz über Arthur Koestler behauptet er, daß die Engländer des zwanzigsten Jahrhunderts unfähig seien, ernsthafte politische Schriften zu verfassen; sie hätten niemanden hervorgebracht, der es aufnehmen könnte mit Ignazio Silone, André Malraux, Gaetano Salvemini, Franz Borkenau, Victor Serge oder auch Arthur Koestler (dem er Unterschlupf gewährte, den er aber nicht wirklich verstand). »Es gibt fast keinen englischen Schriftsteller, dem es beschert gewesen ist, den Totalitarismus von innen zu sehen. [...] Es fehlt in England deshalb das, was man die Literatur des Konzentrationslagers nennen könnte. Man hat natürlich von dieser besonderen Welt gehört, die durch Geheimpolizei, Zensur, Folter und abgekartete Gerichtsverhandlungen geschaffen wird, und man lehnt sie bis zu einem gewissen Grade ab, aber emotional hat sie sehr wenig Eindruck gemacht«[37] – »fast keinen englischen Schriftsteller«: Orwell selbst ist die Ausnahme, einerseits infolge seiner Erfahrungen im Spanienkrieg, andererseits aufgrund seiner bemerkenswert phantasievollen Arbeiten in seinen letzten Lebensjahren. Er machte sich selbst zu einem europäischen Schriftsteller und schuf die ersten und praktisch einzigen englischen Beispiele des politischen *roman noir*.

Raymond Williams' Urteil über diese »schwarzen Romane« erhärtet, so verquer es scheint, Orwells These über die Zukunft englischen politischen Schrifttums. Wie in *1984*, sagte Williams den Herausgebern der *New Left Review*, »scheint mit den Projektionen von Häßlichkeit und Haß [...] auf die Schwierigkeiten der Revolution oder politischen Veränderung eine Periode wirklich dekadenten bürgerlichen Schrifttums eingesetzt zu haben, durch die sich der Status der Menschen verringert«.[38] Die »Schwierigkeiten der Revolution« – der Ausdruck lädt zu einem Vergleich mit Audens »notwendigem Mord« ein, einem Satz, der, wie Orwell richtig sagte, nicht von jemandem hätte geschrieben werden können, der jemals der Ermordung eines Menschen zugesehen hatte. So hätte auch Williams' Bemerkung nicht von jemandem gemacht werden können, der jene »Schwierigkeiten« wirklich erlebt hatte. Sie bezeugt die Weigerung, intellektuell oder emotional auf die Hauptprobleme des zwanzigsten Jahrhunderts zu reagieren.

Welche politische Bedeutung hat Orwells Reaktion? Sicherlich nicht die, alle Hoffnung auf Demokratie oder Sozialismus zu ersticken: Alpträume drohen zwar damit, tun es aber schließlich doch nicht; man wacht schwitzend auf und lebt sein Alltagsleben weiter. Aber Orwell wollte die englischen Sozialisten zum Schwitzen bringen. Die Beschreibung der totalitären Politik verfolgt oft eine konservative Absicht; ihr Zweck ist es, den Blick auf ferne Schrecken zu lenken, so daß das Elend vor der Haustür als Schönheitsfehler erscheint, und die Mühe, sich mit ihnen zu befassen, als Übereifer. Die grauenvolle Beschreibung ist merkwürdig tröstlich. Es ist in der Tat schwer, solche Wirkungen nicht hervorzurufen, gleichgültig, welche Absicht dahintersteht. Aber das hatte Orwell nicht im Sinn. Er glaubte, daß der westliche Sozialismus nur dann Erfolg haben könnte, wenn seine Verfechter erkannten, was im Osten vor sich ging, und wenn sie lernten, sich darum zu kümmern. *Farm der Tiere* und *1984* sind Teil seiner »internen Kritik«.

Es ist eine interessante Frage, ob man einer anderen als der eigenen Gesellschaft gesellschaftskritisch begegnen kann. Orwell ist inzwischen ein Osteuropäer ehrenhalber, und seine Bücher sind Bestandteil der Widerstandsliteratur. Er selbst hatte es jedoch nur auf lokale Wirkung abgesehen: »Selbst wenn ich die Macht dazu hätte, würde ich mich nicht in die sowjetische Innenpolitik einmischen wollen. [...] Aber andererseits war für mich äußerst wichtig, daß die Menschen in Westeuropa das Sowjetregime als das sahen, was es wirklich war. [...] In den letzten zehn Jahren war ich davon überzeugt, daß die Zerstörung des sowjetischen Mythos wesentlich war, wenn wir eine Wiederbelebung der sozialistischen Bewegung wollten.« Dies steht im Vorwort zur ukrainischen Ausgabe der *Farm der Tiere*.[39] Unter Orwells ukrainischen Lesern hatte die Zerstörung des sowjetischen Mythos schon viel früher eingesetzt; sie wollten das Buch für anderes nutzen, und Orwell hatte nichts dazu zu sagen, welcher Nutzen das sein könne. So schrieb er bei einer früheren Gelegenheit: »Was mir Sorgen macht, ist die Haltung der britischen Intelligenzija.«[40]

Ich glaube nicht, daß Orwell fürchtete – jedenfalls tat er es nicht in seinen wachen Stunden –, der englische Sozialismus werde intern in »Engsoz« transformiert werden. Bürokratische Großartigkeit und elitäre Anmaßung könnten neue Ungleichheit erzeugen, aber nichts, was so drastisch ist wie die Ungleichheit von Proleten und Parteimitgliedern. Die englische Kultur hat in der Form, wie er sie beschreibt, starke Sperren eingebaut. *1984* stellt jedoch die These auf, daß es *hier geschehen kann*: Immunität ist eine Illusion. Totalitäre Politik hat eine internationale Logik; sie lädt zur Nachahmung ein, erzwingt sie vielleicht sogar. Die Erfahrung zuerst des totalen Krieges und dann des ideologischen Kalten Krieges könnte somit im Laufe der Zeit daheim in Unterdrückung münden. Deshalb war Orwell so wenig gewillt, den Sozialismus in den Händen von Menschen zu lassen, die schnell vom »notwendigen« Mord sprachen. Und er wäre auch nicht bereit gewesen, ihn in den Händen von Männern und Frauen zu lassen, die stalinistische Verbrechen als »Schwierigkeiten« betrachten, wie sie sich im Verlauf des revolutionären Prozesses ergeben. Er bestand darauf, daß englische Intellektuelle sich jenen Verbrechen stellen, sie benennen, in der Vorstellung erleben sollten. Die »neugotischen Folterszenen in Zimmer 101«, die manchmal als Anzeichen von Orwells letzter Krankheit gedeutet wurden, als Verlust literarischer Kontrolle, verfolgen durchaus eine bestimmte politische Absicht.[41] Sie aktivieren in einer Art von Erkennungsreflex die Ängste und Phantasien des Lesers – dahin kann es die Politik im zwanzigsten Jahrhundert bringen, hat sie es in Ländern gebracht, die gar nicht so weit weg sind.

Man spürt in *1984* eine mühsam zurückgehaltene Wut über die Selbstgefälligkeit der englischen Linken, die immer noch Englands tiefen Schlaf schlafen. Selbst die Bomben hatten sie nicht geweckt, denn das waren Nazibomben, sozusagen Bomben des rechten Flügels, die keine Auseinandersetzung mit den Verbrechen der Linken erforderten. Es war in England noch möglich, »antifaschistisch, aber nicht antitotalitaristisch« zu sein – die »Sünde« der linken Intellektuellen seit Anfang der dreißiger Jahre.[42] Wenn dies die Sünde ist, dann ist *1984* die Strafe. Damit die Strafe schmerzt, nannte Orwell das totalitäre Regime von Luftstützpunkt Nr. 1 »Engsoz«, obwohl er gewußt haben muß, wozu dieser Name gebraucht werden würde. Es ist nicht so sehr sein Wunsch, die englischen Sozialisten frei von Sünde zu sehen (ihre Hände waren ziemlich sauber, sie waren nicht durch »notwendige« Morde beschmutzt). Er wünschte ihnen vielmehr einen umfassenden Verstand; er wollte, daß sie selbst dann Verstand zeigen sollten, wenn die von ihm beschriebene Politik vollständigem Verständnis trotzt. »Das WIE verstehe ich«, sagt Winston Smith, »aber nicht das WARUM.«[43]

Aber dem Roman scheint der Gedanke fremd, daß Verständnis den Weg zu einer alternativen Politik ebnen könnte. Das ist, nach Williams, Orwells letzter Verrat. Die Vision ist zu grimmig, sie leugnet jede Hoffnung auf Widerstand; es gibt keine positiven Helden. In der Tat gibt es keine; sowohl *Farm der Tiere* wie auch *1984* sind Fabeln, keine Abhandlungen oder Programme. Was sie beschreiben, ist der Alptraum vom Stiefel, der dem Menschen ins Gesicht tritt – für immer. Alpträume wären nicht, was sie sind, wenn sie zu einem beschwingten Schluß kämen. Sie machen angst, sie wecken keine Hoffnung. Besonders *1984* ist ein Roman absoluter Trostlosigkeit, ein beharrliches Porträt des Totalitarismus mit seinen eigenen Mitteln. Und doch hatte Orwell beim Schreiben dieses Buchs sicher die Absicht, Widerstand zu wecken: Abscheu vor den Apologeten, Haß auf die Diktatoren. Er erzählt die Geschichte von Winston Smith, »dem letzten Mann in Europa«, anderen Männern und Frauen, in deren Macht es steht, diese Endgültigkeit zu verhindern. Der positive Held des Buches ist sein Autor und, möglicherweise, sein Leser.

»Das Buch stößt uns ab«, schreibt Irving Howe, »weil seine Schrecken, weit davon entfernt, dem ›Menschsein‹ inhärent zu sein, unser Jahrhundert kennzeichnen; was uns erschreckt, ist das ekelhafte Bewußtsein, daß Orwell in *1984* jene Elemente unseres öffentlichen Lebens behandelt, die mit Mut und Intelligenz vermeidbar gewesen wären«[44] – vermeidbar sind, da »England, dein England« noch nicht Luftstützpunkt Nr. 1 ist. Orwells England ist in *1984* nur schwach erkennbar. Es wird durch den alten Kindervers über die Glocken von St. Clement symbolisiert, an den sich Winston Smith nicht genau erinnern kann. Aber wir erinnern uns, wir kennen das Leben und die Werte, die »Engsoz« auslöscht und die Orwell immer wieder beschwört. Die Niederschrift von *1984* war kein Schlußakt. Orwell fühlte zweifellos den Druck seiner Krankheit, und das mag die Dringlichkeit, mit der er schrieb, erhöht haben. Aber er war noch nicht tot. Und er hatte sich auch nicht von der Welt zurückgezogen, um ein letztes Urteil über sie zu sprechen. Er wollte weiter schreiben. Die Geschichte des letzten Menschen sollte nicht sein letztes Wort zur Politik sein. Und es braucht auch nicht unser letztes zu sein, solange wir in dem entsetzten Bewußtsein sprechen, das ihm eigentümlich war.

# 8
# Albert Camus und der Algerienkrieg

*Ein Gerechter?*

Für Liberale und Anhänger der demokratischen Linken ist Albert Camus eine paradigmatische Gestalt. Seine Schriften und sein Leben, beide vermutlich verklärt durch seinen frühen und sinnlosen Tod, haben mythische Proportionen angenommen, so daß wir möglicherweise glauben, ihn gut zu kennen, ohne viel von ihm zu wissen. Wir wissen, wofür er einstand: Er war ein Mensch mit Grundsätzen, ein »Gerechter«. (Wir wissen auch, nämlich aus Herbert Lottmans Biographie[1], was er montags, dienstags und mittwochs tat; merkwürdigerweise zerstört das den Mythos genausowenig, wie es die innere Verfassung der Person offenbart.) Aber es gibt einen Augenblick in seinem Leben, in dem, so wird üblicherweise gesagt, Camus seine Grundsätze verraten hat – einen überaus wichtigen und sich lange hinziehenden Augenblick, der seine letzten Lebensjahre beherrschte: die Zeit des Algerienkrieges. Hier wurde er »dieser Gerechte ohne Gerechtigkeit«, den Simone de Beauvoir in ihren Memoiren beschreibt[2], hier kollabierte sein unnachgiebiges Drängen in hohler Rhetorik, wie es bei Conor Cruise O'Brien heißt. Von 1954 an gab er ein Beispiel für die Unfähigkeit des »gemäßigten Bürgertums« Frankreichs (der Ausdruck stammt von O'Brien), die Brutalität des Kolonialismus zu zähmen. Doch selbst dieses Versagen trägt dazu bei, den Mythos aufrechtzuerhalten – es macht Camus zu einem verunstalteten Helden, menschlich, allzumenschlich. Aber wie versagte er?

Ich möchte den algerischen »Augenblick« Camus' neu betrachten, ihn gegen seine Kritiker verteidigen und ihn gleichzeitig aus den Fesseln des Mythos befreien. Ich glaube nicht, daß Camus in den Jahren um 1950 ein Held war – er mag in den vierziger Jahren einer gewesen sein –, und ich mag den Ausdruck »gerecht« nicht, der einen moralischen Absolutismus nahelegt, den er ausdrücklich zurückwies. Genau besehen war er, was man einen guten Menschen zu nennen pflegt; in schlechten Zeiten handelte er besser als viele andere. Er war auch ein arbeitender Intellektueller, ein radikaler Kritiker, der sich vor die schwierigsten Wahlen gestellt sah und manchmal vor ihnen zurückschreckte, aber ihnen nicht auswich. Deshalb können wir aus seiner Erfahrung etwas über die Verpflichtungen und Grenzen des kritischen Projekts lernen.

## *Gegen den Plan*

Als Moralist und literarisch gebildeter Mann repräsentierte Camus eine alte französische Tradition, eine ehrenwerte Tradition, freilich nicht ohne Versuchungen, von denen die größte die gottähnliche Verkündigung ist, die Stimme aus dem Hintergrund. Wie manch anderer erlag auch Camus ihr gelegentlich, doch programmatisch war er für den Widerstand engagiert. Wenn wir hinreichend Abstand haben, dann können wir in der Tat die moralische Welt so sehen, wie Gott die physikalische sehen muß. »Es gibt keine Natur mehr«, schrieb Camus nach einem Flug von Paris nach Algerien in sein Tagebuch. »Die tiefe Schlucht, die wirkliche Höhe, der unüberquerbare Sturzbach, alles verschwindet. Was bleibt, ist ein Aufriß – ein Plan. Kurzum, der Mensch sieht mit den Augen Gottes. Und dann erkennt er, daß Gott nur Abstraktes sehen kann. Es ist kein gutes Geschäft.«[3] Es ist in der Ethik nicht anders als in der Geographie. So wie wahrer Glaube Kontakt und Nähe verlangt, so erfordert wahre Moral Betroffenheit und Liebe. Und doch paßt Liebe nicht leicht in eine allgemeine Moraltheorie, denn sie bevorzugt stets die Nahen und die Wenigen. »Die Liebe ist Ungerechtigkeit, aber die Gerechtigkeit genügt nicht.«[4] Diese Spannung ist eines der immer wiederkehrenden Themen der Notizbücher in den Jahren des »zweiten Zyklus«, als Camus *Die Pest*, *Die gerechten*

*Mörder* und *Der Mensch in der Revolte* schrieb. Er versuchte andere Formulierungen, wobei er immer eine Antinomie wachhielt, die er vermieden hätte, wenn er einfach gesagt hätte, daß Gerechtigkeit ohne Raum für Liebe selbst ungerecht wäre. Ich denke, daß er dies meinte; seine Kritiker verneinen es gewöhnlich.

Camus' Reaktion auf den Algerienkrieg ist auf zwei verschiedene Arten kritisiert worden. Er ist erstens wegen der mangelnden Konkretisierung getadelt worden, wegen eben der Abstraktion, die er haßte, wegen eines starren Universalismus. In seiner Hochstimmung wendet er auf Unterdrücker und Unterdrückte dieselben Maßstäbe an, ohne die wirklichen Umstände zu berücksichtigen. Zweitens wurde er wegen seines Mangels an Distanz, wegen seiner Sentimentalität und seines uneingeschränkten Partikularismus gerügt. Bedrückt verteidigt er seine Freunde und Verwandten. Aber die beiden Vorwürfe sind eigentlich nur einer. Die grundsätzliche Kritik ist, daß seine universalistischen Verlautbarungen nur ein Mantel für seinen Partikularismus sind. Das Reden über die Gerechtigkeit maskiert eine nur begrenzte Liebe. »Jetzt hatte der *pied noir* über den Humanisten gesiegt.«[5] Deshalb die Leere seiner Rhetorik – das stilistische Anzeichen böser Absichten.

Die Lektüre von *Actuelles III*, der algerischen Chronik, macht es schwer, die Arglist zu erkennen. Moralische Ängstlichkeit tritt in den Aufsätzen und Reden zutage; Universalismus und Partikularismus, Gerechtigkeit und Liebe sind gleichermaßen offenkundig; nichts ist verborgen. Dies sind Verhandlungsversuche, ist die Arbeit eines Gesellschaftskritikers, der sich ständig der an Ort und Stelle vorfindlichen, durch die Einteilung in richtig und falsch nur unangemessen wiedergegebenen Hindernisse bewußt ist. Seine Gegner sind Kritiker einer anderen Art, die im Banne der moralischen (vielleicht besser: der ideologischen) Perspektive operieren. Die beiden Positionen unterscheiden sich nicht nur in den Schlußfolgerungen, sondern auch durch die Verfahrensweise, durch den Platz in der Gesellschaft, den sie bezeichnen. Bevor man Stellung nimmt, braucht man einen Standpunkt. Wo ist er? Zu nah, sagen die Gegner, und man wird Apologet; zu weit weg, antwortet Camus, und man wird Terrorist. Wiederum zeigt sich die Bedeutung der Distanz, die jedesmal dann zum Thema wird, wenn ein Intellektueller des Verrats angeklagt wird.

Ein Auszug aus Camus' *Tagebüchern* von 1942: »Kalypso bietet Odysseus die Möglichkeit, zwischen der Unsterblichkeit und dem Land seiner Väter zu wählen. Er lehnt die Unsterblichkeit ab. Darin liegt vielleicht der ganze Sinn der ›Odyssee‹.«[6] Camus wird in der Regel genauso gesehen. Er mußte zwischen ewiger Gerechtigkeit und dem französischen Algerien wählen, und er entschied sich gegen ewige Gerechtigkeit. Vielleicht; es ist jedenfalls zutreffend, daß er sich niemals gegen das französische Algerien entschied. Er war in der Tat ein *pied noir*, geboren und aufgewachsen in Algerien. In Algerien lernte er schreiben, und er schrieb niemals poetischer, als wenn er Sonne und Meer seiner Heimat schilderte. »Für Algerien spüre ich eine zügellose Leidenschaft, und ich kapituliere vor der Wonne des Liebens.«[7] Das einzige authentische Beispiel für Unsinn aus seiner Feder sind die vielen Texte (die meisten schon früh geschrieben) über die Kultur des Mittelmeers – eine vorgestellte Welt mit klassischem »Maß«. Weder in seinem Volk noch bei den Arabern Algeriens läßt sich irgendein Zeichen dafür finden, daß sie sie je bewohnt haben.

Es läßt sich also schwerlich behaupten, daß Camus ein objektiver Kritiker des französischen Kolonialismus war. Man könnte ihm jemanden aus Japan oder Island oder noch besser vom Mars vorziehen, einen unparteiischen Zuschauer oder idealen Beobachter, für den, so könnten wir vermuten, kritische Distanz kein Problem ist. Aber solche Leute interessieren sich vermutlich nicht für den französischen Kolonialismus. Gott ist der ideale »ideale Beobachter«, und es ist in der philosophischen Tradition ein Gemeinplatz, daß er hauptsächlich mit der Beobachtung seiner selbst beschäftigt ist. Jedenfalls steht seine Allwissenheit im Dienste der Abstraktion, und er bemerkt die tiefen Schluchten und unpassierbaren Bergbäche wahrscheinlich gar nicht. Was wir uns wünschen, ist ein Gesellschaftskritiker, der aus seiner eigenen Gesellschaft herauswächst. Als jemand, der in ihr steht, dazugehört, ihr emotional verbunden ist, muß er lernen, einen Strich zu ziehen, Partei zu ergreifen, nein zu sagen. Wie macht man das?

## Die Distanziertheit von Sartre und de Beauvoir

Während der unmittelbaren Nachbeben des Algerienkrieges schrieb Sartre 1965, der einzige Weg, zu lernen, seinen Mitbürgern nein zu sagen, sei der einer »dauernden Selbstkritik«.[8] Die Tätigkeit des Gesellschaftskritikers muß mit der Zurückweisung seiner eigenen Sozialisation beginnen, der Ablehnung der Gesellschaft in ihm selbst. Er kann nicht einfach leugnen, daß er ein kleinbürgerlicher Intellektueller oder ein *pied noir* oder was immer ist, unvermittelt in die Universalität springen und seinen Standort auf Bendas Höhen suchen. Er muß sein bedingtes Selbst anerkennen und es dann einer erbarmungslosen Analyse und Kritik unterziehen. Es ist nicht ganz klar, wer hier analysiert und wer analysiert wird. In der Theorie erfüllt derselbe kleinbürgerliche Intellektuelle, derselbe *pied noir* beide Rollen: ein anstrengendes Geschäft, wenn auch nicht unmöglich. In der Praxis jedoch zielen Analyse und Kritik eher auf die anderen Intellektuellen oder *pieds noirs* – nicht auf sich selbst, sondern auf diejenigen, die aussehen wie man selbst. Das Ziel der Übung ist Differenzierung.

Dies kann gelegentlich komische Formen annehmen, so als de Beauvoir 1958 nach der überwältigenden Volksabstimmung, die Charles de Gaulles Rückkehr an die Macht forderte, ankündigte, sie gehöre nicht länger zum französischen Volk. »Die Ergebnisse der Volksbefragung hatten mich endgültig mit meinem Lande entzweit.«[9] Nichts in ihrem Leben scheint sich in den Jahren danach geändert zu haben. Natürlich hatte die Entzweiung schon vorher begonnen, und ich vermute, daß sie mit Selbstkritik begann, wenngleich mit Selbstkritik einer ganz bestimmten Sorte: »Meine Landsleute wurden mir unerträglich. [...] Ich konnte mich nicht mehr zu ihnen setzen. [...] Ich fühlte mich genauso verstoßen wie in der ersten Zeit der Besetzung. Eigentlich war es noch schlimmer, weil ich wohl oder übel zur Komplizin jener Leute wurde, deren Nähe ich nicht mehr ertragen konnte.« Oder: »Diese Menschen auf den Straßen wurden [...] zu Henkern. [...] Sie waren alle schuldig. Auch ich. ›Ich bin Französin.‹ Diese Worte brannten mir in der

Kehle wie das Eingeständnis einer Schande.«[10] Aber es ist nicht ihre eigene Verdorbenheit, die de Beauvoir in diesen Sätzen beschreibt.

Ich will mich nicht über Simone de Beauvoir lustig machen. Ihre Autobiographie ist lebendig und offenherzig. Doch obwohl sie, wie wir sehen werden, eine feinsinnige Schriftstellerin ist, bleibt ihre Politik harmlos – die von Camus dagegen ist es niemals. Beides, die Scham, die sie über Algerien fühlt, und die Pathologie der Scham, der sie Ausdruck gibt, findet während des Vietnamkrieges ein Echo in der amerikanischen Linken. Ich will damit lediglich andeuten, daß solche Gefühle nicht Vorbedingung, sondern vielmehr das Ergebnis der Gesellschaftskritik sind. Es ist nicht so, daß Entzweiung nötig ist, damit Kritik geübt werden kann, vielmehr legt die Kraft der Kritik den Gedanken der Entzweiung nahe. Die Kritik muß jedoch versagen, wenn es wirklich zur Entzweiung kommt, denn der Arbeitsplatz des Gesellschaftskritikers ist *in* der Gesellschaft. Er nutzt sozusagen seine Verbindung mit ihr, nicht seine Abgeschiedenheit. Warum sollten die Leute auf das hören, was er sagt, wenn er sie haßt und die Brücken abbricht?

Der letzte Punkt ist nicht nur erwägenswert, sondern auch moralisch, und ich möchte kurz darauf eingehen, bevor ich wieder frage, wie Gesellschaftskritik beginnt. Der bürgerliche Gesellschaftskritiker, sagt Sartre, muß seiner eigenen Bestimmtheit entkommen. Aber er kommt dadurch nicht in eine Welt universaler Grundsätze. Er muß zunächst sich selbst »universalisieren«, seine Vergangenheit kritisieren, sich auf einen politischen Kampf einlassen, der universale Prinzipien in die Zukunft projiziert. So transformiert er sich selbst, indem er die Welt transformiert. Einfacher gesagt, er muß die moralische Landkarte konsultieren und die Grenzen überschreiten, die Unterdrücker wie ihn selbst von der Masse der Unterdrückten trennt. Er muß sich, so sagt Sartre, »mit den unterprivilegierten Klassen konkret und bedingungslos zusammenschließen«.[11] Das bedeutet nicht, daß er mit den Unterprivilegierten leben und arbeiten muß. Wie der Schulmeister Daru in Camus' schöner Kurzgeschichte »Der Gast« kann man das tun, ohne deshalb eine »bedingungslose« Verpflichtung einzugehen. Was Sartre im Sinne hat, ist eine Verschiebung der politischen

Position, nicht der gesellschaftlichen Konstellation. Und doch muß der Kritiker sich so etwas wie eine neue Existenz schaffen, und diese Neuschöpfung ist schwierig.

Wie soll er leben? Wer sind seine Gefährten? Er kann auf der anderen Seite der Grenze niemals heimisch werden; so heftig seine Selbstkritik auch ausfallen mag, er kann nicht als ein »organischer Intellektueller« der Arbeiterklasse wiedergeboren werden. Er ist deshalb versucht, zu »passen«, durch Eifer wettzumachen, was ihm an Vertrautheit und Entspanntheit fehlt. Sartre hofft, daß der engagierte Intellektuelle »niemals seine Fähigkeit zur Kritik aufgibt«; aber das stößt auf Schwierigkeiten, ist ein brisantes Vorhaben, denn seine kritischen Fähigkeiten sind das Ergebnis seiner gesellschaftlichen Konditionierung. Radikal entsozialisiert, ist er ein Anwärter für ideologische Disziplin; daher rührt (wie Silone und Orwell behaupten) die Anziehungskraft der Kommunistischen Partei. Sartre selbst und auch de Beauvoir vermieden die Parteidisziplin, obwohl sie ihren kritischen Fähigkeiten nicht die Zügel schießen ließen. Es spricht für sie, daß Parteianhänger, deren Anhänglichkeit wirklich bedingungslos war, sie immer für kleinbürgerliche Intellektuelle hielten. Im Falle des Algerienkrieges jedoch machten sie die von Sartres Programm empfohlene radikale Wendung. Sie trennten sich vom französischen Volk und unterstützten die algerische Nationale Befreiungsfront (FLN), soweit ich sehe, ohne ein Wort der Kritik.

Natürlich gingen sie nicht nach Algerien, und sie legten auch keine Bomben in Cafés und Tanzsälen. Sie unterstützten die Aktionen aus der Entfernung. Trotz der »Verletzung« ihrer Bindungen an Frankreich blieben sie daheim, wo sie entschiedene und bisweilen mutige Kritiker ihrer eigenen Regierung waren. Wo Frankreich betroffen ist, entsprachen sie dem Standardmodell des Gesellschaftskritikers. Sie distanzierten sich selbst (intellektuell und moralisch) und denunzierten die lokalen Barbaren – und verdammten Camus wegen seiner Weigerung, ihre Denunziationen zu teilen. Doch obwohl vieles, was sie sagten, wahr ist, gab es auch vieles, was sie zu sagen unterließen. Diese Unterlassungen waren eng mit der Radikalität ihrer »Selbstkritik« verknüpft. Distanz hat ihren

Preis. Vielleicht ist der Preis gering, wenn man das menschliche Leben existentiell begreift: Der kleinbürgerliche Intellektuelle, der davon träumt, sein eigener Urheber zu sein, erfindet sich selbst als Gesellschaftskritiker. Es ist ein heroisches Projekt, und das Ergebnis ist die vertraute Heldenfigur, die Abstand hält zu ihren Nachbarn und an ihre kritischen Prinzipien gebunden ist. Aber dann ist sein Standpunkt, wie derjenige Gottes, gänzlich abstrakt.

Losgesagt vom bürgerlichen Frankreich, außerstande, Algerier zu werden, bewegen sich Sartre und de Beauvoir in einer ideologisch eingeebneten Realität: Die FLN repräsentiert die Befreiung, die Franzosen sind Faschisten. Die Wahl zwischen politischen Möglichkeiten fällt hier leicht, sie ist eine direkte Funktion der kritischen Distanz. »Das Leben der Moslems war in meinen Augen genausoviel wert wie das meiner Landsleute«, schreibt de Beauvoir.[12] In der Tat gibt es wenig Indizien dafür, daß sie irgendein bestimmtes Leben besonders wichtig findet. Terroristische Angriffe auf französische Zivilisten ließen sie unberührt. Sie empörte sich über algerische Todesfälle nur dann, wenn sie von Franzosen verursacht waren (es gab zweifellos genug, um den Zorn eines jeden zu provozieren). Sie kannte die Brutalität der inneren Kämpfe in der FLN, zog es allerdings vor, nicht darüber zu schreiben. Sie scheint niemals auch nur einen Gedanken an das Schicksal verschwendet zu haben, das die *pieds noirs* mit großer Wahrscheinlichkeit erwartet hätte, wenn die FLN gesiegt hätte. So versickert ihre schwer errungene Unparteilichkeit in einer kalten Gleichgültigkeit. Bei aller Leidenschaftlichkeit argumentiert sie ohne die Komplexität der Liebe. Liest man ihre Darstellung der algerischen Jahre, so fühlt man sich an E. M. Forsters Ausruf erinnert: »Nur ja dranbleiben!«

### Die Schwierigkeiten der Verbindung

Obwohl von Camus gesagt wird, er sei im persönlichen Umgang kühl und zurückhaltend gewesen, war er ein seiner Gesellschaft verbundener Kritiker. Und er war ihr in einer Weise verbunden, die die Theorie der kritischen Distanz auf die Probe stellte – der Distanz zu einer Gruppe, die aus der Unterdrückung anderer Vorteile zieht oder zu ziehen glaubt. Im marxistischen Schema ist ein *pied noir*-Intellektueller von einem bürgerlichen Intellektuellen nicht zu unterscheiden: Camus gehörte, so schrieb Albert Memmi 1957, »zu einer Minderheit, die geschichtlich gesehen unrecht hat«.[13] Memmi, ein Jude aus Tunesien, dessen Volk ebenfalls von der französischen Kolonialherrschaft profitiert hatte, war nicht ohne Mitgefühl. Aber das übliche linke Argument ist schlicht und direkt: Diese Form der »Zugehörigkeit« muß abgelehnt werden. Es stellt sich jedoch heraus, daß die Ablehnung im Falle der Klassenzugehörigkeit einfacher ist als in dem der Nationalität, denn zur Nation bestehen gemeinhin die engeren Bande. Camus, der unter Armen geboren wurde, hatte keine Schwierigkeiten damit, die wohlhabende Elite der *pieds noirs* zu kritisieren. Es war für ihn sehr viel schwerer, sich Memmis Ansicht zu eigen zu machen und von der Gesellschaft insgesamt zu sagen, sie sei »im Unrecht«. Er konnte auch die Beschreibung nicht gutheißen, die Frantz Fanon gab und die dem Terrorismus der FLN zugrundeliegt und sie vernünftig begründet: »Jeder Franzose [...] unterdrückt, verachtet, herrscht.«[14] In dieser Sache ist Gesellschaftskritik von innen buchstäblich unmöglich; der *pied noir*-Intellektuelle muß sich selbst neu schaffen – zuerst muß er distanzierter Beobachter werden und dann Anhänger der algerischen Befreiungsbewegung. Aber der Historizismus und der Kollektivismus dieser Überlegungen sind abermals Beispiele einer abstrakten Moral. Sie erfassen nicht das Wesen moralischen Verhaltens.

Der junge Camus besuchte 1939 das kabylische Gebirge und verfaßte (für eine sozialistische Zeitung in Algier) eine Reihe von Artikeln über das Leiden der Berber und die Gleichgültigkeit der Kolonialherren. Die Artikel, von denen die wichtigsten in *Actuelles III* nachgedruckt sind, sind ein bedeutendes Stück Sozialkritik und führten ein Jahr später zu Camus' Ausreise aus Algerien. Sein »Entrüstungsschrei«, so schrieb Jules Roy später, machte ihn »in den Augen der Autoritäten suspekt«.[15] Aber obwohl die Aufsätze eine Reise erforderten, die wenige *pieds noirs*-Journalisten unternahmen, erforderten sie nicht, daß Camus aufhörte, ein *pied noir*-Journalist zu sein. Unabhängigkeit war nötig, vielleicht auch Mut, aber nicht die Preisgabe der nationalen Identität. Camus wandte die Maßstäbe der französischen Linken – tatsächlich die' mutmaßlichen Maßstäbe der Kolonialregierung – auf Kabylien an. Dies ist die einfachste und direkteste Form der Gesellschaftskritik: Der Kritiker hebt den Schleier und deckt die tatsächliche Unterdrückung auf; die kritische Arbeit wird sozusagen durch den Sittenkodex geleistet. Camus ging freilich weiter und verlangte die Neuverteilung des Landes, erhebliche technische Hilfe, lokale Selbstbestimmung und gleiche Rechte für alle Einwohner Algeriens.[16] Er verlangte nicht die Beendigung der französischen Herrschaft, doch sein Programm kam dem der algerischen Nationalisten der dreißiger Jahre sehr nahe, die selbst frankophil waren – ihre Blicke waren nach Paris gerichtet, ihre Politik war revolutionär nur im Sinne von 1789. Diese Algerier fühlten sich zu Hause fremd, lebten in einer kolonialen Hölle und konnten erst dann wirkliche Nationalisten werden, wenn sie ihre Politik in einem algerischen (islamischen, arabischen) Kontext neu formulierten. Aber Camus war kein Fremder, obwohl er bald seine Heimat verlassen sollte.

Der Gesellschaftskritiker geht von Prinzipien aus, die in seiner eigenen Gesellschaft »natürlich« sind. Er wendet diese Grundsätze mit einer Konsequenz an, die seinen Mitbürgern unbehaglich ist. Er sieht sich deshalb oft auf sich allein gestellt und mag sich wohl auch wegen seiner Einsamkeit bewundern: »Le vrai intellectuel est un solitaire.«[17] Aber er beginnt nicht, indem er sich absondert, und er muß auch nicht unbedingt seine Einsamkeit bejahen und fördern; er hat spezifische Verpflichtungen und Loyalitäten. Camus' Beschreibung des Intellektuellen klingt sinnvoller als Bendas: »solitaire et solidaire«, einzeln und verbunden. »Letztlich«, schrieb er, sich über das alte Argument zu Verwurzelung und Nomadentum mokierend, »brauchen wir Heimaterde, und wir müssen reisen können.«[18] Selbst »wahre Intellektuelle« haben Eltern, Freunde, vertraute Plätze, wärmende Erinnerungen. Vollständige Einsamkeit ist wie existentielles Heldentum eine romantische Idee, und sie hängt mit einer anderen romantischen Idee zusammen: der einer absoluten Opposition von Kunst, Philosophie und moralischen Werten einerseits und Alltag, weltlichen Sorgen, der »bürgerlichen Gesellschaft« andererseits. Als ob sich der Kritiker seine Grundsätze vom Himmel pflückte! In schwierigen Zeiten müssen gerade die Grundsätze des Alltagslebens bestätigt werden. »Die Werte, die ich heute verteidigen und veranschaulichen müßte, sind durchschnittliche Werte«, notierte Camus im Oktober 1946 in sein Tagebuch. »Sie erfordern ein so abgeklärtes Talent, daß ich fürchte, es nicht zu besitzen.«[19]

Camus' Prosa ist manchmal zu erhaben, zu »edel«, um Durchschnittswerte zu erfassen. Hier ähnelt er, trotz der radikalen Unterschiede ihrer jeweiligen Selbstdarstellung, Martin Buber: *résistant* mit einer Zigarette, bärtiger Prophet. Beide Männer waren fähig, Sätze zu schreiben, die mehr Vorahnungen enthielten, als ihr Anlaß erwarten ließ, obwohl die Anlässe ernst genug waren. Aber die beiden hatten ein gemeinsames Problem, das für Camus dringlicher war als für Buber. Die Werte, die Camus verfechten wollte, wurden von der überwältigenden Mehrheit seines eigenen Volkes nur formal geteilt – in der Praxis wurden sie abgelehnt. Die Ablehnung war schon 1945, zur Zeit des Sétif-Aufstands und der heftigen französischen Unterdrückung erkennbar und in Camus' Leben nach 1954 immer gegenwärtig. Von Sétif aus kehrte er nach Algerien zurück und schrieb für *Combat* eine zweite Serie von Artikeln, in denen er die Unterdrückung denunzierte und wieder absolute Gleichheit forderte: Frankreich mußte seine Verpflichtung unter Beweis stellen, »das demokratische Regierungssystem in Algerien einzuführen, dessen sich [die eigenen Bürger] erfreuen«. »Nichts Französisches wird in Nord-Afrika bleiben [...], wenn nicht die Gerechtigkeit gerettet wird.«[20] Aber der Export der Demokratie wurde von Paris nur halbherzig betrieben und stieß bei den Sprechern der *pieds noirs* auf harten Widerstand. Was also gebot die Gerechtigkeit?

Im Falle der anderen nordafrikanischen Kolonien, Marokko und Tunesien, war die Lage klar. Sobald es ernsthafte und organisierte Forderungen nach Unabhängigkeit gab, mußte Unabhängigkeit garantiert werden. Das nämlich bedeutete die Verbreitung der Demokratie und war gleichzeitig das Ergebnis davon – selbst wenn die Demokratie nur für den einen Moment wirksam war, in dem die Menschen der beiden Kolonien für Freiheit stimmten, sich aber gleichzeitig neuen Herren unterwarfen. In Algerien jedoch, wo sich über eine Million Europäer angesiedelt hatten, war die Lage anders. In Algerien gab es eigentlich zwei Nationen, und es war nicht klar, ob sie beide frei sein könnten. Von 1954, dem Beginn des Aufstands an forderte die FLN Unabhängigkeit und vollständige Souveränität. Camus sträubte sich in seinen Schriften gegen diese Forderung, denn er erkannte, daß Unabhängigkeit unter der Leitung der FLN die Zerstörung der Gemeinschaft der *pieds noirs* bedeutete. Gelegentlich drückte er sein Unbehagen durch die einfache Antinomie von Gerechtigkeit und Liebe aus. Sein berühmtester Ausspruch über Algerien hat genau diese Form: »Ich glaube an Gerechtigkeit und Justiz, aber ich werde meine Mutter vor ihr bewahren.«[21] Er sagte dies 1957 in Stockholm, wo er den Nobelpreis entgegennahm, zu einer Gruppe von Studenten. Einige seiner Freunde sahen darin nur einen leidenschaftlichen, aber unreflektierten Ausbruch. Er wiederholte ihn später, so wird gesagt, nur wegen der Aufregung, die er verursachte, und wegen der Angriffe der Gegner vom linken Flügel – die schrieben, als ob sie keine Mütter hätten oder nicht daran dächten, sie zu beschützen. Doch die Bemerkung ist, wie alle Aussagen Camus' zu Algerien, in den *Tagebüchern* schon angedeutet, und ihre Wiederholung steht in Übereinstimmung mit dem Vorwort zu *Actuelles III*. Man kann jedoch sehr wohl fragen, ob eine Lösung für die Probleme Algeriens überhaupt gerecht sein kann, wenn sie Camus' Mutter oder die Interessen der *pieds noirs* insgesamt ignoriert. Menschen verlieren ihre Rechte selbst dann nicht, wenn sie »historisch gesehen im Unrecht sind«.

Sicherlich suchte Camus nach Gerechtigkeit, als er die möglichen Alternativen zur Unabhängigkeit prüfte, und nach einem Ergebnis, das die Identität, die Interessen, die politischen Hoffnungen der beiden algerischen Nationen respektierte. »Die ›französische Tatsache‹ läßt sich in Algerien nicht eliminieren, und der Traum, sie könne in Frankreich plötzlich verschwinden, ist kindisch. Aber es gibt auch keinen Grund, warum neun Millionen Araber wie vergessene Menschen auf ihrem Land leben sollten. Der Traum, daß die Masse der Araber ausgelöscht, zum Schweigen gebracht und unterjocht werden könnte, ist genau so wahnsinnig.«[22] Nach 1954 bekriegten diese beiden Protagonisten des Wahnsinns einander, und Camus' Vorschläge, wie Gleichheit und Vereinigung zu verwirklichen wären, glichen zunehmend einem Traum. Wahnsinn war praktisch, moralische Integrität utopisch. Die terroristischen Anschläge auf Zivilisten signalisierten die Entschlossenheit der FLN, die »französische Tatsache« abzuschaffen, und die freizügige Anwendung der Folter signalisierte die französische Entschlossenheit, die Araber »zum Schweigen zu bringen und zu unterjochen«. Es gab keine Wahl, behaupteten viele französische Linke, als die minder wahnsinnige, die gerechtere dieser Möglichkeiten zu ergreifen. Und als Camus diese Wahl verweigerte, wurde ihm das Verbrechen vorgeworfen, zu dem er sich schließlich bekannte – das Verbrechen der Liebe, das er jetzt nicht auf die Mutter, sondern auf die Brüder bezog: »Wenn jemand noch immer heldenhaft denkt, es müsse eher sein Bruder sterben als seine Grundsätze, werde ich ihn höchstens aus der Ferne bewundern. Ich bin nicht von seinem Schlag.«[23]

Er weigerte sich, die Beziehungen zu seinen Verwandten unter den *pieds noirs* abzubrechen. Obwohl er in Frankreich lebte, schrieb er aus der Nähe über Algerien. »Er blieb eigentlich ein algerischer Franzose«, meint O'Brien, und im Laufe der Zeit gelangte er dazu, »sich auf die Seite seines eigenen Stamms gegen die abstrakten Größen zu stellen.« Er distanzierte sich nicht von den lokalen Verhältnissen und Interessen, sondern von den universalen Werten, »die bis dahin seine Sprache beherrscht hatten«.[24] Camus' Satz über seine Mutter und seinen Bruder bekräftigen diese Ansicht, aber ich vermute, daß sie, wie ich angedeutet, aber noch nicht bewiesen habe, auf einem grundsätzlichen Mißverständnis beruht. Von Anfang bis Ende bewies Camus dieselbe Entschlossenheit zu der ihm eigentümlichen Unabhängigkeit; er fühlte sich zu den Projektionen und Formen des »wahren Glaubens« hingezogen. Sein Universalismus war ähnlich konsistent, obwohl er eine Gestalt annahm, die O'Brien nicht erkannte: er beruhte auf dem, was ich Wiederholung genannt habe, nicht auf Abstraktion.

Camus hätte zum Beispiel nicht gesagt, daß in seinen Augen das Leben von Franzosen und Arabern gleich wichtig sei. Französisches Leben, selbst das der *pieds noirs*, auf der falschen Seite der Geschichte bedeuteten ihm mehr – so wie arabisches Leben den Intellektuellen der FLN mehr bedeutete (obwohl dieser letzte Punkt, das muß betont werden, nicht immer deutlich war: Camus war einem bestimmten Volk verpflichtet, die Intellektuellen der FLN einer Sache). Die Moral gebot die wechselseitige Annahme, nicht die Abschaffung oder Transzendierung dieser verschiedenen Bedeutungen. Der Franzose hatte seine Loyalitäten, der Araber ebenfalls, und jeder hatte das Recht auf seine eigenen. Ähnlich fühlte sich Camus der Selbstbestimmung der *pieds noirs* verpflichtet, doch er begriff, daß die Araber ihre eigene Selbstbestimmung wollten. Die beiden Verpflichtungen waren gleich legitim, und der Konflikt zwischen ihnen ließ sich nicht durch abstrakte Vernunft (oder das Zählen von Köpfen) beheben. Auch aus der Entfernung von einem oder zwei Schritten lassen sich die Umrisse einer gerechten Regelung noch nicht erspähen. Was die Gerechtigkeit forderte, war, daß Franzosen und Araber über ihre Verschiedenheiten hinweg miteinander verhandelten. Alle Pläne Camus' verfolgten dieses Ziel: eine hinreichend plausible Formel zu finden, die als Leitfaden für die Verhandlungen dienen könnte. Das gelang ihm nicht. »Diese Berichte«, schrieb er im Vorwort zu *Actuelles III*, »sind [...] eine Dokumentation des Versagens« – aber das heißt nicht, daß er nicht recht daran tat, es zu versuchen.[25]

Der Versuch war deshalb so dringlich, weil die Existenz der Gemeinschaft der *pieds noirs* selbst auf dem Spiele stand. Das bewog Camus zwar nicht dazu, seine Kritik an der französischen Politik zu dämpfen, solange er weiterhin über Algerien schrieb. Er mochte sich jedoch nicht, wie Sartre und de Beauvoir, den Gegnern der Franzosen anschließen. Er war auch nicht bereit, gemeinsam mit den französischen Anhängern der FLN politische Manifeste zu unterzeichnen: »Es schien mir unanständig und schädlich, in Gegenwart derer gegen Folterungen zu protestieren, die bereitwillig [...] die Verstümmelung europäischer Kinder hinnehmen.«[26] Aber es gab da einen noch allgemeineren Punkt. In seinen *Tagebüchern* hatte er Ende 1947 oder Anfang 1948 den Ausruf eines russischen Emigranten des neunzehnten Jahrhunderts notiert: »Welche Lust, sein Vaterland zu hassen und glühend seine Vernichtung zu ersehnen!«[27] In seinem Vorwort von 1958 kehrte er zu diesem Thema zurück: »Wir hätten Moralisten gebraucht, die sich weniger freudig mit dem Unglück ihres Landes abfinden.«[28] Die Freude resultiert aus radikaler Loslösung und dem »totalitären« Verständnis, das die Loslösung ermöglicht; aus hinreichend großer Distanz betrachtet, sind wir alle Sünder, historisch gesehen im Unrecht, ideologisch korrupt. Der Moralist kann sich über unser Unbehagen nur freuen. (Aber warum über *unseres* und nicht über *ihres*? Der Totalitarismus erklärt nicht die Rückwendung des moralischen Zorns.)

Camus bestimmte seine Politik nach seinen vorrangigen Loyalitäten:

»Wenn die eigene Familie in unmittelbarer Todesgefahr ist, mag man seiner Familie ein Gefühl von mehr Großzügigkeit und Fairness einzuflößen wünschen, [...] aber (darüber sollte es keinen Zweifel geben!) man fühlt in solcher tödlichen Gefahr eine natürliche Solidarität mit der Familie und hofft, daß sie zumindest überleben wird und durch das Überleben Gelegenheit erhält, ihre Fairness zu zeigen.«[29]

An diesem Punkt leugnet er explizit die Antinomie von Liebe und Gerechtigkeit, Familie und Welt: »Wenn das nicht Ehre und *wahre Gerechtigkeit* ist, dann kenne ich nichts, was in dieser Welt zu irgend etwas nütze ist.« Wahre Gerechtigkeit muß das eigene Volk einschließen, obschon nicht unbedingt zu seinen Bedingungen. Die Bedingungen sind Gegenstand von Verhandlungen, und zweifellos würden die Franzosen eine radikale Neuverteilung von Land, Reichtum und Macht akzeptieren müssen; sie würden auf die falsche Universalität des »Französischseins« verzichten – »die ewige Lüge ständig behaupteter, aber niemals verwirklichter Assimilation« – und die Besonderheiten der Araber anerkennen müssen.[30] Schon 1945, in seinen Aufsätzen in *Combat*, hatte Camus dargelegt, daß die große Mehrheit der Araber keine Bürger Frankreichs werden wollte; es gab eine arabische Nation (»je voudrais rappeler aussi que le peuple arabe existe«)[31]. Es gab auch eine französische Nation. Die beiden müßten koexistieren, und die Koexistenz würde komplizierte Arrangements erfordern, die mit den gegenwärtig bevorzugten Grundsätzen der Politik unvereinbar sein würden: staatliche Souveränität und Gleichheit vor dem Gesetz.

Es ist merkwürdig, daß Camus niemals die Teilung Algeriens erwog, die einzige mit jenen Grundsätzen und mit der Selbstbestimmung der beiden Gemeinschaften verträgliche Lösung – verträglich überdies mit der These, die Camus 1958 aufstellte, daß »der Weg zur menschlichen Gesellschaft über die nationale Gesellschaft geht«.[32] Der Modus der französischen Besiedlung machte die Teilung vermutlich noch schwieriger als die Koexistenz innerhalb einer Föderation. Und ich vermute, daß Camus noch einen anderen Grund hatte, die Föderation zu befürworten. Er hielt sie für ein Modell des Pluralismus: »Hier wie überall glaube ich nur an Unterschiede und nicht an Uniformität.«[33] Dies war in seiner Sicht nicht nur die Überzeugung einer bedrohten Minderheit, sondern vielmehr das, was die Gerechtigkeit (auch die Freiheit) verlangte.

## *Schweigen und Niederlage*

Nach 1958 schrieb Camus nicht mehr über Algerien. In seinen letzten beiden Lebensjahren schwieg er. Es waren Jahre, in denen die Opposition gegen den Krieg unter den Franzosen in Frankreich und der Fanatismus der Rechten unter den Franzosen in Algerien wuchs. Er ist wegen seines Schweigens getadelt worden, und vielleicht ist der Tadel gerechtfertigt: Was nützt schließlich ein schweigender Intellektueller? Doch Camus' Schweigen war in seiner Hoffnungslosigkeit beredt. Anders als Buber zehn Jahre früher war er in eine Sackgasse geraten. Jeden Tag wurde deutlicher, daß es keine Möglichkeit gab, das Algerien seiner Jugend zu bewahren oder zu reformieren und zu erneuern. Er konnte nicht mit Sartre und de Beauvoir die FLN unterstützen und ebensowenig die *pieds noirs*-Ultras, die jetzt um jeden Preis eine Politik förderten, die er sein Leben lang angefochten hatte. De Gaulle manövrierte zwischen den Fronten, aber das war, so notwendig es sein mochte, das Geschäft eines Politikers, nicht die Aufgabe eines Intellektuellen. Tatsächlich, sagt O'Brien, unterstützte Camus die Regierungspolitik, jedenfalls bis zu dem Punkt, an dem de Gaulle seinen Vertrag mit der FLN schloß; aber zu der Zeit war Camus tot. Er lebte nicht lange genug, um die letzten Zuckungen der Gewalt bei der Geheimarmee (OAS) zu beobachten, nach denen es politisch, wenn nicht moralisch für die *pieds noirs* unmöglich war, in Algerien zu bleiben. Der Sieg der FLN hätte es jedenfalls, wie er es vorhersah, unmöglich gemacht. Hätte er sein Schweigen brechen und seinem Volk sagen sollen, daß der Kampf vorüber war? Vielleicht, obwohl sich auch gute Gründe für Camus' Auffassung vorbringen lassen, »daß man in solchen Sachen von einem Schriftsteller zuviel erwartet«.[34]

Ein Jahr nach Camus' Tod, 1961, veröffentlichte sein Freund Jules Roy, ein anderer Schriftsteller der *pieds noirs*, eine eindrucksvolle Verurteilung des französischen Krieges. Das letzte Kapitel, das sofortige Verhandlungen mit der FLN verlangte, ist eine gespannte und leidenschaftliche Auseinandersetzung mit Camus. Roy teilt die Entschlossenheit seines Freundes, Gerechtigkeit zu üben, und zwar gegenüber den Arabern wie gegenüber den Franzosen. »Ich möchte einer Seite Gerechtigkeit widerfahren lassen, ohne sie der anderen zu entziehen. Aber ich achte die Reihenfolge: Ich wende mich zuerst der Ungerechtigkeit zu, die vor Schmerzen schreit, da die andere im Augenblick nur eine Hypothese darstellt.«[35] Der Krieg ist eine fortwährende Katastrophe; das Exil der *pieds noirs* ist eine Katastrophe, »die nicht eingetreten ist«. In Roys Buch wird deutlich, daß er nicht glaubt, sie werde eintreten; ihm fehlt der politische Realismus Camus'. Aber sein Gespür für Vorrangigkeit war stichhaltig – spätestens seit den blutigen (und, wie sich herausstellte, ergebnislosen) »Befriedungs«-Kampagnen in den ersten Jahren der Herrschaft de Gaulles. Camus' Argumentation gegen den Gebrauch der Folter während des Algerienkrieges gilt auch für die Brutalität der Befriedung: »Auch jene, die die Moral satt haben, sollten sich klarmachen, daß es besser ist, gewisse Ungerechtigkeiten zu ertragen, als sie zu begehen, selbst wenn damit Kriege gewonnen werden. [...] Solche guten Taten führen unvermeidlich zur Demoralisierung Frankreichs und zum Verlust von Algerien.«[36]

Die guten Taten führten zu Demoralisierung und Verlust, und vielleicht hätte Camus, wäre er am Leben gewesen, mit Jules Roy gemeinsam Verhandlungen mit der FLN gefordert und damit den Verlust des französischen Algerien anerkannt. »Was deine Wahl betrifft«, sagt Roy zu seinem toten Freund, »so kann ich nicht daran zweifeln, daß sie wie meine eigene ausgefallen wäre, aber unter welchen Qualen!«[37] Zumindest hätte Camus gewußt, daß etwas verloren war. Er hätte nicht in dem leichten Tonfall von O'Brien über den Ausgang des Krieges schreiben können: »Politisch gesehen fielen Camus und sein Stamm [...] der Nachkriegszeit zum Opfer.«[38] Sie waren auch die Opfer einer absolutistischen Politik, mit der wir nicht unseren Frieden machen sollten.

## Die Analogie zur Intimität

Camus' anti-absolutistische Politik ist nicht von kritischer Distanz abhängig, sondern von kritischer Verbundenheit. Und deshalb fordert sie dazu heraus, die gängige Auffassung des Gesellschaftskritikers in Zweifel zu ziehen: jemand löst sich von seinen Loyalitäten und betrachtet seine Gesellschaft von außen – von einem idealen Punkt aus sozusagen, der von allen Gesellschaften gleichen Abstand hat. Wenn der Kritiker sich dann auf die Seite der Unterdrückten schlägt, so tut er das, weil er ihre Parteien und Bewegungen als Verkörperung allgemeingültiger Prinzipien begreift. Er sieht keine Individuen. Er ist wie ein Richter, ein aktivistischer Richter vielleicht, dessen Urteile gänzlich unpersönlich sind. Dies ist eine Rolle, die Camus ausdrücklich zurückwies, als er 1953 in einem Gespräch sagte, seine eigene Wahl, wenn er wählen könnte,

»wäre, daß er nie auf einer Richterbank sitzen würde [...] wie so viele unserer Philosophen«.* Er fühlte sich vielmehr dem »Miteinander von Geschichte und Menschen« verpflichtet, »dem Alltagsleben, auf das soviel Licht wie möglich geworfen wird, dem ständigen Kampf gegen die eigene Abwertung und die anderer«.[39]

Die Reihenfolge ist in diesem letzten Satz wichtig. Zuerst kommt der Kampf gegen die eigene Abwertung, der dann gegen »die anderer« ausgeweitet wird. Camus ist ebensosehr Ehrenmann wie ein Mann von Grundsätzen, und Ehre beginnt mit persönlicher Loyalität, nicht mit ideologischem Konformismus. Das sind die Fundamente seiner Algerienpolitik, die sich am besten als ein langer und schließlich erfolgloser Kampf gegen die Abwertung der Gemeinschaft der *pieds noirs* verstehen läßt. Die Bedrohung kam ebensosehr von innen wie von außen; deshalb verdammte er den französischen Rassismus lange vor dem Terrorismus der FLN. Man darf mit guten Gründen annehmen, daß er den Rassismus mehr wegen der Folgen haßte, die er für die Franzosen hatte, als wegen der Folgen für die Araber; aber er hätte die Umkehr dieser Priorität in den Schriften eines arabischen Intellektuellen akzeptiert. Was er nicht akzeptieren wollte und konnte, war die Ansicht, daß die *pieds noirs* schon durch ihre Kolonialgeschichte abgewertet waren, verdammt, ohne Hoffnung auf Erlösung. Das ist in der Tat eine Ansicht, die durch Distanz bestimmt ist; doch sie gibt keinen Impuls zur Gesellschaftskritik, sie macht sie überflüssig. Dann bleibt nichts übrig, als das Schiff zu verlassen. Camus freilich nahm die Kritik auf wie einer, der zur Mannschaft gehört, der nicht vor den Passagieren von Bord gehen kann. »Die Aufgabe von Männern mit Kultur und Glauben [...] ist nicht, einen historischen Kampf aufzugeben [...]. Es geht vielmehr darum, daß sie

---

* Man vergleiche damit Bournes Ablehnung der Richterrolle (siehe Kapitel 3) und auch Breytenbachs (siehe Kapitel 12). Aber richtet nicht der Kritiker ebenfalls seine Mitmenschen? Warum dieser Widerstand, anzuerkennen, was offensichtliche Tatsache zu sein scheint? Sicherlich fällen Bourne, Camus und Breytenbach Urteile, doch diese Urteile sind niemals Schuldsprüche. Und sie sind auch nicht »wie« Schuldsprüche; sie halten die Debatte in Gang und beanspruchen keine Autorität. Ein Kritiker, der sich verbunden fühlt, hat keine Autorität, weil er keinen Abstand hat; er hat, wie Bourne schreibt, »ein persönliches Interesse an dem Fall«.

bleiben, was sie sind [...], daß sie die Freiheit dem Schicksal vorziehen, das über sie hereinbricht.«[40]

So blieb Camus, was er war: ein Schriftsteller der *pieds noirs*. Natürlich stand er häufig in Distanz zu den anderen *pieds noirs*. Als er 1956 nach Algerien kam, um für einen »zivilen Waffenstillstand« zu werben, belagerten französische Schlägertrupps den Saal, in dem er sprach, und forderten seinen Tod – während Fanon im Saal die »Liebe Schwester-Rede«, wie er Camus' Ansprache nannte, bitter kritisierte.* In dem Augenblick und in den Jahren danach befand sich Camus in einer Art Niemandsland. Doch seine Heimatlosigkeit war nicht selbsterzeugt; er war aus unbewohntem Gebiet ausgezogen, und er sehnte sich danach, wieder in bewohnte Gegenden zu kommen. Er war »solitaire et solidaire«.

Die übliche Deutung der kritischen Distanz beruht auf einem hausbackenen Vergleich: Wir finden lieber bei anderen einen Fehler als bei uns selbst. Wenn wir richtige Kritiker sein sollen, dann müssen wir also unsere Nachbarn zu »den anderen« machen. Wir müssen sie anschauen, als ob sie Fremde wären, oder wir müssen uns selbst ihnen entfremden. Die Schwierigkeit mit dem Vergleich rührt daher, daß solche Fehlersuche niemals sehr wirksam ist. Sie kann grausam sein, aber sie rührt nicht an das Bewußtsein der Menschen, denen sie gilt. Die Aufgabe des Gesellschaftskritikers ist es indes, das Bewußtsein zu wecken. Deshalb sind Ketzer, Propheten, aufrührerische Intellektuelle, Rebellen – Camus' Art von Rebellen – allemal Eingeweihte: Sie kennen die Texte und die

---

* »Liebe Schwester« klingt wie »schöne Seele« und leugnet die Ernsthaftigkeit eines Kritikers, der nicht die notwendigen Grausamkeiten und Täuschungen des politischen Kampfes akzeptiert. Seltsamerweise ist Fanon dann, wenn er über seine Gefährten in der FLN schreibt, selbst freundlich und heiter und ihrer ideologischen Fortschritte so sicher wie ihres persönlichen Muts. Über die internen Konflikte der FLN hat er nichts zu sagen; seine Artikel handeln nur von Demokratie und Solidarität. Aber vielleicht ist dies in seinen Augen eine notwendige Täuschung, der Aufschub der Kritik für die Dauer des Krieges. Sollte der Kritiker unter Druck aufhören, zu schreiben, oder lügen? Siehe dazu den Kommentar des russischen Dissidenten Andrej Amalrik, den Breyten Breytenbach zitiert: »Es ist immer besser, still zu sein, als Unwahrheiten zu sagen.« (Breytenbach, *End Papers*, New York 1986, S. 249.)

Schwächen ihrer eigenen Kultur. Die Kritik ist eine intimere Tätigkeit, als die geläufige Meinung weismachen möchte. Und weil sie intim ist, besteht sie manchmal aus nichts als Schweigen.

Intime Kritik gehört zu unserem Privatleben; sie hat ihre eigenen (impliziten) Regeln. Wir kritisieren zum Beispiel unsere Kinder nicht in Gegenwart anderer, sondern nur, wenn wir mit ihnen allein sind. Der Gesellschaftskritiker hat denselben Impuls, jedenfalls dann, wenn die eigene Bevölkerung mit feindlichen Kräften konfrontiert wird. »In Camus«, so schrieb ein relativ wohlwollender Kritiker, »war ständig der Gedanke lebendig, daß seine Mutter, sein Bruder und seine Freunde größerem Terror ausgesetzt sein würden, wenn er Worte sagte, die er ohne die geringste Gefahr für sein eigenes Leben äußern konnte.«[41] Aber der Gesellschaftskritiker ist niemals mit seinem Volk allein; es gibt in der Gesellschaft keinen Platz, der der Familie entspricht, und deshalb kann die Intimität des Kritikers nicht die Form eines Privatgesprächs annehmen; sie kann allerdings seine öffentliche Rede prägen. Eine gewisse Unterlassung alterniert mit dieser Schärfe. Er muß aber sprechen, und laut sprechen, solange es Hoffnung gibt, daß er von seinen Leuten gehört wird. Der distanzierte und desinteressierte Moralist nörgelt ständig vor sich hin, und wir kümmern uns nicht darum. Doch das Schweigen des mit seiner Gesellschaft verbundenen Kritikers ist ein böses Zeichen – ein Zeichen der Niederlage, des Endes. Obwohl er kein Unrecht damit tut, wenn er schweigt, sehnen wir uns doch danach, seine Stimme zu hören.

9
# Simone de Beauvoir und die angepaßte Frau

*Befreit durch ihre Themen*

Die intellektuelle Leistung von Simone de Beauvoir wird durch ihre Beziehung zu Sartre verschleiert, genauer gesagt: durch ihre eigene Darstellung dieser Beziehung. Wenn sie über die ihnen gemeinsamen philosophischen Auffassungen und ihr politisches Engagement schreibt, dann beschreibt sie sich fast immer als jemanden, der einen Schritt hinter Sartre bleibt, manchmal schlurfend, manchmal eilend, im Versuch, ihn einzuholen. Für eine Sozialistin und Feministin versucht sie in geradezu übertriebener Weise, seine Vorrangstellung zu bezeugen, so als ob sie sich sorgte, daß ihre Partnerschaft nur Dauer haben könne, wenn sein Vorrang gewährleistet sei. Zeitgenössische Feministinnen haben diese Furcht erkannt und de Beauvoir dafür kritisiert. (Manchmal kritisieren sie auch Sartre, der das gefordert haben muß.) Einige Feministinnen haben behauptet, de Beauvoirs philosophische Beiträge seien originär, doch diese Behauptungen scheinen übertrieben. De Beauvoir hat Sartre allenfalls revidiert, ist seinen Kategorien auch dort gefolgt, wo sie sich seinen Schlußfolgerungen widersetzte.[1] Und in der Politik war sie vom Beginn ihrer gemeinsamen Arbeit an eine Nachfolgerin. »In ihm hat sich eine radikale Veränderung abgespielt«, schrieb sie über Sartre, als er 1940 von der Armee beurlaubt wurde, »und auch in mir, als ich mich sofort zu seinem Gesichtspunkt bekannte.«[2]

Was allerdings die Gesellschaftskritik angeht, so gebührt zweifellos de Beauvoir der erste Rang. Es gibt in Sartres umfassendem Werk nichts, das gleichwertig wäre mit *Das andere Geschlecht* oder selbst mit de Beauvoirs späterem und weniger bedeutendem Buch

*Das Alter*. Sartre hat sein Leben lang die bürgerliche Gesellschaft brutal kritisiert, doch was er über das Bürgertum gesagt hat, hätte auch von hundert anderen gesagt werden können (und wurde es wohl auch). De Beauvoirs Kritik ist origineller; sie nimmt außerdem Erfahrungen, ihre eigenen wie die anderer, aufmerksamer wahr. Ihr Zorn ist weniger ideologisch als Sartres und deutlicher zielgerichtet. Und so viel Einfluß Sartre auch gehabt haben mag, so hat doch *Das andere Geschlecht*, das erste der kritischen Bücher de Beauvoirs, das menschliche Verhalten stärker beeinflußt und mehr Diskussionen ausgelöst als alles, was er jemals schrieb.

De Beauvoirs Bedeutung hat viel mit den Gruppen zu tun, für die sie sich zu sprechen entschloß: Gruppen, die noch nicht mobilisiert, noch nicht durch organisierte Parteien oder Bewegungen repräsentiert waren, keine politische »Linie« hatten. Wenn sie jedoch über die französische Arbeiterklasse schreibt oder über algerische Nationalisten (oder über Cubaner oder Vietnamesen oder chinesische Kommunisten), scheint sie sich damit zu begnügen, Sartre zu folgen. Sie schreibt mit Überzeugung, sogar Leidenschaft, wiewohl mit wenig intellektuellem Engagement, deshalb ohne Subtilität. Sie klingt schrill. Ihre Bücher über Frauen und ältere Menschen jedoch sind anders – sie sind gänzlich ihre eigenen, nicht zuletzt deshalb, weil sie selbst eine von denen ist, über die sie schreibt (sie war 1970, als *Das Alter* in Frankreich erschien, zweiundsechzig Jahre alt), und obwohl sie das Schicksal der Alten mit einem gewissen Abstand betrachtet, den sie wohl deswegen hat, weil sie sich nicht mit Schuldgefühlen deren Politik unterwerfen muß. Die Alten betreiben keine explizite Politik; sie sind »träge«. De Beauvoir war eine Feministin, bevor es in Frankreich eine nennenswerte feministische Bewegung gab, und sie war eine der ersten, die erkannte, daß ältere Männer und Frauen Opfer einer auf Jugend, Macht und Effizienz fixierten Gesellschaft sind. Sie verpflichtet sich keiner dieser Gruppen so bedingungslos, wie Sartre es empfiehlt. Sie braucht das nicht zu tun, weil sie bereits dazugehört, und sie kann es nicht, weil es keine Organisationen oder militanten Gruppen gibt, die für sie Bedingungen definieren. Noch eine andere Tatsache befördert ihre Freiheit, kreativ zu sein:

Geschlecht und Alter sind keine marxistischen Kategorien. Ab einem bestimmten Zeitpunkt in den vierziger Jahren oder Anfang der fünfziger hielten sie und Sartre im Prinzip den Marxismus für den einzigen angemessenen theoretischen Rahmen der Gesellschaftskritik. In *Das Alter* versucht sie, marxistische Positionen aufzunehmen, so wie es Sartre in den meisten seiner Hauptwerke nach *Das Sein und das Nichts* ebenfalls tat. Aber sie beginnt zugleich, gegen den marxistischen Strich zu denken; sie wird durch ihre Themen befreit, trotz deren Abhängigkeit. Vermutlich werde die Unterdrückung der Frauen ebenso wie die grausame Vernachlässigung der Älteren durch den Triumph des Proletariats beendet werden: de Beauvoir wiederholt diese These gelegentlich. Doch wenn sie davon wirklich überzeugt gewesen wäre, dann hätte sie ein Buch über das Proletariat geschrieben. Statt dessen schaute sie unbefangen in die sie umgebende Welt und traf eine andere Wahl.

Ihre Wahl von Frauen als Protagonisten rührt, so erzählt sie uns, daher, daß sie sich selbst als Thema wählte, also von ihrer Entscheidung, eine autobiographische Darstellung ihrer Kindheit und Jugend zu geben.[3] Ich vermute jedoch, daß die Wahl überdies eine philosophische Quelle in ihrem Unbehagen an Sartres Freiheitsbegriff hat. Sie wollte sich selbst in ihrer Autobiographie als freien Menschen beschreiben, und sie fühlte, daß ihre Freiheit auf andere Weise gewonnen worden war als die Sartres – sie wurde sozusagen gegen alle Wahrscheinlichkeit gewonnen, trotz ihres weiblichen Körpers und trotz der Situation der Frauen in der Gesellschaft. Sie teilte ihre Freiheit nicht mit anderen Frauen, sondern mit Männern, und während sie das Teilen genoß, verstand sie allmählich die Probleme. Deshalb ist ihr Buch eine Kritik an der Unfreiheit der Frauen, einer Unfreiheit, von der in Sartres Philosophie nicht einmal geträumt wird.[4] Doch die Freiheit, die sie verficht, ist die Freiheit, die sie Seite an Seite mit ihm erlangte. Sie nimmt an, daß andere Menschen sich auf die nämliche Weise wünschen könnten, frei zu sein. Die Kraft ihrer Analyse und deren Schwierigkeiten stammen aus dieser entscheidenden Annahme, die ein Zeichen von Großzügigkeit und gleichzeitig von Arroganz ist. Beide Eigenschaften ermöglichten ihre Kritik zu einer Zeit, als es keine feministische Bewegung gab. Sie garantierten auch, daß die Bedingungen der Kritik in Frage gestellt würden, wenn es einmal eine solche Bewegung gäbe. Es wird heute gesagt, sie habe in männlicher Perspektive und mit einem zu großen Abstand von den Erfahrungen der Frauen argumentiert. Das mag zutreffen, aber was sie schrieb, reflektierte ihre eigenen Erfahrungen als Frau. Wäre das nicht der Fall, so hätte ihr Buch auf andere Frauen niemals einen solchen Eindruck gemacht, und es wäre heute nicht der notwendige theoretische Kontrapunkt eines anderen Feminismus.

## Kritik am weiblichen Körper

Die existentialistische Ethik wurzelt in einer merkwürdigen These: Der Mensch ist von Natur aus frei, radikal, absolut, universal. Er gestaltet sein Leben nach seinem eigenen Entwurf; er schafft sich selbst, und er ist voll und ganz für das Ergebnis verantwortlich. Jeder Versuch, jemanden anderen dafür haftbar zu machen, jeder Hinweis auf Bestimmung von außen geschieht in böser Absicht. Wenn wir unser weiteres Leben planen, rechtfertigen wir unser jetziges Selbst – und nehmen uns damit für jetzt und später jede Entschuldigung. »Es gibt keine andere Rechtfertigung für unser gegenwärtiges Sein«, schreibt de Beauvoir, hier der Sartreschen Doktrin treu, »als die Expansion in eine unendlich offene Zukunft.«[5] Aber läßt sich die weibliche Existenz genauso rechtfertigen? Ist das existentialistische Verständnis der Menschen geschlechtsneutral? In bezug auf diese Fragen ist, wie mir scheint, *Das andere Geschlecht* eine dauerhafte und brillante Herausforderung. Einerseits meint de Beauvoir, wofür sie selbst ein Musterbeispiel ist, daß Frauen ebenso frei sind wie Männer, verantwortlich für ihr Schicksal, und wenn die meisten von ihnen tatsächlich unfrei, passiv, untergeordnet sind, dann sind sie *dafür* verantwortlich, wirken an ihrer eigenen Unterdrückung mit. Andererseits meint sie, daß Frauen, sie selbst ausgenommen, doppelt unterdrückt werden, von der Natur und vom Mann, Opfer ihrer biologischen

Konstitution und ihrer gesellschaftlichen Lage. »Ich bin so weit wie möglich der Knechtschaft der Frau entgangen«, sagte sie um 1970 in einem Interview, »das heißt vor allem der Mutterschaft und den Hausfrauenpflichten.«[6] Ihr Buch ist jedoch eine Analyse der Versklavung, nicht des Entkommens – eine grimmige Beweisführung, die Beleg auf Beleg häuft, bis das Schicksal der Frau überdeterminiert scheint. Aber ist nicht der Vorwand der Überdeterminiertheit ein Vorwand in böser Absicht?

Im Anfangskapitel »Schicksal: Biologische Voraussetzungen« kommt de Beauvoir der Behauptung sehr nahe, daß die Frau nicht frei sei, also nicht mitbestimmend, nicht der Arglist fähig. Sie ist einfach, was sie ist; sie wählt niemals bewußt, was sie sein will. Als körperliches Wesen, als generisch sexuelles Wesen, stellt die Frau das existentialistische »en-soi« dar, das »An-sich-sein«, und nicht so sehr das »pour-soi«, das »Für-sich-sein«. Dies sind gefährliche Begriffe; sie geben die Probleme der Existentialphilosophie als Sprache der Gesellschaftskritik aus. Denn die Existentialisten scheinen aufgrund ihrer Doktrin außerstande zu sein, die Erfahrung der Unterdrückung zu erkennen: das buchstäbliche »Hinunterdrücken« eines Menschen, der trotz des Drucks immer noch ein Wesen für sich ist. Auf die Gesellschaft bezogen, taugt die Idee des »en-soi« nur dazu, die traditionelle männliche Ansicht des Geschlechtsunterschieds zu wiederholen. Schlimmer noch, sie gibt eine metaphysische Bestätigung dieser Ansicht. Aber es geht de Beauvoir nicht darum, die Konventionen zu leugnen; sie möchte sie erklären und dann Mittel und Wege ausfindig machen, die Bedingungen zu verändern, die Konventionen erzeugen. Die erste dieser Bedingungen ist biologisch, eine harte Wahrheit laut de Beauvoir, jedoch eine, vor der sie sich nicht drücken will: Die »Versklavung« der Frauen hat biologische Grundlagen. Sie spricht doppelzüngig über die Macht dieser Grundlagen, nicht über die Wirklichkeit. In der Tat ist ein Teil ihrer lebendigsten Schriften dem gewidmet, was sich als Denunziation des weiblichen Körpers beschreiben läßt.

Der männliche Körper liefert den beispielhaften Kontrast: »Das Männchen ist im allgemeinen größer als das Weibchen, kräftiger, schneller und unternehmender.« Es »hat Transzendenz und Ehrgeiz«. Sein Körper »eröffnet die Zukunft, zu der auch die Frau emporsteigen will. Die männliche Aktivität hat dadurch, daß sie Werte geschaffen hat, die Existenz selbst als Wert gesetzt«.[7] Der weibliche Körper dagegen ist für die Immanenz gemacht, nicht für die Transzendenz, fürs Innewohnen, nicht fürs Hinausgehen, für Wiederholung eher als für Unternehmung und Abenteuer. Die Frau ist im Interesse der Gattung, nicht des Individuums geschaffen. Sie entwirft kein Projekt; sie dient einem Zweck. »Von der Pubertät bis zur Menopause ist sie der Schauplatz eines Ablaufs, der sich in ihr vollzieht, ohne sie selbst zu betreffen.« De Beauvoirs Schilderung der menschlichen Fortpflanzung ist in ihrer Unverblümtheit außerordentlich, die Fortpflanzung ist in ihrer Sicht für den Mann kostenlos und tödlich für die Frau. »Die Frau wird zuerst verletzt, dann verstoßen, [...] von einem anderen bewohnt, der an ihrer Substanz zehrt.«[8] Während Männer gegen die Natur und gegeneinander kämpfen, wobei sie »danach suchen, immer auf objektive Weise souverän zu sein«, reproduzieren Frauen lediglich die Mitwirkenden (und die Opfer) dieses Unterfangens. »Auf alle Fälle aber sind Gebären und Stillen keine Aktivitäten, sondern natürliche Funktionen; kein Entwurf ist dabei im Spiel, und daher kann auch die Frau darin keinen Grund einer hochgestimmten Bejahung ihrer Existenz finden; passiv unterzieht sie sich ihrem biologischen Geschick [...], [beschränkt] auf Wiederholung und Immanenz.«[9]

Ist dies einmal gesagt, scheint es nicht nötig, noch mehr zu sagen. Die detaillierte Ethnographie des weiblichen Daseins, die den größten Teil der zweiten Hälfte des Buchs einnimmt, läßt sich als bloße Erweiterung und Entwicklung der biologischen Beweisführung lesen, als Übergang sozusagen von der physischen zur sozialen Lehre vom Menschen, in dem die erste bis auf oberflächliche Variationen der zweiten alles erklärt. De Beauvoirs Beschreibung der Hausarbeit zum Beispiel entspricht völlig ihrer Beschreibung von Geburt und Stillen: »Es gibt wenig Aufgaben, die der Sisyphus-Qual verwandter sind als die Hausfrauenarbeit. Tag für Tag muß das Geschirr abgewaschen werden, müssen die Möbel abgestaubt, muß die Wäsche geflickt werden, die schon morgen wieder verschmutzt, staubig, zerrissen ist. Ständig auf der Stelle tretend, verbraucht sich die Hausfrau. Sie bringt nichts vor sich. Sie verewigt nur die Gegenwart. Sie hat nicht den Eindruck, ein positives Gut zu erwerben.«[10] Natürlich sind Frauen biologisch nicht in derselben Weise zur Hausarbeit prädestiniert wie zum Gebären von Kindern. Aber Schwangerschaft und Stillzeit binden sie an das Haus, das dann ihr »Reich« oder, realistischer, ihr Gefängnis wird (und bleibt, gleichgültig, wie sehr sie sich auch immer für die Inneneinrichtung verantwortlich fühlen). Das Argument hat einen deutlich deterministischen Klang. Aber de Beauvoir ist doch gegen Determinismus? Selbst in dem Kapitel über die Biologie beharrt sie darauf, daß die Frau »zwischen der Bestätigung ihrer Transzendenz oder ihrer Entfremdung als Objekt zu wählen hat«.[11] Was Transzendenz erfordert, ist die Verwerfung des Lebens der Frau im Dienste der Gattung; sie muß für sich selbst leben.

De Beauvoir meint, daß sie die Gesellschaft nur kritisieren kann, indem sie ihre eigene Körperlichkeit ablehnt. Genauer, sie kann die gesellschaftliche Konstruktion des Geschlechts nur dann kritisieren, wenn sie einen Weg findet, den biologischen Determinismen zu entkommen, die ihm zugrunde liegen. Es sind meistens Männer, die Geschlechterrollen schaffen und verstärken, aber das ist keine Erschaffung aus dem Nichts; sie beginnt mit der Tatsache der körperlichen Immanenz der Frau, mit der Biologie der Fortpflanzung. Sehen wir zu, wie de Beauvoir die weibliche Sexualität und die Erfahrung der Schwangerschaft darstellt:

»Die weibliche Brust faßt sich weich wie eine Schnecke an. Der Mann ist stürmisch, die Frau nur ungeduldig. Ihr Warten kann glühend werden, ohne daß es seine Passivität aufgibt. Der Mann stürzt sich auf seine Beute gleich einem Adler, einem Milan. Die Frau lauert gleich einer fleischfressenden Pflanze, an der Insekten kleben bleiben, einem Sumpf, in dem Kinder versinken. Sie ist ein Sog, ein feuchter Schröpfkopf, sie ist wie Pech und Vogelleim, eine unbewegliche, schmeichlerische, klebrige Lokkung.«[12]

»Von der Natur umgarnt, ist sie nichts weiter als Pflanze, als

Tier, eine Kolloidreserve, eine Blutglucke, ein Ei. Sie schreckt die Kinder mit ihrem selbstsüchtigen Körper und muß sich von jungen Leuten verhöhnen lassen, weil sie ein Menschen-Wesen, Bewußtsein und Freiheit darstellt und dabei zu einem passiven Werkzeug des Lebens geworden ist.«[13]

Solche Passagen klingen mir vertraut; in ihnen schwingt Selbstablehnung mit. De Beauvoir stellt sich damit in eine Reihe mit den assimilierten Juden, den »Kolonisierten« Albert Memmis, den amerikanischen Schwarzen aus der Zeit, bevor »black is beautiful« galt, deren Maßstäbe für körperliche Anziehung und kulturelle Leistung geborgt und übernommen werden. Sie will sich offensichtlich nicht drücken, denn sonst hätte sie niemals ein Buch geschrieben, das die Aufmerksamkeit auf sie als eine militante Verfechterin des »anderen Geschlechts« lenkt. Ebensowenig jedoch möchte sie wie eine Frau leben oder auch nur (von den Männern, mit denen sie den größten Teil ihres Lebens verbringt) für eine Frau gehalten werden.* Es ist, so beschließt sie, ihre eigene Ablehnung der überkommenen Rolle von Weiblichkeit, Ehe und Mutterschaft, die den Weg zur Befreiung der Frau weist. Sie wählt ihre Liebhaber wie ein Mann seine Geliebten und weigert sich, Kinder auszutragen. Das Ergebnis ist eine doppelte Leistung. Sie hört auf, eine Schnecke, ein Sumpf, ein passives Instrument zu sein, das heißt, sie entkommt der biologischen Bestimmung. Und dann hört sie auf, eine »Frau« zu sein, so wie Männer sich Frauen vorstellen – das natürliche, mysteriöse, ängstigende und verführerische Andere – und wird ein menschliches Individuum.

Die zweite Leistung ist sozusagen ihr offizielles Programm für sich selbst, für andere Frauen und für jede zukünftige feministische Bewegung: die Ersetzung der sozialen Konstruktion des Ge-

---

* An einem Punkt ihrer Memoiren jedoch deutet sie an, daß sie die Vorteile beider genoß: »Nach dem Erscheinen von *L'Invitée* behandelte mich meine Umgebung gleichzeitig als einen Schriftsteller und als eine Frau. Besonders auffällig war das in Amerika: Bei Empfängen und Parties standen die verheirateten Frauen zusammen und plauderten miteinander, während ich mich mit den Männern unterhielt, die mich höflicher behandelten als ihre eigenen Geschlechtsgenossen.« (*Der Lauf der Dinge*, Üb. Paul Baudisch, a.a.O., S. 187.) Siehe dazu die Bemerkung von Mary Evans, *Simone de Beauvoir: A Feminist Mandarin*, London 1985, S. 58.

schlechts durch das individuelle Projekt. Es ist ein typisch liberales Programm, obwohl sie das Adjektiv verabscheut hätte. Es ist überdies ein Programm, das nicht erfaßt, in welch hohem Grade das individuelle Projekt selbst eine gesellschaftliche Konstruktion ist. »Den Augenblick zu kontrollieren und die Zukunft zu formen« – die Verben sind wichtig, genauso wie in »er stürzt sich auf seine Beute«. Das tun Menschen von Natur aus nicht. Es ist etwas, das Menschen in der Welt tun, in der de Beauvoir lebt, oder genauer: was von Männern erwartet wird. Es ist, laut de Beauvoir, auch das, was Frauen tun wollen. »Die Frau [strebt] auch ihrerseits die Werte an, [...] die in konkreter Form nur der Mann erreicht; er also eröffnet die Zukunft, zu der auch sie emporsteigen will.«[14] Das wiederholte »auch« zeigt, was sie meint. Sie kritisiert nicht die Welt, die Männer für sich selbst gemacht haben, sondern einzig den Ausschluß der Frauen aus dieser Welt. Sie fordert ihre Zulassung; das ist ihre Botschaft für die Öffentlichkeit. Daneben gibt es eine andere Botschaft, die zwar nicht verborgen ist, aber auch nicht ganz offensichtlich: Frauen müssen sich für die Zulassung qualifizieren. Während sich ein Mann mit seinem Körper qualifiziert – »sein Geschlechtsleben läuft seiner persönlichen Existenz nicht zuwider« –, können Frauen sich nur qualifizieren, indem sie ihren Körper hinter sich lassen.[15]

Dies ist eine offensive und durchaus unbefriedigende Botschaft, und da sie offensiv und unbefriedigend ist, muß man de Beauvoir dafür ehren, daß sie sie übermittelt. Sie glaubt natürlich, daß Frauen (jedenfalls einige Frauen) sich qualifizieren können – wie sie es selbst getan hat –, und das muß ihr Buch für so viele ihrer Leserinnen zu einer Inspirationsquelle gemacht haben. Heim und Familie, Reich und Gefängnis der Frau, sind trotz ihrer biologischen Fundamente nicht vollständig gegen Flucht gesichert. Und obschon die Flucht schwierig ist (»Es gibt Frauen, die haben keine Chancen mehr« – wobei sich »Frauen« auf verheiratete Frauen zu beziehen scheint)[16], ist es immerhin möglich, die Verhaftung zu vermeiden. Heirate nicht, habe keine Kinder, oder habe Kinder nur zu deinen eigenen Bedingungen, allein. Obwohl de Beauvoir keine technologische Deterministin ist, setzt sie beträchtliches Vertrauen in Empfängnisverhütung und künstliche Befruchtung. Die Leistungen einer universalen Wissenschaft werden Menschen von ihrer sexuellen und geschlechtsbedingten Sonderrolle erlösen. Besser noch, einige Frauen werden sich selbst retten, dazu die Leistungen einer universalen Wissenschaft nutzen und dann in das Reich der Universalität eintreten.

Der konkrete Ausdruck weiblicher Freiheit ist die Arbeit außerhalb des Hauses. »Von den Lasten der Fortpflanzungsaufgabe zum großen Teil befreit, kann sie die volkswirtschaftliche Aufgabe auf sich nehmen, die vor ihr liegt und die ihr zur Erlangung der unumschränkten Macht über ihre gesamte Person verhelfen wird.«[17] Nur draußen, auf dem Marktplatz und dem öffentlichen Forum kann sie Immanenz und Wiederholung vermeiden, nur draußen wird Arbeit eine Tätigkeit und das Leben ein Projekt. De Beauvoir scheint nicht sehr genau geprüft zu haben, welche Aufgaben in der Wirtschaft den Frauen Ende der vierziger Jahre tatsächlich »angeboten« wurden. Ihre Vorstellung von Arbeit und Leben außerhalb des Heims gründet hauptsächlich in ihrer eigenen Erfahrung; es braucht kaum betont zu werden, daß sie das Leben lebte, das sie befürwortete.

Sie beschreibt mehrfach dieses Leben mit Begriffen, die ein metaphysisches Melodrama suggerieren: es ist das Ausagieren des »Imperialismus des menschlichen Bewußtseins, das objektiv seine Herrschaft durchzusetzen versucht«. »Jedes eigenständige bewußte Wesen strebt danach, sich allein als souveränes Subjekt zu etablieren.«[18] In der Tat ist das etwas mehr als das gewöhnliche Streben arbeitender Frauen. De Beauvoir selbst schafft es in ihren autobiographischen Werken, auf Leistungen stolz zu sein, die weit von Souveränität entfernt sind. Ihre Absicht ist es (wieder in der Sprache des Existentialismus), eine Welt der Kämpfe zu beschwören: Leistungswettbewerb, harte Entscheidungen, ständige Risiken, einsame Siege. Aber das war und ist zum großen Teil noch heute eine Männerwelt. Man könnte denken, sie sei unattraktiv, aber sie besitzt offensichtlich Anziehungskraft. Der Ehrgeiz von Frauen ist laut de Beauvoir der Ehrgeiz, die Risiken und die Siege der Männer zu teilen. Das bedeutet Geldverdienen, Bücherschreiben, wissenschaftlich arbeiten, Nationen regieren und Ruhm erwerben. Die überwiegende Mehrheit der Frauen ist von solchen Tätigkeiten ausgeschlossen, und das ist die zentrale Ungerechtigkeit, die Männer ihnen zugefügt haben. Es scheint jedoch möglich, daß diese Ungerechtigkeit überwunden wird und sich sonst nichts ändert. Wenn Frauen »vollkommen unabhängig« sind, werden sie zu dem, was Männer jetzt sind. De Beauvoir hat manchmal eine andere (sozialistische) Vision, ihr unmittelbares Ziel jedoch ist diese nachahmende Unabhängigkeit. »Die Zukunft muß notwendigerweise zu einer mehr oder minder durchgreifenden Angleichung der Frau an die bislang so männlich organisierte Gesellschaft führen.«[19]

## *Männliche Universalität*

De Beauvoir ist eine assimilierte Frau und kritisiert den Ausschluß. Ihre Kritik ist dort sehr genau, wo sie über die Hindernisse schreibt, die sich Frauen wie ihr auf dem Weg von der (weiblichen) Immanenz zur (männlichen) Transzendenz entgegenstellen. Wie sollen wir also den Standpunkt bezeichnen, von dem aus sie argumentiert? Sie selbst nimmt für sich eine Art Objektivität in Anspruch – weil sie das Ende des Weges erreicht hat. Man könnte denken, sagt sie, daß nur ein Engel, »weder Mann noch Frau«, objektiv sein könne, aber ein Engel wüßte nichts »von den zugehörigen Grundtatsachen«. Nötig ist jemand, der weiß, »was es für einen Menschen bedeutet, eine Frau zu sein«, der in der weiblichen Welt »wurzelt«, aber gleichzeitig »das Glück hat, im Besitz aller Vorrechte zu sein, die zum Status des Menschen gehören«. De Beauvoir ist dieser eine Mensch, obwohl sie einräumt, daß es andere zeitgenössische Frauen gibt, denen dasselbe freundliche Schicksal zuteil wurde. Da sie »das Spiel gewonnen« haben, können sie sich »den Luxus der Unparteilichkeit« leisten.[20] Es erscheint mir außergewöhnlich, daß eine Frau, die in den vierziger Jahren schrieb (oder auch davor oder danach, aber das Jahrzehnt nach 1940 war besonders schwierig), denken mochte, das Spiel sei gewonnen und der volle Besitz der Vorrechte der Menschheit sei gesichert. De Beauvoir will einfach sagen, daß sie wie ein Mann lebt und das teilt, was sie schwerlich als einen schlimmen und entleerten Zustand erkennen kann.

Sie schreibt über das andere Geschlecht, als ob sie ihrerseits dem anderen, dem ersten, angehörte. An dieser Identifikation ist nichts Geheimnisvolles oder Perverses; sie ist offen und unschuldig. Sie stellt keine besonderen Ansprüche für sich selbst; sie nimmt einfach an, daß alle befreiten Frauen existentialistischen Männern ähnlich sind (etwa so, wie sie annimmt, daß alle befreiten Algerier französischen Linken ähnlich werden). Es gibt schließlich nur *ein* universales Leben, und es sind Männer – Wesen mit »Transzendenz und Ehrgeiz« –, die es gelebt haben. Wenn diesen selben Männern, denen wir als Individuen begegnen, in der Gruppe mit Opposition und Widerstand begegnet werden muß, dann lassen sich ihre Leistungen nur nachahmen. »Es ist eine Tatsache, daß die universale Kultur, die Zivilisation und die Werte alle von Männern geschaffen wurden.«[21] Tapfere Worte einer Feministin – besonders tapfer deshalb, weil der eben zitierte Satz aus einem 1972 auf Tonband festgehaltenen Gespräch stammt. Viele französische Feministinnen haben damals eben diese These angefochten, in der sie zu Recht das erkannten, was in *Das andere Geschlecht* steht: sie lasen sie als Zustimmung zur Zweitrangigkeit. Für de Beauvoir ist diese Anerkennung der männlichen Universalität das einzige Mittel, die Zweitrangigkeit zu überwinden. Was moderne Frauen wünschen (oder wünschen sollten), ist nicht, »als Frau in den Himmel gehoben zu werden; sie wollen vielmehr, daß für sie selbst wie für die ganze Menschheit die Transzendenz über die Immanenz siege«.[22] Oder konkreter, die moderne Frau »akzeptiert die männlichen Werte, sie ist darauf aus, analog wie der Mann zu denken, zu handeln, zu arbeiten, schöpferisch tätig zu sein. Statt daß sie die Männer herunterzuziehen sucht, betont sie, daß sie ihnen gleichkommt«.[23]

Der Hauptzweck von de Beauvoirs Buch ist diese Erklärung der Gleichheit. Und doch ist ihre ethnographische Darstellung von Ungleichheit und Immanenz eine bedeutendere und bewegendere

Leistung. Wo sie nicht die Arglist bejammert, hat sie ein feines Gefühl für die Qual der Frauen, deren Hoffnungen und Bemühungen zuerst zurückgestellt, dann unterdrückt und schließlich in eine sentimentale Phantasie verkehrt werden. Sie schreibt über diese Frauen mit einer Mischung aus Sympathie und Widerwillen, wie sie nur sehr wenige Männer aufbringen, die sich mit dem Leben von Frauen beschäftigen. Die Flüchtigkeit der Mischung weist auf die Intensität ihrer Gefühle hin, obwohl in der Darstellung persönliche Bezüge streng gemieden werden. Wir können aus ihren Memoiren ersehen, wie viele der Erfahrungen, die sie selbst und ihre Freundinnen gesammelt haben, zumindest in die ersten Kapitel des zweiten Teils von *Das andere Geschlecht* eingegangen sind. Aber das ist kein Hinweis auf die Überlegungen im Text selbst – bis auf den offensichtlichen Befund, daß diese universale Ethnographie sich fast ausschließlich mit westeuropäischen und nordamerikanischen Frauen der Mittelklasse befaßt. Ihr Ton ist strikt unpersönlich; dies, so berichtet sie, sind die Haltungen und Bräuche der Eingeborenen. De Beauvoir distanziert sich absichtlich von ihrem Stoff. Vielleicht muß sie das tun, weil sie über Erfahrungen mit der Immanenz schreibt, denen sie entkommen ist oder die sie, weil sie früh entkam, verpaßt hat. Von ihrem neuen Standpunkt aus ist die Geschichte, die sie zu erzählen hat, eine Geschichte der Niederlagen und der Mitschuld an Niederlagen. Die Frau »macht sich in der Immanenz breit«, aber sie muß erst darin eingeschlossen werden.[24] De Beauvoir beschreibt die Methode des Eingeschlossenwerdens und dann, in allen Einzelheiten, das Schwelgen darin.

So wie beim weiblichen Körper ist auch im Hinblick auf ihre Lage und ihr Leben der Vergleichsmaßstab stets der des Mannes im allgemeinen. »Wenn man diese Situationen miteinander vergleicht, wird es klar, daß die des Mannes unendlich vorzuziehen ist, d. h., daß er viel mehr konkrete Möglichkeiten hat, seine Freiheit in die Welt zu projizieren.«[25] Auch hier beweist de Beauvoir die im wesentlichen liberale, individualistische und universale Politik, die ihr Existentialismus erheischt. Gleiche Möglichkeiten für Männer und Frauen beim Wettbewerb in der Welt, die Männer gemacht haben – das ist ihre feministische Plattform. Aber es ist nur fair, das in ihr eigenen Begriffen auszudrücken. Sie möchte, daß das Leben der Frauen wie das der Männer »in eine unbestimmt offene Zukunft expandiert«. Da sie sich jedoch von dieser Expansion nichts Neues verspricht, weder neue Aktivitäten noch neues Verständnis oder neue Wertungen, scheint die offene Zukunft schwerlich unbestimmt. Die Ausdrücke »gleiche Möglichkeiten« und »bestimmte Expansion« bedeuten für die Gegenwart die Ablehnung der Bedingungen, unter denen Frauen leben, und in bezug auf die Zukunft das Sichabfinden mit den Bedingungen der Männerwelt.

Da de Beauvoir philosophisch die Ansicht vertritt, daß »innere Freiheit bei beiden [Männern wie Frauen] vollständig ist«, und gleichzeitig die Auffassung verficht, daß Immanenz Sklaverei bedeutet, ist jede Darstellung der weiblichen Lage als wertvoll oder auch nur potentiell wertvoll eine Arglist – »Verzicht« auf Transzendenz. Sobald Frauen dieselben Möglichkeiten gewährt werden, »ihre Freiheit zu praktizieren«, wie Männer sie hatten, verhalten sie sich genauso, wie Männer sich im Laufe der Geschichte immer verhalten haben (de Beauvoirs Ethik ist ziemlich ahistorisch). »Wenn eine Frau sich für ein menschenwürdiges Unterfangen engagiert, ist sie durchaus in der Lage, sich selbst als aktiv, effizient, verschwiegen – und so asketisch – zu beweisen wie ein Mann.«[26] Doch wie weiß man, welche Unterfangen eines Menschen wertvoll sind? Wertvolle Unterfangen sind solche, in denen Männer aktiv, effizient, verschwiegen usw. waren; de Beauvoir versucht keine unabhängige Bewertung. Es ist wichtiger, sofort Möglichkeiten zur Hand zu haben, als sich darüber Sorgen zu machen, wofür diese Möglichkeiten gut sind. Damit ist die unbestimmt offene Zukunft programmatisch leer, genauer, sie ist vollständig durch die männliche Vergangenheit bestimmt.

Sobald Alternativen zum geläufigen Verständnis von Transzendenz und Universalität auftauchen, also dazu, wie Männer sie verstanden haben, verschwindet de Beauvoirs »Objektivität«. Sie schreibt aus einer bestimmten Perspektive, zu einer bestimmten Zeit und an einem bestimmten Ort. Das ist, wie ihre Kritiker einwenden, eine männliche Perspektive. Aber man kann dabei nicht verharren; kaum ein Mann hätte ein Buch wie *Das andere Geschlecht* zu schreiben vermocht. Denn die männliche Bequemlichkeit hat, geschichtlich gesehen, immer den Glauben vorausgesetzt, daß Frauen mit ihrer Lage zufrieden sind und daß sie *mit Vernunft* zufriedengestellt werden können, daß das Leben, so wie sie es leben, richtig ist – für sie. De Beauvoir leugnet die Zufriedenheit zumindest einiger Frauen nicht (die »in Immanenz schwelgen«), aber sie bestreitet, daß dies in Ordnung ist, und dem können männliche Leser schwerlich widerstehen. Ihr Bild von weiblicher Immanenz lädt nicht zur Nachahmung ein. Welcher Mann würde so leben wollen? Und doch ist die Überlegung, zu der männliche Leser getrieben werden, grundsätzlich nicht sehr schwierig: Laßt Frauen (wenn sie es können) so leben, wie wir leben! De Beauvoir deutet die Chance eines maskulinen Feminismus an, männliche Universalität wird so wirklich universal.

Sie mag wohl mit dem Vorschlag recht haben, daß dieser maskuline Feminismus besser von einer Frau wie ihr beschrieben wird, die männliche Werte übernommen und »das Spiel gewonnen« hat, als von einem mißbrauchten und entfremdeten Mann. »Um das Antlitz der Welt zu verwandeln, muß man zunächst einmal in der Welt solide verankert sein.«[27] Dasselbe gilt im Falle der Kritik, die der Veränderung vorausgeht: Eine Frau, die auf sicheren Füßen steht, kann genauer kritisieren als ein Mann, der seinen Halt verloren hat – und das sogar, wenn die Frau nur versucht, das Spiel zu gewinnen, während der Mann versucht, gerecht zu handeln. Sie kann »die Werte besser erkennen, die er sich verpflichtet fühlt verächtlich zu machen oder aufzugeben«. Viele zeitgenössische Feministinnen würden die Verachtung und die Preisgabe männlicher Werte vorziehen. Wie berechtigt ihre Argumentation auch immer sein mag, so kann sie doch nur nach de Beauvoir geführt werden. Werte herabzusetzen, von denen man ausgeschlossen wurde, ist die klassische Form des Ressentiments – es wird als Politik der sauren Trauben erlebt. Besser zuerst kritisieren und den Verzicht bewältigen und dann die Früchte des Sieges begutachten. Wenn wir die Lage Unterdrückter betrachten, ist unsere (und auch ihre) erste Forderung die, daß sie die

Rechte erhalten sollen, deren ihre Unterdrücker teilhaftig sind. Es gibt stets eine bestimmte Anzahl von Rechten, und der Zugang zu ihrem Genuß bedeutet, selbst wenn jedermann zugelassen würde, nicht das Ende der politischen Auseinandersetzung und des Haders. Es würde sich herausstellen, daß die männliche Darstellung der Universalität falsch ist, oder jedenfalls, daß sie radikal unvollständig ist. Aber diese männliche Universalität wird so lange nicht in Frage gestellt werden, wie es Frauen unmöglich gemacht wird, sie zu erreichen. Deshalb hat de Beauvoirs »Anpassungspolitik« Vorrang.

## *Ein anderer Feminismus?*

De Beauvoir besteht auch auf der Endgültigkeit ihrer Politik – für Frauen, wenn nicht für die Menschheit im allgemeinen. In der Tat könnten Frauen Schlimmeres tun, als die Leistungen der Männer auf den Gebieten Mathematik, Naturwissenschaften, Literatur und selbst Philosophie zu imitieren (genau wie die Algerier Schlimmeres tun konnten, als die Politik der französischen Linken zu imitieren). Es wäre jedoch ein Fehler, darauf zu beharren, daß diese Bemühungen der Nachahmung, und nur sie, als Befreiung zählen sollen. »Ich denke nicht«, sagte de Beauvoir um 1970 in einem Gespräch, daß die Frau »neue Werte schaffen wird. Wenn man das glaubt, dann glaubt man an eine weibliche Natur – wogegen ich mich immer gewehrt habe.«[28] Aber das kann nicht stimmen. Gewiß hat das Bürgertum neue Werte geschaffen, die signifikant anders sind als die des Adels, obwohl es so etwas wie eine bürgerliche oder adlige Natur nicht gibt; es gibt nur verschiedene gesellschaftliche Erfahrungen. De Beauvoir behauptet, daß Frauen deshalb keine neuen Werte schaffen, weil sie Überzeugungen zwar hinsichtlich ihrer Erfahrungen, aber nicht ihrer Natur haben (obwohl sie in bezug auf natürliche, also körperliche Bestimmtheit ambivalenter ist, als sie hier zugibt): erstens, daß die Erfahrung der Immanenz unkreativ ist; zweitens, daß die Erfahrung der Transzendenz für

Männer und Frauen gleich ist oder wäre. Daraus folgt, daß es keine feministische Politik gibt, die über Anpassung hinausführt.

Beide Auffassungen irren. Gesellschaftskritikerinnen, die in der Welt der Frauen »fest verankert« sind, scheinen den Fehler eher zu sehen als Kritikerinnen, die sich schon in der Männerwelt eingerichtet haben. Wenigstens kommt die Kritik an de Beauvoir, die ich jetzt vorbringen möchte, von Frauen, die in der feministischen Bewegung engagiert sind. Diese Frauen akzeptieren offensichtlich nicht das Reich von Heim und Familie als etwas, zu dessen Erben sie ihr Geschlecht bestimmt; wenn sie es täten, wären sie niemals dazu zu bewegen gewesen, den Feminismus als ein politisches Projekt zu entwickeln. Aber sie halten die Verbindung aufrecht; sie haben sich dem »Selbstverständnis weiblicher Themen« verpflichtet, selbst wenn die Subjekte, die meisten jedenfalls, Frauen und Mütter sind, die im Kampf um Transzendenz, wie de Beauvoir sagt, »keine große Chance haben«.[29] Es ist die Überzeugung der Kritiker de Beauvoirs, daß das Leben der Frau schon vor der Transzendenz auf eigene Weise transzendent ist, daß Frauen Wesen für sich sind. Aber was heißt das? Und warum bedeutet das nicht die Zustimmung zur Unterwerfung?

Es liegt nahe, die entgegengesetzte Frage zu stellen: Hat nicht die Unterwerfung der Frauen in der Nachfolge der Männer dazu geführt, ihre Erfahrungen zu entwerten? Gibt de Beauvoir einer befreiten Empfindsamkeit Ausdruck, wenn sie in *Das andere Geschlecht* schreibt, daß »trotz aller achtungsvollen Rücksicht, mit der die Gesellschaft den Vorgang der Schwangerschaft umgibt, er doch spontanen Widerwillen einflößt«[30]? Ihre Kritiker beginnen im Gegenteil mit einer positiven Vorstellung von der Mutterschaft. Gelegentlich hat die Bestätigung die Form eines beauvoiristischen Revisionismus. Im Sinne von *Das andere Geschlecht*, schreibt Mary O'Brien, gewährleisten heutige Verhütungsmittel lediglich sexuelle Freiheit. Ihre wirkliche Bedeutung liegt jedoch darin, daß sie »im Gegensatz zu einem philosophischen Risiko bei der Wahl der Elternschaft die willentliche Annahme eines realen Lebensrisikos eröffnen«. Die Verhütung, meint O'Brien, macht die Schwangerschaft zu einem existentiellen Abenteuer. Doch sie fragt, empfindsamer, weiter, »ob irgendwann und in irgendeiner Gesellschaft je Passivität eine zutreffende Beschreibung für das reproduktive Bewußtsein war«. Das war und ist sie keinesfalls, und das bedeutet, daß Immanenz keine gesellschaftliche Realität besitzt. Die menschliche Fortpflanzung ist anders als die von Pflanzen und Tieren, weil sie »den Deutungen des vernünftigen Bewußtseins unterworfen ist«.[31] Eine vollständige Ethnographie der Lebensformen der Frauen könnte uns eine Darstellung dieser Deutungen liefern, eine Darstellung, die nicht nur annähme, daß sie wesentlich ideologisch sind und die grausame Wahrheit des biologischen Determinismus und/oder der Arglist kaschieren. Die Biologie bestimmt, daß nur Frauen Kinder gebären können; aber was Frauen mit dieser Erfahrung anfangen, läßt sich nicht biologisch bestimmen.

Das interessanteste philosophische Argument, das von (einigen) zeitgenössischen Feministinnen vorgebracht wird, ist das Argument für Pluralismus in der Transzendenz. De Beauvoir war, wie ihre Anpassungspolitik nahelegt, immer Monistin. Es sei Frauen niemals gelungen, schreibt sie in *Das andere Geschlecht*, eine »wirkliche Gegen-Welt aufzubauen«.[32] Da die Immanenz kein kreatives Potential enthält, wird es ihnen auch künftig nicht gelingen. Und da das Universum, das Männer errichtet haben, schon im Prinzip universal ist und sich die Frauen nur hineinzubegeben brauchen, um es tatsächlich universal zu machen, besteht gar kein Bedürfnis nach Erfolg. Was indes, wenn diese Gegenwelt bereits existiert (nicht völlig verschieden von der Männerwelt, sie überschneidend), sie aber dem, was anders ist in der weiblichen Erfahrung, gesellschaftliche Gestalt oder sogar eine Vielfalt von verschiedenen Gestalten gibt? De Beauvoir sieht die Gegenwelt nicht, weil sie aus zu großem Abstand schreibt, unter der Last der Abneigung. Sie »porträtiert Frauen nur als Opfer«, schreibt Iris Marion Young, »verstümmelt, verkrüppelt, abhängig, auf ein Leben in Immanenz beschränkt und gezwungen, Objekt zu sein. Sie beschreibt selten, welche Stärken Frauen gehabt haben und welchen irdischen Wert ihre Arbeit hat: wie sie untereinander Verbindungen und Gemeinschaften geschaffen haben, wie dauerhaft die Schönheit ihrer gemeinschaftlichen Werte der Fürsorge ist, die sie oft zeigen«.[33]

Ich habe diese Kritik an de Beauvoir pluralistisch genannt, weil sie die Existenz verschiedener, wiewohl gleichermaßen »transzendenter« Moralitäten unterstellt. Wo zeitgenössische Feministinnen indes behaupten, daß »hohe männliche Werte eine Verherrlichung von Tod, Gewalt, Wettbewerb, Egoismus, eine Unterdrückung der Sexualität und Affektivität bedeuten«, scheinen sie dem Pluralismus nicht sonderlich gewogen zu sein.[34] Dann ist es nötig, darauf hinzuweisen, daß zwar manche Männer solche Werte haben mögen, andere aber keineswegs. Auch »zeigen« nicht alle Frauen die »dauerhafte Schönheit« von Pflege und Zusammenarbeit, »die gemeinschaftlichen Werte der Fürsorge«. Ein Pluralismus von zweien, wobei der erste negativ, der zweite positiv eingestuft wird, ist nichts anderes als ein Antipluralismus des einen. Es ist allerdings möglich, Unterschiede anzuerkennen, ohne sie zu bewerten, und Unterschiede scheint es zu geben. Sie zeigen sich nicht so sehr in zwei verschiedenen Wertesystemen als in der Sphäre ethischer Empfindsamkeiten und Orientierungen, wobei die Einstellungen von Männern und von Frauen sich ungleichmäßig über die ganze Skala verteilen.\* Dann besteht die Unterdrückung der Frau »nicht darin, an Teilnahme gehindert zu sein, sondern in der Verleugnung und Abwertung von speziell weiblichen Werten und Aktivitäten«. In dieser Sicht signalisiert die Vorstellung einer universalen Menschlichkeit selbst Unterdrückung, insoweit sie untergeordnete Gruppen an Maßstäben mißt, die sie nicht beeinflussen konnten. »Nur eine ausdrückliche Bestätigung der Unterschiede und gesell-

---

\* »Es ist sinnlos, von kategorischen Unterschieden zu sprechen. Besser ist es zu sagen, daß die *Verteilung der Unterschiede* bei beiden Geschlechtern verschieden ist. Dann kann man die verschiedenen Unterschiede verschieden bewerten. Einige der feministischen Kritiker de Beauvoirs sind, meine ich, zu schnell bereit, das zu preisen, was sie im Leben der Frau tadeln – als ob Unterdrückung auf das Leben der Unterdrückten keine fatalen Wirkungen hätte. Aber wenn Frauenarbeit so kreativ gewesen ist wie Männerarbeit (oder kreativer), wenn die Beziehungen der Frauen untereinander und zu den Kindern eine Quelle für Werte gewesen sind, wenn weibliches Begehren verspielter, weniger starr ist als männliches Begehren, was rechtfertigt dann die Behauptung, daß Frauen Befreiung brauchen?« (Iris Marion Young, »Humanismus, Gynocentrism and Feminist Politics«, in: *Hypatia: A Journal of Feminist Philosophy*, Nr. 3 [1985], S. 181.)

schaftlicher Pluralität [...] läßt hoffen, den Sexismus überwinden zu können.«[35]

De Beauvoir machte in den siebziger Jahren Zugeständnisse an den Gedanken des Unterschieds; sie nahmen eine charakteristische Form an, die es verdient, genau betrachtet zu werden. Gewisse »männliche Mängel«, sagte sie 1976 zu Alice Schwarzer, gebe es bei Frauen nicht:

»So das männlich Groteske – die Art, sich ernst zu nehmen, eitel zu sein, sich wichtig zu nehmen, und so weiter [...]. Und dann die Art, Konkurrenten zu zermalmen – im allgemeinen machen Frauen das nicht. Außerdem haben sie mehr Geduld – was bis zu einem gewissen Punkt eine Qualität ist, danach wird es ein Fehler. Und Ironie. Und eine ganz konkrete Art, denn Frauen sind auf Grund ihrer Rolle im täglichen Leben verwurzelt. Diese ›weiblichen‹ Qualitäten sind also nicht angeboren, sondern resultieren aus unserer Unterdrückung.«[36]

Es ist aufschlußreich, daß in de Beauvoirs Liste die »Werte der Fürsorge« nicht vorkommen. Einige Feministinnen haben sie, ganz in ihrem Geiste, kritisiert, weil sie in der Sorge für Sartre, besonders in seinen späten Jahren, ganz in die traditionelle Rolle der fürsorglichen Frau verfallen ist. Kate Soper hat auf diese Kritik die richtige Antwort: »Es ist ein Gebot der Menschlichkeit – sollte es sein –, dem sterbenden Geliebten oder Lebensgefährten beizustehen. Jeder Feminismus, der eine solche Praxis der ideologischen Reinheit zu opfern bereit wäre, scheint keinem Geschlecht viel Segen zu verheißen.«[37] Aber wenn dem Opfer widerstanden werden soll, ist es vermutlich wichtig, es anzuerkennen und auch stolz darauf zu sein, daß dieses *menschliche* Gebot zum großen Teil von Frauen erfüllt wird. De Beauvoirs letzter Satz macht freilich deutlich, daß sie nicht beabsichtigt, eine pluralistische Position zu befürworten. Anscheinend gilt ihr Sittlichkeit als eine Art von gemeinsamem Fundus, zu dem (am Rande) befreite Frauen beitragen. Diesen Beitrag »müßten« Männer akzeptieren – sonst wäre der Fundus kein gemeinsamer. Dies ist immer noch das Argument des Angepaßten, obschon Frauen nicht mehr als Bittsteller angesehen werden, die mit leeren Händen dastehen. Dieses Argument vorausgesetzt, hat de Beauvoir recht: Nach der Befreiung, wenn das Leben von Männern und Frauen gleich ist, sie dieselben Chancen nutzen, dieselbe offene Zukunft haben, wird kein Geschlecht geduldiger, ironischer oder direkter sein als das andere. Alle diese Qualitäten werden dann allgemein bewertet und willkürlich verteilt.

Ist es denn nach der Befreiung möglich, daß Männer und Frauen verschiedene Leben leben? Verträgt sich Befreiung mit Verschiedenheit, also mit nichtwillkürlichen Verteilungen? Es scheint, daß Unverträglichkeit nicht nötig ist, solange die Verteilung sich aus dem mehr oder weniger frei gewählten oder gemeinsam erarbeiteten Lebensentwurf ergibt. Hier hat wieder de Beauvoirs Argument für gleiche Chancen in der Politik, Wirtschaft, Wissenschaft und Literatur Geltung – die den Begabten offenstehenden Karrieren stehen dann endlich auch den Frauen offen. Endlich triumphiert die Französische Revolution. Jede Verteidigung der Unterschiede, die diese Priorität verschleiert, ist in der Tat gefährlich, ist »eine Rückkehr zur Versklavung der Frau«, sagt de Beauvoir 1982 in einem Interview, »ganz einfach!« Sie hat keine Geduld mit dem »Feminismus«, ob er nun in der alten Sprache der Duldung oder in der neuen Sprache der Schöpfung auftritt. Und sie verachtet jeden Feminismus, der Politik, Wirtschaft, Wissenschaft und Literatur ablehnt, einen Feminismus, den Männer im Namen von Alternativen gemacht haben, die noch nie ausprobiert wurden. Das wäre zuviel Ablehnung, da »diese Männerwelt [...] ganz einfach die Welt selbst ist«. Für manche Frauen, so fährt sie fort, gilt, »nichts so machen zu wollen wie die Männer: sich nicht organisieren, keinen Beruf haben, nicht schöpferisch tätig sein, nicht handeln. Ich war immer der Meinung, daß man als Frau das Instrumentarium, das die Männer in den Händen halten, einfach nehmen, sich seiner bedienen muß«.[38] Sich »seiner bedienen« ist vernünftig, solange es nicht dabei bleibt, so wie de Beauvoir sich damit zufriedenzugeben scheint. Sie zieht ihre Schlüsse immer noch aus der Ethnographie der Immanenz, die sie 1948 formulierte, als sie bereits das war, was, wie sie hoffte, alle Frauen werden würden, ein transzendentes Wesen – das heißt ein männliches –, das die unbedarften Eingeborenen studierte. Die Eingeborenen können nicht mehr tun, als die Kultur und Technologie fortgeschrittener Völker nachzuahmen.

Ist de Beauvoir wirklich männlich? Ist ihre Politik nur geborgt? Es ist schwer, sich einen männlichen Kritiker vorzustellen, der in den Mittelpunkt seiner Kritik Frauen und ältere Menschen stellt. Es gibt in de Beauvoirs Werk eine gewisse nichtideologische Solidarität, die Sartre fehlt und die etwas mit ihrem Geschlecht zu tun haben muß. Ich meine damit nicht die weibliche Natur. Ich möchte auch nicht die Behauptungen verteidigen, über die de Beauvoir sich so verräterisch mokiert: »Man darf nicht sagen, die Frau habe eine besondere Erdverbundenheit, habe den Rhythmus des Mondes und der Ebbe und Flut im Blut. [...] Sie habe mehr Seele, sei von Natur aus weniger destruktiv et cetera.«[39] Und doch sagt sie etwas über die Erfahrungen von Frauen, was de Beauvoirs intellektuelle Wahl besser erklärt als das, was sie sagt, wenn sie sich auf die Nachahmung der Männer konzentriert. Sie gewinnt ihre kritischen Maßstäbe in der Tat durch Nachahmung. Sie greift die Männerwelt von innen an, beutet ihre »universalen« Werte aus. Aber sie kritisiert auch Frauen, von außen. Und hier muß ihre Kritik durch Kritiker ergänzt werden, die einen anderen Standpunkt haben, die ausdrücklich andere Werte vertreten, die »mit einer anderen Stimme« sprechen – einer Stimme, die, gedämpft, in ihren eigenen besten Arbeiten durchaus zu vernehmen ist.

## 10
# Herbert Marcuses Amerika

*Der übernationale Marcuse*

»Sie hat eine machtvolle, subtile, unwiderstehliche Wucht«, schrieb R. D. Laing über die Sprache Herbert Marcuses in dessen Buch *Der eindimensionale Mensch*, »und einen todessüchtigen Tonfall – das traurige und bittere Lied eines alternden Gelehrten aus dem alten Deutschland in der Neuen Welt.«[1] Tatsächlich ist Marcuses Prosa sperrig, rauh, voller Wiederholungen, abstrakt, nur gelegentlich unwiderstehlich und niemals schön. Aber sein »Lied« ist unstreitig traurig und bitter, und meist wurde es als europäisches Lied über ein geschmähtes Amerika aufgenommen. Doch das ist nicht ganz richtig. *Der eindimensionale Mensch* ist ein amerikanisches Lied oder zumindest das Lied eines Amerikaners. Als Marcuse das Buch veröffentlichte, hatte er bereits dreißig Jahre in den USA gelebt. Er hatte Deutschland 1933 verlassen und ein Jahr später den Atlantik überquert. Als nach dem Krieg die Mehrzahl seiner Kollegen der Frankfurter Schule wieder in die Heimat aufbrachen, zog er es vor, zu bleiben. Wie anders wird man sonst Amerikaner? In Randolph Bournes übernationalem Amerika war Marcuse ein typischer Bürger.

Die Anti-Helden seiner Philosophie, die eindimensionalen Menschen, sind ebenfalls Amerikaner. Ich vermute, daß Marcuse sie nicht allzu gut kannte – jedenfalls nicht aus Gesprächen –, aber er fühlte sich von ihnen umgeben, auf der Straße, in der Untergrundbahn, im Supermarkt. Zu empirischer Forschung war er nicht sonderlich aufgelegt, doch die Eindimensionalität drängte sich ihm geradezu auf. Sie zu erfassen, bedurfte es keines waghalsigen Studienprogramms, sondern nur eines minimalen Stoizismus: »Vielleicht verschafft man sich das durchschlagendste Beweismaterial dadurch«, schrieb er in der Vorrede zu *Der eindimensionale Mensch*, »daß man einfach ein paar Tage lang jeweils eine Stunde das Fernsehprogramm verfolgt oder sich im Radio das Programm der Lokalsender anhört, dabei die Reklamesendungen nicht abstellt und hin und wieder den Sender wechselt.«[2] (Es könnte sich für dieses besondere Stück Forschungsarbeit verhängnisvoll auswirken, wenn man zufällig einen Sender einstellt, der nur klassische Musik sendet. Später erweiterte Marcuse seine Argumentation, so daß sie diese Möglichkeit in Betracht zog. Damit hörte die Notwendigkeit von Forschung überhaupt auf.) Das ist zweifellos eine typisch amerikanische Erfahrung mit den Massenmedien, und es ist wahrscheinlich auch eine amerikanische Vorstellung von »Beweismaterial« – die schnelle Dosis als Forschungsmethode. Aber Marcuse konnte auch in seinem Studierzimmer sitzen und in aller Ruhe Literatur über den eindimensionalen Menschen lesen. Sein Buch ist, wie er einräumt, fast undenkbar ohne die akademischen und populären Gesellschaftskritiker der fünfziger Jahre: C. Wright Mills, William H. Whyte, Vance Packard, Fred Cook und (obwohl sie in seiner Vorrede unerwähnt bleiben) David Riesman und John Kenneth Galbraith. Sie alle waren amerikanische Autoren; sie beschrieben eine kommende gesellschaftliche Realität, die sie für typisch amerikanisch hielten. Der Hauch von theoretischem Abschluß, den Marcuse ihrem Werk hinzufügte, mag ruhig germanisch oder übernational genannt werden. Er freilich hielt sogar diesen Abschluß für spezifisch amerikanisch, für ein Zeichen des Entwicklungsvorsprungs. Vielleicht wählte er das Verbleiben in den USA, weil er diesen Vorsprung erleben wollte, weil er sich einen Ort, eine Heimstatt wünschte, die seiner Kritik bedurfte.

Ebenso mag Marcuse die Vorstellung genossen haben, in einer Gesellschaft zu leben, die er für postmarxistisch hielt. Sein Leben lang war er, in Deutschland wie in den USA, sowohl prämarxistischer Philosoph, der seine Aufmerksamkeit auf Hegel konzentrierte (und auf Marx nur insoweit, wie er »linker« Hegelianer war oder als solcher gelesen werden konnte), als auch postmarxistischer Gesellschaftstheoretiker, und zwar im Stile der Frankfurter

Schule, die er mitbegründen half. Er befaßte sich mehr mit den Bedürfnissen eines freien Bewußtseins als mit den Interessen von Arbeitern. Er war deshalb auch nur allzu bereit, sich die typisch amerikanische Auffassung zu eigen zu machen, die (amerikanische) Arbeiterklasse sei eine, der es an »Negativität« gebreche und die sich der bestehenden Gesellschaft mehr oder weniger angepaßt habe. Offiziell beklagte er das Verschwinden des Proletariats, das einst die materielle Basis der Sozialkritik gebildet hatte, den Körper, dem die kritische Philosophie als Kopf und Hirn dienen konnte. Jetzt, schrieb er, sei es unmöglich, reale gesellschaftliche Kräfte auszumachen, »die sich in Richtung auf vernünftigere und freiere Institutionen bewegten (oder dahin gelenkt werden konnten)«.[3] In der Praxis hatte er sich gut auf diese Situation eingestellt; sie öffnete ihm das Tor zu seiner eigenen Sozialkritik. Sein Thema war die postmarxistische Gesellschaft Amerikas: Hier wurden die menschlichen Bedürfnisse am stärksten verzerrt und verfälscht – paradoxerweise gerade deshalb, weil die Interessen der Arbeiterklasse so nahtlos angepaßt waren; hier auch kamen diese Bedürfnisse ihrer Erfüllung (potentiell) am nächsten.

## *Das glückliche Bewußtsein*

Nur dreißig oder vierzig Jahre zuvor war Gramsci noch in der Lage gewesen, das fügsame Bewußtsein der italienischen Arbeiterklasse als einen mächtigen, wenn auch nur latenten und impliziten Widerspruch zur bürgerlichen Hegemonie zu begreifen. Das Problem lag darin, es deutlich zu machen, seine Kategorien zu enthüllen und dann natürlich seine Propheten zu wappnen. Wie die meisten Gesellschaftskritiker entfaltete Gramsci eine einseitige Kritik seiner Gesellschaft – einseitig, weil er Elemente, gesellschaftliche Kräfte darin am Werk sah (die wirklichen Männer und Frauen), die sich in die »Richtung«, die er guthieß, »bewegten (oder dahin gelenkt werden konnten)«. Im Gegensatz zu ihm ist Marcuse ein totaler Kritiker. Zwar ist Amerika für ihn nicht ohne Widersprüche.

Doch die Widersprüche finden ihren Ausdruck nicht in der Alltagserfahrung; evident sind sie einzig auf einer sehr hohen Stufe philosophischer Reflexion. Im Grunde ist die »Integration der Gegensätze«, die Versöhnung gegensätzlicher Kräfte, gewissermaßen vollzogen.[4] Es gibt keinen Klassenkampf, weder einen Bewegungs- noch einen Stellungskrieg. Es gibt keinen Vormarsch, keine Vorhut, keine ernsthafte Politik. Folglich hat Marcuses Kritik weder Partisanen-Charakter noch Klassen-Parteilichkeit. In den letzten Absätzen von *Der eindimensionale Mensch* verweist er auf ein »Substrat der Geächteten und Außenseiter«, die, wie einst das Proletariat, das »fortgeschrittenste Bewußtsein der Menschheit und ihre am meisten ausgebeutete Kraft« darstellen.[5] Aber das ist lediglich eine Geste, ohne Zusammenhang mit dem übrigen Buch, eine Geste, die nichts über das Alltagsleben oder die ideologische Reichweite dieses »Substrats« aussagt. Das Buch ist auf die anderen »Strata« gemünzt, auf jedermann sonst, auf die versöhnte und integrierte Masse. Es ist, zumindest formal, an alle eindimensionalen Menschen adressiert. Die Effizienz der Adresse ist jedoch unklar, denn es hat nicht den Anschein, als ob es irgend etwas gäbe, das diese Menschen tun könnten (Marcuse macht keine Andeutungen); sie scheinen – sogar nach der Lektüre seines Buches – nur mit Mühe fähig zu sein, Unbehagen an ihrer Situation zu empfinden.

Keine Gesellschaft wäre ohne praktische Widersprüche, wenn sie nicht auch ohne alltägliches Unglück wäre. Marcuse schwankt ein wenig in seiner Beschreibung des geistigen Status des eindimensionalen Menschen: »Euphorie im Unglück« ist seine erste Formel, die nahelegt, das Unglück sei bloß verdrängt oder vielleicht mißverstanden. Später bevorzugt er theoretisch den Ausdruck »glückliches Bewußtsein«, der eine tiefere Veränderung erahnen läßt.[6] Jedenfalls ist *Der eindimensionale Mensch* eine Kritik an dem, was gemeinhin als politischer und ökonomischer Erfolg gilt. Diese Kritik ist nicht ohne Vorläufer. Ein ganzer Schwarm von Gesellschaftskritikern hat die satte Zufriedenheit verurteilt – und nicht nur deshalb, weil diese Zufriedenheit nicht genügend verbreitet oder weil sie auf Kosten anderer erkauft worden wäre. Das Argument, Zufriedenheit sei ein Feind des Wohlbefindens, ist sehr alt; es ist im wesentlichen auch das von Marcuse. Gleichzeitig besteht ein entscheidendes Merkmal des glücklichen Bewußtseins gerade in seiner Verbreitung. Und Glück ist, jedenfalls bis zu einem gewissen Grade, wirkliches Glück. Den Amerikanern ergeht es besser, als es Menschen, Männern und Frauen, jemals ergegangen ist. Und was ist daran Schlimmes?

Die amerikanische Gesellschaft »setzt die Güter frei«. Marcuse leugnet die grundlegende Güte dieser Güter, aber er leugnet nicht ihre unmittelbare Güte – oder hält sich zumindest bedeckt, indem er sich den Anschein gibt, als leugne er sie nicht. Er führt gegen zeitgenössische Formen von Konsum ein Argument an, das Orwell sich zu gebrauchen versagte – aber immer mit einer Einschränkung am Ende, deren Bedeutung schwer zu beurteilen ist. »Die Menschen«, schreibt er, »erkennen sich in ihren Waren wieder; sie finden ihre Seele in ihrem Auto, ihrem Hi-Fi-Empfänger, ihrem Küchengerät.« Diese »nützlichen« Produkte nun werden zunehmend verfügbar, ihre Benutzung wird zu einer Lebensweise. »Sie wird ein Lebensstil, und zwar ein guter – viel besser als früher –, und als ein guter Lebensstil widersetzt er sich qualitativer Änderung.«[7] Einerseits wird die Seele in der Konsumkultur nicht eigentlich »gefunden«; andererseits erschwert die relative Güte der verfügbaren Güter jedes alternative »Finden«. Wenn die Menschen hier und jetzt befriedigt werden, dann haben sie keinen Grund, anderswo nach Befriedigung zu suchen.

Dasselbe Problem entsteht in bezug auf das Recht, und jetzt ist es ein Problem der Kraft und des eigenständigen Wertes der Kritik selbst. »Unabhängigkeit des Denkens, Autonomie, das Recht auf politische Opposition werden gegenwärtig in einer Gesellschaft ihrer grundlegenden kritischen Funktion beraubt, die immer mehr imstande ist, die Bedürfnisse ihrer Bürger zu befriedigen [...]. Eine solche Gesellschaft kann mit Recht verlangen, daß ihre Prinzipien und Organisationen akzeptiert werden.«[8] »Mit Recht«, und dennoch ist dieses Verlangen nicht gerecht, denn die scheinbare Befriedigung von Bedürfnissen maskiert eine Leugnung des fundamentalsten menschlichen Bedürfnisses – des Bedürfnisses nach Freiheit. Der erste Satz des ersten Kapitels von *Der eindimensionale*

*Mensch* faßt Marcuses Anklage zusammen: »Eine angenehme, reibungslose, vernünftige, demokratische Unfreiheit herrscht in der fortgeschrittenen industriellen Zivilisation.«[9] Noch einmal: Wenn wir auf die Anklage achten, müssen wir auch auf ihre (unbestimmten) Einschränkungen achtgeben, nämlich das Nomen »Unfreiheit« und die damit verbundenen Adjektive. Die Amerikaner sind zwar tatsächlich unfrei (nach Marcuses Auffassung), aber nie zuvor ist Unfreiheit so vernünftig gewesen, verlangte sie so angenehme Opfer, verlief ihre Einführung und Aufrechterhaltung so reibungslos, waren ihre Institutionen so demokratisch. Was mag das bedeuten?

Unsere Unfreiheit, schreibt Marcuse, »wird in Gestalt vieler Freiheiten und Bequemlichkeiten verewigt und intensiviert«.[10] Manchmal blickt er geringschätzig auf diese (vermutlich banalen) Freiheiten und Bequemlichkeiten herab – den bloßen Luxus der Sklaven. Amerikas Gesellschaft hat die Gestalt eines nicht-terroristischen Totalitarismus, »der sich mit einem ›Pluralismus‹ von Parteien, Zeitungen, ›ausgleichenden Mächten‹ etc. durchaus verträgt«.[11] Hier sind die Anführungszeichen und das »etc.« Zeichen von Verachtung: Die Parteien unterscheiden sich nur in Nebensächlichkeiten, ausgleichende Mächte haben nichts mit »ökonomisch-technischer Gleichschaltung« zu tun, und alles andere ist immer nur dasselbe. Träfe jedoch alles das zu, so ließe sich nur schwer erkennen, worüber wir eigentlich glücklich sein sollten. Eine politische Ordnung, die so leicht verwirklicht werden kann, verdiente schwerlich Marcuses Kritik. In Wahrheit hat sogar der »unterworfene Pluralismus« der amerikanischen Demokratie einen Wert. »Und doch ist pluralistische Verwaltung für das verwaltete Individuum weit besser als totale. Eine Institution könnte [das Individuum] vor der anderen schützen; Möglichkeiten des Entkommens und der Abhilfe sind berechenbar.« Marcuse fährt mit Nachdruck fort: »Die Herrschaft des Gesetzes, ganz gleich, wie beschränkt sie sein mag, ist immer noch unendlich viel sicherer als eine Herrschaft über dem Gesetz oder ohne Gesetz.« »Unendlich viel sicherer«, das heißt: sicherer als das, was die meisten Menschen im Laufe der Geschichte ertragen haben. Aber »sicherer« ist nicht gleichbedeutend mit »besser«: Menschen haben nach Höherem gestrebt, als nur in Sicherheit vor Obrigkeiten zu leben. Werden sie, wenn sie einmal sicher sind, noch ehrgeizig sein? Marcuses Überzeugung, daß sie es nicht sein werden, daß sie es nicht sind, führt zu seinem (wiederum nur wenig spezifizierten) Schluß: »Demokratie erwiese sich als das leistungsfähigste Herrschaftssystem.«[12]

Deshalb sind wir glücklich mit unseren Annehmlichkeiten (»ein immer angenehmeres Leben für eine größere Zahl von Menschen«), und wir sind glücklich in unseren politischen Institutionen (»unendlich viel sicherer«, als es die gegenwärtig existierenden Alternativen zulassen). Genau dieses vernünftige Glück fordert die Kritik Marcuses heraus. Unter den Gesellschaftskritikern ist Marcuse der große Verfechter des unglücklichen Bewußtseins. Er erhebt John Stuart Mills Maxime »Besser ein unzufriedener Sokrates als ein zufriedenes Schwein« zum kritischen Prinzip. Und er verteidigt dieses Prinzip genauso wie Mill das seine: Wenn das Schwein wüßte, was Sokrates weiß, würde es ebenfalls die Unzufriedenheit vorziehen.[13] Für Mill indes ist diese Verteidigung spekulativ, während Marcuse, wie wir sehen werden, sich darauf gefaßt macht, eine »Erziehungsdiktatur« in Erwägung zu ziehen, die von Sokrates' Agenten organisiert wird, um die Schweine aus ihrer schweinischen Zufriedenheit zu befreien. Er ist zumindest in folgendem Sinne Marxist (oder vielleicht eher Leninist): Er glaubt, daß Propheten bewaffnet sein müssen; die Vorhut muß die Macht des Staates ergreifen und sich zunutze machen. Was jedoch die Avantgarde Marcuses auszeichnet, ist weniger ihre praktisch-theoretische Erkenntnis als ihr philosophisches Unbehagen – und es ist nicht ausgemacht, ob dieses Unbehagen ausreicht, das ernsthafte Geschäft der Machteroberung zu betreiben. Die Überlegenheit des Unglücklichseins liegt in seiner Empfänglichkeit für Werte, Möglichkeiten, Sehnsüchte, die noch nicht verwirklicht sind und vielleicht unter den Bedingungen der Eindimensionalität niemals verwirklicht werden können. Unglück ist negativ, und Negativität ist die zweite Dimension.

Das unglückliche Bewußtsein hegt das Bild eines höheren

Glücks. Dieses Bild hat in der hochentwickelten (amerikanischen) Industriegesellschaft in der Tat keine materielle Repräsentanz. Es ist lediglich geistig; es überlebt sozusagen nur in einem Gehirn, das mittels philosophischer Transfusionen in einem Bottich am Leben erhalten wird. Marcuse macht sich wenig Illusionen über seine Langlebigkeit. Sämtliche Instanzen der modernen Zivilisation wirken zusammen, um die Menschen glücklicher zu machen, indem sie ihnen Bequemlichkeit und Sicherheit verschaffen und das Gespür für das unverwirklichte Potential und die höheren Möglichkeiten menschlichen Lebens in ihnen unterdrücken. Und doch haben diese Möglichkeiten die Wahrheit auf ihrer Seite – sie korrespondieren mit den wirklichen Bedürfnissen der Menschen, das heißt, mit jenen Bedürfnissen, die, würden sie je erfüllt, uns wirklich glücklich (vielleicht sogar überglücklich) machten.

Die meisten Gesellschaftskritiker setzen beim Realen ein, ich meine: bei dem tatsächlichen Unglück Unterdrückter oder Unterworfener – der quälenden Armut von Silones Bauern beispielsweise oder bei der tiefen Frustration von Simone de Beauvoirs »anderem Geschlecht«. Der Kritiker artikuliert auf der Ebene der Theorie, was auf der Ebene allgemeiner Klage bereits artikuliert wurde. Theorie und Klage stehen zueinander vermutlich in einer gewissen Spannung – wie Darstellungen des »falschen Bewußtseins« nahelegen. Aber sosehr sie sich auch voneinander unterscheiden mögen, wenn sie Unterdrückung erklären oder geeignete Antworten empfehlen, so haben sie doch ein gemeinsames Thema: die Unterdrückung selbst. Das falsche Bewußtsein der Arbeiter besteht beispielsweise in der Überzeugung, daß sie für ihr Unglück selbst verantwortlich seien und allein die Gnade Gottes oder des Königs ihnen helfen könne. Zumindest jedoch kennen sie ihr eigenes Unglück; Marcuse dagegen lebt – oder glaubt, er lebe – in einer Gesellschaft, deren Mitglieder *aus guten Gründen* dieses Wissen nicht haben: Sie erleben keine Unterdrückung, sie haben sich über nichts zu beklagen; sie bekommen, was sie haben wollen, und ihre Bedürfnisse werden gestillt. Also muß seine Gesellschaftskritik nach einer tieferen Realität Ausschau halten. Diese glücklichen Männer und Frauen, so muß er argumentieren, bekommen nicht, was sie sich eigentlich wünschen sollten. Die Bedürfnisse, die da befriedigt werden, sind falsche Bedürfnisse, wurden ihnen zuerst »eingepflanzt« und dann erfüllt. Sie haben die Fähigkeit zur Selbstbestimmung eingebüßt; das Selbst, das sie in den Annehmlichkeiten erkennen, ist nicht (wirklich) ihr eigenes.

Nun ist es durchaus sinnvoll, darauf hinzuweisen, daß die Geschichte vom glücklichen Sklaven eine Fiktion der Sklavenhalter oder der Intellektuellen ist, die ihre Gönner sind. Sie ist keine plausible Erklärung des Sklaven-Bewußtseins. Aber es gibt eine andere und interessantere Geschichte, der zufolge wir die Sklaven unserer Leidenschaften sind – unserem wirklichen Selbst entfremdet, auch nicht im Besitz eines anderen und, insoweit unsere Leidenschaften befriedigt werden, glücklich in unserer Entfremdung.[14] Dies ist eine kritische und keine apologetische Geschichte, und es ist die Marcuses, obwohl er sie für bloß moralisierend halten würde, wenn er die Versklavung nicht auf bösartige gesellschaftliche Kräfte zurückführen könnte. Bösartige, aber, wie sich herausstellt, namenlose gesellschaftliche Kräfte – die Attribution verfährt ausschließlich mit Verben, nie mit Nomina; die Verben haben zwar ein Objekt, aber kein Subjekt. Die Sklaven haben immer noch keine sichtbaren Herren; ihre Leidenschaften wurden ihnen »eingepflanzt«, ihr Glück wird »verwaltet«, sie selbst »werden (bis in ihre Triebe hinein) indoktriniert und manipuliert«.[15] Irgendeine unbekannte Instanz – der Markt? der Staat? das moderne Unternehmen? –, die durch die Massenmedien wirkt, erzeugt einen Schwarm »künstlicher« Bedürfnisse, und die Menschen dringen darauf, diese Bedürfnisse zu befriedigen, und befriedigen sie und sind glücklich. Aber das ist nicht das Glück eines freien Volkes. Und wenn es denn eine Art von Freiheit ist, die in der Entscheidung besteht, welche dieser eingepflanzten Bedürfnisse in welcher Reihenfolge und mit welchen Annehmlichkeiten befriedigt werden sollen, so beweist das nur, daß »unter der Herrschaft eines repressiven Ganzen sich Freiheit in ein mächtiges Herrschaftsinstrument verwandeln läßt«.[16]

In Marcuses Version der Geschichte sind wir versklavt, weil wir von Leidenschaften umgetrieben werden, die nicht eigentlich unsere sind. Diese Sklaverei wird von einem »repressiven Ganzen« beherrscht, einem System, das sich von allen vorangegangenen unterscheidet. Denn in diesem System gibt es keinen Unterschied zwischen Herrschern und Beherrschten; wir sind alle eindimensional und alle gleichzeitig Opfer und Nutznießer.* Einzig der philosophische Kritiker sieht die Falschheit des Ganzen oder glaubt sie zu sehen. Aber sein Einblick ist nicht nachweislich wahr, solange er uns andere nicht davon überzeugen kann. Nur wir können die Wahrheit über unsere Bedürfnisse aussprechen. Marcuse verweist letztlich auf eine demokratische Epistemologie: »In letzter Instanz muß die Frage, was wahre und was falsche Bedürfnisse sind, von den Individuen selbst beantwortet werden, das heißt sofern und falls sie frei sind, ihre eigene Antwort zu geben.« Solange wir versklavt sind, unfähig zur Autonomie, indoktriniert und manipuliert (bis in unsere Triebe hinein), kann unsere »Antwort auf diese Frage nicht als unsere eigene verstanden werden«.[17] Aus dem System entlassen, wüßten wir unsere Freiheit zu schätzen, selbst wenn sie uns unglücklich machen würde. Unsere Werturteile sind unfrei, deshalb können wir sie nicht ernst nehmen. Aber die Urteile sind ernsthaft, denn sie bewahren uns davor, uns selbst in Freiheit zu setzen. Es ist das besondere Merkmal gerade dieses modernen Systems, daß wir um so glücklicher sind, je mehr wir versklavt sind, und je glücklicher wir sind, um so weniger können wir entkommen. »Es besteht kein Grund, auf Selbstbestimmung zu drängen, wenn das verwaltete Leben das bequeme und sogar ›gute‹ Leben ist.«[18] Daraus folgt das Paradoxon der Marcuseschen Kritik: Je besser, desto schlechter.

---

* Marcuses Argumentation weist hier einige Ähnlichkeiten mit der Foucaults auf (siehe Kapitel 11), denn beide Autoren sind auf der Flucht vor der marxistischen Klassen-Analyse, und beide haben ein gutes Gespür für das, was man Politikverlust nennen könnte. Foucault aber würde Marcuses Behauptung zurückweisen, daß hinter den falschen Bedürfnissen des »eindimensionalen Menschen« ein erkennbarer Komplex wahrer Bedürfnisse steht. Beide Autoren repräsentieren »moderne« und »postmoderne« Artikulationen einer ähnlichen kritischen Methode.

## Partielle Sklaverei

Glückliche Sklaven des repressiven Ganzen – das war Mitte der sechziger Jahre dieses Jahrhunderts eine erregende und, wie viele Leute meinten, erhellende Deutung der amerikanischen und wenig später auch der französischen, deutschen und englischen Massen. Aber diejenigen, die sie erhellend fanden, waren nur selten bereit, anzuerkennen, daß sie auch ein Licht auf ihr eigenes Leben zu werfen vermöge. Marcuse beschrieb all die anderen, deren Zufriedenheit und Trägheit eine philosophische Erziehung so schwer machte. *Der eindimensionale Mensch* ist ein grausames Buch, gleichwohl erwärmt es jedermanns Herz, der sich für gründlich unglücklich hält – und damit für zweidimensional. Aber ist diese Argumentation über die anderen »wirklich« erhellend? Da ist zunächst das dunkle Geheimnis des repressiven Ganzen. Wie ist moderne Herrschaft organisiert? Welche hierarchischen Strukturen hat sie? Welches gesellschaftliche Beziehungsmuster herrscht vor? Eindimensionalität ist letztlich eine Folge der Entwicklung der Industriegesellschaft, der Spätphase des Kapitalismus und der totalitären Formen der ökonomisch-technischen Gleichschaltung. Aber Marcuse klärt keines dieser Probleme, und damit erscheint Eindimensionalität als eine Folge, die keine Ursache hat, so wie sie auch – und das habe ich bereits zu bedenken gegeben – ganz wie ein Prädikat ohne Subjekt auftritt.

Marcuse hätte wahrscheinlich entgegnet, daß eindimensionale Menschen ihre eigenen Ursachen sind, selbstgemacht im Laufe langer, harter und erbitterter Kämpfe gegen Tyrannei und Unterdrückung. Sind nicht Bequemlichkeit und Sicherheit, sogar in ihren verunglimpfenden Beschreibungen, die Leistungen politischer Bewegungen des Bürgertums und der Arbeiterklasse? Hier müßte eine Geschichte von geduldiger Organisation und bewußtem Handeln, von eingegangenen Risiken und eingebüßtem Leben folgen. Aber daran ist Marcuse nicht interessiert; es gelingt ihm, den Eindruck zu erwecken, daß Bequemlichkeit und Sicherheit die Gaben manipulierender (jedoch unbekannter) Spender sind, deren einziges Ziel gesellschaftliche Kontrolle ist. Die Empfänger sind vernünftig, aber nicht zu ihren eigenen Gunsten aktiv; ihre Vernünftigkeit kommt in der Tat nicht recht zur Geltung, zumal die Langzeitwirkung der Wohlfahrtsgesellschaft und ihres Güterflusses, wie Marcuse mit beruhigender Selbstsicherheit schreibt, »moronization« ist – Verblödung.[19] Es ist nicht leicht, seine parallel dazu geäußerte Gewißheit zu akzeptieren, daß die Kultur des Konsums weitaus besser ist als alles zuvor (*bevor* wir verblödet waren). Tatsächlich beweist Marcuse nicht allzuviel Neugier für das Alltagsleben gewöhnlicher Leute – weder vor noch nach der Heraufkunft der Eindimensionalität. Ich sehe einen weiteren Mangel an Marcuses Aufklärung: Sie wirft keinerlei Licht auf das Leben der Unaufgeklärten. Wie ist es, was ist das für ein Gefühl, im Schutz des glücklichen Bewußtseins zu leben? Marcuse fordert uns auf, an die Existenz von Menschen zu glauben, die sofort und total auf moderne Werbemethoden reagieren und sofort und total zufrieden sind, wenn sie die angepriesenen Güter und Dienstleistungen einmal erworben haben. Aber solche Menschen kenne ich nicht. Der eindimensionale Mensch, scheint mir, ist ein Geschöpf von Marcuses Text, nicht einer wirklichen Gesellschaft (nicht einmal der amerikanischen des 20. Jahrhunderts). Er ist viel zu mager und vage, als daß er Bestätigung finden könnte.

Aber *Der eindimensionale Mensch* (das Buch ebenso wie sein Thema) fordert zu einer sehr viel allgemeineren Skepsis auf, die ich in Form einer Maxime zum Ausdruck bringen möchte: Wenn Sklave, dann nicht glücklich; wenn glücklich, dann kein Sklave. Die Maxime gilt allgemein; ich lasse im einzelnen Ausnahmen zu – Masochisten etwa, die angesichts von Herrschaft und Mißbrauch Glück empfinden, oder Philosophen wie Epiktet, deren Innenleben, so sagen sie jedenfalls, ihren Herren unzugänglich bleibt. Aber eine ganze Nation solcher Menschen ist unvorstellbar. Menschen, wie wir sie kennen, empfinden angesichts von Sklaverei Abscheu und bieten ihr Widerstand, und wenn es weder zu Abscheu noch zu Widerstand kommt, dann sollten wir annehmen, daß da etwas anderes erlebt wird als Sklaverei. Sogar Versklavung an die eigenen Leidenschaften erzeugt, wenn die eigenen Leidenschaften von jemand anderem beherrscht und manipuliert werden, Abscheu und Widerstand. Natürlich können wir Sklaven glücklich machen, indem wir ihnen Drogen verabreichen oder ihre Gehirnströme kontrollieren; vielleicht meint Marcuse, daß Annehmlichkeiten wie Autos und Waschmaschinen buchstäblich Narkotika sind. Aber diese Meinung ließe sich nicht aufrechterhalten, wenn man mit den Menschen spräche, die Auto fahren oder Wäsche waschen und es fertigbringen, dabei gleichzeitig andere Ziele im Blick zu behalten. Der Geisteszustand, der durch Autofahren oder Wäschewaschen induziert wird, ist nicht das, wonach sie gewöhnlich streben. Natürlich ist die Beziehung von Menschen zu den Dingen ein bedeutsames Thema philosophischer Kritik. Kritiker gehen jedoch kaum über die Grenzen von Standard-Frömmigkeiten hinaus, wenn sie selbst nicht von einem gewissen Grad zumindest ethnographischer Neugier angetrieben werden. Marcuse ist standhaft und unerschütterlich fromm.

»Sklaverei« ist ein kritisches Wort, allerdings nicht das einzige, und die Weigerung, es zur Beschreibung von Verhältnissen zu gebrauchen, die von tatsächlicher Sklaverei weit entfernt sind, bedeutet nicht, daß wir überhaupt keine kritischen Einwände erheben. Ganz ähnlich ist »totalitär« ein kritisches Wort; aber nicht jede Gesellschaft, die wir kritisieren wollen, muß totalitär genannt werden. Vielleicht glaubt Marcuse an die Zeilen von Ionesco, die er (anscheinend zustimmend, aber ohne genaueren Kommentar) zitiert: »Die Welt der Konzentrationslager [...] war keine besonders entsetzliche Gesellschaft. Was wir dort sehen, war das Bild, in gewissem Sinne die Quintessenz der höllischen Gesellschaft, in der wir jeden Tag stecken.«[20] Seine eigene Version dieses Sachverhalts ist ein wenig bedachtsamer: »Denn ›totalitär‹ ist nicht nur eine terroristische politische Gleichschaltung der Gesellschaft, sondern auch eine nicht-terroristische ökonomisch-technische Gleichschaltung, die sich in der Manipulation von Bedürfnissen durch althergebrachte Interessen geltend macht.«[21] Möglich; aber der vorgeschlagene Wortgebrauch wäre nur dann legitim, wenn terroristische Politik und nicht-terroristische Ökonomie dieselbe »totale« Auswirkung auf individuelle Lebensläufe hätten, und Marcuse fängt nicht einmal an, Gründe für eine solche Ähnlichkeit zu nennen. Und er könnte sie auch nicht nennen, wenn er genug Interesse für das Alltagsleben beispielsweise von Stalins Untertanen und Amerikas Bürgern aufbrächte.

Aber das ist eine zu leichtfertige Kritik an Marcuse. Ich sehe mich zu fragen gezwungen, warum er sich zu solchem sprachlichen Aufwand genötigt fühlt. Nicht etwa, weil ihm kein anderes Vokabular zur Verfügung steht. Man denke beispielsweise an eine seiner eigenen Quellen, C. Wright Mills' *The Power Elite*. Mills gelingt es, die Mängel der amerikanischen Demokratie zu beschreiben, ohne die Vermutung nahezulegen, daß die Amerikaner Sklaven sind (obwohl wir in seinem Falle zumindest gewußt hätten, wessen Sklaven wir sind) oder daß die Machtelite so etwas wie totale Macht ausübt. Er schrieb sein Buch nicht ohne Ehrgeiz; kein Leser wird seine weitreichenden kritischen Intentionen bezweifeln. Aber seine Argumentation und die Sprache, in der er sie vorträgt, sind unterschiedslos von seiner soziologischen Wahrnehmung erzwungen: Er benannte nichts, was er nicht beobachten konnte.[22] Der radikale Schlußpunkt von Marcuses Kritik, so wie er in Worten wie Sklaverei und Totalitarismus gesetzt wird, hat mehr mit theoretischer Dialektik als mit soziologischer Wahrnehmung zu tun. Und ich habe noch nicht einmal das Endziel von Marcuses theoretischem Engagement erreicht, wenn ich seine Ansichten von der Anpassung der Arbeiterklasse und vom materiellem Wohlstand resümiere. Bis hierher hat er bloß der marxistischen Zuversicht den Garaus gemacht. Der wirkliche Radikalismus seiner Theorie liegt in dem, was sie zur zeitgenössischen Kultur mitteilt, zur Eindimensionalität in der Form, wie sie in Kunst, Literatur und Philosophie der nachmarxistischen Gesellschaft zum Ausdruck kommt. *Der eindimensionale Mensch* ist ein Buch über das langsame Absterben des menschlichen Geistes, über die Eklipse des Geistes in der modernen Welt (die noch immer an den USA exemplifiziert wird). Gemessen an dem, was auf dem Spiele steht, muß die Abneigung, die ich gegenüber dem Vokabular des Buches geäußert habe, engstirnig erscheinen.

## Spiritueller Tod

Negativität nimmt in Marcuses Universum zwei grundlegende Formen an. Die erste ist die des materiellen Mangels, der die Arbeiterklasse zum »lebenden Widerspruch zur bestehenden Gesellschaft« macht oder früher einmal machte. Die zweite ist die des mentalen oder spirituellen Reichtums, aus dem die »oppositionellen, fremden und transzendenten Elemente der höheren Kultur« stammen, »kraft deren sie *eine andere Dimension* der Gesellschaft bildete«.[23] Bisher hatte jede herrschende Klasse der Herausforderung der Unterdrückten auf der einen und der Aufgeklärten auf der anderen Seite zu begegnen, den Massen der Bauern und Proletariern und der intellektuellen Elite. Ohne Zweifel ist die Masse häufig ängstlich, passiv, gespalten, und die Elite wird häufig umworben. Aber die Tatsache, daß Mangel existierte, verbürgte die Zweidimensionalität der gesellschaftlichen Ordnung. Marcuses tiefstes Interesse gilt der zweiten Bürgschaft, die, wie er meint, wirkungsvoll suspendiert wurde – und zuallererst in Amerika. Nicht etwa wurde die Hochkultur abgeschafft; sie wurde vielmehr (ganz wie die Arbeiterklasse) »einverleibt« und damit unschädlich gemacht.

Jahre vor dem Erscheinen von *Der eindimensionale Mensch* gab Randolph Bourne zu bedenken, daß der amerikanische Schriftsteller »des Schutzes durch das liberale Publikum bedarf, das ihn akzeptieren wird, wenn er es auch schockiert [...], das ihn auf subtile Weise zähmt, selbst wenn es ihn schätzt«.[24] Ich vermute, daß die Bereitschaft des Publikums, sich in eben dem Augenblick unterhalten zu lassen, in dem die Autoren es lieber außer Fassung sähen, dem Liberalismus um Hunderte, wenn nicht gar Tausende von Jahren vorauseilt. Was den Liberalismus neu und anders macht, ist, daß diese Bereitschaft nicht unterdrückt wird; und auch die Absicht des Autors wird nicht zensiert. Das Ende von Unterdrückung und Zensur ist eine große Errungenschaft, und Bourne verspürt keinerlei Bedürfnis, sie in Frage zu stellen. Aber sie hat zur Folge, daß die Literatur weniger gefährlich wird. In einer offenen Gesellschaft wird die negative Kraft der Hochkultur durch die bloße Abwesenheit von Schranken gemindert. Bourne glaubte dennoch, daß Autoren von wirklichem Rang (wie Theodore Dreiser) noch immer Widerstand bei ihren Lesern hervorrufen und damit ein authentisches Engagement erzwingen könnten. Ein halbes Jahrhundert später hält Marcuse diese Anstrengung für sinnlos. »Die absorbierende Macht der Gesellschaft höhlt die künstlerische Dimension aus, indem sie sich ihre antagonistischen Inhalte aneignet. Im Bereich der Kultur manifestiert sich der neue Totalitarismus gerade in einem harmonisierenden Pluralismus, worin die widersprüchlichsten Werke und Wahrheiten friedlich koexistieren.«[25] Marcuse nennt nur einen der Orte dieser friedlichen Koexistenz mit Namen: das Bücherregal im Drugstore, wo »Platon und Hegel, Shelley und Baudelaire, Marx und Freud Seite an Seite mit Schauergeschichten und Kriminalromanen stehen« – die allesamt, wie er annimmt, von ihren Käufern als gleich unterhaltsam angesehen werden.[26] (Falls sie das wirklich meinen, könnte die Hochkultur sie sehr wohl noch überraschen.)

Die Kraft der Überlegungen Marcuses wird schwerlich durch dieses Beispiel verdeutlicht – das er übrigens bezeichnenderweise sogleich einschränkt: »Was das betrifft«, sagt er, »sind Taschenbücher ein wahrer Segen.« Ich füge hinzu, daß ihr Segen ziemlich weit reicht; soeben habe ich *Der eindimensionale Mensch* in seiner vierundzwanzigsten Taschenbuchauflage gelesen. Aber Marcuses Unbehagen an Platon im Drugstore läßt eine bestimmte theoretische Intention erkennen, die in Bournes Werk völlig fehlt. Marcuse will den Wert kultureller Gleichheit in Zweifel ziehen, nicht allerdings, an diesem Punkt seiner Darstellung, den Wert des Liberalismus, denn was den betrifft, so würde er wahrscheinlich sagen, er sei ein wahrer Segen. Kulturelle Gleichheit ist kein Segen und wäre es nicht einmal dann, wenn sie noch viel weiter reichte; ein Segen wäre sie wohl erst nach der Revolution. Die Annäherung von hoher und niederer Kultur und die demokratische Verfügbarkeit von »transzendenter« Kunst sind gerade jetzt »historisch verfrüht«. Diese Assimilation wirkt sich darin aus, daß sie »kulturelle Gleichheit herstellt und die Herrschaft beibehält«. Diese beiden, Gleichheit und Herrschaft, erweisen sich als einander wechselseitig verstärkend. Es war die *Ungleichheit*, das kulturelle Privileg, das einst »einen umhegten Bereich gewährte, in dem die tabuisierten Wahrheiten von Kunst und Literatur in abstrakter Integrität überleben konnten – der Gesellschaft enthoben, die sie unterdrückte«. Wenn die gesellschaftliche Entlegenheit und Ferne schwindet, dann schwindet auch die kulturelle Überschreitung. Die tabuisierenden Wahrheiten werden Teil des gemeinsamen kulturellen Guthabens, vielleicht als »klassisch« ausgezeichnet, aber »ihrer antagonistischen Kraft beraubt«.[27]

Stimmt das? Nur schwer läßt sich sehen, wie die antagonistische Kraft von Kunst und Literatur je bemerkt, je zur gesellschaftlichen Kraft werden könnte, wenn sich nicht gewöhnliche Männer und Frauen die zeitgenössischen Werke der bildenden Kunst, die Gedichte, Theaterstücke, Romane und philosophischen Dialoge usw. aneigneten. »Überleben in abstrakter Integrität« ist zweifellos wichtig, und Entlegenheit kann diesem Überleben durchaus dienen. Der Text der Bibel beispielsweise wurde viele Jahrhunderte lang von einer winzigen klerikalen Elite geschützt und bewahrt. Zur gesellschaftlichen Kraft aber wurde sie und als Antagonismus vermochte sie erst zu wirken, als sie in die Umgangssprache übersetzt und beim gemeinen Volk umfassend verbreitet und gelesen wurde. Zugegeben, Platon hatte im Drugstore keine ähnliche Durchschlagskraft; vielleicht ist *Der Staat* kein derart »transgressiver« Text. Platons Werk wurde nie in den Dienst einer Sache gestellt, doch zweifellos kommen nur ganz wenige religiöse und politische Texte für einen Dienst dieser Art in Betracht. Wenn *Der Staat* provoziert, provoziert er Einzelne, jeden Menschen für sich. Macht man das Buch in billigen Taschenbuchausgaben greifbar, so vermehrt man damit lediglich die Zahl (und erweitert die soziale Auswahl) der Menschen, die provoziert werden können. Gleichzeitig vermehrt eben diese Verfügbarkeit auch unausweichlich die Zahl der Menschen, die Platon lesen und nicht provoziert werden, die weiterleben, als hätten sie ihn nie gelesen. Das heißt nicht, daß Platon keine Provokation mehr darstellt. Er bleibt, was er war.

Welches wäre also heute, da kulturelle Gleichheit noch »historisch verfrüht« ist, der richtige Umgang mit Büchern wie Platons *Staat*? Sollten sie nur von einer intellektuellen (einer sozial »geschützten«) Elite gelesen werden? Oder hat Marcuse einen anderen Weg vor Augen, wie sie für uns andere verfügbar gemacht werden können? Ist es falsch, den *Staat* zu vermarkten, als kulturelles Gebrauchsgut, das ein Verleger für ein paar Mark billiger oder mit einem attraktiven Schutzumschlag herausbringt? Aber wie anders könnte es herausgebracht werden? Vielleicht sollten wir uns das Buch im Vollzug einer revolutionären *Praxis* aneignen? Doch was geschähe mit ihm, wenn wir es uns angeeignet hätten? Kurzum, ist der lange Kampf um demokratische Schulen, staatliche Stipendien, akademische Freiheit und das Ende der Zensur, ist all das nicht eine Form der Aneignung? Und das Ergebnis liegt uns vor Augen: Die Lektüre Platons macht einige von uns ein wenig klüger. Sie stürzt aber die gesellschaftliche Ordnung nicht um.

Marcuse hat ein rührendes Vertrauen in die Macht großer Bücher; das ist wahrscheinlich die amerikanischste seiner Eigenschaften. Betrachten wir seine Darstellung der Auswirkungen von Freud im Drugstore (und der Psychoanalyse auf dem Marktplatz): »Indem die Gesellschaft die festgehaltenen Bilder der Transzendenz dadurch entkräftet, daß sie sie ihrer allgegenwärtigen täglichen Realität einverleibt, bezeugt sie das Ausmaß, in dem unlösbare Konflikte behandelt werden können – in dem Tragödie und Romanze, archetypische Träume und Ängste für eine technische Lösung und Auflösung empfänglich gemacht werden. Der Psychiater kümmert sich um die Don Juans, Romeos, Hamlets und Fausts, indem er sich um Ödipus kümmert – er heilt sie.«[28]
Natürlich heilt er sie nicht wirklich, nicht einmal in Marcuses mutmaßlich ironischem Sinne – er lehrt sie nicht, sich anzupassen, und er befreit sie nicht aus der Herrschaft von Entfremdung und Sublimierung. So erfolgreich ist die Psychiatrie nicht, weder als eine Form der medizinischen Praxis noch der kulturellen Reaktion. Der Freudianismus hat eine neue Deutung des *Hamlet* eröffnet, ohne eine der alten Deutungen zu verdrängen. Was mag es bedeuten,

wenn man behauptet, das Stück habe einst ein »Bild der Transzendenz« geboten, was heute nicht mehr der Fall sei? Vom Tag seines ersten Bühnenauftritts an hat der Prinz von Dänemark verschiedenen Menschen verschiedene Dinge gesagt. Für einige ist er ein Held, für andere ein Schwächling und ein Zauderer. Häufig hat er den Zwecken anti-intellektueller (und wie ich vermute: anti-transzendenter) Literaturkritiker gedient, die ihn zum Stereotyp intellektueller Impotenz erklärt haben. Aber niemals dient er einzig ihren Zwecken. Keine »technische Lösung« kann uns Shakespeares Rätsel rauben. Was bedeutet uns der Prinz? Er bleibt ein glanzvoller Anlaß zur Selbsterforschung und öffentlichen Auseinandersetzung. Der *Hamlet* der alten elitären Kultur war nicht verstörender, transgressiver oder transzendenter als der *Hamlet* unserer Tage.

Richtig ist allerdings, daß der Freudianismus selbst in unserer Kultur eine negativere Kraft wäre, wenn Freuds Bücher aus den Regalen der Drugstores verbannt und die Praxis der Psychoanalyse (und die psychoanalytischer Literaturkritik) unterdrückt würde. Andererseits ließe sich die negative Kraft von Freuds Lehren für irgendeine ferne Zeit aufsparen, in der die Psychoanalyse aus der allgemeinen Kultur ausgeschlossen wäre und nur in den Zirkeln einer privilegierten Elite diskutiert würde. Kunst und Literatur im allgemeinen wären dann in einer weniger liberalen, weniger »verständnisvollen«, weniger egalitären Gesellschaft transgressiver und transzendenter. Osteuropa bietet umfassendes Beweismaterial für diesen Vorschlag, ebenso Südafrika. Man mildere die Unterdrückung und schränke die Transgression ein – ein weiteres Beispiel für Marcuses Kernargument »Je besser, desto schlechter«. Aber das Argument klingt heute verzweifelter. Was auf dem Spiele steht, ist die Idee (die künstlerische Darstellung, die philosophische Verteidigung) einer radikal neuen Gesellschaft – der wesentliche Widerspruch, ohne den die Eindimensionalität nicht rückgängig zu machen ist. Was kann Marcuse vorschlagen? Er kann sich nicht selbst zum Verteidiger autoritärer Repression und kultureller Ungleichheit aufwerfen. Daher rühren seine ständigen (möglicherweise unaufrichtigen, jedenfalls unvermeidlichen) Einschränkungen: als ob er sich der kommunistischen Partei in der Weimarer Republik erinnerte, weicht er plötzlich vor der Umkehrung des Kernarguments zurück, nämlich: »Je schlechter, desto besser.«

Und natürlich schreibt er das Buch *Der eindimensionale Mensch*, von dem er vermutlich hofft, daß es nicht unverzüglich assimiliert, seiner antagonistischen Kraft beraubt und in ein weiteres Stück Unterhaltung für den eindimensionalen Menschen verwandelt wird. Er muß das Buch als Beispiel kritischer Philosophie intendiert haben. Zweifellos macht er keine Zugeständnisse an die vorzeitig gebildeten Massen (die vierundzwanzig Taschenbuchauflagen hätten ihm sicherlich Sorgen bereitet). Er schreibt für die *wirklich* gebildeten Wenigen und will sie anspornen, sich erneut um die Rettung dessen zu bemühen, was in der modernen Kultur an Transzendenz erhalten bleibt. Er erhebt den Anspruch, subversiv zu sein. Aber subversiv sein, so meint er, kann man nur »von oben«, durch Wiedereroberung der Höhen, die Liberalismus und Demokratie preisgegeben haben.

## *Gegen die Alltagssprache*

Es führt kein Weg daran vorbei: Marcuse ist ein antidemokratischer Kritiker. Nahezu als einziger unter den Linken des zwanzigsten Jahrhunderts ist er wirklich in der Lage, sich so rigide zu äußern wie Ortega y Gasset:

»Der Grad, in dem es der Bevölkerung gestattet ist, den Frieden zu stören, wo immer es noch Frieden und Stille gibt, unangenehm aufzufallen und die Dinge zu verhäßlichen, vor Vertraulichkeit überzufließen und gegen die guten Formen zu verstoßen, ist beängstigend. [...] In den überentwickelten Ländern wird ein immer größerer Bevölkerungsanteil zu einem einzigen, ungeheuer großen, gefangenen Publikum – gefangen nicht von einem totalitären System, sondern von den Zügellosigkeiten der Bürger, deren Vergnügungs- und Erbauungsmedien einen zwingen, ihre Töne, ihren Anblick und ihre Gerüche über sich ergehen zu lassen.«[29]

Dies sind die demokratischen Freiheiten, die die Freiheit selbst zerstören, und an diesem Punkt ist Marcuse bereit, eine Umkehr zu erwägen: »Eine Befreiung der Phantasie, die es vermöchte, ihr alle Ausdrucksmittel zu gewähren, setzt die Unterdrückung von vielem voraus, was jetzt frei ist.«[30] *Der eindimensionale Mensch* erhebt den Anspruch, die möglichen Agenten dieser befreienden Repression zu belehren und zu beeinflussen (das Gegengift zu dem, was Marcuse später die »repressive Toleranz« der liberalen Gesellschaft nannte).[31] Denn wie können gewöhnliche Leser, die den Frieden brechen, Dinge »verhäßlichen«, gegen die guten Formen verstoßen und sich selbst frei und zufrieden fühlen, sich selbst von sich selbst befreien? Ihre Befreiung kann nur von oben kommen, aus den Händen der Menschen, die ein überlegenes und philosophisch korrektes Verständnis von Frieden, Schönheit und guten Formen haben.

Aus diesem Grunde kann sich Sozialkritik nicht in der Sprache der Massen äußern. In das Zentrum von *Der eindimensionale Mensch* hat Marcuse eine Kritik der Philosophie der Alltagssprache gestellt. Dazu habe ich nichts zu sagen, aber mich interessiert die Kritik der Alltagssprache, die dahinter liegt und für die das ganze Buch als Beispiel dient. Marcuse hat kein Vertrauen in die sprachliche Kreativität gewöhnlicher Leute. Der Triumph der Umgangssprache und der volkstümlichen Dialekte und Argots innerhalb der Umgangssprache ebnet schlicht und einfach den Weg für politische und kommerzielle Manipulation. Die Alltagssprache ist »eine gereinigte Sprache, gereinigt nicht nur von ihrem ›unorthodoxen‹ Vokabular, sondern auch von dem Vermögen, irgendwelche anderen Inhalte auszudrücken als die, mit denen heute die Individuen von ihrer Gesellschaft versorgt werden«. Und: »[...] da das vorgegebene Universum der Alltagssprache die Tendenz hat, zu einem gänzlich manipulierten und indoktrinierten Universum zu gerinnen.« Und erneut: »Indem sie ihre eigene Sprache sprechen, sprechen die Menschen auch die Sprache ihrer Herren, Wohltäter und Werbetexter.«[32] Für Marcuse hatte die Ära der »Neusprache« schon 1964 begonnen. Aber seine Version der »Neusprache« scheint nicht die hochspezifizierten Apparate sprachlicher Kontrolle zu erfordern, die Orwell vorschweben. Sie ist vereinbar mit Pluralismus (der Existenz vieler verschiedener Argots) und Liberalismus (dem freien Ausdruck alles dessen, wovon sich noch Gedanken ausdrücken lassen). Ich neige zu der Behauptung, daß »Neusprache« nach der Auffassung Marcuses nichts anderes verlangt als den Tod des Lateinischen. Wenn die intellektuelle Elite keine eigene Sprache mehr hat, »leugnet oder absorbiert die Alltagssprache den transzendenten Wortschatz«.[33]

Marcuse glaubt tatsächlich – obwohl das unglaublich erscheint –, daß Sozialkritik innerhalb der Grenzen der Alltagssprache unmöglich ist. Die kritischen Begriffe wurden von ihrer Bedeutung gereinigt, sind »total« transformiert, so daß man, wie der biblische Balaam, zwar zu kritisieren beginnt, dann aber doch nur Worte der Lobpreisung aussprechen kann. Die Worte, die wir verstehen und zu gebrauchen wissen, erlauben nur die kollektive Selbstbelobigung. In einem kritischen Essay über Marcuse hat Allen Graubard die beste Antwort darauf gegeben:

»Alles, was in der ›Alltagssprache‹ gesagt werden kann, ist, daß die Gesellschaft in vieler Hinsicht lausig ist, daß es unmoralisch ist, weitläufige Ressourcen mit der Aufrechterhaltung irrationaler und unterdrückender Institutionen zu vergeuden, während ein Großteil der Welt hungert, und daß das Leben vieler Menschen [...] verbogen und ihre potentiellen Möglichkeiten von den vorherrschenden Werten und Praktiken dieser Wohlstandsgesellschaft verzerrt sind.«[34]

Graubard bucht seinen Punkt, indem er ein Alltagsvokabular zum Ausdruck kritischer Ideen benutzt, während Marcuse den seinen mit der Pflege einer esoterischen philosophischen Terminologie gewinnt – keiner Geheimsprache, sondern einer absichtlich schwierigen und abstrakten. Es besteht, sagt er, »ein unaufhebbarer Unterschied zwischen dem Universum des alltäglichen Denkens und Sprechens auf der einen Seite und dem des philosophischen Denkens und Sprechens auf der anderen«.[35] Der Anspruch könnte schwerlich größer sein: Wenn der Unterschied tatsächlich unaufhebbar ist, dann muß auch die Übersetzung unmöglich bleiben, und deshalb können nur noch die Philosophen miteinander sprechen. Marcuses viele nicht-philosophischen Leser scheinen, falls sie ihn nicht allesamt mißverstanden haben, diesen Anspruch Lügen zu strafen (obwohl sogar Marcuse gelegentlich in das verfällt, was wir die Umgangssprache der Empörung nennen können, in seinem Falle: heiligen Zorn).

Marcuses Engagement für eine gesellschaftsferne philosophische Sprache trägt zur Erklärung des höchst distanzierten Verfahrens seiner Kritik bei – vielleicht auch zur Erklärung ihres totalen Charakters, denn er scheint anzunehmen, daß Nuancierung und Feinabstimmung Zugeständnisse an nicht-philosophische Konkretheit und anti-philosophische Positivität sind. Der Philosoph blickt auf die Gesellschaft, wie Camus aus seinem Flugzeug auf die Welt herabblickte, nämlich mit den Augen eines absolutistischen Gottes. Daraus folgt seine Anschauung der Kultur in *Der eindimensionale Mensch*: nicht daß sie Kritik toleriert und »schätzt« und damit den Kritiker zwingt, immer erfinderischer (oder zügelloser) zu werden, sondern daß sie Kritik buchstäblich unmöglich macht; nicht daß sie zu Passivität bei ihren erst seit kurzem wahlberechtigten Teilnehmern einlädt, sondern daß sie politische Teilnahme gänzlich ausschließt; nicht daß sie das Leben gewöhnlicher Amerikaner auf diese oder jene Weise formt, sondern daß sie es völlig kontrolliert. Diese Festellungen sind falsch, wichtiger aber als ihre Falschheit ist die Verweigerung, die sie anzeigen – die Weigerung, die Popularkultur ins Spiel zu bringen oder mit den Menschen zu sprechen, die sich der Umgangssprache bedienen. Einigen seiner späteren Bücher nach zu urteilen scheint Marcuse tatsächlich bestimmte Formen von »Popularkultur« gelten gelassen zu haben, beispielsweise Jazz und Rock-Musik.[36] Aber in der totalen Welt des *Eindimensionalen Menschen* kann ich keinerlei Hinweis und auch keinen Raum für diese Neubewertung finden. Als Gesellschaftskritiker ließ er allein die Hochkultur gelten – und Hochkultur war sie nur insofern, als sie vor den grapschenden Händen der halbgebildeten Massen geschützt war.

Natürlich ist sich Marcuse sicher, daß diese grapschenden Hände sich eines Tages der Hochkultur bemächtigen und sie sich aneignen werden. Aber dieser Tag ist noch fern und kommt uns durch die allmählichen Prozesse der Erziehung und Teilnahme am kulturellen Leben auch nicht näher. Wie das zu erreichen sei, sagt er nicht. Er sagt vielmehr, daß alle Anstrengungen, die Hochkultur für ein Massenpublikum in der Alltagssprache zu deuten, scheitern müssen, denn Negativität und Transzendenz würden die Mühe der Interpretation nicht überdauern. Die Massen werden die Hochkultur erst dann verstehen können, wenn die Alltagssprache und die sie widerspiegelnde Herrschaftskultur »hinfällig und nichtig« geworden sind.[37] Aber dann können gewöhnliche Männer und Frauen keine Agenten von Hinfälligkeit und Nichtigkeit sein. Die Schwierigkeit, Ferne und Unzugänglichkeit kultureller Werte scheint eine Politik auszuschließen, die gleichzeitig demokratisch und umgestaltend ist.

## *Negativ und positiv*

Eine bedeutsame Wahrheit findet sich jedoch in *Der eindimensionale Mensch*: der beharrliche Hinweis auf den negativen Charakter der Hochkultur sowohl in ihrer allgemeinen Form (die Kunst und Literatur aller Zeiten) als auch in ihren Besonderheiten (die Kunst und Literatur einer gegebenen Zeit und Gegend). In der Welt von Hegemonie und Ideologie entdeckt Marcuse »oppositionelle, fremde und transzendente Elemente« und bewertet diese Elemente auf eine Weise, die weit über Gramsci hinausgeht, mit dessen Werk er wahrscheinlich nicht vertraut war: Marcuse ist enthusiastischer und systematischer. Die Kultur bietet »Bilder von Zuständen, die mit dem bestehenden Realitätsprinzip nicht vereinbar sind«.[38] Zwar ist diese Kultur immer auch an die Realität von Privileg und Herrschaft »angepaßt«, und herrschende Klassen haben sich schwerlich von Widersprüchen beirren lassen. Aber die Widersprüche bestehen weiter, sogar in Gesellschaften – wenn es solche Gesellschaften gibt –, in denen Kritik selbst kein anerkanntes oder greifbares Genre ist.

Dieselbe Argumentation gilt hinsichtlich der Konzepte und Prinzipien der herrschenden Philosophie oder politischen Theorie.

Marcuse wählt das (Standard-)Beispiel der griechischen *polis*. Sokrates ist Gesellschaftskritiker, sein »Diskurs« ist gleichzeitig politisch und subversiv, weil er die innere Logik der in Athen herrschenden Ideen erkundet. »Die Suche nach der richtigen Definition, nach dem ›Begriff‹ der Tugend, Gerechtigkeit, Frömmigkeit und Erkenntnis wird zu einem umstürzlerischen Unternehmen, denn der Begriff intendiert eine neue *polis*.«[39] Ich bin weniger sicher als Marcuse, daß Begriffe Intentionen oder gar »richtige Definitionen« haben, aber sie haben alternative Bedeutungen, apologetische und kritische. Und häufig ist eine kritische Interpretation ihrer Bedeutung die stärkere, plausiblere und sogar »natürlichere« Interpretation. Sokrates ist ein kritischer Deuter der herrschenden Vorstellungen im politischen und religiösen Leben Griechenlands, und zumindest in dem, was die echten sokratischen Dialoge zu sein scheinen, ist er das Leitbild eines Philosophen der Alltagssprache. Aber er ist kein Leitbild, das Marcuse imitiert. Er unternimmt keinerlei Anstrengung, die herrschenden Vorstellungen des amerikanischen Lebens zu identifizieren. Er bemüht sich nicht um einen Dialog mit gewöhnlichen Amerikanern. Trotz seiner Bewunderung für Sokrates stellt er keine sokratischen Fragen.

Die Form seiner Argumentation spiegelt die Distanz zu dem, worüber er schreibt. Was er an der Hochkultur schätzt, ist ihre Artikulation der universalen Vernunft, die im Alltagsleben unterdrückt und verschleiert (wenn auch nicht getilgt) ist. »Die Welt der unmittelbaren Erfahrung«, schreibt er, »[...] muß begriffen, verändert, sogar umgestürzt werden, um zu dem zu werden, was sie wirklich ist.«[40] Tatsächlich zeigt Marcuse wenig Interesse am »Begreifen« unmittelbarer Erfahrung. Er weiß, was »wirklich ist«, ohne zu wissen, was wirklich ist. Das »Wesen des Menschen« ist Freiheit und Kreativität. Dieses Paar in seiner idealen Form ist wirklich wirklich, und man braucht nur eine Stunde täglich Radio zu hören, um zu begreifen, daß Wirklichkeit in der modernen Gesellschaft nicht verwirklicht ist. Kritik dieser Art fällt sehr leicht, aber es ist ebenso leicht, scheint mir, sie mit einem Achselzucken abzutun. Sie stellt an uns keine solchen Ansprüche, wie sie Sokrates an seine Mitbürger stellte, nämlich ihren eigenen Idealen nachzueifern. Auch Marcuse hat Mitbürger, aber er unternimmt kaum Anstrengungen, ihr Innenleben zu verstehen oder sich darauf einzulassen.

Marcuses Sicherheit in bezug auf das, was das Reale ist, geht Hand in Hand mit seiner naiven Hinnahme von Wissenschaft (sogar der Sozialwissenschaft) und moderner Technologie. Obwohl Wissenschaft heute den Mächten der Finsternis dient, ist ihr Dienst nicht festgelegt. Prinzipiell könnten die Dinge auch anders liegen. Die Wissenschaft könnte nicht mit der Macht, sondern mit der Philosophie verbündet sein, und dann wären unserer Fähigkeit, Gutes zu tun, keinerlei Grenzen gezogen. »Die geschichtliche Leistung von Wissenschaft und Technik hat die *Übersetzung der Werte in technische Aufgaben* ermöglicht.«[41] Da die Werte bekannt sind – das Wesen des Menschen, die wahren menschlichen Bedürfnisse usw. – und da sie jenseits rationaler Auseinandersetzung liegen, ist ihre Verwirklichung eine Angelegenheit der Spezialisten. Es ist (wiederum) schwer zu glauben, daß Marcuse das glaubt, aber es ist tatsächlich die Bürde des letzten Teiles seines Buches, des utopischen Teiles. Während der Hauptteil Ausdruck einer kritischen Philosophie ist, einer Philosophie der Negativität, sind die Schlußkapitel ein Versuch zur Transzendierung, ein Marcusescher Aufschwung. Marcuse klingt als moderner Praktiker der »politischen Wissenschaften« befremdlich, wenn er erklärt, wie die Umgestaltung Amerikas (nach der Revolution) von einer technischen Elite besorgt werden könnte:

»Berechenbar beispielsweise ist das Minimum an Arbeit, mit dem, und das Maß, in dem die Lebensbedürfnisse aller Mitglieder einer Gesellschaft befriedigt werden können – vorausgesetzt, daß die verfügbaren Ressourcen zu diesem Zweck verwandt würden, ohne durch andere Interessen eingeschränkt zu sein [...]. Mit anderen Worten: Quantifizierbar ist der verfügbare Spielraum der Freiheit von Mangel. Quantifizierbar ist auch der Grad, in dem, unter denselben Bedingungen, für die Kranken, Schwachen und Alten gesorgt werden könnte – d. h. quantifizierbar ist die mögliche Verringerung von Angst, die mögliche Freiheit von Furcht.«[42]

Quantifizierbar ist auch das Ausmaß unserer Befreiung nicht nur von politischer Herrschaft, sondern von Politik selbst: Diese Befreiung wird praktisch vollständig sein. Wenn Werte einmal quantifiziert sind, dann ist ihre Realisierung keine politische Aufgabe mehr: »Selbstbestimmung bei der Produktion und Verteilung lebenswichtiger Güter und Dienstleistungen [das heißt bei der Beschaffung dessen, was Menschen ›wirklich‹ brauchen] wäre verschwenderisch. Die zu bewältigende Arbeit ist eine technische Arbeit.«[43] Das ist Marcuses Version von Positivität. Freiheit und kreatives Leben liegen jenseits davon – vermutlich im Bereich der Kultur, in der Pflege des Geistes. (Aber wäre der Geist jetzt nicht seiner negativen Dimension ledig?)

Offensichtlich glaubt Marcuse nicht, daß diese technische Arbeit jemals unternommen werden wird. Die politischen und kulturellen Hindernisse sind überwältigend. Seine kurzen Bemerkungen am Schluß von *Der eindimensionale Mensch*, die sich auf eine Revolution der Geächteten und Außenseiter beziehen, sind eher verzweiflungs- als hoffnungsvoll: Reine Herrschaft erfordert reine Negation, doch die relative Stärke der beiden ist radikal ungleich. Marcuses wirkliches Interesse liegt anderswo – bei der »Erziehungsdiktatur« der philosophischen Elite. Natürlich ist diese Diktatur ebenso unwahrscheinlich wie die Revolution, aber so paßt es besser zum Rest seiner Beweisführung, zur Analyse wahrer menschlicher Bedürfnisse, der Kritik des »verfrühten« Egalitarismus, der Ablehnung der Alltagssprache, der technischen Übersetzung von Werten usw. Er kennt die Gefahren einer erzieherischen Diktatur, jedenfalls zählt er sie pflichtgemäß auf. Aber nur ihre Verteidiger, meint er, waren gewillt, die wirkliche Bedeutung der Eindimensionalität anzuerkennen, »die (materiellen und geistigen) Bedingungen [...], die dazu dienen, wahrhafte und vernünftige Selbstbestimmung zu verhindern«. Aufgrund dieser Bedingungen ist das Risiko, wie es diese Diktatur mit sich bringt, »nicht schrecklicher als dasjenige [...], das die großen liberalen und autoritären Gesellschaften jetzt eingehen«.[44]

»Und in dem Maße, wie die Sklaven [der modernen Industriegesellschaft] vorgeformt sind, als Sklaven zu existieren und mit dieser

Rolle zufrieden zu sein, scheint ihre Befreiung notwendigerweise von außen und von oben zu kommen.«[45] Das Wort »scheint« ist eine weitere jener merkwürdigen Einschränkungen, die Marcuse regelmäßig in seine Sätze einstreut, aber nie ausführt. Seine kritische Theorie ist im wesentlichen eine Erklärung und Verteidigung dieser Behauptung über das Schicksal zufriedener Sklaven, ohne diese Einschränkung. Es gibt jedoch ein Addendum: Befreiung kommt, wenn sie überhaupt kommt, notwendigerweise von außen und von oben. Sie kommt jedoch nicht notwendigerweise. *Der eindimensionale Mensch* ist trotz der außerordentlichen Selbstsicherheit der philosophischen Argumentation ein pessimistisches Buch. Über außen und oben, über Transzendenz und die Erfassung dieser Transzendenz durch den Philosophen ist sich Marcuse sicher. Über das, was innen ist, ist er verbittert. Die Verbitterung und die Sicherheit sind, wie ich glaube, nicht ohne Beziehung zueinander. Eine absolute Bindung an das Reale macht Marcuse zu einem wilden (und »totalen«) Kritiker des Gegenwärtigen, doch es macht ihn als Kritiker nicht scharfsichtig oder genau. Ihm fehlt die Sensibilität für den immanenten Wert oder das immanente Potential des Alltagslebens. Eben deshalb mißlang es ihm, die Bedeutung (und später die Grenzen) der politischen Agitation der Neuen Linken zu verstehen, die einsetzte, als er an der Niederschrift seines Buches saß, und von der es »absorbiert« wurde – ohne jemals, wie er eigentlich hätte erwarten sollen, seiner antagonistischen Kraft beraubt zu werden. Ich bezweifle indessen, daß es für jene Neuen Linken, die es als Wegweiser durch die amerikanische Gesellschaft zu benutzen versuchten, als Kartographie unserer Schandlichkeit, eine große Hilfe war.

»Eine kritische Theorie«, schrieb Marcuse, kann nur »aus einer unabhängigen Position *in* einer spezifischen Gesellschaft ausgearbeitet« werden.[46] *Der eindimensionale Mensch* ist der Beweis dafür, daß diese Feststellung normativ und nicht deskriptiv ist, so als ob Marcuse uns verleiten wollte, zu handeln, wie er es sagt, und nicht, wie er es tut. Das Buch repräsentiert eher einen Wunsch als ein Engagement – und einen besonders ergreifenden Wunsch in der Hinsicht, daß Marcuse die Gesellschaft frei wählte, die er von innen kritisieren wollte. Aber im amerikanischen Leben gab es zu viel, was ihn schaudern ließ. Er entschloß sich zu bleiben, hielt jedoch immer Abstand, und sein Werk legt erneut die Vermutung nahe, daß Distanz der Feind kritischer Durchdringung ist. In den Kämpfen des Intellekts kann man, wie in jedem anderen Kampf, letztlich nur auf heimischem Boden gewinnen.

*11*
# Die einsame Politik des Michel Foucault

*Autor und Subjekt*

Schwerlich läßt sich Michel Foucault lesen und daran zweifeln, daß er Sozialkritiker ist, einer der bedeutendsten Kritiker neuerer Zeit, und doch scheinen seine philosophischen Schriften und seine einflußreicheren (und zugänglicheren) »Genealogien« die Möglichkeit wirksamer Kritik zu leugnen. Sein Grundton ist häufig der von Zorn, von wildem und beharrlichem Zorn; seine Bücher können als Aufruf zum Widerstand gelesen werden – und werden auch so gelesen –, aber Widerstand im Namen von was? Um wessentwillen? Zu welchem Zweck? Keine dieser Fragen, scheint mir, läßt sich zufriedenstellend beantworten. Foucaults Kritik ist ein Geheimnis, das ich ergründen möchte, aber sicherlich nicht lösen werde. Im innersten Zentrum des Geheimnisses steht erneut das Problem der kritischen Distanz.

Bevor ich mich diesem Problem zuwende, ist es unerläßlich, Foucaults Politik näher zu untersuchen, denn seine Sozialkritik ist in einem bedeutsamen – und nicht immer recht verstandenen – Sinne Kritik an der Politik selbst: eine zwar verfehlte, deswegen aber nicht weniger bezeichnende Kritik. Mir geht es hier nicht so sehr um die politischen Positionen, die sich Foucault als Reaktion auf »Ereignisse« wie die Studentendemonstrationen vom Mai 1968 oder die französischen Häftlingsrevolten der frühen siebziger Jahre oder die iranische Revolution von 1979 zurechtlegte. Obwohl er hartnäckig darauf verweist, daß er keine politische Position habe und nicht auf dem Schachbrett abrufbarer Positionen situiert werden wolle (er spielt weder Schach noch ein anderes Spiel, dessen Regeln wir anderen kennen), reagiert er doch auf Ereignisse, und seine aktuellen Äußerungen und Artikel zum Tagesgeschehen haben einen ziemlich konsistenten Charakter, zumindest bis in seine allerletzten Jahre. Sie erinnern mich an das, was man mir in der politischen Welt, in der ich zuerst sprechen lernte, als »infantilen Linksradikalismus« zu bezeichnen nahelegte, sind also weniger Billigung als vielmehr Übertrumpfung sogar der radikalsten Argumentation jedes politischen Kampfs. Aber es geht mir hier nicht vorrangig um Foucaults infantilen Linksradikalismus.

Ich möchte mich statt dessen seiner politischen Theorie zuwenden – obwohl er darauf beharrt, er habe keinerlei politische Theorie. Seine Absicht, sagte er einst, sei es, »nicht eine globale Systematizität, die alles an seinen Platz stellt, zu formulieren, sondern die Spezifität der Machtmechanismen zu analysieren, [...] nach und nach das Gebäude eines strategischen Wissens zu errichten«.[1] Strategisches Wissen aber setzt eine kohärente Deutung der Realität und ein Gespür für Ziel und Zweck voraus, und auf diese beiden Aspekte möchte ich mich konzentrieren: zunächst auf Foucaults Darstellung heutiger Machtbeziehungen und ihrer Geschichte oder Genealogie, und danach auf seine Einstellung zu diesen Beziehungen und seine Absicht (obwohl die ein Bestandteil des Geheimnisses ist) bei ihrer Beschreibung.

Weil Foucault mit einer Gruppe »postmoderner« Intellektueller identifiziert wird, von denen die Idee des Subjekts radikal in Frage gestellt worden ist, läßt sich sein Werk (als sein eigenes Werk) nur unter Außerachtlassung mancher seiner Selbstverleugnungen studieren. Wahrscheinlich ist es das beste, hier ganz unzweideutig zu verfahren: ich betrachte ihn als einen Autor im konventionellen Wortsinne und halte ihn verantwortlich für die Bücher, die er schrieb, für die Interviews, die er gab, und für die unter seinem Namen veröffentlichten Vorträge. Ich glaube, daß er Begründungszusammenhänge aufzeigt, sogar – in einem umfassenden Verstande – *einen* Begründungszusammenhang. Diese Überzeugung siedelt Foucault gerade innerhalb der Erkenntnisstrukturen an, die er zu erschüttern hoffte. Er war ein Gegner aller Fachidiotie (sein eigenes Wort) und stand mit den etablierten intellektuellen Disziplinen auf Kriegsfuß. Dabei mag es sich durchaus um einen gerechten Krieg gehandelt haben; jedenfalls war er aufregend. Doch jede der Kampagnen Foucaults fand im umfassenden Rahmen der Sprache und der Regeln von Plausibilität (wenn nicht Wahrheit) statt und konnte nur dort stattfinden. Seine Bücher, sagt er, sind Fiktionen, sind es aber nur deshalb, weil die Machtbeziehungen und Disziplinareinrichtungen, innerhalb derer sie zur Geltung gebracht werden können, noch nicht existieren.[2] Gleichzeitig hat er zahlreiche Leser, die solche Einrichtungen zu kennen scheinen, denn sie halten seine Genealogien für genau und sogar für unanfechtbar. Er hat auch Studenten und Anhänger, die den von ihm gebahnten Forschungsweg weiter beschreiten. Seine Bücher sind voller Behauptungen, die hier und jetzt Anspruch auf Plausibilität erheben. Er schrieb in Aussagesätzen, zumindest manchmal, obwohl er eine Vorliebe für Konditional- und Frageformen hatte, so daß seine Argumente häufig den Charakter von Einflüsterungen haben. Jedenfalls sind sie mit ausschweifenden Fußnoten und einer recht wirren, aber (wie er uns versichert hat) gewissenhaften Dokumentation untermauert. So meine ich, daß er an einer Stelle etwas sagt, das wir alle aufgefordert werden hinzunehmen – um dann das Gegenteil zu bezweifeln, nämlich »die Macht der Wahrheit von den Formen von [...] Hegemonie zu lösen, innerhalb derer sie gegenwärtig wirksam ist«.[3] Ich glaube, daß er damit eine Argumentation einleitet, die teilweise richtig und teilweise falsch ist.

Gegenüber dieser Argumentation möchte ich eine »konstruktivistische« Position beziehen. Da Foucault sie nie in halbwegs systematischer Form präsentiert hat, werde ich sie aus den späteren (und eher politischen) Büchern und Interviews zusammensetzen und dabei Abschnitte außer acht lassen, die ich nicht verstehe, und mich weigern, ihm in die Höhen seines Wortprunks zu folgen. Ich werde also das tun, was die meisten von uns mit jedem Buch tun, das wir lesen: herauszufinden versuchen, was der Autor sagt. So werden große Geister gezähmt. Bei der Lektüre von Borges' chinesischer Enzyklopädie würde ich mich bemühen, ein eigenes Register dazu anzufertigen.[4]

Eine letzte Voraussetzung, besonders wichtig, weil ein Pariser Leumund heute in den USA keine besonders harte Währung darstellt: Ich versichere, daß meine Anstrengung in diesem Kapitel der Mühe wert ist, nicht nur deshalb, weil Foucault einflußreich gewesen ist, sondern auch, weil seine Darstellung unserer Alltagspolitik, obwohl häufig auf ärgerliche Weise präsentiert und nie völlig genau oder hinreichend nuanciert, doch hinreichend richtig ist, um zu beunruhigen – und weil sie auch auf eindrucksvolle Weise falsch ist. In dieser Hinsicht ähnelt Foucault seinem großen Antagonisten in der Welt politischer Theorie, Thomas Hobbes. »Man muß die Macht«, sagt er, »jenseits des Modells des Leviathans untersuchen.«[5] Hinsichtlich Einblick oder Luzidität wäre der Vergleich schwerlich stichhaltig, er gilt lediglich für die allgemeinen Auffassungen der beiden Autoren. Hobbes gibt uns eine eindrucksvoll falsche Darstellung der politischen Souveränität; rhetorisch aufgebläht und aus moralischen Unterscheidungen abgeleitet, fängt sie gleichwohl etwas von der Realität des modernen Staates ein. Foucault gibt uns eine eindrucksvoll falsche Darstellung lokaler Disziplin; rhetorisch aufgebläht und aus moralischen Unterscheidungen abgeleitet, fängt sie gleichwohl etwas von der Realität der zeitgenössischen Gesellschaft ein.

## *Pluralismus*

Foucaults politische Argumentation beginnt mit der folgenden zweiteiligen Proposition, deren zweiter Teil weitgehend unausgesprochen bleibt, weil er in der französischen intellektuellen Linken allgemeine Zustimmung findet (oder fand):

1. Im Ancien Régime war der König der tatsächliche Herrscher, der sichtbare, effektive, notwendige Träger und die konkrete Verkörperung der politischen Macht; 2. im modernen demokratischen Staat jedoch sind die Menschen keine Herrscher und nicht die Verkörperungen der Macht, noch sind das ihre Repräsentanten. Wahlen, Parteien, Massenbewegungen, gesetzgebende Versammlungen, politische Auseinandersetzung – das alles fehlt in Foucaults »Diskurs der Macht«, und diese Absenz ist beredt. Sie be-

darf nur der kürzesten Erklärung. »Ganz allgemein glaube ich, daß die Macht sich nicht ausgehend von (individuellen oder kollektiven) Willen bildet, auch nicht, daß sie sich von Interessen ableitet.«[6] Es gibt keinen Allgemeinwillen und auch keine stabile oder effiziente Koalition von Interessengruppen; unumschränkte Oberhoheit funktioniert nur, wenn es einen leiblichen Souverän gibt. Volkssouveränität ist Betrug, denn das »Volk« existiert nur als ideologische Abstraktion, und Abstraktionen können nicht herrschen. Aus der Niederlage der Könige folgt keinerlei Befreiung, kein Prozeß der kollektiven Selbst-Herrschaft. In den zeitgenössischen westlichen Gesellschaften ist die Macht weit gestreut, aber nicht in dem Sinne, wie die Demokraten sie zu streuen und zu verteilen hofften, nicht an Bürger, die argumentieren, abstimmen und die Politik der Zentralregierung festlegen. Bürgerwille und Regierungsbefugnis wurden von professionellem Expertentum und lokaler Kontrollbefugnis verdrängt. Und doch hat der Angelpunkt der gesamten modernen politischen Theorie, die zuerst in den absolutistischen Staaten des 17. und 18. Jahrhunderts entworfen wurde, darin bestanden, Bürgerwillen und Regierungsbefugnis zu erklären. Noch immer versuchen die Theoretiker, die Hobbessche Frage zu beantworten, die Foucault so formuliert: »Was ist der Souverän? Wie kann das Souveräne sich konstituieren? Was bindet die Individuen an den Souverän?«[7] Damit geben sie die genealogischen Zwänge ihres Projekts zu erkennen, das zur Legitimierung eines Bündels von Machtbeziehungen ausersehen war, die jetzt zusammengebrochen sind. Vielleicht steckt darin ein weiterer Grund, warum Foucault nicht als politischer Theoretiker angesehen werden möchte. Als dem König der Kopf abgeschlagen wurde, da starb auch die Theorie des Staates; sie wurde durch Soziologie, Psychologie, Kriminologie usw. ersetzt.

Der König ist kopflos; die politische Welt hat kein handgreifliches Zentrum. Sorgfältig verfeinert Foucault die von dem deutschen Philosophen Jürgen Habermas beschriebene und jenseits des Rheins heiß diskutierte »Legitimationskrise«; der Staat ist nicht lange legitimiert gewesen. Die Ausübung der Macht, ihre Durchsetzung und ihre Erhaltung gehen jetzt anderswo vor sich. Das

Argument von Hobbes und seiner (liberalen und demokratischen) theoretischen Erben lautete, daß die Subjekte ihre eigene Unterwerfung erzeugten und legitimierten, indem sie einige ihrer Rechte an den Staat abtraten; folglich war der Staat rechtmäßig und ein Verteidiger von Rechten. Aber auch das ist Ideologie; es »verbirgt« lediglich die »tatsächlichen Machtverfahren«, die »Mechanismen disziplinären Zwanges«, die außerhalb der effektiven Reichweite des Gesetzes wirken. Die Unterwerfung vollzog sich nämlich ständig und wurde ununterbrochen vollzogen; heute nimmt sie eine neue Gestalt an, beansprucht sie eine neue Legitimität, schafft sie neue Subjekte – nicht die Träger von Rechten, sondern von Normen, die Agenten und auch die Produzenten von moralischer, medizinischer, sexueller, psychologischer (eher als gesetzmäßiger) Regulierung. Unser Interesse verschiebt sich, weil die Wirkungsweise sich verschiebt und von einem einzelnen Staat auf eine pluralistische Gesellschaft übergeht.

Vor vielen Jahren erörterte ich in einem Oberseminar gemeinsam mit Barrington Moore die sogenannten »Pluralisten«, eine Gruppe amerikanischer politischer Wissenschaftler und Soziologen, die den Standpunkt vertraten, daß Macht in der amerikanischen Gesellschaft weit und radikal gestreut sei. Es gibt, so sagten sie, keinen Souverän, keine politische Elite, keine herrschende Klasse, sondern nur einen Pluralismus von Gruppen, ja sogar von Individuen. Jeder oder doch beinahe jeder verfügt über Macht; niemand hat so viel, daß er sicher sein kann, jederzeit allein zurechtzukommen. Mir wurde bedeutet, das sei eine konservative Lehre.[8] Indem sie die Existenz eines Leitungszentrums leugnete, versuchte sie eine radikale Politik ihrer Inhalte zu berauben. Und doch gab es ein solches Zentrum, wenn auch nicht immer sichtbar oder seiner selbst bewußt oder hoch organisiert. Gesetz und Politik hatten feste Formen und entsprachen einem Interessenkomplex; und die Interessen setzten diese Form durch: jedenfalls herrschend, wenn sie nicht bei der Ausübung von Gesetz und Politik sogar die absolute Kontrolle innehatten.

Man kann Foucault – und durchaus nicht ungenau – als einen Pluralisten beschreiben; auch er leugnet die Existenz eines Zentrums. »Die Macht kommt von unten, d. h. sie beruht nicht auf der allgemeinen Matrix einer globalen Zweiteilung, die Beherrscher und Beherrschte einander entgegensetzt. [...] Die Macht ist nicht etwas, das man erwirbt, wegnimmt, das man teilt oder verliert [...], die Macht ist etwas, das sich von unzähligen Punkten aus [vollzieht].«[9] Und später: »Zu jedem Zeitpunkt ist Macht in kleinen individuellen Teilen im Spiel.«[10] Und noch einmal: »Die Macht funktioniert und wird ausgeübt über eine netzförmige Organisation. [...] Und die Individuen zirkulieren nicht nur in ihren Maschen, sondern sind auch stets in einer Position, in der sie diese Macht zugleich erfahren und ausüben; sie sind niemals die unbewegliche und bewußte Zielscheibe dieser Macht, sie sind stets ihre Verbindungselemente.«[11] Das ist natürlich nicht die Argumentation der amerikanischen Pluralisten. Foucault ist nicht mit der Streuung von Macht an den Randzonen des politischen Systems befaßt, sondern mit ihrer Ausübung an den Randzonen. Für die Amerikaner wurde die Macht auf Individuen und Gruppen verteilt und dann wieder zentralisiert, das heißt in den Brennpunkt der Souveränität zurückversetzt. Für Foucault gibt es keinen Brennpunkt, sondern vielmehr ein endloses Netzwerk von Machtbeziehungen. Und doch hat seine Darstellung anscheinend konservative Implikationen, zumindest hat sie anti-leninistische Implikationen (und das ist nicht dasselbe). Es kann keine Machteroberung geben, wenn im Zentrum nichts ist, das erobert werden könnte. Wenn Macht an unzähligen Punkten ausgeübt wird, dann muß sie Punkt für Punkt herausgefordert werden. »Der Umsturz aller dieser Mikro-Mächte« gehorcht nicht dem Gesetz des Alles oder Nichts.«[12] »Es gibt eine Vielzahl von Widerständen, von denen jeder ein Spezialfall ist.«[13]

Das alles klingt fast wie Reformpolitik, und Foucault wurde denn auch tatsächlich des Reformismus bezichtigt. Fordert ihn die Linke heraus, so bleibt er manchmal standhaft, auch wenn es ihm unbehaglich ist: »Man muß die Kritik des Reformismus«, sagte er dem Herausgeberkollektiv einer radikalen Zeitschrift, »als einer politischen Praxis unterscheiden von der Kritik einer politischen Praxis aufgrund des Verdachts, sie könne Anlaß geben zu einer

Reform. Diese zweite Form von Kritik ist in den Gruppen der extremen Linken weit verbreitet und gehört zu den Mechanismen des Mikro-Terrorismus, über die sie oftmals funktioniert haben.«[14] Das alles ist sicherlich richtig und in einem bestimmten Kontext auch möglich, sogar tapfer, aber es versäumt, die Wahrheit einzuräumen, die das Kollektiv ihm zu entlocken bestrebt war: daß Foucault kein guter Revolutionär ist. Er ist kein guter Revolutionär, weil er nicht an einen souveränen Staat oder an eine herrschende Klasse glaubt, und deshalb glaubt er auch nicht an die Machtübernahme durch den Staat oder an die Ersetzung der Klasse. Er glaubt nicht an eine demokratische Revolution, denn in seiner politischen Welt existiert kein *demos*. Und zweifellos glaubt er auch nicht an eine Vorkämpfer-Revolution: Der Vorkämpfer ist niemand anderer als der Monarch *manqué*, ein weiterer Bewerber um die Königswürde.

## *Die Disziplinargesellschaft*

Der heroische Augenblick, da der König gestürzt wurde, läßt sich nicht wiederholen (wenigstens nicht von den Franzosen: Foucault dachte eine Zeitlang, daß die Iraner ihn wiederholten, und bekundete ein unverständliches Entzücken darüber). Aber glaubt Foucault an die Möglichkeit eines gemäßigten Heroismus? Seine politische Theorie, sagte er einst, sei ein »Werkzeugkasten« — nicht für die Revolution, sondern für lokalen Widerstand. Zum besseren Verständnis dessen, was da gemeint sein könnte — und ob es überhaupt möglich ist —, müssen wir die Formen gesellschaftlicher Disziplin, welche die königliche Macht ersetzen, genauer ins Auge fassen. Jede menschliche Gesellschaft hat ihre eigene Disziplin, und in jeder Gesellschaft, die eine gewisse Größenordnung überschreitet, ist diese Disziplin sowohl auf der Mikro- als auch auf der Makro-Ebene wirksam. So wie ich Foucault verstehe, erforderte das alte Regime auf der Mikro-Ebene lediglich eine lockere Disziplin, oder — und das ist letztlich eine traditionelle Sicht traditionaler Gesellschaften – eingeschliffene Routine und Alltagsregeln setzten sich nur gelegentlich als Zwang durch. Politische Interventionen verliefen dramatisch, aber anlaßbedingt – wie jene schrecklichen Bestrafungen, die Foucault im Einleitungsteil von *Überwachen und Strafen* schildert; sie brachten die königliche Macht sichtbar zum Ausdruck und stimmten mit einem im allgemeinen ineffektiven System der Gesetzesvollstreckung überein. Wir aber leben in einem gänzlich anderen Zeitalter, in dem Ökonomie und Gesellschaft eine hochdifferenzierte Kontrolle individuellen Verhaltens gebieten, eine Kontrolle, die keine Einzelperson, keine politische Elite, keine herrschende Partei und keine Klasse an sich zu reißen und von einem bestimmten Punkt aus auszuüben vermögen. Darum spricht Foucault von »unzähligen Punkten« und einem endlosen Netz, in das wir verstrickt sind.

Schon vor Foucault ist mehrfach zu bedenken gegeben worden, daß die Menschen heute in einer gründlicher disziplinierten Gesellschaft leben als jemals zuvor. Nicht etwa ist individuelles Verhalten heute in höherem Grade schablonisiert oder vorhersagbar, sondern es ist strengeren und unausweichlicheren Regeln, Maßstäben, Plänen und obrigkeitlichen Prüfungen unterworfen. Vor etwa zwanzig Jahren wies ich in einem Aufsatz über den Wohlfahrtsstaat darauf hin, daß

»der eindrucksvollste Zug der modernen wohlfahrtsstaatlichen Verwaltung die bloße Vielzahl ihrer einschränkenden und abschreckenden Instrumente ist. Jedes neu anerkannte Bedürfnis, jede empfangene Dienstleistung schafft eine neue Abhängigkeit und eine neue gesellschaftliche Bindung. Sogar die Anerkennung des einzelnen Menschen – unsere harterrungene gläserne Durchschaubarkeit – wird zur Quelle intensivierter Kontrolle. Nie zuvor sind gewöhnliche Bürger den öffentlichen Behörden so genau bekannt gewesen wie im Wohlfahrtsstaat. Wir werden allesamt gezählt, numeriert, klassifiziert, katalogisiert, aufgelistet, befragt, beobachtet und eingeordnet.«[15]

Und so weiter: Ungezählte Autoren haben sich in diesem Sinne geäußert, wobei wir die Möglichkeiten von Überwachung und Befriedung wahrscheinlich allesamt überschätzt haben. Wir waren besorgt darüber, daß der Aufstand der Massen von seinem vorgesehenen Verlauf abgelenkt worden war oder, schlimmer noch, einen unerwarteten Ausgang genommen hatte.

Foucault erweitert und dramatisiert diese Auffassung, wobei er gleichzeitig die Aufmerksamkeit vom Wohlfahrtsstaat auf die gesellschaftlichen Instanzen lenkt, die auf das einwirken, was er die »Unterseite« nennt. Seine Bücher ähneln gewissermaßen königlichen Strafmaßnahmen; sie sind rhetorische Feststellungen von großer Überredungskraft, wenn auch häufig ineffektiv in der gelehrten Version der Gesetzesvollstreckung: der Präsentation von Beweismaterial, der sorgfältigen Argumentation und der abwägenden Prüfung alternativer Auffassungen. Sie konzentrieren sich auf drei institutionelle Netze gesellschaftlicher Disziplin, die allesamt das Werk von Reformern des 18. und 19. Jahrhunderts sind: Asyle für Geisteskranke, Krankenhäuser und Gefängnisse, mit Seitenblicken auf Armeen, Schulen und Fabriken. Der gewählte Gesichtspunkt ist ergiebig; Foucaults Gespür für das sprechende Detail ist geradezu wunderbar, kein Staatstheoretiker kann es damit aufnehmen (wobei der Staat letztlich unsichtbar und ungreifbar bleibt). Was immer sich an Nicht-Übereinstimmung ergibt, es ist unmöglich, seine Bücher ohne ein Gefühl der Anerkennung zu lesen.

Ich werde auf dieses Gefühl – und auf die gegenwärtige Erfahrung der Verstrickung in ein Netz von Disziplinierungsmaschen – zurückkommen. Zuvor ein Wort zur Beschaffenheit des Netzes, denn es hat eine einheitliche Beschaffenheit, obwohl es nicht von einem einzelnen Willen beherrscht wird. Foucault ist kein Kafka des Gefängnisses oder des Irrenhauses; seine Darstellung ist erschreckend genug, aber sie ist nicht surrealistisch. Die Disziplinargesellschaft ist eine *Gesellschaft*, ein soziales Ganzes, und in seiner Beschreibung der Teile dieses Ganzen ist Foucault Funktionalist. Kein Teil bestimmt das Ganze und keiner kontrolliert es; doch wie von einer unsichtbaren Hand geordnet, fügen sich alle Teile zusammen. Manchmal stutzt Foucault über diese Fügung: »Dies ist ein äußerst komplexes Beziehungssystem, das einen letztlich zu der Frage verleitet – vorausgesetzt, daß es in seiner Gesamtheit von keiner Einzelperson entworfen werden konnte –, wie es in seiner Verteilung, seinen Mechanismen, seinen wechselseitigen Kontrollen und Anpassungen so subtil funktionieren kann.«[16] Manchmal gibt er sich ganz nüchtern: »Wenn sich die Einrichtung des Gefängnisses so lange und so unerschütterlich gehalten hat, wenn das Prinzip der Strafhaft nie ernsthaft in Frage gestellt worden ist, so liegt das daran, daß dieses Kerkersystem so tief verwurzelt war und so präzis funktionierte.«[17] Das »komplexe Beziehungssystem«, in dem diese Funktionen ausgeübt werden, ist wahrscheinlich die moderne Industriegesellschaft, gelegentlich zieht Foucault jedoch eine genauere Bezeichnung vor. In seiner Darstellung der Art und Weise, wie die Sexualität im 19. Jahrhundert »konstituiert« wurde, schreibt er: »Diese Bio-Macht war gewiß ein unerläßliches Element bei der Entwicklung des Kapitalismus, der ohne kontrollierte Einschaltung der Körper in die Produktionsapparate und ohne Anpassung der Bevölkerungsphänomene an die ökonomischen Prozesse nicht möglich gewesen wäre. Aber er hat noch mehr verlangt [...].«[18] Der Kapitalismus bekommt, was er braucht, wenngleich Foucault nicht offenlegt, wie dieser Prozeß funktioniert; seine Darstellung des lokalen Machtgebrauchs macht diese Offenlegung wohl weniger wahrscheinlich, als sie es in einer eher konventionellen marxistischen Theorie wäre.

Dennoch bildet eine Art funktionalistischer (und deterministischer) Marxismus den schwachen Unterbau von Foucaults Machttheorie. In einem jener gleichsam tänzerischen Interviews, in denen er politische Positionen zu beziehen scheint und auch wieder nicht, läßt sich Foucault zu der Aussage verleiten, der Klassenkampf bleibe den lokalen Machtkämpfen als ihre »Garantie der Verstehbarkeit« treu.[19] Was dies bedeuten könnte, ist eine Frage, die in seinem Werk nie explizit erörtert wird. Ich möchte jedoch darauf hinweisen, daß diese Garantie genauso existiert wie der Gott des Bischofs Berkeley und daß Foucaults Betonung des partikularistischen Charakters der Machtverhältnisse kein Argument zugunsten von Abkopplung oder radikaler Autonomie ist. Im Grunde sucht er nach strategischer und nicht bloß taktischer Erkenntnis. Er argumentiert grundsätzlich; das ist freilich ein Analyseverfahren, das, zumindest durch seine Tendenz, vermuten läßt, daß die Welt nicht gänzlich »Grund« ist. Selbst wenn er keinen festen Stand finden kann, sollte er doch imstande sein, irgendwo im komplexen System der modernen Gesellschaft oder der kapitalistischen Wirtschaft einen faßbaren Widersacher zu lokalisieren.

Foucault beginnt jedoch mit Taktiken, mit lokalen Machtbeziehungen, mit Frauen und Männern auf den untersten Stufen der gesellschaftlichen Hierarchie, die, wie er sagen würde, in den feinen Maschen des Machtnetzes gefangen sind, mit Menschen wie Ihnen und mir. Wir können die zeitgenössische Gesellschaft oder unser eigenes Leben nicht verstehen, behauptet er, wenn wir nicht diese Art Macht und diese Art Menschen genau und aus der Nähe ins Auge fassen: nicht Staats-, Klassen- oder körperschaftliche Macht, nicht das Proletariat, die Menschen oder die Arbeitermassen, sondern Krankenhäuser, Nervenheilanstalten, Gefängnisse, Armeen, Schulen, Fabriken und Patienten, Irre, Kriminelle, Rekruten, Fabrikarbeiter. Wir müssen die Stätten erforschen, an denen Macht körperlich ausgeübt und körperlich erduldet oder angefochten wird. Natürlich tut Foucault nicht genau dies; er ist mehr Theoretiker als Historiker, und die Materialien, die er seinen Büchern zugrundelegt, bestehen zumeist aus schriftlichen Projekten und Entwürfen für derlei institutionelle Orte, aus Bauplänen, aus Handbüchern mit Regeln und Ausführungsbestimmungen und nur selten aus tatsächlichen Berichten über Praktiken und Erfahrungen. Er kommt den Menschen, über die er schreibt, nie sehr nahe. Dennoch ist es aufregend zu beobachten, wie die Projekte wuchern, wie ähnliche Entwürfe für verschiedene Institutionen wiederholt werden, wie die Regeln und Ausführungsbestimmungen die Umrisse unseres Alltagslebens durchscheinen lassen, obschon sie häufig den perfektionistischen Charakter einer Anti-Utopie haben – also gleichsam *1984* oder *Schöne neue Welt* vorwegnehmen.

Foucaults Genealogien der Institutionen – *Wahnsinn und Gesellschaft*, *Die Geburt der Klinik* und *Überwachen und Strafen* sind seine stärksten Bücher, und sie sind stark, obwohl oder vielleicht weil sie keine »Garantie der Verstehbarkeit« bieten. Dennoch besitzen sie eine gewisse Kohärenz. Denn es ist Foucaults These, und damit hat er teilweise recht, daß die Disziplin, beispielsweise in einem Gefängnis, das fortsetzt und intensiviert, was an minder spektakulären Orten geschieht und was nicht möglich wäre, wenn dies nicht der Fall wäre. So leben wir alle nach der Uhr, stehen auf ein Weckzeichen hin auf, arbeiten nach einem Zeitplan, sehen den Blick der Obrigkeit auf uns gerichtet und sind periodisch der Prüfung und hochnotpeinlichen Inspizierung ausgesetzt. Keiner ist völlig frei von den neuen Formen sozialer Kontrolle. Hinzugefügt werden muß jedoch, daß Unterwerfung unter diese Kontrolle nicht dasselbe ist wie ein Gefängnisaufenthalt: Foucault geht systematisch darauf aus, diesen Unterschied zu unterschätzen und einzuebnen. Diese Kritik trifft allerdings ins Zentrum seiner Politik.

Alle diese Mikroformen von Disziplin sind funktional in bezug auf ein größeres System. Foucault nennt dieses System manchmal Kapitalismus, gibt ihm aber auch eine Reihe von aufregenderen Namen: Disziplinargesellschaft, Kerkerstadt, panoptisches Regime und – am erschreckendsten (und besonders irreführend) – Kerker-Archipel. Diese Namen sind eine Anklage, indes keine Anklage, die zu politischer Reaktion auffordert. Sollen wir das panoptische Regime stürzen? Das ist gar nicht so leicht, denn es ist kein politisches Regime im gewöhnlichen Verstande; es ist kein Staat, keine Verfassung, auch keine Regierung. Es wird nicht von einem Hobbesschen Souverän regiert, nicht von einem Gründer oder einer Gründungsübereinkunft eingesetzt und auch nicht in einem legislativen oder juristischen Prozeß kontrolliert. Foucaults System ähnelt mehr der physischen Verkörperung dessen, was er in einem seiner früheren Bücher eine »episteme« genannt hat; soziale Strukturen werden durch den herrschenden Diskurs zu Gestalten aus Fleisch und Blut.[20] Die zeitgenössische Disziplin, behauptet er, ist der Welt von Recht und Gesetz entwachsen, die ihrerseits einem sterbenden Diskurs angehört, und hat jene Welt zu »kolonisieren« begonnen, indem sie legale Prinzipien durch Prinzipien körperlicher, psychologischer und moralischer Normalität ersetzte. So heißt es etwa in seinem Buch über das Gefängnis: »Und wenn das allgemeingültige Rechtssystem der modernen Gesellschaft den

Machtausübungen Grenzen zu setzen scheint, so hält doch ihr allgegenwärtiger Panoptismus eine sowohl unabsehbare wie unscheinbare Maschinerie in Gang.«[21] Der Code, mittels dessen diese Maschinerie arbeitet, ist ein wissenschaftlicher, kein legaler Code. Seine Funktion besteht darin, nützliche Untertanen hervorzubringen, Männer und Frauen, die sich einem Standard anpassen, die anerkannterweise vernünftig, gesund, lenkbar oder kompetent sind, und nicht etwa freie Agenten, die ihre eigenen Maßstäbe erfinden, die, in der Sprache der Gesetze, »sich ihr eigenes Recht geben«.

Der Triumph professioneller oder wissenschaftlicher Normen über gesetzlich verankerte Rechte und lokaler Disziplinarmacht über konstitutionelles Gesetz ist selbst wiederum ein sehr gebräuchliches Thema der zeitgenössischen Gesellschaftskritik. Es hat einer ganzen Reihe von Kampagnen zur Entstehung verholfen, solchen zur Verteidigung der Rechte von Geisteskranken, Gefangenen, Krankenhauspatienten und Kindern (in Schulen ebenso wie in Familien). Foucault selbst war intensiv an der Gefängnisreform beteiligt oder – wie ich genauer sagen sollte – an politischem Handeln, das für die Gefängnisse Reformen in Gang setzen könnte. Und es hat in der Tat Reformen gegeben: neue Gesetze über Strafmündigkeit, Schweigepflicht, Zugang zu den Personalakten, Möglichkeiten zu juristischen Eingriffen bei der Verwaltung von Gefängnissen und Schulen usw. Foucault hat zu solchen Veränderungen wenig zu sagen und ist hinsichtlich ihrer Effizienz offenkundig eher skeptisch. Trotz seiner Betonung lokaler Kämpfe ist er an lokalen Siegen ziemlich desinteressiert.

Welches andere Ziel kann seine Kritik haben? Welche anderen Siege kann er, sein strategisches Wissen vorausgesetzt, für möglich halten? Man bedenke erstens, daß Disziplin im kleinen, die genaue Verhaltenskontrolle, auch für die (unspezifizierten) großdimensionierten Bereiche des zeitgenössischen Gesellschafts- und Wirtschaftssystems unerläßlich ist und daß diese Art von Kontrolle zweitens eine Mikroeinstellung erfordert, das feingewirkte Netz, die lokale Machtbeziehung, wie sie idealtypisch von der Zellenstruktur des Gefängnisses repräsentiert wird, von der normalen

Tagesordnung des Gefängnislebens, den Begegnungen von Angesicht zu Angesicht zwischen Wächter und Gefangenem. Drittens sei bedacht, daß das Gefängnis nur ein kleines Segment eines scharf ausgeprägten, sich wechselseitig verstärkenden und sich über die gesamte Gesellschaft erstreckenden Kerker-Kontinuums darstellt, in das wir alle einbezogen sind (und zwar nicht nur als Gefangene oder Opfer), und viertens, daß letztlich der Gesamtkomplex von Disziplinarmechanismen und Disziplinarinstitutionen die heutige Humanwissenschaft bildet und von ihr gebildet wird – eine Überlegung, die Foucaults gesamtes Werk durchzieht und auf die ich später zurückkommen werde. Körperliche und geistige Disziplin sind radikal ineinander verflochten; das Kerker-Kontinuum wird durch das Wissen über die Menschen bestätigt, die es ermöglichen.

Setzen wir das alles voraus und sehen wir für den Augenblick einmal davon ab, ob es sich zu einer befriedigenden Darstellung der zeitgenössischen Gesellschaft zusammenfügt: Wie kann Foucault mehr erwarten als hier und da eine kleine Reform, eine Milderung der disziplinären Strenge, die Einführung humanerer, wenn auch nicht minder effektiver Methoden? Was wäre sonst möglich, wo doch die politische Revolution unmöglich geworden ist? Und doch scheint Foucault manchmal, nicht in diesem Buch, sondern in Interviews und besonders in einer Reihe von Gesprächen aus den frühen siebziger Jahren, die noch immer den Nachwirkungen des Mai 1968 verpflichtet scheinen, eine Alternative anzudeuten: die vollständige Demontage des Disziplinarsystems, den Fall der Kerkerstadt – nicht Revolution, sondern Abschaffung. Aus diesem Grunde wird Foucaults politische Einstellung gewöhnlich anarchistisch genannt, und der Anarchismus hat für sein Denken zweifellos eine gewisse Bedeutung. Nicht etwa, daß er sich ein Gesellschaftssystem ausmalt, das von unserem verschieden wäre, jenseits von Disziplin und Souveränität: »Ich glaube, sich ein anderes System auszumalen, bedeutet, den Grad unserer Verstrickung in das gegenwärtige System zu steigern.«[22] Es ist genau die Vorstellung von der Gesellschaft als einem System, einem Komplex von Institutionen und Praktiken, die etwas anderem weichen muß – was das sein könnte, wissen wir jedoch nicht. Vielleicht bedingt menschliche Freiheit eine nicht-funktionalistische Gesellschaft, deren Einrichtungen, wie sie auch beschaffen sein mögen, keinem Zweck mehr dienen und keinerlei Erlösungswert mehr haben. Die Vorstellung, die einer solchen Einrichtung am nächsten kommt, taucht in einem zuerst im November 1971 veröffentlichten Gespräch auf. »Es ist möglich«, sagt Foucault da, »daß der grobe Umriß einer künftigen Gesellschaft sich auf neuere Erfahrungen mit Drogen, Sex, Kommunen, anderen Bewußtseinsschichten und anderen Formen von Individualität stützt.«[23] Im selben Interview verwirft er, mit einer solchen Vision vor Augen, die wahrscheinlich reformistischen Resultate seiner eigenen Gefängnisarbeit: »Letzten Endes bestand das Ziel unserer Intervention nicht darin, die Besuchszeiten der Gefangenen auf dreißig Minuten zu verlängern oder für jede Zelle Toiletten mit Wasserspülung bereitzustellen, sondern darin, die gesellschaftliche und moralische Unterscheidung zwischen dem Unschuldigen und dem Schuldigen in Frage zu stellen.«[24]

Wie dieser letzte Abschnitt nahelegt, ist Foucault, wenn er denn Anarchist ist, ebensosehr moralischer wie politischer Anarchist. Moral und Politik fallen für ihn zusammen. Schuld und Unschuld werden vom Gesetzbuch erzeugt, Normalität und Anormalität von den wissenschaftlichen Disziplinen. Machtsysteme abschaffen heißt, legale, moralische und auch wissenschaftliche Kategorien abschaffen: Weg mit alledem! Was bleibt übrig? Foucault glaubt nicht wie frühere Anarchisten, daß der freie Mensch ein bestimmtes Subjekt sei, von Natur aus frei und von Herzen gesellig. So etwas wie ein freier Mensch – der natürliche Mann oder die natürliche Frau – ist anscheinend unmöglich. Menschen sind stets gesellschaftliche Wesen, von Codes und Disziplin geprägt. Damit erweist sich Foucaults radikaler Abschaffungsdrang, falls er aufrichtig ist, eher als nihilistisch denn als anarchistisch.[25] Denn seiner eigenen Überlegung zufolge bleibt entweder nichts übrig, nichts ersichtlich Menschliches jedenfalls, oder es kommt zu neuen Codes und neuen Regeln für die Disziplin. Foucault gibt keinen Grund dafür an, daß sie besser sein könnten als diejenigen, mit denen wir gegenwärtig leben, noch weist er uns einen Weg, wie herauszufinden wäre, was »besser« bedeuten könnte. In bezug auf Gesellschaftssysteme ebenso wie in bezug auf »episteme« ist er neutral; er greift das panoptische System nur deshalb an, weil es dasjenige ist, unter dem er zufällig lebt. Er besteigt den Berg nur deshalb, weil er eben da ist.

## *Politik*

Engagiert er sich für diesen Anarchismus/Nihilismus? Foucault hat eine ganz eigene Art, alle die hinzureißen, die ihn nachahmen oder ihn politisch auszuagieren versuchen, und ich neige zu der Annahme, daß sein Anarchismus auf demonstrative, nicht auf praktische Wirksamkeit angelegt ist. In einem Interview aus dem Jahre 1977 gebärdet er sich als grausamer Kritiker an einigen seiner Kameraden »im Kampf um das Strafsystem«, die sich von »einer ganzen naiven, archaischen Ideologie durchdringen« ließen, »die den Delinquenten gleichzeitig zum unschuldigen Opfer und zum reinen Rebellen hochstilisiert [...]. Und das Ergebnis ist eine tiefgehende Spaltung zwischen jener monotonen, schwärmerischen kleinen Weise, der nur in ganz kleinen Gruppen gelauscht wird, und einer Masse, die gute Gründe dafür hat, sie nicht für bare Münze zu nehmen«.[26] Offensichtlich ist der Gefangene für Foucault kein unschuldiges Opfer, denn er hat die Unterscheidung zwischen Schuld und Unschuld negiert. Seine weitere Argumentation aber scheint die zentrale Behauptung erkennen zu lassen, die er hier verwirft: daß nämlich jeder Akt von Widerstand auf jeder Mikro-Ebene des Kerker-Kontinuums, was immer seine Motive sein mögen, »reine Rebellion« gegen das Kontinuum als Ganzes ist – und eine, mit der zu sympathisieren er stets bereit ist. Welche »guten Gründe« haben gewöhnliche Menschen, zwischen diesen beiden Akten zu unterscheiden?

Dasselbe Problem der Unterscheidung stellt sich, wenn Foucault jungen Linken entgegentritt, die den Kerker-Archipel mit dem Archipel Gulag verwechseln, eine Verwechslung, zu der in diesem Falle Foucaults Terminologie und die Sprache seiner Bücher im allgemeinen fortwährend Anlaß geben. Er selbst widersteht dieser Versuchung und begegnet denen, die ihr erliegen, mit strenger Kritik. »Ich habe in der Tat«, sagt er, »bei einer bestimmten Verwendung der Zusammenstellung Gulag – Einsperrung meine Bedenken [...], die darin besteht zu sagen: Wir alle haben unseren Gulag: Er ist da vor unseren Toren, in unseren Städten, in unseren Krankenhäusern, in unseren Gefängnissen. Er ist in unseren Köpfen.«* Und er fährt durchaus wirkungsvoll damit fort, »jede universalisierende Auflösung [des Gulag] in der allgemeinen Form der Einsperrung«[27] zu negieren. Aber soweit ich sehen kann, unterscheidet er nicht grundsätzlich zwischen den Gulag- und den Kerker-Archipelen. Ich meine auch, daß er keine solche Unterscheidung treffen kann, solange er sich aufgerufen fühlt, die Idee der »Grundrechte« zu verneinen und die Grenzlinie zwischen Schuld und Unschuld zu verwischen. Er schildert nicht die Entstehungsgeschichte eines Gulag, und was wahrscheinlich noch wichtiger ist, er gibt in seiner Darstellung des Kerker-Archipels keinerlei Hinweis darauf, warum oder wie seine eigene Gesellschaft plötzlich vor dem Gulag innehält. Denn eine solche Darstellung setzte voraus, was Foucault stets verweigert: eine positive Bewertung des liberalen oder demokratischen Staates.

Wieder ist hier ein Vergleich mit Hobbes aufschlußreich. Hobbes gibt zu bedenken, daß politische Souveränität buchstäblich notwendig ist; ohne sie ist das Leben häßlich, roh und kurz. Er unterstützt jeden legitimen Souverän. Tyrannei ist für ihn nicht mehr als »ungeliebte Monarchie«. Da die einzige Alternative zur Souveränität der Krieg aller gegen alle ist, muß Gesellschaftskritik stets gefährlich und unangemessen sein. Foucault ist der festen Überzeugung, daß Disziplin buchstäblich notwendig ist; er verabscheut alle ihre Formen, jede Art von Einschränkung und Kontrolle, Liberalismus ist für ihn nichts anderes als versteckte Diszi-

---

\* Offensichtlich sind es nicht immer nur *junge* Linke, die sich derart äußern. Marcuse vertrat eine ähnliche Position und hatte seine eigenen Epigonen, die nicht immer auf seine mehrdeutigen Einschränkungen achteten. Auch er legt Zeugnis ab für den verborgenen Totalitarismus liberaler Gesellschaften, obwohl er mehr an kulturellem Konsum interessiert war als an normativer Disziplin.

plin. Da er auf keine alternative oder bessere Disziplin verweisen kann, muß Gesellschaftskritik ein sinnloses Unterfangen bleiben. Weder Hobbes noch Foucault unterscheiden zwischen der Verfassung oder dem Gesetz oder dem tatsächlichen Funktionieren des politischen Systems. Ich dagegen vertrete die Ansicht, daß darin der ganze Unterschied liegt. Einer von Foucaults Anhängern, der Verfasser eines brillanten Essays zu *Überwachen und Strafen*, zieht aus jenem Buch und den zugehörigen Aufsätzen den Schluß, daß die Russische Revolution deshalb scheiterte, weil sie »die sozialen Hierarchien unangetastet ließ und das Funktionieren der Disziplinierungstechniken in keiner Weise hinderte«.[28] Falsch: Die Bolschewiki schufen ein neues Regime, das die alten Hierarchien überwältigte und den Einsatz von Disziplinierungstechniken gewaltig erweiterte und intensivierte. Und sie taten das vom Zentrum des Gesellschaftssystems aus, von seinem Herzen her und nicht von den Randzonen, dem, was Foucault gern die Kapillaren nennt. Foucault desensibilisiert seine Leser für die Bedeutung von Politik; aber Politik *ist* wichtig.

Machtbeziehungen, sagt er, »sind gleichzeitig intentional und nicht-subjektiv«.[29] Ich weiß nicht, was dieser Satz bedeutet, aber ich nehme an, daß die widersprüchlichen Worte (nicht-subjektiv?) verschiedene Ebenen von Macht bezeichnen sollen. Jeder disziplinierende Akt ist geplant und berechnet; Macht ist intentional auf der taktischen Ebene, auf der der Wärter dem Gefangenen, der Arzt dem Patienten, der Lehrer dem Schüler gegenübertritt. Der Komplex von Machtbeziehungen, die strategischen Verbindungen, der tiefe Funktionalismus von Macht jedoch haben keinerlei Subjekt und sind nicht das Ergebnis eines Plans, den jemand erstellt hat. Foucault scheint die Existenz eines Diktators, einer Partei oder eines Staates, die den Charakter von Disziplinierungsinstitutionen verwandelt, prinzipiell zu bezweifeln. Statt dessen bleibt er auf das fixiert, was er sich als den »Mikro-Faschismus« des Alltagslebens vorstellt, und hat wenig über autoritäre oder totalitäre Politik mitzuteilen – über jene Formen von Disziplin, die für seine eigene Epoche bezeichnend waren.

## Kritische Distanz

Doch es sind dies nicht die Formen, die für sein eigenes Land charakteristisch waren, und Foucault plädiert ja dafür, sich eng an die lokale Ausübung von Macht zu halten. Und er gebraucht auch Ausdrücke wie »Mikro-Faschismus« nicht allzu häufig. Er ist kein »allgemeiner Intellektueller« alten Schlages – bedeutet er uns –, der die Gesellschaft insgesamt schildert und kritisiert.[30] Der »allgemeine Intellektuelle« gehört in die Ära, in der es dem Rebellen und der Partei noch möglich schien, die Macht zu ergreifen und die Gesellschaft neu aufzubauen. Er ist in der Welt der politischen Wissenschaften das, was der König einst in der Welt der politischen Machtverhältnisse war. Wenn wir dem König einmal den Kopf abgeschlagen haben, dann nehmen Macht und Wissenschaften andere Formen an. In seinen Vorträgen und Interviews aus der Mitte und vom Ende der siebziger Jahre versucht Foucault, diese Formen zu erklären und das zu entwickeln, was man eine politische Epistemologie nennen könnte. Diese Epistemologie möchte ich jetzt betrachten, weil sie die eigentliche Quelle seines Anarchismus/Nihilismus ist.

Manchmal scheint Foucault zu wenig mehr aufgelegt zu sein als zu einem feinsinnigen Witz über das Wort »Disziplin«, das einerseits einen Wissenschaftszweig und andererseits ein System von Zurechtweisung und Kontrolle bezeichnet. Sein Argument lautet: Das gesellschaftliche Leben ist Disziplin im Quadrat. *Disziplin ermöglicht Disziplin* (die Reihenfolge der beiden Nomina läßt sich vertauschen). Wissen erwächst aus sozialer Kontrolle und bildet zugleich ihre Grundlage. Jede besondere Form sozialer Kontrolle beruht auf einer besonderen Form von Wissen und ermöglicht sie auch. Daraus folgt, daß Macht nicht bloß repressiv, sondern auch kreativ ist (selbst wenn alles, was sie hervorbringt, beispielsweise nur die Wissenschaft vom Strafvollzug ist). Auch ist Wissen nicht bloß ideologisch, sondern auch wahr. Die Strafvollzugslehre wird vom Gefängnissystem in jenem offenkundigen Sinn »konstituiert«, daß es keinerlei Untersuchung der Lage der Gefangenen oder der

Auswirkungen von Strafhaft gäbe, wenn keine Gefängnisse existierten. Eine Form der Disziplin erzeugt die Daten, die die andere ermöglicht. Gleichzeitig liefert die Strafvollzugslehre sowohl die Erklärung als auch die intellektuelle Struktur des Gefängnissystems. Es gibt keine Ausübung von Disziplin, jedenfalls keine dauerhafte und organisierte, ohne etwas von Disziplin zu wissen.

Es ist ein schönes Modell, wenn vielleicht auch zu leichtgewichtig. Jedenfalls geht Foucault dazu über, es zu verallgemeinern. »Die Wahrheit ist von dieser Welt; in dieser wird sie aufgrund vielfältiger Zwänge produziert, verfügt sie über geregelte Machtwirkungen.« So gibt es für jede Gesellschaft, für jede Epoche der Geschichte ein Regime von Wahrheit, ungeplant, aber funktional, (für uns) aus den vielfachen Formen von Zwang hervorgebracht und zusammen mit ihnen verstärkt. Es gibt besondere Diskurstypen, die die Gesellschaft akzeptiert und »als wahre Diskurse funktionieren läßt«.[31] Es gibt gesellschaftliche Mechanismen, die uns in den Stand setzen, zwischen wahren und falschen Feststellungen – und Sanktionen – zu unterscheiden, so daß wir also keine Fehler machen. Foucault glaubt, Wahrheit stehe in einer Beziehung zu ihren Sanktionen und das Wissen in einer zu den Zwängen, die sie hervorbringen.

Es hat den Anschein, als gäbe es weder innerhalb noch außerhalb des Gesellschaftssystems einen unabhängigen Standort, eine Möglichkeit zur Entwicklung kritischer Prinzipien. Ich meine damit nicht, daß Foucault voreingenommen sei; er ist in der Tat auf so radikale Weise unvoreingenommen, daß er, wie Charles Taylor geschrieben hat, nirgendwo zu stehen scheint – unbeeinflußt von der herrschenden »episteme«, frei von disziplinären Zwängen, aus allen Klassen- oder Gruppenbindungen entlassen.[32] Natürlich kann man fragen: Was ist die Grundlage seines eigenen Werkes? Mit welchem Komplex von Machtbeziehungen ist die genealogische Antidisziplin verbunden? Foucault ist viel zu intelligent, als daß er sich mit diesen Fragen nicht auseinandergesetzt hätte. Sie sind der Maßstab für jeden Relativismus. Er beantwortet sie auf doppelte Weise: zunächst mit dem bereits zitierten Hinweis, daß seine Genealogien Fiktionen sind, die auf die »politischen Realitäten« warten, die sie verifizieren werden. Jede Gegenwart erfindet sich ihre Vergangenheit; Foucault jedoch hat für eine Vergangenheit eine zukünftige Gegenwart erfunden. Bei anderer Gelegenheit sagt er schlicht, sein Werk sei durch die Ereignisse vom Mai 1968 und durch nachfolgende lokale Revolten im Zusammenhang mit dem disziplinären Kontinuum ermöglicht worden. So wie konventioneller Machtgebrauch die konventionelle Disziplin hervorbringt und bestätigt, so wird Foucaults Antidisziplin durch den Widerstand gegen diesen Machtgebrauch hervorgebracht. Ich sehe freilich nicht, wie Widerstand – in Foucaults Sinne – Wissen bestätigen kann, wenn dieser Widerstand nicht selbst erfolgreich ist (so wie die zeitgenössische Disziplin erfolgreich ist), und es wird nicht deutlich, welchen Erfolg lokaler Widerstand haben kann.

Aber diese konventionelle Forderung, Foucault möge die Grundlagen benennen, auf denen er steht, und seine philosophischen Rechtfertigungen offenlegen, hat mit der Sache wirklich nichts zu tun. Denn er fordert uns seinerseits ja nicht auf, uns dieses oder jenes kritische Prinzip zu eigen zu machen oder disziplinäre Normen durch einen anderen Komplex von Normen zu ersetzen. Er ist kein Advokat; er ist kein *zielorientierter* Gesellschaftskritiker. Wir sollen unseren Glauben an, beispielsweise, die Strafvollzugslehre und ihre Wahrheiten zurücknehmen und dann – was unterstützen? Nicht etwa jede Gefängnisrevolte, denn es kann durchaus einige geben, die wir »aus guten Gründen« nicht unterstützen. Welche also dann? An diesem Punkt ist Foucaults Position schlicht inkohärent. Die glanzvolle Vergegenständlichung des Disziplinierungssystems weicht einer antidisziplinären Politik, die ziemlich rhetorisch und posenhaft ist.

Und doch war Foucault tief in die Gefängnisreform verstrickt, und bisweilen scheint er den Lesern seine eigene Version von Sozialkritik geradezu aufzudrängen. Seine Alternative zum »allgemeinen« Intellektuellen ist der »spezifische« Intellektuelle, der die Disziplin, innerhalb deren er funktioniert, zu unterlaufen oder ihr die Legitimität abzusprechen sucht. Die Foucaultsche Kritik hat, wenn sie denn überhaupt Erfolg hat, nur lokal, im unmittelbaren institutionellen Rahmen Erfolg, an einem bestimmten Punkt im Netzwerk der Macht. Was aber der Kritiker genau tut und was Erfolg haben bedeutet, bleibt unklar. Foucaults Schriften – und auch sein Beispiel – deuten etwas an, das eher einer Reihe unzusammenhängender Provokationen als einem kohärenten Komplex verbundener Aktivitäten gleicht oder, wie ein neuerer Kritiker Foucaults zu denken gibt, mehr Insubordination ist als politische Abweichung.[33] Es gibt keinen dauerhaften Konnex mit moralischen Ideen oder fortgesetztem Engagement für Menschen oder Institutionen, an dem sich die Ergebnisse messen ließen. Gerade deshalb kann Foucault nicht zwischen verschiedenen Regimes unterscheiden, weder auf der »allgemeinen« Ebene des Staates noch auf der »spezifischen« des Gefängnisses. Seine Unvoreingenommenheit tendiert zu Unvermögen – wenn sich die kritische Distanz bis ins Unendliche erstreckt, bricht das Projekt der Kritik zusammen.

Gewöhnliche Männer und Frauen indes – Bürger und auch Gefangene – sind durchaus in der Lage, die nötigen Unterscheidungen zu treffen. Bei jenen Gefängnisrevolten beispielsweise, mit denen wir zu Recht sympathisieren dürfen, tasten die Gefangenen die Grenze zwischen Schuld und Unschuld oder den Wahrheitswert von Jurisprudenz oder Strafvollzug nicht wirklich an. Ihr »Diskurs« hat eine ganz andere Form: Sie beschreiben die Brutalität der Anstaltsleitung oder die Unmenschlichkeit der Haftbedingungen, und sie klagen über Bestrafungen, die weit über das Strafmaß hinausgehen, zu dem sie gesetzlich verurteilt worden sind. Sie brandmarken Willkür der Amtsträger, Quälereien, Günstlingswirtschaft usw. Sie verlangen die Einführung und Verbesserung dessen, was wir am besten die Herrschaft des Gesetzes nennen. Es hat nicht den Anschein, als ob Foucault, bei all seiner Sympathie, irgendeinem dieser Aspekte je Aufmerksamkeit geschenkt hätte. Gleichwohl sind diese Beschreibungen, Klagen, Anzeigen und Forderungen wichtig. Foucault hat sicherlich recht, wenn er sagt, daß die konventionellen Wahrheiten über Moral, Gesetz, Medizin und Psychiatrie bei der Machtausübung stillschweigend vorausgesetzt werden. Das ist ein Faktum, das von konventionell unvoreingenommenen Natur- und Sozialwissenschaftlern und sogar von Philosophen nur allzu leicht außer acht gelassen wird. Aber eben diese

Wahrheiten regulieren auch die Machtausübung. Sie ziehen dem Grenzen, was Rechtens getan werden kann, und verleihen den Argumenten der Gefangenen Gestalt und Überzeugungskraft. Die Grenzen sind bedeutsam, obschon in gewissem Sinne willkürlich. Sie sind allerdings nicht völlig willkürlich, insofern sie für die besondere Disziplin (in beiden Wortbedeutungen) wesentlich sind. Beispielsweise sind es die Wahrheiten der Jurisprudenz und der Strafvollzugslehre, die Bestrafung von Sicherungsverwahrung unterscheiden. Es sind die Wahrheiten der Psychiatrie, die die Hospitalisierung von Geisteskranken von der Hospitalisierung politischer Dissidenten unterscheiden. Und es ist das Engagement für die Wahrheit selbst, auch wenn es sich nur um lokale Wahrheit handelt, das die Erziehung von Bürgern von ideologischem Drill unterscheidet.

Ein liberal- oder sozialdemokratischer Staat ist ein Staat, der die Grenzen der ihn konstituierenden Disziplin und disziplinären Institutionen aufrechterhält und ihre inneren Prinzipien verstärkt. Autoritäre und totalitäre Staaten dagegen überschreiten diese Grenzen, indem sie Erziehung in Indoktrination, Bestrafung in Repression, Nervenheilanstalten in Gefängnisse und Gefängnisse in Konzentrationslager verkehren. Das sind grobe Definitionen, sie lassen sich jedoch leicht verfeinern oder ergänzen. Jedenfalls verweisen sie auf die enorme Bedeutung des politischen Regimes, des souveränen Staates. Denn der Staat ist die Agentur, durch die die Gesellschaft auf sich selbst einwirkt. Es ist der Staat, der den allgemeinen Rahmen steckt, innerhalb dessen alle anderen disziplinären Institutionen tätig werden. Es ist der Staat, der die Möglichkeit lokalen Widerstandes offenhält oder radikal beschneidet.* Die

---

* Man vergleiche Stuart Halls Argument in bezug auf Gramscis »Stellungskrieg«: »Das bedeutet nicht, wie manche Leute Gramsci lesen, daß [...] der Staat überhaupt nicht mehr ins Gewicht fällt. Der Staat ist [...] absolut zentral bei der Verbindung verschiedener Bereiche von Auseinandersetzungen, verschiedener Punkte von Widerstreit zu einem Regime der Regel. Der Augenblick, in dem man genug Macht im Staat hat, um ein zentrales politisches Projekt zu organisieren, ist entscheidend, denn dann kann man den Staat benutzen, um zu planen, anzutreiben, anzuregen, zu ersuchen und zu bestrafen.« (Stuart Hall, »Gramsci and Us«, in: *Marxism Today*, London 1987, S. 20.)

Agenten jeder disziplinären Institution streben natürlich danach, ihren Einflußbereich zu vergrößern und ihren Ermessensspielraum zu erweitern. Auf lange Sicht kann nur politisches Handeln und staatliche Macht sie bremsen. Jeder Akt lokalen Widerstandes ist ein Ruf nach politischer oder gesetzlicher Intervention vom Zentrum her. Man vergleiche beispielsweise die Aufstände der Fabrikarbeiter in den dreißiger Jahren dieses Jahrhunderts, die in den USA zur Einführung kollektiver Arbeitsverträge und Beschwerdeverfahren Anlaß gaben, mit kritischen Einschränkungen des wissenschaftlichen Managements – einer der Disziplinen Foucaults, obwohl er nur gelegentlich darauf anspielt. Der Erfolg erforderte nicht nur die Solidarität der Arbeiter, sondern auch die Unterstützung des liberalen und demokratischen Staates. Und der Erfolg war nicht für irgendeinen, sondern für einen Staat dieser Art funktional. Wir können uns durchaus andere »gesellschaftliche Ganze« vorstellen, die andere Arten von Fabrikdisziplin erforderten.

Eine genealogische Darstellung dieser Disziplin wäre faszinierend und wertvoll und würde sich zweifellos mit Foucaults Darstellung der Gefängnisse und Hospitäler berühren. Sollte sie jedoch vollständig sein, so müßte sie eine Darstellung der Beschwerdeverfahren einschließen, und diese Darstellung würde sich mit jener von Foucault vernachlässigten des liberalen Staates und der Herrschaft des Gesetzes überschneiden. Hier liegt eine Art von Wissen vor – nennen wir es politische Theorie oder philosophische Jurisprudenz –, die die Disziplinareinrichtungen quer durch unsere Gesellschaft hindurch regelt. Es entsteht innerhalb eines Komplexes von Machtbeziehungen und geht auf die anderen über; es eröffnet eine kritische Perspektive auf das gesamte Netzwerk der Zwänge. Die Möglichkeit, Wissen dieser Art zu gewinnen, das eher für Institutionen und politische Kulturen als für »Punkte« im Machtnetz spezifisch ist, legt es nahe, daß wir immer noch Foucaults »allgemeine Intellektuelle« brauchen. (Ich meine nicht, daß die Gesellschaft oder der Kapitalismus oder gar der Sozialismus sie braucht, sondern daß Sie und ich sie brauchen.) Wir brauchen Männer und Frauen, die uns unterrichten, wenn staatliche Macht untergraben oder systematisch mißbraucht wird, die laut auf Mängel hinweisen und die die regulativen Prinzipien in Erinnerung rufen, mit deren Hilfe wir die Dinge wieder zurechtrücken können. »Allgemeine Intellektuelle« bewohnen kein Reich reiner Werte, wie es Benda beschrieb; Foucault hat recht, wenn er darauf beharrt, daß kein Ort, kein Wert von der Macht unberührt bleibt. Sie leben unter uns, an diesem Ort, hier und jetzt, und finden in unseren Gesetzen und Normen Gründe für ihre Argumentation. Foucault aber lebt nirgendwo und findet keinerlei Gründe. Wütend rüttelt er an den Gitterstäben des eisernen Käfigs.[34] Doch er hat keinerlei Pläne oder Projekte, wie der Käfig in etwas verwandelt werden könnte, das einem menschlichen Heim ähnlich sähe.

Ich möchte indes nicht mit dieser Bemerkung schließen. Ich möchte nicht von Foucault fordern, er möge erhebender sein. Das ist nicht die Aufgabe, die er sich selbst gestellt hat. Das Entscheidende ist eher, daß man *mit Fug und Recht* nicht einmal niedergeschlagen, wütend, düster, empört oder verbittert, daß man nicht einmal kritisch sein kann, solange man nicht in einem gesellschaftlichen Kontext arbeitet und seine Codes und Kategorien zumindest versuchsweise übernimmt. Oder solange man nicht – und das ist sehr viel schwieriger – (zusammen mit anderen Menschen) einen neuen Kontext aufbaut und neue Codes und Kategorien entwirft. Foucault verweigert beides, und diese Weigerung, die seine Genealogien so erbarmungslos macht, ist auch die katastrophale Schwäche seiner politischen Theorie und seiner Sozialkritik.

## 12
# Breyten Breytenbach: Der Kritiker im Exil

*Leben aus der Distanz*

Foucaults »Disziplinargesellschaft« ist Breyten Breytenbachs Zuflucht vor einer wirklichen Disziplinargesellschaft: einem südafrikanischen Gefängnis. Seit 1983 ist Breytenbach naturalisierter französischer Bürger, der in Paris lebt und dankbar ist für Frankreichs »Toleranz gegenüber politischen Dissidenten«; der die Freiheit hat, zu reisen, wohin er will (nur nicht in sein Heimatland), und zu schreiben, was er will, sogar »[seine] selbstgewählte *patria* zu geißeln, falls nötig. (Es wurde nötig.)«[1] Meist aber hat er weiterhin sein Heimatland Südafrika gegeißelt. Er kann dort nicht leben; er ist ein Exilierter oder, wie er heute sagt, ein Emigrant, jedoch zugleich der brillanteste aller südafrikanischen Sozialkritiker. Und der seiner selbst bewußteste: Er schreibt mit außerordentlicher Schärfe, Intensität und schmerzlicher Mühe über die Schwierigkeit des Schreibens aus der Distanz – was er den Großteil seines Lebens tun mußte –, ohne täglichen Kontakt, außer »Hörweite« der eigenen Sprache. Seine Sprache ist das Afrikaans, und er gilt als einer der hervorragenden Dichter, die in Afrikaans geschrieben haben, obwohl die meisten seiner Gedichte in fremden Ländern entstanden sind, außer Hörweite.[2] Vielleicht ist Lyrik einfacher als Kritik, denn der Dichter hört mit seinem inneren Ohr, während der Kritiker von einem wirklichen Dialog abhängig ist. »Natürlich nimmt man seine Sprache mit, wohin immer man geht – aber genausogut könnte man die Knochen seiner Vorfahren in einem Sack mit sich herumtragen: Sie sind weiß vor Schweigen, sie antworten nicht.«[3]

Das Exil ist ein rauher Ort. Trotzdem kann es ein für Gesellschaftskritiker günstiges Klima haben – insbesondere für Kritiker, deren Landsleute sich, wie Breytenbach von seinen eigenen glaubt, auf der falschen Seite der Geschichte angesiedelt haben. In Frankreich, sagt er, ist er entwurzelt, aus seinen angestammten Bindungen entlassen. Sollte er damit nicht besonders befähigt sein, über die Afrikaander und den Staat, den sie sich aufgebaut haben, mit distanzierter Unvoreingenommenheit und Objektivität zu schreiben? Das ist nicht unmöglich, vermute ich, obwohl niemand, der sich mit der Literatur des Exils näher vertraut gemacht hat, darin ihre Haupteigenschaften sehen wird. Noch sind es die Haupteigenschaften von Breytenbachs Büchern und Essays. Er ist sehr zurückhaltend bei der Beschreibung der Vorteile, die das Exil dem Gesellschaftskritiker bietet. »Der Aufenthalt in einem anderen Land erweitert den Horizont. Er kann sich dann mit anderen Intellektuellen identifizieren und [...] gleichsam in die ›internationale Szene einsteigen‹. Oder er kann sich – durch sein Exil und wegen seiner politischen Haltung – [...] mit den unterdrückten Klassen identifizieren. Aber diese Identifikation dürfte einseitig sein: wie wenn ein Hund den Mond liebt.«[4] So wie Liebende brauchen auch Kritiker eine gewisse Reaktion auf ihre Bitten um Engagement und Anteilnahme. Gegen ein fernes Volk toben, wütende Blicke auf eine Landkarte werfen – das sind keine erbaulichen Tätigkeiten.

Niemand, der bei klarem Verstand ist, so folgert Breytenbach, würde das Exil wählen, würde es vorziehen, »fernab des vertrauten Umgangs mit seinen Landsleuten zu leben«. Wenn er die Wahl hätte. Wenn er seinen Vorlieben nachgehen könnte. Die Menschen, so sagt er, verlassen Südafrika nicht, um in einem besseren Klima zu leben oder mehr Geld zu verdienen. Sie verlassen es wegen der politischen Unterdrückung; sie ziehen das Exil dem Gefängnis vor.[5] Im Exil kämpfen sie darum, die zerfasernden Verbindungen zur Heimat aufrechtzuerhalten, dem tödlichen Schweigen zu widerstehen – »zumindest was die zentralen Probleme des eigenen Landes betrifft« –, dem eigentlichen Schicksal des Exilierten. Schreiben ist eines der Mittel des Widerstandes. Ich möchte mit Hilfe von Breytenbachs Büchern erkunden, was der Kritiker mitzuteilen hat, wenn er aus dem Exil schreibt, und welche Bindungen er zum Mutterland bewahren kann, dessen Politik und

Gesellschaft er radikaler als jeder Dagebliebene abgelehnt hat. Breytenbach ist ein Sonderfall, weil er nach Südafrika zurückgekehrt ist, nicht als Kritiker, sondern als Untergrundkämpfer, heimlich, mit gefälschten Papieren. Jetzt aber, nach sieben Jahren im Gefängnis, scheint er sich (manchmal) in sein Exil zu fügen:
»Sehen Sie sich selbst als Franzosen?
Ich lebe in Frankreich.
Und Südafrika? Glauben Sie, daß Sie je dorthin zurückkehren werden?
Nein. Ich könnte rhetorisch, schleimig sein und sagen: *Ich bin da.* Aber nein.«[6]

## Exil und Geheimpolitik

Breytenbachs Aufbruch war ursprünglich nicht politisch motiviert. Er verließ Südafrika im Alter von zwanzig Jahren – um drei Jahre lang auf Wanderschaft zu gehen, dabei gelegentlich zu arbeiten, zu schreiben und zu malen. 1962 ließ er sich in Paris nieder, mehr heimatloser Bohèmien als politisch Exilierter, und dort traf und heiratete er eine Vietnamesin, Yolande Ngo Thi Hoang Lien. Sein erster Gedichtband wurde 1964 in Südafrika veröffentlicht; drei weitere folgten in den nächsten sechs Jahren. Seine schriftstellerische Begabung wurde sehr bald von seinen südafrikanischen Landsleuten anerkannt, die offenbar bereit sind, vielleicht sogar allzu bereit, ihren Dichtern Wertschätzung entgegenzubringen – so als ob der nationalen Sache mit jedem genuin poetischen Gebrauch der Nationalsprache gedient wäre, gleichgültig, was die Gedichte ausdrücken. (Das wurde später für den Dichter zu einer starken Angstquelle.) Aber als Breytenbach nach Südafrika zurückkehren wollte, um dort einige ihm zuerkannte Literaturpreise in Empfang zu nehmen, wurde seiner Frau das Einreisevisum verweigert, und er wurde aufgrund des »Immorality Act« mit Haft bedroht, weil er mit einer Frau anderer Rasse zusammenlebte. Genaugenommen begann damals sein Exil. Seit langem Gegner der Apartheid, begann er jetzt, schriftlich Einspruch zu erheben und politisch Stellung zu beziehen.

Als »wandernder« Dichter (und auch Maler) und Pariser Heimatloser hatte Breytenbach bereits den endgültigen Bruch mit der Gesellschaft der Afrikaander vollzogen – eine künstlerische Version der Flucht des Philosophen:

»To the best of my powers, I oppose
my people: cave dwellers.«*[7]

Je mehr er aber über Politik schrieb, um so deutlicher wurde, daß er der Höhle nicht wirklich entronnen war; er trug eine schreckliche Last an Schuld und Wut mit sich herum. In seinen Arbeiten der späten sechziger und frühen siebziger Jahre kommt das oft in Form leidenschaftlicher Schmähungen zum Ausdruck – manchmal gezügelt, manchmal explodierend, manchmal sogar seine Gedichte verdrängend. Er schreibt nicht in der Sprache des Lichts, wenn er die Höhlenbewohner brandmarkt. Trotz des wiederholten Hauptmotivs seiner Prosaphantasie *Om te vlieg* (1971; *Weiß ist tot*) gelten Breytenbachs tiefste Gefühle, die unverändert lebendig sind, weiterhin seinen afrikanischen Landsleuten. Seine Politik spiegelt dieses Engagement ebenso wider wie seine wiederholten, persönlich und politisch motivierten Versuche, in das Land zurückzukehren, das er abwechselnd als Todesland und Paradiesgarten beschreibt.

Im Jahre 1973 ließen die Behörden sich erweichen (sie hatten bald darauf Gelegenheit, diese Entscheidung zu bereuen) und erteilten Breytenbach und seiner Frau Visa für einen Aufenthalt von drei Monaten. Er verbrachte diese Zeit in Gesprächen mit seiner Familie und Freunden und zeigte seiner Frau das Land. Aber er sprach auch bei einem Kolloquium, das eine große Anzahl enthusiastischer Studenten anzog, über die Literatur der Afrikaander, und er verurteilte die Apartheid-Politik. Während der gesamten Dauer seines Besuchs wurde er von der Geheimpolizei beschattet und nach seiner Rückkehr nach Paris in einer Reihe bizarrer »Gespräche« dazu aufgefordert, Dissidenten im Exil auszuspionieren.

---

* »Mit allen meinen Kräften stelle ich mich gegen / mein Volk: Höhlenbewohner.«

Statt dessen schrieb er *Augenblicke im Paradies*, ein merkwürdiges und schönes Buch, zugleich fesselnde Poesie und brillant-ideenreiche Prosa, vertrauliches Tagebuch, Reisejournal, politische Auseinandersetzung und ein Lied von Liebe und Haß auf das Land und seine Bewohner. Das Buch überlebte die Zensur und wurde fünf Jahre später mit nur wenigen Auslassungen in Südafrika auf Afrikaans veröffentlicht, zu einer Zeit, als Breytenbach selbst im Gefängnis saß.[8]

Mitte der siebziger Jahre, wieder in Paris, hatte er eine kleine politische Gruppe organisiert, die sich parallel zur »Black Consciousness«-Bewegung von Stephen Biko orientierte – und im Gegensatz zur offiziellen Linie des »African National Congress« (ANC) stand, der, wie Breytenbach glaubte, von der Kommunistischen Partei beherrscht wurde. Obwohl er für einen einheitlichen und demokratischen Staat eintrat, in dem die schwarze Mehrheit zu ihrem Recht kommen sollte, hielt er es für unerläßlich, daß sich weiße Mitkämpfer unabhängig davon unter ihren eigenen Leuten betätigten. »Und so wie ich den Schwarzen respektiere, der das Los seiner Mitmenschen zu verbessern sucht, genauso, glaube ich, wird der Schwarze mich nur in dem Maße respektieren, in dem ich bereit bin, mich für eine Veränderung in meiner eigenen Gesellschaft einzusetzen – und nicht, wenn ich ihm vorauszusagen versuche, was er zu tun habe.«[9] Das ist wieder ein Beispiel für das, was ich »reiterative Moral« genannt habe, und es soll den Gegensatz zum falschen Universalismus der Kommunisten hervorkehren, die sich »damit beschäftigten, die Probleme kulturellen Bewußtseins zuzudecken« (und jedermann, ob schwarz oder weiß, sagten, was zu tun sei). Die Kommunisten wußten genau, wie der historische Prozeß notwendig verlaufen mußte, und sie kannten auch den zwangsläufigen Endpunkt der Befreiungsbewegung. Breytenbach hatte zumeist nur Vorstellungen vom unmittelbaren Kampf. Das waren jedoch leninistische Gedanken – »die fortschrittlichen Elemente [...] in einer revolutionären Avantgarde neu zu organisieren« –, und sie drängten Breytenbach zu einer ebenso geheimen und elitären Politik, wie sie die Partei betrieb.[10]

Im Jahre 1975 kehrte Breytenbach unter falschem Namen und

mit gefälschten Papieren in geheimer Mission nach Südafrika zurück. Was er dort tun sollte, war freilich nicht sehr sorgfältig bedacht, und er war auch nicht für die Untergrundtätigkeit ausgebildet – obwohl das schwerlich eine Entschuldigung für sein außerordentlich ungeschicktes Verhalten zu sein scheint. Sein afrikanischer Landsmann André Brink hat die Vermutung geäußert, daß er in Wirklichkeit die Inhaftierung suchte, um sich seine Schuldgefühle von seinen eigenen Landsleuten austreiben zu lassen.[11] Ich selbst vermute, daß er überstützt aus seinem Exil fliehen wollte. Es muß ihm moralisch unangemessen, unrecht, risikolos und wie ein Zeichen von Ohnmacht vorgekommen sein, daß er von seiner Pariser Geborgenheit aus über die Apartheid schrieb. Breytenbach gehörte zu den nach Heldenhaftigkeit strebenden Kritikern, die, vielleicht zu Recht, nicht gewillt sind, das Leben im Exil selbst heroisch erscheinen zu lassen. Jedenfalls wurde seine kleine Gruppe von der südafrikanischen Geheimpolizei unterwandert. Von seiner Ankunft in Johannesburg an wurde er überwacht und bei der Ausreise zusammen mit einem Großteil der Menschen, mit denen ihm Kontakt aufzunehmen gelungen war, in Haft genommen.

Ich versage es mir, die Einzelheiten seiner beiden Prozesse und seines siebenjährigen Gefängnisaufenthalts hier auszubreiten (an dessen Ende er Gefängnisreformern wie Foucault einiges über den Stellenwert menschenwürdiger Inhaftierung zu berichten gehabt hätte).* Bedeutsamer sind hier jedoch seine späteren Überlegungen über politisches Wirken im Untergrund. Obwohl ihre Verfechter sehr intensiv versuchen, in die Gesellschaft einzudringen, die sie zu verändern beabsichtigen, hat Untergrundarbeit in der Politik merkwürdigerweise viel Ähnlichkeit mit Unvoreingenommenheit

---

* Es hat bemerkenswert kontroverse Auseinandersetzungen um Breytenbachs Verhalten bei seinem ersten Prozeß gegeben, bei dem er unter dem Druck seiner Familie und vielleicht desorientiert durch monatelange Einzelhaft einen apologetischen und willfährigen Eindruck machte. Zu einer kritisch-feindseligen Darstellung vgl. Martin Garbus, *Traitors and Heroes: A Lawyer's Memoir*, New York 1987, S. 3–31. Breytenbachs eigene Darstellung findet sich in *Wahre Bekenntnisse eines Albino-Terroristen*, übers. von D. Haug und S. Oberlies, Köln 1986.

in der Gesellschaftskritik. Breytenbach beschreibt die Reinheit des Denkens, das geschärfte politische Bewußtsein, die strenge Disziplin und die große Loyalität der kleinen Schar von Untergrundkämpfern. So wie die Situation des Exils hebt auch die des Untergrunds provinzielle Kontakte auf. »Allein die Tatsache, daß man sich für eine solche Aktionsform [im Untergrund] entschieden hat, bedeutet für gewöhnlich, daß man eine gewisse Distanz zwischen einem selbst und den traditionellen, offen operierenden politischen Gruppierungen des eigenen Landes aufgerichtet hat. Man ist so auch weniger an die nationalistischen Symptome gebunden, die diese Gruppierungen zeigen können.« Frei von Bindungen an Familie und Freunde, an Kirche, Partei und Massenbewegungen können die Untergrundkämpfer ihren eigenen Weg gehen, geleitet einzig von ihrem privaten Verständnis von Wahrheit und Gerechtigkeit. Aber das ist die romantische Seite dieser Konstellation. Breytenbach kennt die Schattenseiten besser: »Wie die Mittel die Menschen korrumpieren, wie Gruppen im Untergrund sich selbst zum Gesetz werden, so verblendet von ihrer eigenen Analyse, in sich selbst verbissen und in die Enge getrieben, wenn diese Analyse sich als ungenau herausstellt, so daß der einzige Ausweg immer strengere Formen von Terrorismus zu sein scheinen.« »War diese Politik«, fragt er, »jemals erfolgreich, wenn man davon absieht, daß sie in manchen Fällen den geheim operierenden Aktivisten zur Macht verholfen hat?«[12]

Aus dem Gefängnis entlassen, sagte sich Breytenbach von der Untergrundpolitik los, kritisierte das Leben in den geheimen Zellen (die er »Kolonien von Grabinsassen« nannte – sogar noch restriktiver als die Höhle) und beschränkte seinen Aktivismus aufs Schreiben. Seine Meinung über die Apartheid blieb unverändert, aber er hatte ein neues Verständnis für Strategie und Taktik entwickelt. Wer in seiner eigenen Gemeinschaft arbeiten muß, als Schwarzer unter Schwarzen, als Weißer unter Weißen, der muß das tatsächliche Bewußtsein der Gemeinschaft beachten und nicht nur das fortgeschrittene der eigenen kleinen Gruppe. »Möglicherweise«, schrieb er 1983,

»sollten wir uns für langsamere Prozesse entscheiden, vielleicht müssen wir, was äußerst widersinnig erscheinen mag, mehr Vertrauen in das Volk haben und in Massenorganisationen gleich welcher Art, die das Volk hervorbringt. Ja, das heißt aber, daß wir uns an die Vorstellung gewöhnen müssen, daß unser Weg verwässert oder völlig verändert wird [...], weil wir dann die Kontrolle über den Handlungsablauf verlieren, von dem wir ein Teil sind. Ist das nicht mit ›Alle Macht dem Volke‹ gemeint?«[13] Man könnte sagen, daß die bedeutendste von den Afrikaandern aufgebaute Massenorganisation die »National Party« war – und Breytenbach ist zweifellos nicht gewillt, sich den Nationalisten zu beugen. Er gibt lediglich zu bedenken, daß Intellektuelle mit ihren korrekten Lehren keinen Alleinanspruch auf die Opposition gegen den Nationalismus erheben sollten; sie sollen sich an oppositioneller Politik beteiligen, ihre Meinung sagen und sich nicht darum kümmern, ob sie die Kontrolle verlieren.

Jedenfalls ist Breytenbach ein recht unwahrscheinlicher Verfechter korrekter Lehren. Er ist geistig zu behende, zu kritisch, spielerisch, ironisch; seine Feder beschreibt einen Zickzack-Kurs; seine Argumente sind immer vorläufig. »WAHRHEIT gibt es nämlich nicht«, sagte er einige Monate nach seiner Entlassung aus dem Gefängnis vor der holländischen PEN-Sektion. »Dazu sind wir zu zerbrechlich und zu flüchtig. Wir arbeiten mit zu vielen Ungewißheiten. Wir sind vielmehr ständig daran, etwas zu formen, was eine schwache, näherungsweise Ähnlichkeit mit ›Wahrheit‹ hat.«[14] Zweifellos versprachen sich viele PEN-Mitglieder Absoluteres von einem Mann, der gerade einer modernen Hölle entronnen war. Aus Leiden erwächst Gewißheit. Aber wenn das eine Standard-Erwartung ist, ist Breytenbach genötigt, sie zu enttäuschen. Er fühlt sich der Sache einer schwarzen Politik verpflichtet und ist (heute) bereit, den ANC als die Massenorganisation anzuerkennen, die diese Sache am besten repräsentiert. Die Sache aber ist nicht in irgendeinem einfachen Sinne »korrekt«, seine Loyalität ist keineswegs unbedingt. Er ist noch immer ein Kritiker, obwohl er keine scharfumrissene ideologische Position mehr vertritt. Seine Sicht der eigenen Landsleute, der Afrikaander, ist sogar noch »zerbrechlicher und flüchtiger« geworden. Liebe und Haß, Identifikation und Ablehnung haben eine solch hohe Intensität gewonnen, daß *Augenblicke im Paradies* heute als ein nahezu sanftes Buch erscheint (nach objektiven Maßstäben ist es jedoch keineswegs sanft). Breytenbach durchlebt und beschreibt die härtesten Prüfungen des Gesellschaftskritikers: Exil, Entfremdung und Niederlage. Wie einigt sich der Kritiker auf die »langsameren Prozesse«, wenn »langsamer« unendlich langsam ist? Wie unterhält er Verbindung mit Menschen, Land und Kultur, wenn diese drei allesamt in eine verabscheuenswerte Politik verstrickt sind?

## *Der Kritiker und sein Stamm*

Eines der ständig wiederkehrenden Themen in Breytenbachs Schriften ist seit seiner Haftentlassung die Ablehnung der eigenen Identität: »Ich sehe mich nicht als Afrikaander.«[15] In *Augenblicke im Paradies* benutzte er, selbst in seinen barschesten Sätzen, immer noch Pronomina der ersten Person. »Wir Weißeren«, schrieb er, »sind der Abschaum einer Zivilisation, die auf Unrecht gegründet ist.«[16] Jetzt verweist er darauf, daß die Ungerechtigkeit in der Identität selbst begründet liegt. Den Namen benutzen heißt, eine politische Stellungnahme abgeben, ihn ablehnen heißt, die Politik ablehnen. An einem bestimmten Punkt scheint er es sogar für nötig gehalten zu haben, das Afrikaans abzulehnen, so als ob sich in dieser Sprache nichts mitteilen ließe, was nicht Unterdrückung ausdrückte. Eine solche Auffassung aber bringt ein verkehrtes Urteil über seine eigene Dichtung ins Spiel, die ganz deutlich verschiedene Bedeutungen und Dimensionen hat: Wut, Vorwurf, Schuld und, wiewohl seltener, Hoffnung auf die Zukunft. Tatsächlich steht Südafrika einer totalitären Gesellschaft nahe, in der »die Sprache die Tendenz hat, zu einem gänzlich manipulierten und indoktrinierten Universum zu gerinnen«, sehr viel näher jedenfalls als jenes Amerika, das Marcuse 1964 beschrieb.[17] Aber Afrikaans ist dennoch »Neusprache«; es läßt sich in den Dienst der Befreiung stellen (und auch in andere Dienste; es ist »unsere biegsame Sprache der Liebe«), und Breytenbach hat es in der Tat weiterhin gebraucht. Er nennt sich heute wunderlicherweise den einzigen Afrikaans schreibenden französischen Dichter.

Auch das ist jedoch nicht ganz richtig. Breytenbachs kritische Strategie – die, wie ich glaube, seine tiefsten Gefühle widerspiegelt – hat darin bestanden, eine neue Identität zu schmieden, keine afrikaanische, sicher keine französische (obwohl er, wie er sagt, »in Frankreich lebt«) und auch keine entfremdete und unparteiische, die sich nicht den Bedingungen des Exils beugte (obwohl für einige Schriftsteller, wie er meint, »das Exil ein zu erforschendes Land ist«). Er findet seine neue Identität als Südafrikaner. Er beschreibt sich selbst wiederum – denn die Identität des Kritikers, seine Selbstbenennung, ist ein Problem, das gelöst werden muß, wenn die kritische Intention etwas bewirken soll – als einen »weißlichen afrikaanssprechenden südafrikanischen Afrikaner«.[18] Als solcher stellt Breytenbach die Behauptung auf, die Camus als Anspruch seiner eigenen Landsleute formulierte. »Die südafrikanischen Weißen sind Afrikaner; sie sind da [er schreibt in Paris], um da zu bleiben.« Aber er fügt einen Vorbehalt hinzu, der bei Camus kein Äquivalent hat: Das Problem ihres Bleibens läßt sich nur »innerhalb eines schwarzen soziokulturellen Bezugsrahmens« lösen.[19] Breytenbach ist in einer Weise Afrikaner, wie Camus nie Algerier war, und diese Identität ist keine bloße Konstruktion, die für den kritischen Anlaß errichtet worden wäre, keine dichterische Erfindung. Sie ist ein reales historisches Produkt; die Afrikaander sind einer der afrikanischen Stämme geworden, eine Zwitterbildung wie alle anderen, und Afrikaans ist eine kreolische Sprache, ein Holländisch des 17. Jahrhunderts, radikal vereinfacht und mit malaiischen und afrikanischen Zusätzen durchmischt – ganz anders als Camus' Französisch. Es ist eine Sprache, die die Afrikaander mit den Farbigen (Gemischtrassigen) teilen, die für die Entwicklung der Sprache zweifellos die wichtigere Rolle spielten: eine Sprache, die jetzt eher zu Afrika als zu Europa gehört und ihre Sprecher auf eine ähnliche Zugehörigkeit verpflichtet.

Breytenbachs Kritik ergibt sich aus seiner neuen Identität. Apartheid, gibt er zu bedenken, ist ein »Versuch, die Entstehung einer südafrikanischen Nation – eigentlich die selbstverständlichste Sache der Welt angesichts unserer gegenseitigen Abhängigkeit und unserer gemeinsamen Bastardherkunft – zu verzögern, politisch, wirtschaftlich, kulturell und folglich auch rassisch«.[20] Die Anstrengung ist von Erfolg gekrönt, die Apartheid funktioniert, freilich nur dadurch, daß sie den Afrikaander von den Menschen seines eigenen Landes und vom »Südafrikaner in sich selbst« abschneidet. Was künstlich ist, ist *seine* Identität, die politische Willensbildung, so daß »die Stammesmoral der Afrikaander aus Ablehnung, Unterdrückung, Rückzug und Reaktion besteht«.[21] Zu alledem nein zu sagen heißt nicht, sich selbst zu mißbrauchen oder abzulehnen; es ähnelt mehr der Selbsterkenntnis als dem Selbsthaß. Auch bedeutet die Ablehnung der Apartheid keinen Verrat, obwohl die Machthaber des Staates sie wohl so nennen und selber mit der großen Mehrheit dessen auf Kriegsfuß stehen, was Breytenbach ihr eigenes Volk nennt. »Ich versuche keinen Augenblick, das Südafrikanertum, die *africanité* der jetzt Herrschenden zu leugnen. Ich sage jedoch, daß die Opposition patriotisch ist und um der Heilung der südafrikanischen Nation willen von innen kommt.«[22]

Ein südafrikanischer Patriot, ja; doch sogar hinsichtlich seines eigenen Stammes ist Breytenbach randständig, abweichend und subversiv. Er erkennt seine Verantwortung und damit seine Verbundenheit an: »Was es hier in diesem Land gibt, ist begangen worden in unserem – in meinem – Namen, in unserer – in meiner – Sprache. Obwohl ich also nur mein eigener Abgeordneter und der meiner Flöhe bin, will und kann ich mich nicht von diesem Misthaufen hier distanzieren.«[23] Verbundenheit dieser Art aber ist eine fortwährende Tortur, und das Sich-Heraushalten, das Ins-Licht-Rücken der eigenen Marginalität ist eine ständige Versuchung. Diese Versuchung nimmt verschiedene Formen an, und Breytenbach hat sich, wie man spürt, keiner verweigert. Im Jahre 1985, in den »End Notes« zu seinen *End Papers* beschreibt er die am meisten verbreitete Form von politischem Eskapismus: »Viele von uns projizierten [...] unsere lokale Randposition in ein romantisches, potentiell revolutionäres ›Anderswo‹.« Das ist eine Beschreibung – wenngleich nur eine Teilbeschreibung – seiner eigenen Politik in den frühen siebziger Jahren, als Radikale der Dritten Welt für ihn und seine Kameraden die Rolle von Surrogaten spielten. Jetzt versichert er, und das halte ich für das zentrale Thema seiner Kritik und auch seiner Poesie: »Das Wesentliche ist nicht anderswo.«[24] Die in meiner Einleitung zitierte Zeile: »Poesie ist der Hauptstrom« läuft auf dasselbe hinaus, obwohl vielleicht verzweifelt, weil sie auf etwas zu beharren scheint, das offenkundig (und nach allen Regeln des Gemeinverstandes) unwahr ist. Aber in Breytenbachs Poetik ist es die Wahrheit. Der Dichter und Kritiker spricht zum Herzen seines »Volkes und gibt sinnvolle Deutungen der gesellschaftlichen Realitäten seines Landes«. Er kann sich nicht heraushalten, er kann sich kein anderes, passenderes Land wählen (obwohl er »in Frankreich lebt«). Obwohl er eine Randposition zu der Welt einnimmt, die die Apartheid geschaffen hat, behauptet er, mitten im »Hauptstrom« seiner eigenen Geschichte und seiner nationalen Kultur zu stehen.

Der »Hauptstrom«-Dichter und Kritiker hat, wie Breytenbach 1983 zu bedenken gibt, zwei Aufgaben: »Er ist der unerbittliche Kritiker, der die Sitten, Einstellungen und Mythen seiner Gesellschaft hinterfragt [...], aber er ist auch der Träger der Hoffnungen seines Volkes.«[25] Zehn Jahre früher, als er *Augenblicke im Paradies* schrieb, gelang es Breytenbach, diese beiden Aufgaben gleichzeitig zu erfüllen, was gewiß nicht einfach war und nicht ohne radikale Veränderung in Tonfall und Gewichtung, aber sichtlich ohne offenen Selbstwiderspruch geschah. Denn in der Gemeinschaft der Afrikaander des Herzlandes, unter den von den Städten weit entfernt lebenden Farmern fand er eine Sehnsucht, die er mit Überzeugung vertreten konnte: die Sehnsucht nach Einheit und Übereinstimmung mit dem Land und den Menschen Afrikas. Er fand den Südafrikaner im Afrikaander – oder glaubte ihn zu finden – und deutete das als eine Art pränationalistischen Humanismus, den ein mit seinen Landsleuten in Einklang stehender Kritiker noch immer wiederbeleben konnte, obwohl die Zeit für die Wiederbelebung rasch verstrich. Die Aufgabe ist geblieben, aber es ist unklar, ob die Zeit reicht. Wessen Interessen dient die Ideologie der Trennung? Bleibt dann, wenn man einmal mit der Kritik an der »Haltung« der Afrikaander fertig ist, noch irgendeine Hoffnung auf Erfüllung der Sehnsucht? Kritiker Breytenbachs haben ihn mit Camus verglichen; beide sind unfähig, den endgültigen Bruch zu vollziehen, dem Stamm zu entsagen, anzuerkennen, daß, wie einer von ihnen das formuliert hat, die »Geschichte den Afrikaander-Humanismus überholt hat«.[26]

Sicherlich hat es Afrikaander-Humanisten gegeben, und ebenso existiert eine Tradition der »volkskritiek«, der Breytenbach, wenn auch als Extremfall, durchaus angehört. »Volkskritik« indes funktioniert nur – so meint der frühere Afrikaander-Dichter N. P. van Wyk Louw –, wenn der Kritiker seinem Volk eng verbunden ist und »bereit, seine Scham zu teilen«.[27] Ich vermute, daß Breytenbach diese Scham wohl oder übel, bereit oder nicht, tatsächlich teilt. Aus seinen Schriften seit der Haftzeit geht jedoch hervor, daß er dieses Teilen verübelt. Wichtiger noch, er leugnet seine eigene Schuld – und lehnt jede Art von Politik ab, die sich aus Schuldgefühlen speist: »Schuld und all die fade und von Schuldgefühlen ausgelöste Sentimentalität, die das Herz zum Klopfen bringt – damit ist jetzt Schluß. Überlaß das den Richtern und den Predigern. Sei kein Richter oder Prediger.«[28] Wenn er einst sentimental gegenüber seinem Stamm (oder einigen seiner Angehörigen) war, so will er diese Sentimentalität doch nicht auf jene Stämme übertragen, die sein eigener Stamm unterdrückt. Macht ihn das zu einem distanzierten und objektiven Kritiker aller afrikanischen »volke«, frei von der Scham und dem Schuldgefühl persönlicher Zugehörigkeit? Nicht ganz; denn wenn er sagt »Ich bin kein Afrikaander«, so sagt er das zu seinen Mit-Afrikaandern. Er versucht nicht, seine Glaubwürdigkeit bei anderen Stämmen oder einem internationalen Publikum zu begründen. Er möchte, daß sein Volk die Ablehnung nachvollzieht; er will, daß sie in einem neuen Sinne Afrikaander werden.

### »Dranbleiben«

Von Beginn seiner politischen Betätigung an nannte Breytenbach sich selbst einen Revolutionär. Er glaubte nicht, daß die Apartheid reformiert, vermenschlicht, liberalisiert oder flexibel gestaltet werden könnte. Einige kleine Erfolge dieser Art würden nur das System als Ganzes stärken. Südafrika könne kein lebenswerter Ort sein, solange nicht »die gegenwärtigen Machtstrukturen aufgebrochen sind, und zwar durch Zerstörung ihrer Grundlagen selbst«.[29] Die »Sestigers«, die südafrikanische Avantgarde der sechziger Jahre, trugen, so versicherte er, durch ihre literarischen Proteste lediglich zur Legitimierung des Regimes bei. Die Reformer waren heimliche Stützen der Apartheid. Breytenbach attackierte sie in einem Gedicht, das er 1969, auf der Höhe seiner eigenen radikalen Inbrunst, schrieb, wobei seine Muse ihn in diesem Falle im Stich ließ, als

»vielzüngige Arschkriecher der Bourgeoisie«.[30]

Diese ganze Angelegenheit aber war nur der häßliche Reflex eines internationalen Kampfes. Das Adjektiv und das Nomen von Breytenbachs Identität (jedenfalls seiner damaligen) standen miteinander auf Kriegsfuß: »Afrikaner radical.« Auch eine nur minimale Bindung an das Adjektiv schien die Ernsthaftigkeit des Nomens in Frage zu stellen.

Eineinhalb Jahrzehnte später drückte er dieses Dilemma in einer lebendigeren und ideenreicheren Sprache aus als in dem Gedicht von 1969:

»Ich könnte argumentieren – nun ja, ich muß sie aus dem Sattel heben, verstehen Sie, ich versuche die Afrikaander von innen her an ihren empfindlichen Stellen zu treffen, und deshalb fange ich mit dem Brot an, das wir gemeinsam brachen, auch wenn es nur durch die grundlegende Komplizenschaft eines gemeinsamen faulen Zaubers geht, ich meine die Sprache, ich meine *taal*. Wie könnte ich denn sonst mitreden. Ach, aber wie vermeide ich bloß das Winden und das Bücken, das Knien und das In-den-

Rücken-Fallen, die Kompromisse, die moralische Korruption, wenn ich versuche ›dranzubleiben‹«?[31]
Ein seriöser Schriftsteller, der von »innerhalb« (diese doppelte Präposition findet sich in Breytenbachs Essays häufig) eines Volkes auf der falschen Seite der Geschichte schreibt, kann schwerlich dem Selbstzweifel entrinnen. Wie soll er, wenn er zensiert oder verbannt wird, die Männer und Frauen erreichen, die er erreichen muß? Und ist es nicht ein Zeichen dafür, daß er sich kompromittiert, daß er sich gebrauchen läßt, wenn er nicht zensiert und nicht verbannt wird? »Ihr werdet euch nämlich darüber klar werden müssen, ob eure Opposition, in die ihr euch begeben habt, um zu überleben, dadurch, daß sie jetzt erlaubt ist, nicht objektiv den totalitären Staat stärkt, indem sie ihn mit einem Zerrspiegel der inneren Flexibilität versieht.«[32] Breytenbach hat seine Entscheidung getroffen: seine Bücher, Gedichte und Essays werden in Südafrika veröffentlicht (ich kann darin nicht allzu viele Hinweise auf Anpassung entdecken). Obwohl er nicht dort lebt, »bleibt er dran«.

Es ist ebenso ein Zeichen des »Dranbleibens«, daß Breytenbach sowohl schwarzen Revolutionären als auch weißen Reformern kritisch gegenübersteht. Damit meine ich nicht, daß er nach einer bescheidenen »Mitte« Ausschau hält, die von Reform und Revolution gleich weit entfernt ist. Die »Mitte« wird seiner Auffassung nach nicht durch Geisteskraft entdeckt; sie ist eine schwierige politische Aufgabe. Er scheint jedenfalls manchmal zu glauben, daß die Zeit für diese politische Schöpfung längst verstrichen ist. Man vergleiche die Tempora der Verben in den folgenden Zeilen: »Eine politische ›Mitte‹ [...] hätte nur geschaffen werden können auf Kosten von, sagen wir, zwei- bis dreitausend weißen politischen Gefangenen, die heute in den Gefängnissen säßen«.[33]* Tatsächlich haben sich Weiße, sogar weiße Radikale, für eine revolutionäre

---

* Eben das unterscheidet Breytenbachs Exil von dem Silones: Im faschistischen Italien waren Tausende von Silones Kameraden im Gefängnis – darunter 1929 auch sein eigener Bruder. Breytenbachs Bruder dagegen ist ein hochrangiger Offizier der südafrikanischen Armee. Silone hatte eine politische Niederlage erlitten, aber er konnte sich einen weiteren politischen Kampf vorstellen; für Breytenbach ist die Politik selbst fragwürdig geworden.

Politik irrelevant gemacht. So sagt er manchmal; und doch ist er selbst verstrickt, zwar nicht mehr in revolutionäre, aber in eine andersgeartete Politik, die Politik der Kultur, Gramscis Stellungskrieg (»an den empfindlichen Stellen treffen«) – und er ist entschlossen, auf eigene Rechnung darin verstrickt zu bleiben, verantwortlich einzig für seine eigenen Taten. »Verantwortlichkeit setzt die Freiheit voraus, kritisch zu sein. Wenige Positionen sind so erniedrigend wie die des ›Mitläufers‹.«[34] Und wieder, im selben Aufsatz »Black on White«, in dem er die Irrelevanz des weißen Radikalismus beteuert: »Ich kann nicht zulassen, daß meine Beteiligung davon abhängt, ob meine schwarzen Landsleute mich akzeptieren oder ablehnen, mich anerkennen oder mißachten.«[35]

Das klingt nach Camus: »Ich kann nicht anders handeln, als ich bin.« Er ist einer der weißen Südafrikaner, ein Teil des Problems, aber dennoch »da, um dort zu bleiben«, »eine Minderheit, deren Lage auch jenseits der schwarzen Machtübernahme irgendwie berücksichtigt werden muß«.[36] Diese Machtübernahme erscheint ihm unvermeidlich, der Interessenausgleich nicht – obwohl er davon überzeugt zu sein scheint, daß eine schwarze Herrschaft, gleich welcher Art, nicht als Spiegelbild des gegenwärtigen Systems eine neue Apartheid hervorbringen kann. »Vorstellbar ist«, schrieb er 1983 in einem Anhang zu seinen Erinnerungen an die Zeit im Gefängnis, »daß der gegenwärtige totalitäte Staat durch einen Staat ersetzt werden wird, der unter Umständen auf andere Art genauso totalitär und anderen Denkmodellen gegenüber intolerant ist und noch mehr auf Hegemonie bedacht [weil er die Unterstützung der Mehrheit hat], aber nicht rassistisch ist.«[37] Es fällt nicht schwer, sich vorzustellen, welche Kritik der Kritiker für diesen Satz geerntet hat. Von der Linken wird er der Hatz auf Rote bezichtigt – als ob »Totalitarismus« ein Wort wäre, das ein linker Kritiker nie aussprechen dürfte –, während Autoren unmittelbar zu seiner Rechten, »Sestigers«, Reformer, Liberale befürchten, er brenne darauf, sich in diesen anderen Totalitarismus zu stürzen (so wie er sich einst ins Gefängnis stürzte?). Vielleicht sollte er mehr auf den Einzelheiten des »Interessenausgleichs« beharren: Wie können die Weißen in einem neuen System geschützt werden? Es ist klar, daß er sie geschützt sehen möchte. Er pocht darauf, daß sie in einem zukünftigen südafrikanischen Staat eine Rolle spielen sollen. Ebenso aber pocht er darauf, daß sie diese Rolle nur im Verlauf eines politischen Kampfes beanspruchen dürfen, dessen Ziel es sein muß, den Platz, den sie jetzt einnehmen, zu untergraben und zu erschüttern. Wenn kein Kampf, dann kein Anspruch – der Afrikaander muß »seinem schwarzen Kindermädchen vertrauen, daß es ihn hält und nicht fallenläßt«.[38]

Die letzte Zeile (aus einem Interview von 1986) ist eher ein Scherz und eine Warnung als ein Argument. Wie bereits Camus wußte, haben auch Leute auf der falschen Seite Rechte und können Ansprüche auf eine gesicherte Zukunft erheben. Aber, gibt Breytenbach zu verstehen, es wäre einigermaßen unanständig, sich auf Rechte und Sicherheit der Weißen zu konzentrieren, während das Apartheid-Regime noch immer Bestand hat. Schwarze werden

> »in Gewahrsam genommen, Gebrochen
> Gesteinigt
> Gehängt
> Gepeitscht
> Gebraucht
> Gequält
> Gekreuzigt
> Verhört
> Unter Hausarrest gestellt
> Gezwungen, bis zum Umfallen zu schuften
> Bis ans Ende ihrer Tage auf gottverlassene Inseln verbannt.«[39]

Vielmehr muß der Kritiker sich darum bemühen, bei seinen Landsleuten ein neues Bewußtsein davon zu wecken, was in ihrem Namen getan wird – nicht bloß *für* sie (wie von den *pieds noirs* in Algerien gesagt werden konnte, den weitgehend passiven Nutznießern der französischen Herrschaft), sondern *von* ihnen. Die Afrikaander sind die Agenten ihrer eigenen Befreiung, und die Aufgabe des Kritikers ist es, die neuen Herren in ihrem kollektiven

Selbstverständnis zu übertreffen, ein neues Afrikaander-Bewußtsein zu erzeugen. Das aber versucht er nicht mit Lügen zu erreichen. Er klammert sich nicht an die Orthodoxien der Unterdrückten. Er malt sich keine schönen Bilder einer liberalen und demokratischen Zukunft aus. In Wirklichkeit ist die Zukunft radikal unsicher, und je länger das Apartheid-System währt, um so wahrscheinlicher ist es blutig. Vielleicht folgt auf die alte Unterdrückung eine neue. Jedenfalls muß die alte beseitigt werden. »Einen anderen Weg gibt es nicht.«[40]

## Kritik und Exil

Läßt sich der Krieg der Afrikaander von Paris aus führen? Verkörpert Breytenbach nicht den extremsten Fall eines entfremdeten Intellektuellen, obwohl er sentimental beteuert, daß er »auf immer mit der Sache des südafrikanischen Volkes verbunden« sei? Der Brennpunkt seiner widersprüchlichen Impulse ist das Exil, und im Exil findet er sich selbst am Ende seines Seiles, ein baumelnder Mann. Wir können ihn in eine Reihe stellen: Zuerst geben Marcuse und Foucault alle Hoffnung auf, die sie einst für die Arbeiterklasse gehegt haben mögen – und für sich selbst als Intellektuelle der Bewegung oder Partei, die mit den Kräften des sozialen Wandels in Verbindung stand. Und dann gibt Breytenbach alle Hoffnung auf, die er einst für die Nation (als Ersatz für die Arbeiterklasse) gehegt hat – nicht nur seine eigene, sondern auch die der anderen: Afrikaander und Afrikaner fallen seinem bitteren Realismus zum Opfer, und er gibt auch seinen Ehrgeiz in bezug auf eine aktivistische Rolle auf. Alle Götter haben versagt. Der Kritiker findet sich mit einem fundamentalen Atheismus ab. Er lebt im Exil in Paris, wo er sich nur deshalb wohl fühlt, weil jedermann sich in Paris wohl fühlen kann, einer Stadt, die Flüchtlinge und Expatriierte aller Schattierungen für sich beanspruchen: »La France aux Français; Paris est à nous!«[41]

Diese Skizze fängt etwas von Breytenbachs Stimmung ein (ich

meine von der Stimmung seines Werks), sie erfaßt jedoch nicht das Engagement, das, so unwahrscheinlich es ist, irgendwo jenseits des Atheismus liegt. Warum sitzt er in Paris und schreibt *über Südafrika?*

»Es hinter sich bringen. Zur Klarheit durchdringen. Auch den Kampf weiterführen. Ich weiß, daß Machtstrukturen praktisch unveränderbar sind und nach ihrem Zusammenbruch aller Wahrscheinlichkeit nach durch andere ersetzt werden, die ebenso ausschließlich und manipulierbar sind; [...] ich muß dranbleiben, weil ich hoffe, irgendwo ein paar Alarmglocken schrillen lassen zu können. [...] Dabei weiß ich, daß ich nicht an die Möglichkeit glauben oder darauf vertrauen kann, das Ziel zu erreichen, um weitermachen zu können. [...] Nebenbei bemerkt könnte fortgesetztes Engagement gerade noch als eine Form von Solidarität und Unterstützung gewertet werden – von denen, die in Durchgangslagern und Gefängnissen sind und wenigstens etwas menschliche Anteilnahme zum Überleben brauchen.«[42]

Als Kritiker bleibt er durch die wirkliche Extremität seiner Situation lebendig. Er kann nicht verstummen wie Camus, denn seine Landsleute sind noch immer Herren ihres Geschicks, was natürlich auch bedeutet, daß es Polizisten, Folterer und Unterdrücker gibt, die in seinem Namen tätig sind, obwohl er tut, was er kann, um sich davon zu distanzieren: »Ich bin kein Afrikaander.« Er kann nicht in Südafrika leben. Er kann die Zuversicht nicht preisgeben, daß sein eigener südafrikanischer Stamm (derjenige, dessen Sprache seine »Herzsprache« ist) einen Weg finden wird, mit den anderen Stämmen Frieden zu schließen. Obwohl er immer wieder enttäuscht ist vom Unvermögen seiner Landsleute, einen spezifischen Afrikaander-Widerstand aufzubauen, so kann er sich doch nicht von ihnen abwenden. Er kann seinen Zorn nicht aufgeben, auch wenn er nicht die Hoffnung zulassen mag, die jener Zorn mit sich bringt. Er kann sich auch nicht den organisierten Gegnern der Afrikaander-Unterdrückung anschließen; zwar unterstützt er ihren Kampf, aber er tut es ohne die Illusionen, die sie von ihren Anhängern fordern. Jedenfalls ist er einer der Weißen, die sich der »Probleme der kulturellen Bewußtheit« schmerzlich bewußt sind. Bei Breytenbach ist die Verbundenheit in Verzweiflung umgeschlagen. Er weiß, daß der Kritiker nur dann wirksam operieren kann, wenn er »in seiner Sprache, in seinem Land« spricht, und da sitzt er nun behaglich in Paris und spricht Französisch.[43] Dennoch hat er sein Exil nicht akzeptiert, hat er kein allgemeineres und abstrakteres Engagement an die Stelle jenes einen gesetzt, das er kaum durchhalten kann – »wie ein Hund, der den Mond liebt«. Was anderes kann ein Kritiker im Extil tun? »Er muß sich zwingen, einen Dialog mit dem ›Inneren‹ aufrechtzuerhalten. [...] Er muß überall an der Grenze entlang bellen.«[44]

## 13
# Schlußfolgerungen: Kritik heute

*Der Umgang mit Niederlagen*

Ich hätte elf andere Gesellschaftskritiker auswählen können. Jeder Freund, den ich um Rat bat, schlug eine andere Liste vor. Aber jede Liste von Kritikern, die auf die eine oder andere Weise mit dem zu tun hatten, was von Ortega y Gasset »Aufstand der Massen« genannt worden ist, hätte dieselben Themen impliziert, mit denen ich mich beschäftigt habe, und in fast der gleichen Form. Die einzige Möglichkeit, diese Fragen zu bearbeiten, besteht, so scheint mir, darin, die damit befaßten Intellektuellen zu betrachten, einen nach dem anderen – Männer und Frauen, die ihre Existenz durch die Revolte formen lassen, ohne sich den Organisatoren und den neuen Amtsträgern auszuliefern.

Die skizzierten Porträts entsprechen nicht oft dem Stereotyp des linken Gesellschaftskritikers. Die meisten wirklichen Kritiker können sich nicht mit dem Ideal eines Heldentums messen, das zwar nicht die Geschichte, wohl aber die Ideologie der Linken beherrscht hat. Ich habe immer wieder auf diese Konzeption hingewiesen, zumeist durch die Explikation von Kontrasten. Betrachten wir sie ein letztes Mal.[1] Der stereotype linke Kritiker bricht mit seiner Familie und seiner Heimat (die bürgerlich, kleinbürgerlich, konformistisch, religiös, behütet, provinziell usw. ist), entflieht ihr unter dramatischen Begleiterscheinungen, löst sich aus allen emotionalen Banden, tritt zurück, um die Welt mit absoluter Deutlichkeit zu sehen, untersucht (wissenschaftlich, in Übereinstimmung mit den fortschrittlichsten Erkenntnissen), was er sieht, entdeckt gleichsam zum ersten Mal allgemeingültige Werte, findet die Verkörperung dieser Werte in der Bewegung der Unterdrückten

(Klasse, Nation, seinem eigenen oder dem anderen Geschlecht – solange die »Befunde« objektiv sind, kommt es darauf nicht an), entschließt sich, die Bewegung zu unterstützen und die Kontrahenten zu kritisieren, die häufig Menschen sind, wie er es einmal war. Der Kritiker schließt sich der Revolte an, wobei er manchmal die Bedingungen dafür aushandelt und manchmal nicht. Meistens, so läßt das Stereotyp vermuten, werden die Bedingungen nicht im einzelnen ausgehandelt; Sartres unbedingtes Engagement für die algerische FLN ist ein typisches Beispiel. Welchen Sinn könnten solche Bedingungen auch haben, wenn die Unterdrückten allgemeingültige Prinzipien oder, alternativ, die Gesellschaftsordnung der Zukunft repräsentieren?

Die Beschreibung ist nicht leichtfertig; sie wäre nicht stereotyp, wenn sie nicht mindestens an einigen Punkten das Typische erfaßte. Aber sie hat den Anschein einer theoretischen Darstellung, nicht den einer Lebensgeschichte. Sie liest sich wie eine Gebrauchsanweisung: Wer Gesellschaftskritiker sein will, der muß dieses oder jenes tun. Die meisten Gesellschaftskritiker, die etwas taugen, leben ohne Handbuch, und was sie tun, was mit ihnen geschieht, ist komplizierter und interessanter, als das Stereotyp vermuten läßt. Es ist ungewöhnlich, jemanden zu finden, auf den das Klischee wirklich zutrifft – wie Rosa Luxemburg, wenn sie in einem Brief an ihre Freundin Mathilde Wurm schreibt, daß sie in ihrem Herzen keinen besonderen Platz für die Nöte der Juden habe.[2] Ich bin sicher, daß sie jene Worte mit Stolz schrieb, denn sie behauptete, daß sie den erforderlichen Bruch mit ihrer Vergangenheit und ihrem Volk vollzogen habe; jetzt war ihr Herz für die Nöte aller Völker gleich offen. Aber stellen wir uns vor, Ignazio Silone hätte einen solchen Satz über die Bauern in den Abruzzen geschrieben, oder Orwell über die Engländer oder Camus über die *pieds noirs* oder selbst Breytenbach über seine Afrikaander-»Stämme«. Wie intensiv auch immer die Auseinandersetzung der Kritiker mit ihrer Vergangenheit und ihrer Herkunft sein mag, so entfernen sich doch nur wenige von ihnen sehr weit von dem Ort, an dem sie begannen. Sie überqueren Meere und Erdteile; sie durchmessen geographische Entfernungen von Hunderten und Tausenden von

Kilometern. Aber kritischer Abstand bemißt sich nach Zentimetern, und jeder Zentimeter gibt Anlaß zu Sorge, wird durchlitten, ist Gegenstand von intensivem Denken und Nachdenken.

Strikte Objektivität ist ein Ziel, das niemals erreicht wird; der Kritiker ergreift von Anfang an Partei. Sein Verstand und sein Herz sind, als seine eigenen, parteiisch. Er ist niemals ganz selbständig, wählt seine Bindungen niemals frei, vielmehr kämpft er darum, die Bindungen zu erkennen, die er schon hat. Auch die Allgemeingültigkeit wartet nicht gerade dort darauf, gefunden zu werden, wo er sie sucht. Während es (wovon ich überzeugt bin) sehr wohl ein allgemeingültiger Wert sein kann, der Unterdrückung Widerstand entgegenzusetzen, haben die Unterdrückten ihre eigenen Werte, auch ihre eigenen Interessen – und ihre Werte und Interessen geraten oft miteinander in Konflikt. Unterdrückte Menschen sind nicht die bestellten Agenten weltgeschichtlicher Umwälzungen; sie warten nicht atemlos darauf, die Mission zu erfüllen, die der Kritiker ihnen aufträgt. Die Bewegungen, die sie anzetteln und die in ihren Anfängen heroisch sind, stellen sich später als lethargisch, bürokratisch, korrumpierbar heraus. Die Siege, die sie erringen, sind unvollständig und eher Kompromisse; oft gewinnen sie nicht. Massen können mobilisiert werden, und sie lassen sich auch demobilisieren und beherrschen; sie lassen sich, das fällt auf, durch militante Eliten demobilisieren und beherrschen, die in ihrem Namen handeln – obwohl im Namen der Wissenschaft, einer falschen Allgemeingültigkeit und aus der Distanz heraus. Im günstigsten Fall entspricht weder die nationale Befreiung noch die sozialistische Revolution den Maßstäben der Gesellschaftskritiker. Gelegentlich sind die neuen Regimes ebenso schlecht wie die alten, manchmal sind sie kraß schlechter. Was macht der Kritiker dann? Wie geht er – und jeder Kritiker des zwanzigsten Jahrhunderts mußte das – mit Niederlage und Enttäuschung um?

Wir reagieren darauf, indem wir aufhören, kritische Intellektuelle zu sein. Statt dessen werden wir zu Apologeten, verteidigen mit fest geschlossenen Augen das, was mit offenen nicht länger verteidigt werden kann. Ich habe hier nicht versucht, verschiedene Formen der kritischen Kapitulation zu beschreiben, von denen der

Stalinismus für die Politik der Linken die weitaus wichtigste ist. Die Kritik hat ihre Schwanengesänge und traurigen Reste genauso wie ihre heroischen Anfänge. Es gibt intellektuellen Verrat wirklich, obwohl er selten Bendas Beschreibung folgt; häufiger sind die Leitlinien Überlegungen zum richtigen Ort und zur Macht als emotionale Bande. Aber Kapitulation und Verrat sind Themen für ein anderes Buch (obschon sie auch Themen für die Gesellschaftskritik sind – zum Beispiel in der Hand osteuropäischer Dissidenten).[3]

Eine andere Reaktion, für mich interessanter, weil sie die offensichtliche Schlußfolgerung der Distanzierung und des Anspruchs auf Allgemeingültigkeit ist, besteht in der Verallgemeinerung der Kritik, dem Anspruch, ein Groß-Kritiker zu sein, der die ganze Welt überschaut, kritisch gegenüber der Moderne, populistischen Tendenzen, der Massengesellschaft, der Bürokratie, Wissenschaft und Technik, dem Wohlfahrtsstaat und allem anderen, was da in Erscheinung tritt. Herbert Marcuse kommt dem nahe (und es lassen sich unter den »kritischen Theoretikern«, linken Bewunderern Griechenlands und Roms, späten Anhängern Rousseaus zahlreiche andere Beispiele finden – ebenso wie, was man eher erwarten würde, unter konservativen Kommunitaristen und religiösen Fundamentalisten). Der Ton einer solchen Arbeit legt eine kollektivistische Version der Menschenfeindschaft nahe, obwohl hier nur das verdammt wird, was der moderne Mensch, der Massenmensch, geschmiedet hat. Enttäuscht vom Volksaufstand und ohne sonderliche Empfindsamkeit für das Alltagsleben machen die Groß-Kritiker aus der Not eine Tugend und kehren zu einem früheren Verständnis des kritischen Projekts zurück: dem von Benda und seinen Vorgängern. Sie erobern die Höhen und verachten die Höhle, als ob sie nie dort gewesen wären. Wenn sie nicht vollständig distanziert und objektiv sind, sind sie jedenfalls ziemlich urteilslos, was das Ausmaß ihrer Abneigung betrifft.

Eine dritte Reaktion, die von Foucault empfohlen, aber nicht praktiziert wird, ist die, Detail-Kritiker zu werden und als Preis für die Niederlage die radikale Lokalisierung kritischer Tätigkeit zu akzeptieren. Der Foucaultsche Intellektuelle möchte wenigstens eine kleine Rolle in Gramscis »Stellungskrieg« spielen, aber er hat alle Hoffnung auf gesellschaftliche Zusammenarbeit oder politische Allianz aufgegeben. Er ist nicht so sehr Berufskritiker als vielmehr Kritiker in der kleinen Welt seines Berufs, und sein Beruf ist heutzutage mit hoher Wahrscheinlichkeit der des Akademikers: Daher rühren die kritischen Gefechte der achtziger Jahre, die außerhalb der akademischen Sphäre kein Echo fanden, weil die Kritiker keine materiellen Verbindungen mit Menschen oder Parteien außerhalb der Bewegung unterhielten. Akademische Kritik neigt unter diesen Umständen stets zu Abschließung und gnostischer Unklarheit; selbst die Schüler des Kritikers verstehen ihn kaum.[4]

Von der Zusammenhanglosigkeit zum Zusammenhang und dann wieder zurück – der freischwebende Gesellschaftskritiker sieht sich im Bündnis mit den Interessen der Bevölkerung und historischen Kämpfen; nach einer Weile schwebt er, besiegt und unglücklich, wieder frei. Ist dies der Lauf der Kritik im zwanzigsten Jahrhundert? Benda steht am Beginn, hochgestimmt und optimistisch; Gramsci und Silone, Buber und Camus ringen erfolglos mit dem Dilemma des Engagements; Marcuse steht dem Ende näher, hochgestimmt und grimmig. In einer seiner Schriften, in denen er sich mit dem Exil abgefunden hat, fängt Breyten Breytenbach die Stimmung eines Endes ein, die umgekehrte Elegie:

»Die Welt wird grauer, glatter, weniger strukturiert. [...] Die Muster liegen fest. Da gibt es natürlich die offensichtlichen Beispiele: Digitalisierung, Ordinormalisierung, Computerisierung des Menschlichen und seines Wortes. Die Gewöhnung an ein Leben durch das Gleichgewicht des Schreckens. Akzeptieren, daß Überleben nur durch Herstellung und Verkauf todbringender Geräte gesichert werden kann. Damit leben, daß Folter und Säuberungen sein müssen. Mundabwischen und wählen. Nach der Reparatur des Klos Polyesterhemden kaufen. Bügelfreies Denken.«[5]

Das ist das Palaver des Groß-Kritikers. Es trifft zwar das Wesentliche (und ist nicht unklar), aber es fehlt das Spezifische und die Kraft der älteren Gesellschaftskritik. Es kommt im Vergleich mit der wunderbar greifbaren, fast zärtlichen Prosa, mit der Breytenbach sein Südafrika beschreibt, schlecht weg. Sind wir zum Palaver verdammt? Ist dies das Ziel, bei dem ein enttäuschter Gesellschaftskritiker schließlich anlangt?

Aber dieses Ende scheint mir nicht unvermeidbar. Nur der ideologische Konnex zwischen dem Kritiker und den Menschen wurde zerbrochen, das doktrinäre Vertrauen in die geschichtliche Mission dieser oder jener Klasse oder Nation. Zweifellos läßt dieser Bruch einige Kritiker freischwebend, enttäuscht und bindungslos zurück. Aber das muß nicht das letzte Wort sein, denn die moralische Bindung ist nicht zerbrochen, müßte nicht zerbrechen oder kann erneuert werden, oder man kann immerhin daran festhalten, »dranzubleiben«. Gesellschaftskritik hängt nicht von einer positiven Sicht der geschichtlichen Wirksamkeit ab – als ob Marcuses Entdeckung, daß es keine gesellschaftlichen Kräfte gibt, von denen wir mit Sicherheit sagen können, daß sie befreiend sind, das Ende der Kritik bedeutete, das letzte kritische Wort, nach dem das Geschwätz beginnt. Ich sehe keinen Grund, die These zu akzeptieren, daß die Kritik eine Geisel der Theorie sei, schon gar nicht einer speziellen Theorie wie des Marxismus, der ja so anfällig für eine Widerlegung durch die Geschichte ist. Es hilft natürlich, eine Theorie zu haben, die in der Gesellschaft wirkenden Kräfte einigermaßen zu erfassen und an die Zukunft mehr oder minder realistische Erwartungen zu richten. Aber wenn die Theorie zusammenbricht, können wir uns immer noch, wie Silone sagt, auf unser sittliches Empfinden, unser Gefühl für Moral als einen »Führer zum Wissen« verlassen. Als ich diesen Ausdruck zum ersten Male las, nahm ich an, Silone wollte »Führer zum moralischen Wissen« sagen. Ich denke jetzt, daß er ehrgeiziger war: Das Gefühl für Moral führt auch zum gesellschaftlichen und politischen Wissen und ist vielleicht ein besserer Führer, als die zusammengebrochene Theorie es jemals war – und sei es nur, weil es weiter verbreitet ist. Es ist eine Fähigkeit der Wahrnehmung und des Verständnisses, wenn nicht sogar, wie die theoretische Vernunft, der Beherrschung; es ermöglicht intelligente Teilhabe, vielleicht sogar rationale Kontrolle. Freiheit, Gerechtigkeit, Demokratie, Beherrschung, Unterdrückung, Ausbeutung, Grausamkeit, Gewalt, Terror, Massenmord, totalitäre Herrschaft – das ist die Sprache der Politik des zwanzigsten Jahrhunderts, einer Epoche großer Hoffnungen, großer Risiken, verzweifelter Bemühungen, angstvoller Höhepunkte. Wer mag bezweifeln, daß diese Sprache besser von einem moralisch sensiblen Menschen gesprochen wird, der keine Theorie hat, als von einem moralisch abgestumpften mit der denkbar großartigsten Theorie? In jedem Fall kann der sensible Kritiker, immer noch seinen Mitmenschen verbunden, »dranbleiben«, selbst wenn es wehtut; moralische Empfindsamkeit ist das Rüstzeug für das Überleben der Kritik.

## Hamlets Spiegel

Die Aufgabe des so gerüsteten Kritikers hat Breytenbach gut herausgestellt. Er soll die Platitüden und Mythen seiner Gesellschaft in Zweifel ziehen und den Hoffnungen der Bevölkerung Ausdruck geben. Das zweite ist offensichtlich nicht möglich, wenn die Bevölkerung nicht tatsächlich Hoffnungen hegt, die über die Gesellschaftsordnung hinausgehen, in der sie lebt, oder die mit ihr kollidieren. Wenn die Massen vollkommen zufrieden sind, wie Marcuse behauptet, dann bleibt dem Kritiker nur die undankbare Arbeit, die Zufriedenheit zu kritisieren, die er durch seine eigenen unerfüllten Hoffnungen, das Ergebnis von Distanzierung und einsamem Nachdenken, zu ersetzen sucht. Aber warum sollte jemand einen solchen Ersatz gutheißen? Und was kann der Kritiker tun, wenn man sich ihm verweigert? Dies sind für den Groß-Kritiker schwierige Fragen, sie brauchen jedoch das kritische Unterfangen selbst nicht zu entkräften. Stellen wir uns einen Kritiker vor, der nicht distanziert, unvoreingenommen oder entfremdet ist. Er versteht sich selbst als ein soziales Wesen, »einen Mann aus einer bestimmten Gegend, einer bestimmten Klasse und einer bestimmten Zeit« (Silone), der »seiner eigenen Welt« kritisch gegenübersteht (Bourne). Seine Werte, selbst seine allgemeingültigen Werte, sind zunächst einmal die Werte einer bestimmten Person, und er teilt sie mit einer bestimmten Anzahl anderer Personen: »Mittelwerte« (Camus). Selbst wenn er eine persönliche Version der »Mittelwerte« hat, ist sie nicht gänzlich unvertraut. So kann er Verwandtschaft voraussetzen und seinen eigenen Hoffnungen für das Gemeinwesen, an dem er teilhat, Ausdruck geben. Obwohl er bei sich selbst beginnt, spricht er in der ersten Person Plural. Dies ist es, sagt er, was wir achten und wünschen und noch nicht haben. Dies ist die Art und Weise, wie wir leben wollen, sagt er, und noch nicht leben.

Wir kritisieren unsere Gesellschaft genauso, wie wir unsere Freunde kritisieren, unter der Voraussetzung, daß die Begriffe des Kritikers, die moralischen Bezüge, Gemeinplätze sind. Der Schriftsteller, sagt Breytenbach, »hält uns seine Worte wie einen Spiegel vor«. Warum ist das kritisches Handeln? Weil wir im Spiegel des Schriftstellers nicht das sehen, was wir sehen wollen. Denken wir an das berühmte Gespräch zwischen Hamlet und seiner Mutter. »Ihr sollt nicht vom Platz, nicht gehn, bis ich Euch einen Spiegel zeige«, sagt Hamlet, »worin Ihr Euer Innerstes erblickt.« Hamlets Spiegel ist das mächtigste aller kritischen Instrumente. Und seine kritische Kraft hängt nicht von einer utopischen Vorstellung von Ehe oder Mutterschaft ab, er bedarf keiner radikal neuen Theorie über die Pflichten einer Frau oder Mutter. Hamlet rechnet mit der Tatsache der ideologischen Übereinstimmung – die Vorstellung seiner Mutter von der Art und Weise, wie sie sich verhalten soll, ist dieselbe wie seine:

»Setzt Euch nieder;
Laßt Euer Herz mich ringen, denn das will ich,
Wenn es durchdringlich ist, wenn nicht so ganz
Verdammte Angewöhnung es gestählt,
Daß es verschanzt ist gegen die Vernunft.«[6]

»Angewöhnung« meint hier das tägliche Verhalten, den Schein, den wir aufrechterhalten, die Tünche der Achtbarkeit, die wir sehen oder zu sehen hoffen, wenn wir in unsere eigenen Spiegel schauen. Und »Vernunft« meint Gefühl und Emotion, auch das Gefühl für Moral und Common sense, die unseren Empfindungen

Form und Absicht geben. In Hamlets Spiegel sieht seine Mutter gleichzeitig, was sie (wirklich) ist und was sie am liebsten sein möchte:

»Du kehrst die Augen recht ins Innre mir.«[7]

Ganz ähnlich kehrt der Gesellschaftskritiker unseren Blick ins Innere – wiederum eine überflüssige Tätigkeit, wenn wir insgesamt oder einzeln kein Inneres, keine Seele haben, moralisch gefühllos und abgestumpft sind. Er nimmt an, daß unser Inneres, unsere Seele, seiner eigenen mehr oder weniger gleicht; er beginnt dort, und mit diesem Ausgangspunkt ist sein eigener Spiegel so wirksam wie der Hamlets.* Mit ihm erfüllt er die beiden Aufgaben, die Breytenbach stellt. Zunächst sehen wir darin uns selbst, wie wir wirklich sind, wenn die Fassaden zerstört sind, unserer moralischen Bekleidung beraubt, nackt. Hier ist er wie einer der Photographen aus der Zeit der amerikanischen Landreform und des New Deal, wie zum Beispiel Lewis Hine und Walker Evans, die eine wichtige Rolle bei der Aufdeckung der Kinderarbeit, der Elendsquartiere und der Armut auf dem Lande spielten und »den Schleier zerrissen, der das brutale Produktionssystem verdeckte und mystifizierte«.[8] Ist der Schleier einmal weggezogen, wird das System *gesehen*, ist jeder weitere Kommentar unnötig. Aber der Kritiker ist auch ein Kommentator, der, zum zweiten, einen Bericht oder eine Deutung davon gibt, was wir in unserem Inneren sein möchten: von unseren hehren Hoffnungen und Idealvorstellungen von Selbst und Gesellschaft. Ich sagte von Hamlet und seiner Mutter, daß ihr gemeinsames Verständnis der Ehe und Mutterschaft nichts Utopisches an sich habe. Aber ich will damit nicht die Utopie aus der Gesellschaftskritik verbannen, sondern nur betonen, daß die Hoffnungen und Ideale einen wirklichen Ort haben – in unserer

---

* Jemand fragt sicherlich: Was aber, wenn der Kritiker mit einem überzeugten Nazi spricht, der in den Spiegel schaut und dort sich selbst mit Stiefel und Hakenkreuz, arrogant und grausam sieht und sich so gefällt? Ein solcher Mensch steht außerhalb der Welt der moralischen Übereinkunft. Kritik erreicht ihn nicht; es hat wenig Sinn, mit ihm zu reden, sinnvoller ist es, zu kämpfen. Der Kritiker spricht zu jenen anderen Menschen, bei weitem die Überzahl, die sich mit ihrem Spiegelbild nicht wohl fühlen.

»Seele«, in unserem alltäglichen Bewußtsein von der moralischen Welt. Es ist nur die Gesellschaftsordnung »drinnen«, deren Hoffnungen verwirklicht und deren Ideale ausagiert werden, die »nirgendwo« ihren Platz hat. Wenn der Spiegel vorgehalten wird, dann um zu zeigen, daß die ideale Ordnung nicht hier ist oder daß wir nicht da sind. Die Geschichten, die wir uns selbst über die Verwirklichung von Freiheit und Gleichheit erzählen, sind unwahr: Man braucht nur in den Spiegel zu sehen und hinzuschauen.

Der Kritiker schaut zuerst und zwingt dann uns andere, hinzusehen: »Ihr sollt nicht vom Platz, nicht gehen, bis ich Euch einen Spiegel zeige.« Wir brauchen keine anderen Augen als unsere eigenen, um zu sehen, was gesehen werden muß; wir stehen, wo wir stehen. Es ist ein Fehler, in der Gesellschaftskritik wie in der Moralphilosophie, anzunehmen, wir müßten unserer Situation entkommen sein, um sie zutreffend beschreiben zu können. Daß die Philosophie, wenn sie wahr sein soll, schreibt der Philosoph und Theologe Franz Rosenzweig (ein Mitarbeiter Bubers und hier in völliger Übereinstimmung mit ihm),

»vom wirklichen Standpunkt des Philosophierenden aus erphilosophiert sein muß, meine ich ja wirklich. Es gibt da keine andre Möglichkeit, objektiv zu sein, als daß man ehrlich von seiner Subjektivität ausgeht. Die Objektivitätspflicht verlangt nur, daß man wirklich den ganzen Horizont besieht, nicht aber daß man von einem andern Standpunkt aus sieht als auf dem man steht, oder gar von ›gar keinem Standpunkt‹. Die eigenen Augen sind gewiß nur die eigenen Augen; es wäre aber schildbürgerhaft, zu glauben, daß man sie sich ausreißen muß, um richtig zu sehen.«[9]

Der »ganze Horizont« bezieht sich in meiner Spiegel-Metapher auf das im Spiegel gezeigte Bild; alle moralischen Verzerrungen müssen wahrgenommen werden, auch damit nicht an Objektivität verlorengeht, was an Schönheit erscheint. Spiegel lügen vermutlich nicht, doch Menschen können lernen, so in den Spiegel zu schauen, daß sie nur das sehen, was sie sehen wollen. Der Kritiker zeigt das Andere.

Es gibt so viele Spiegel, wie es Gesellschaftskritiker gibt, und so viele Spiegelbilder, wie es Menschen gibt, die bereit sind, in den Spiegel zu schauen. Jeder Spiegel, jedes Bild hat seinen Eigennamen oder sein Possessivpronomen. Hamlets Spiegel mag für ganz Dänemark stehen (und zeigen, was faul ist im Staate), aber nur, wenn er Dänen überreden kann, sich ihrem kollektiven Spiegelbild zu stellen, und nur, wenn er das Bild im Lichte der dänischen Hoffnungen lesen könnte. Kritik ist immer dann eine pluralisierende Tätigkeit, wenn sie auf bestimmte Bilder verweist und bestimmte Hoffnungen ausdrückt. Wegen dieses Pluralismus haben Kritiker den beiden Aufgaben Breytenbachs eine dritte hinzugefügt: sie müssen gegen die Neigung ihrer Mitmenschen, auch ihrer Kritikerkollegen, ankämpfen, die annehmen, daß sie die ganze Welt zu überschauen vermöchten, wenn sie in den Spiegel blicken. Ihre eigenen Makel offenbaren die aller anderen; ihre Hoffnungen sind allgemeingültige Ziele. Ihre eigentliche Seele ist die Weltseele. Ich halte es für die größte Einzelsünde der linken Gesellschaftskritik, darauf zu bestehen, daß ein richtig gedeutetes Spiegelbild, eine einzige theoretische Darstellung des gesellschaftlichen Lebens die Geschichte der Menschheit erzählen kann. Es ist, so nehme ich an, möglich, die Welt in einem Sandkorn wahrzunehmen – zumindest kann man all die anderen Sandkörner »wahrnehmen«. Es ist nicht möglich, eine Gruppe von Menschen, auch nicht eine hoch »entwickelte« Gruppe, zu erforschen und alle anderen wahrzunehmen. Deshalb muß der Kritiker sich vorstellen, daß andere Leute in andere Spiegel schauen, selbst wenn er nicht sehen kann, was sie sehen; er muß die endlose Wiederholung seiner eigenen kritischen Aktivität anerkennen.

Dies also sind die drei Aufgaben der Kritik: Der Kritiker legt den falschen Schein seiner eigenen Gesellschaft bloß; er erfaßt, was sich seine Mitmenschen für ihr Leben erhoffen; und er besteht darauf, daß es andere Verfälschungen und andere ebenso legitime Hoffnungen und Bemühungen gibt. Ich glaube nicht, daß alle Hoffnungen und Bemühungen gleich legitim sind. Das ist eine viel zu gelassene Anschauung der Welt; kein Gesellschaftskritiker könnte sie je akzeptieren. Und eine kritische Enthüllung hat keineswegs immer lokale und festgelegte Bedeutung. Wenn zu dem, was faul ist im Staate Dänemark, auch Mord und Verrat zählen, dann können wir alle die Fäulnis erkennen. Für manche Zwecke stehen wir alle vor demselben Spiegel. Aber nur für manche Zwecke – der Kritiker, der vergißt, wie wichtig »seine eigene Sprache, sein eigenes Land« (Breytenbach) ist, schreibt keine starke oder überzeugende Kritik. Weder die Preisgabe der Häßlichkeit noch seine Auffassung der Werte kann dann überzeugen. Und er kann auch nicht die Andersheit der Anderen anerkennen.

## »National-volksnahe« Kritik

Ich will nicht vortäuschen, dieses Hamlet-Modell der Gesellschaftskritik beweise, daß es kein Versagen der Kritiker gäbe oder daß es ein Allheilmittel für die Pathologien der Unverbundenheit sei. In der Welt der Kritik gibt es weder Beweis noch Allheilmittel. Das Modell legt nahe, wie weitergemacht werden kann, nachdem die Götter von Kommunismus und Nationalismus versagt haben. Kritische Philosophen heute finden keine menschlichen Mittler, die vom Himmel ausersehen oder von der Geschichte instruiert wurden, ihre Kritik auszuagieren. Der sich keinem Lager zugehörig fühlende Intellektuelle kann nicht auf die Instanz zählen, die seine Leitlinien herausgab. Aber Männer und Frauen hoffen weiter auf ein besseres Leben als das, das sie führen, und Politiker rechtfertigen sich weiterhin durch Idealvorstellungen und behaupten, sie dienten den Hoffnungen der Menschen. Der Kritiker entwikkelt die Hoffnungen, interpretiert die Ideale, mißt beide an seinem Spiegelbild der gesellschaftlichen Wirklichkeit. Der Kontrast soll die Menschen bewegen. Nur selten können Kritiker sich mit Menschen verbünden, die schon in Bewegung sind, mit »gesellschaftlichen Kräften«, wie sie gewöhnlich genannt werden, die – aber niemals wie eine Armee unter Waffen – auf das Ziel der Kritik losmarschieren. Kritiker sind keine Generäle. Sie sind nur Kritiker, und sie müssen ihre Befriedigung bei einer Tätigkeit finden, die häufiger moralisch irritiert, als sie sich materiell auszahlt.

Und doch hoffen sie, etwas bewirken zu können; das ist ihr natürlicher Ehrgeiz. Effektivität ist am wahrscheinlichsten, denke ich, wenn der Kritiker auf die Weise wirkt, die Gramsci »nationalvolksnah« nennt. Ich nehme an, daß dies »national« in der Form, »volksnah« im Inhalt bedeutet, oder besser: »national« im Idiom, »volksnah« in der Diktion. Der so gedachte ideale Kritiker ist Menschen in Nöten – Unterdrückten, Ausgebeuteten, Verarmten, Vergessenen – gegenüber loyal, aber er sieht sie und ihre Sorgen und die mögliche Überwindung ihrer Nöte im Rahmen der nationalen Geschichte und Kultur. Die Nation, nicht die Klasse ist die wichtige Einheit, selbst wenn der Kritiker ein waches Gespür für die Ungerechtigkeit der Klassenunterschiede hat. Er kann zum Beispiel die Bestrebungen der Arbeiterklasse nur ausdrücken, wenn er sich klarmacht, daß die volle Mitgliedschaft in der nationalen Gemeinschaft das ist, wonach die meisten Arbeiter streben. Der Sog der allgemeinen Kultur ist mächtig, und hier erfordert Kritik keinen Widerstand. Im Gegenteil, der Kritiker muß die Sprache des Landes sprechen, eine gewöhnliche Sprache; und so gelehrt und sophistisch er auch sein mag, so muß er doch die Kontinuität mit den Traditionen der allgemeinen Klage wahren. »Nationalvolksnahe« Kritik ist ähnlich umfassend wie W. H. Audens Literaturbegriff:

»Die fromme Fabel und die schmutzige Geschichte
teilen sich den literarischen Ruhm.«[10]

So steht es auch mit der Kritik. Der Ruhm gehört nicht nur dem kritischen Äquivalent des epischen oder tragischen Dichters. Wenn der Kritiker für seine Mitmenschen sprechen soll, muß er auch mit ihnen sprechen, und wenn das, was er sagt, unpatriotisch klingt, muß er auf seinem tieferen Patriotismus bestehen. »Eine Bewegung, die nicht die konstanten Werte einer Gesellschaft ehrt«, schreibt der polnische Kritiker Adam Michnik über die Gewerkschaft Solidarność, »ist nicht reif genug, diese Gesellschaft neu zu formen.«[11] Wenn wir diesen Maßstab ernst nehmen, dann müssen wir einräumen, daß eine große Zahl unreifer Männer und Frauen –

oft sehr gelehrte und philosophisch talentierte Männer und Frauen – im zwanzigsten Jahrhundert Gesellschaftskritik geschrieben haben. Sie haben versäumt, der Meinung ihrer Mitmenschen den Respekt zu zollen, den sie ihnen schuldig waren; sie waren zu schnell bereit, auf den Vorzügen heroischer Einsamkeit und einsamer Weisheit zu beharren.

Manchmal muß der Kritiker natürlich Einzelkämpfer sein – wie Silone, als er mit seinen Parteigenossen brach, oder Orwell, als er darum kämpfte, eine linke Politik gegen die üblichen Apologien des Stalinismus zu verteidigen, oder wie de Beauvoir, als sie anprangerte, daß Frauen zu ihrer eigenen Unterwerfung beitragen, oder wie Breytenbach, der nicht unter dem Regime der Apartheid leben kann, es heute im Exil tut. Doch die Werte, die diese Einstellung ermöglichen, sind nicht die privaten Werte des Gesellschaftskritikers. Oder, besser, wenn sie seine privaten Werte sind, sondern sie ihn von der Bevölkerung in einem radikaleren Sinne ab, als die Kritik erfordert (oder »reife« Kritik erlaubt); sie laufen auf eine Kriegserklärung hinaus. »Jede Ethik der Einsamkeit setzt die Macht voraus.«[12] Einsame Positionen haben grausame zur Folge. Versucht der Kritiker, seine neue Ethik in die Tat umzusetzen, so trifft er nicht auf genügend Unterstützung oder Verständnis; er kann seine Gedanken nur mit Gewalt durchsetzen. Vielleicht spricht er eine esoterische Sprache. Vielleicht sind seine Gedanken zu weit von der Kultur derjenigen entfernt, denen sie gelten. Diese Art von Einsamkeit ist mit großer Wahrscheinlichkeit willkürlich; es gibt in der langen Geschichte der Gesellschaftskritik nur wenige Kritiker, die unter hilflosem Protest zur Unverständlichkeit getrieben wurden. Häufiger wird Unverständlichkeit wegen ihrer Kompensationen gewählt: individuelles Heldentum und sektiererische Aufrichtigkeit.

Im Gegensatz dazu spricht der »national-volksnahe« Intellektuelle eine gewöhnliche Sprache. Er hat das, was Breytenbach eine »unzivile Zunge« nennt, aber er ist nicht unkultiviert oder antisozial; er greift nur die falsche Gesittung, die Konventionen der Höflichkeit an, die die Ungerechtigkeiten von Klasse, Rasse oder Geschlecht verbergen und die Werte in Ideologien verkehren. Die

Form dieser Attacke ändert sich mit dem Charakter seiner Kultur, aber er wird mit einiger Wahrscheinlichkeit der Nationalgeschichte viel Beachtung schenken, weil er in der Vergangenheit des Volkes (seiner Literatur und Kunst wie auch in seiner Politik) eine Gewähr für Kritik in der Gegenwart findet. In diesem Sinne war der biblische Prophet ein »national-volksnaher« Intellektueller: er sprach zu den Herzen der Menschen selbst dann, wenn er ihr Verhalten schroff kritisierte, sie an Ägypten, Sinai, den Bundesschluß erinnerte – jenes rituell gefeierte heilige Geschehen, das sie zu einem Volk machte. Er verfocht die Sache der Armen und Unterdrückten, ohne vorzutäuschen, daß sie keinen Anteil am Gemeinschaftsleben hätten. Und in all seinem Zorn hatte er auch seine eigene Verbindung zur Bevölkerung – ja, der Zorn war diese Verbindung; es war sein eigenes Volk, dessen Führung ihn erzürnte.[13] Ich will damit nicht sagen, daß diese Art der Kritik notwendig und immer oder auch nur häufig erfolgreich ist. Der Erfolg der Propheten war meistens von der Art, die heute »kritischer Erfolg« genannt wird, womit gesagt sein soll, daß sie andere Kritiker beeindruckt. Aber ihre Bücher wurden gelesen und stets aufs neue bedacht, sie rührten die Herzen derer, an die sie sich wandten, selbst wenn sie das Verhalten, das sie kritisierten, nicht veränderten. Die Kritik »national-volksnahen« Schlages ist potentiell wirksam. Und, was genauso wichtig ist, ihre Effektivität hängt nicht vom Gewaltgebrauch ab.

Aber wir sind vielleicht mehr an die »national-volksnahen« Apologetiker gewöhnt. Wie ist es möglich, in diesem Modus den kritischen Charakter von Argumenten zu garantieren? Es gibt keine Garantie. Und es gibt keine Garantie für Argumente im Modus von Distanz und Einsamkeit. Der einsame oder entfremdete Kritiker, der, wie Camus meint, der Machtausübung verpflichtet ist, verliert mit großer Wahrscheinlichkeit seinen kritischen Zugriff zum Machtinstrument – wie marxistische Intellektuelle in bezug auf die Kommunistische Partei. »National-volksnahe« Kritiker stehen vor ähnlichen Gefahren (ich lasse die Gefahr der Sentimentalität beiseite, für die Distanz eine gute Medizin ist; aber die Gefahr hat relativ wenig intellektuelle Bedeutung). Auch sie können darin gefangen sein, daß sie nur noch Mittel zum Zweck sind: unkritisch dem Staat gegenüber, der die Nation trägt, oder gegenüber der Bewegung oder Partei, die das Volk verteidigt. Dieses Versagen der Kritik ist das Ergebnis dessen, was Silone die faschistische Mentalität nennt, die das Taschentuch lobt, während sie auf die Nase schimpft.

Es ist oft gesagt worden, daß Loyalität für eine Nation oder Partei den Intellektuellen vom Kritiker zum Apologeten macht, und so wird die Loyalität selbst zu einer Zielscheibe der Kritik. So bemerkt etwa Philip Rieff in den fünfziger Jahren in einer scharfen Attacke auf den Konformismus der amerikanischen Intellektuellen: »Heute liefert die Loyalität, und nicht die Wahrheit, die gesellschaftlichen Bedingungen, durch die der Intellektuelle seine Umwelt entdeckt.«[14] Vielleicht hat Rieff den Trend richtig erfaßt, obschon gesagt werden muß, daß die beiden Institutionen mehr als dreißig Jahre danach immer noch koexistieren – wie sie oder ihre Äquivalente es immer taten, wenn sie nicht gerade totalitär unterdrückt wurden. Doch die Spaltung in Loyalität und Wahrheit ist schlecht. Wie ich in der Einleitung zu bedenken gab, war die Wahrheit an sich niemals die den Gesellschaftskritiker antreibende Kraft. Selbst Molières Misanthrop wird, trotz seiner klassischen Verteidigung der kritischen Verkündigung der Wahrheit, von etwas anderem beflügelt. Kritik ist auch als gesellschaftliche Praxis unmöglich, wenn Loyalität fehlt. Die Intellektuellen, die die »New School« gründeten, wurden zwar während des Ersten Weltkriegs der Treulosigkeit bezichtigt. Aber wir haben keinen Grund, die Bezichtigung zu wiederholen. Sie standen als Reformer in einer langen amerikanischen Tradition.[15] Sie waren (wie Randolph Bourne) dem gesellschaftlichen Aufstieg verpflichtet. Aber welcher Gesellschaft wollten sie zum Aufstieg verhelfen?

Es sind die Autoritäten, die den Kritiker illoyal nennen. Und sie haben zumindest in dieser Hinsicht recht: daß kein Staat oder Regime, kein Führer, keine Partei, keine Bewegung und kein Zentralkomitee seine bedingungslose Treue hat. Idealerweise ist der Kritiker ein Herrenloser, der sich weigert, den Mächtigen, wer sie auch sein mögen, Tribut zu zollen. Durch diese Weigerung wird kritische Distanz aufgebaut, und um der Kritik willen ist keine weitere Weigerung vonnöten. Schmerzhafte Zerwürfnisse mit Familie und Freunden, wie sie im Leben von Gesellschaftskritikern häufig vorkommen, sind das Ergebnis, nicht die Voraussetzung kritischer Tätigkeit. Dasselbe gilt für das Exil: Der Kritiker verzichtet nicht auf sein Land, um die Wahrheit zu finden; er gibt es auf, um nach jener Wahrheit zu leben, die er schon gefunden hat. In genau dem Augenblick, in dem er es verläßt, beschuldigt er die Menschen, die zurückbleiben, des Verrats; sie, nicht er, haben die beständigen Werte ihrer Gesellschaft preisgegeben. Kritische Distanz im relevanten Sinne ist weniger eine Sache der intellektuellen Perspektive oder der persönlichen Umstände als vielmehr der politischen Stellung. Entscheidend ist die Unabhängigkeit des Kritikers, seine Freiheit von Regierungsverantwortung, von religiösen Autoritäten, von der Macht der Großunternehmen und von der Parteidisziplin.

Er ist voller Widersprüche, und er muß unabhängig bleiben, wenn er seine Opposition aufrechterhalten soll. Aber ich glaube nicht, daß es nützlich ist, die kritische Haltung im Stil Sartres als eine des absoluten Widerstandes, des undifferenzierten Antagonismus zu beschreiben, als die des Schriftstellers, der »wider alle Leser« schreibt. Diese Beschreibung überträgt das Selbstverständnis der literarischen Avantgarde in die Sphäre der Gesellschaftskritik. »Der *homme de lettres*«, schrieb Baudelaire, »ist der Feind der Welt.«[16] Sartre war jedoch nur in Frankreich ein Feind der Welt. Er gab seine Feindschaft auf, wenn er Cuba besuchte oder über Algerien schrieb. Absoluter Widerstand ist eine Art unzulänglicher Glaube. Entsprechend ist die exzessiv verallgemeinerte These eines Autors wie Marcuse eine Art unzulänglicher Theorie, intellektuell ähnlich inauthentisch, wie die Haltung Sartres moralisch inauthentisch ist. Sie schafft es nicht, jene Aspekte der Welt wahrzunehmen, die noch offen sind, mit denen sich arbeiten läßt, die den Bürgern viel bedeuten, oder sie bekommt sie jedenfalls nicht in den Griff. Die Maxime, die die Kritik leitet, muß qualifizierter sein: Wenn der Fisch stinkt, mußt du sagen, daß er stinkt, und wenn er nicht stinkt, dann behaupte nicht, daß er stinke.

Die politische Bedeutung der absoluten Opposition wird in einem Manifest des Sartre-Schülers Philippe Sollers präzise dargelegt: »Die Intellektuellen sind in der Opposition. Definitionsgemäß. Aus Prinzip. Aus physischer Notwendigkeit. [...] Sie widersetzen sich jeder Mehrheit und jeder Opposition, weil sie hoffen, die Mehrheit zu erlangen.« Darauf hat Breytenbach in seinem Pariser Exil die richtige Antwort gegeben: Sollers Behauptung zeige, sagt er, »die Unfähigkeit, zwischen unterschiedlichen politischen Herrschaftsformen unterscheiden zu können. Außerdem ist sie arrogant«.[17] Die Arroganz der Macht findet hier in der Arroganz des Widerstands ihren geheimen Verbündeten. Denn Kritik wird die Welt nicht erschüttern, wenn sie nicht gegen spezielle Momente der Welt gerichtet ist, die andere Menschen außer dem Kritiker als falsch, unterdrückend, brutal oder ungerecht empfinden. Deshalb muß der Kritiker den anderen gegenüber loyal sein, all jenen gegenüber, für die ein anderes Regime einen Unterschied macht – er kann ihre Interessen genausowenig mißachten, wie er ihre Werte einfach gröblich verwerfen kann. Er ist hier und da und dort in der Opposition; er ist niemals absolut in Opposition.

Aber diese partielle, differenzierte Kritik ist keineswegs leichter – ich finde sie sogar viel schwieriger – als der Absolutismus. Der kritische Intellektuelle steigt zu einer absolutistischen Position auf, wie ein Kind auf einen Baum steigt, ohne ein Gefühl dafür, daß es jemals wieder herabsteigen muß; es ist ein reines Abenteuer. Der Kritiker, der den Absolutismus ablehnt, lehnt auch die Heiterkeit der Höhe ab. Er steht inmitten der Menschen. Er fühlt, wie Gramsci fordert, ihre »elementaren Leidenschaften«. Aber er nimmt einen anderen Standpunkt ein als sie, denn sie werden oft von den Ideologen des Staates oder der Partei geleitet und er nicht. Seine Unabhängigkeit distanziert ihn von gewöhnlichen Menschen genauso wie von Bürokraten und Amtsträgern. Er entfernt sich langsam von Volk und Nation, um kritisieren zu können, was die Mehrzahl der Bürger lobenswert findet. Manchmal, vom Regime verfolgt und ohne starke Unterstützung durch seine Landsleute, muß er ins Exil gehen. Doch selbst im Exil kann er sich nicht den Freuden des Absoluten hingeben. Er ist ein Kritiker des Regimes, nicht der Menschen oder einiger Menschen und nicht der anderer oder des Volkes in einem Sinne und nicht in einem anderen. Sein Exil ist eine physische, keine moralische Bedingung – was bedeutet, daß man von ihm sagt, was Michnik von den polnischen Exilierten der fünfziger Jahre sagt: Sie taten es nicht, indem sie »sich selbst außerhalb der Nation stellten«.[18] Warum nicht? Weil sie sich weiterhin mit der Nation identifizierten, ihre Interessen vertraten, ihre Werte interpretierten, und weil für sie Distanz eher Schmerz bedeutete als Ruhm.

## *Verzweiflung und Hoffnung*

Als ich über Silone schrieb, wandte ich mich gegen den Gedanken, daß seine »Rückkehr« zum ketzerischen Christentum, das er zuerst in seinem Heimatdorf kennenlernte, ein Akt der Verzweiflung war. Aber Verzweiflung wäre wohl kaum eine unangemessene Reaktion auf die Politik des zwanzigsten Jahrhunderts. In gewissem Sinne bahnt seine Politik natürlich den Weg zum Erfolg der Kritik; es gibt soviel zu kritisieren, so viele widerwärtige Regimes, korrupte Parteien und Bewegungen, versagende Führer, falsche Ideologien. Die Gesellschaftskritik ist heute ein Genre, das reich ist an Möglichkeiten und auch an Leistungen. Einige der größten Leistungen habe ich hier besprochen, aber man denke an die Bücher, die ich ausgeclassen habe: Czesław Miłosz' *Verführtes Denken*, Milovan Djilas' *Die neue Klasse*, C. Wright Mills' *Menschen im Büro*, Jürgen Habermas' *Legitimationsprobleme* und viele andere mächtige und negative Darstellungen der Gesellschaften, in denen wir leben, des Lebens, das wir führen. Aber all dies sind kritische und keine materiellen Erfolge; sie machen die Welt sichtbar, ändern sie jedoch nicht. Die Hoffnung, die vor nur wenigen Jahrzehnten so lebendig war: daß die Kritik den Aufstand kontrollieren und formen würde, scheint heute erloschen und vergessen. Diese Hoffnung ist viele Tode gestorben: in den zwanziger und Anfang der dreißiger Jahre, mit dem Aufstieg des Faschismus, Ende der dreißiger Jahre mit dem Beginn des Krieges, in den fünfziger Jahren mit der (verspäteten) Preisgabe des Stalinismus und Ende der sechziger Jahre mit der Selbstzerstörung der Neuen Linken. Wer zählt die Niederlagen oder bewertet das Ausmaß der Enttäuschung? In den letzten Jahren vor dem Zweiten Weltkrieg plädierte der Romancier E. M. Forster für die Verzweiflung: »Es liegt nichts Entwürdigendes in der Verzweiflung. Je mehr Verzweiflung ein Mensch in den Jahren 1938 und 1939 an Bord nehmen kann, ohne zu sinken, um so lebendiger ist er.«[19] Wir müssen uns jedoch um die Qualität seines Lebens sorgen.

Das Wichtige ist, nicht unterzugehen – und wie sonst kann man sich über Wasser halten, als indem man kritisiert, was ringsum im Wasser geschieht? »Immer, unter allen Umständen«, schrieb Martin Buber, »läßt sich *irgend etwas* tun.«[20] Ich neige dazu zu sagen: fast immer; Kritik ist niemals ohne Gründe und Rechtfertigung, aber es kann schreckliche Augenblicke geben, in denen sie sinnlos ist. Jedenfalls vergingen nach Forsters Plädoyer für die Verzweiflung lediglich zwei Jahre, bis Orwell seine Streitschrift *Der Löwe und das Einhorn* verfaßte, in der er für England eine Revolution und eine Labour-Regierung befürwortete, nur sechs Jahre, bis Silone nach Italien zurückkehrte und sich der Sozialistischen Partei anschloß, und nur neun Jahre, bis Buber sich vor die gänzlich unerwartete Tatsache der Unabhängigkeit Israels gestellt sah. Gelegenheiten zur Kritik, was auch Gelegenheiten zur Hoffnung bedeutet, ergeben sich sogar in der schlechtesten aller Zeiten. So steht es dem Kritiker an, bereit zu sein und zu warten, seine Unabhängigkeit zu bewahren, mit der allgemeinen Klage verbunden zu sein, seinen Spiegel zu putzen. Er ist wie ein Reisender, der erwartungsvoll nach einem Zug Ausschau hält (aber es gibt keinen Fahrplan).

Es sind nicht nur Weltkriege und Revolutionen oder Freiheitskämpfe, die Anlaß zur Kritik geben. Wir operieren nicht immer in so großem Maßstab und möchten es aus offensichtlichen Gründen auch gar nicht. Lokale Rebellionen, Reformbestrebungen, Wirtschaftsstreiks, Wahlkämpfe – sie sind nicht unbedingt weniger wichtig oder weniger hoffnungsvoll als Revolutionen. Sie sind nur weniger gefährlich und viel häufiger. Jetzt muß der Kritiker daran arbeiten, die kleinen Ereignisse zu einer weiteren Vision zu verknüpfen und die Protagonisten bei ihrem eigenen vermeintlichen Idealismus zu halten. Er funktioniert in einer Rolle, die, so behauptet Foucault, ersetzt wurde, jedoch tatsächlich niemals ersetzt werden wird: er ist ein »allgemeiner Intellektueller«, kritisch gegenüber den Machtstrukturen, die die Teilnahme der Masse am politischen Geschehen verhindern (unter Einschluß der Machtstrukturen von Volksparteien und Bewegungen). Er hat ein Gefühl dafür (und damit ist er nicht allein), wie die Gesellschaft im ganzen aussehen sollte. Aber der »allgemeine Intellektuelle« steht nicht auf einem Berggipfel, als Beherrscher von allem, was er überschaut. Er beansprucht keine Autorität, gibt keine Befehle aus. Er gehört selbst dazu, arbeitet in einer gewissen schwierigen Distanz, balanciert zwischen »Solidarität« und »Dienst«. Er ist, wenn er kann, ein Gegner der Unverbundenheit. Seinen Weg in kleinen wie in großen Kämpfen zu finden, der Hoffnung auf einen Aufstand treu zu bleiben, Niederlagen zu überstehen, eine Form der Kritik beizubehalten, die zur demokratischen Politik gehört, wichtig für sie ist und ihr entspricht – das ist Mut in der Gesellschaftskritik.

# Anhang

# Anmerkungen

## 1 Einleitung: Die Praxis der Gesellschaftskritik

1. Im folgenden berufe ich mich hauptsächlich auf Gespräche mit befreundeten Gesellschaftskritikern, aber auch auf marxistische Literatur, »kritische Theorie« und die Avantgarde. Siehe Max Horkheimer, *Kritische Theorie*, insbesondere den Aufsatz »Traditionelle und kritische Theorie«, und Renato Poggioli, *The Theory of the Avant-Garde*, Cambridge, Mass. 1968, besonders Kapitel 6, »The State of Alienation«, und Kapitel 7, »Avant-Garde Criticism«.
2. Amos 5, 21.
3. Platon, *Die Apologie des Sokrates*, übers. von Otto Kiefer, Jena 1908, S. 26.
4. Hosea 9, 14.
5. Platon, *Apologie*, a. a. O., S. 28.
6. Karl Marx, *Das Kapital*, hrsg. v. Benedikt Kautsky, Stuttgart 1969, S. 4.
7. Siehe Mark Curtis, »The Alienated Intellectuals of Early Stuart England«, in: *Past and Present*, Nr. 23 (November 1962), S. 25–43.
8. Alasdair MacIntyre, Herbert Marcuse, *An Exposition and a Polemic*, New York 1970, S. 102.
9. Jerold Seigel, *Bohemian Paris: Culture, Politics and the Boundaries of Bourgois Life, 1830–1930*, New York 1986, S. 10, 11.
10. Charles Russell, *Poets, Prophets, and Revolutionaries: The Literary Avant-Garde from Rimbaud Through Postmodernism*, New York 1985, S. 29–30.
11. Karl Marx, »Zur Kritik der Hegelschen Rechtsphilosophie. Einleitung«, in: *Frühschriften*, Stuttgart 1964, S. 216.
12. Zu Sprache und Stil des *Manifests* siehe Marshall Berman, *All That is Solid Melts into Air. The Experience of Modernity*, New York 1982, Kap. 2.
13. Herbert Marcuse, *One-Dimensional Man*, Boston 1964, dt. *Der eindimensionale Mensch*, Neuwied 1965.
14. Edmund Wilson, *The Dead Sea Scrolls: 1947–1969*, New York 1969.
15. Breyten Breytenbach, *End Papers: Essays, Letters, Articles of Faith, Workbook Notes*, New York 1986, S. 154.
16. Amos 7, 16–17.
17. Platon, *Apologie*, S. 22, 35.
18. Ibid. S. 30; Amos 3, 2.
19. Matthäus 10, 34–36.
20. Simone de Beauvoir, *Le deuxième sexe*, 1949; dt. *Das andere Geschlecht. Sitte und Sexus der Frau*, übers. von E. Rechel-Mertens u. F. Montfort, Reinbek 1952.
21. Ich verdanke dieses Bild Irving Howe.
22. Martin Buber, *A Land of Two Peoples: Martin Buber on Jews and Arabs*, hrsg. v. R. Mendes-Flohr, Oxford 1983, S. 20–21.
23. Zur schwierigen Frage der moralischen Ansichten von Marx siehe Steven Lukes, *Marxism and Morality*, Oxford 1986.

24 Vgl. Seyla Benhabib, *Critique, Norm and Utopia: A Study of the Foundations of Critical Theory*, New York 1986.
25 *Hamlet*, III. iv. 178.
26 Christopher Lasch, *The New Radicalism in America, 1889–1963: The Intellectual as a Social Type*, New York 1967, S. 256.
27 Ibid., S. XV.
28 Siehe die erste Fassung des *Contrat Social* in: Jean-Jacques Rousseau, *Œuvres Complètes*, Paris 1964, Bd. 3, S. 287.
29 Bertolt Brecht erörterte diese Themen Ende der zwanziger und Anfang der dreißiger Jahre in einer Reihe von Dramen, von denen das bekannteste *Die Maßnahme* ist. Siehe dazu Russell, *Poets, Prophets*, a. a. O., S. 219–221.
30 José Ortega y Gasset, *Der Aufstand der Massen*, 1930.
31 Zitiert in Joseph Frank, *Dostoevsky: The Stir of Liberation, 1860–1865*, Princeton 1986, S. 175.
32 Marx, »Zur Kritik der Hegelschen Rechtsphilosophie. Einleitung«, a. a. O., S. 224.

## 2 Julien Benda und der Verrat der Intellektuellen

1 Julien Benda, *Der Verrat der Intellektuellen*, übers. von Arthur Merin, Frankfurt am Main 1988.
2 Ibid., S. 177.
3 Ibid., S. 213.
4 Luther, *Weimarer Ausgabe*, Bd. 32, S. 389, Z. 11–18.
5 Benda, *Verrat...*, a. a. O., S. 111, 130, 186.
6 Ibid., S. 126.
7 Ibid., S. 149 Fn.
8 Ibid., S. 229.
9 Ibid., S. 121.
10 Ibid., S. 112.
11 Ibid., S. 155.
12 Ibid., S. 126.
13 Ibid., S. 191, 193 Fn.
14 Ibid., S. 96–100.
15 Ibid., S. 147.
16 Ibid., S. 116 Fn.
17 Berichtet in Ray Nichols, *Treason, Tradition, and the Intellectuals*, Lawrence 1978, S. 81.
18 Benda, *Verrat:* ..., S. 116.
19 Ibid., S. 212.
20 Ibid., S. 164.
21 Zitiert in Nichols, *Treason*, a. a. O., S. 90.
22 Benda, *Verrat*, S. 178.
23 Zitiert in Nichols, *Treason*, a. a. O., S. 164.
24 Benda, *Exercice d'un enterré vif (Juin 1940–Aout 1944)*, Genf 1944, S. 174.
25 *Verrat*, S. 92–93.
26 Ibid., S. 193.
27 Isaiah Berlin, *Personal Impressions*, hrsg. von H. Hardy, New York 1980, S. 151.
28 Ibid., S. 147, 149.
29 Nichols, *Treason*, S. 128.
30 Benda, *Exercice*, S. 172.

31 Paul Nizan, *Les Chiens de Garde* (1932), dt. in *Aden / Die Wachhunde*, übers. von T. König, Reinbek 1969, S. 212 f.
32 Nichols, a.a.O., S. 137; siehe auch D. L. Schalk, *The Spectrum of Political Engagement: Mounier, Benda, Nizan, Brasillach, Sartre*, Princeton 1979, S. 40–41.
33 Benda, *Un régulier dans le siècle*, Paris 1937, S. 198.
34 Benda, *Exercice*, a.a.O., S. 172.
35 L. A. Coser, *Men of Ideas*, New York 1965, S. 360.
36 Benda, *Verrat*, a.a.O., S. 150.
37 *Ethics of the Talmud* (Pirke Avot), 1:10.
38 Benda, *Verrat*, a.a.O., S. 191.

## 3 Der Krieg und Randolph Bourne

1 Christopher Lasch, *The New Radicalism in America, 1889–1963: The Intellectual as a Social Type*, New York 1967, S. 101, 256.
2 Brief an Alyse Gregory, zitiert in Lillian Schlissel, Hrsg., *The World of Randolph Bourne*, New York 1965, S. XXXI.
3 Brief an Prudence Winterroud, in: Schlissel, Hrsg., *World of Randolph Bourne*, a.a.O., S. 298.
4 Bruce Clayton, *Forgotten Prophet: The Life of Randolph Bourne*, Baton Rouge 1984, S. 24.
5 »The Social Order of an American Town«, zitiert in Clayton, *Forgotten Prophet*, a.a.O., S. 80.
6 Randolph Bourne, »This older Generation«, in seinem *The Radical Will: Selected Writings 1911–1918*, hrsg. von Olaf Hansen, New York 1977, S. 162–63. Dies ist die vollständigste Sammlung von Bournes Aufsätzen und Artikeln (sie enthält keine Briefe), und ich zitiere, wenn immer möglich, aus ihr.
7 Ibid., S. 166.
8 Randolph Bourne, »A Moral Equivalent for Universal Military Service«, in seiner *History of a Literary Radical*, hrsg. von Van Wyck Brooks, New York 1920, S. 193, 194.
9 Randolph Bourne, »Youth«, in: *Radical Will*, a.a.O., S. 104.
10 Bourne, »This older Generation«, a.a.O., S. 167–68.
11 Randolph Bourne, »The Life of Irony«, in: *Radical Will*, a.a.O., S. 142–43.
12 Brief an Prudence Winterroud, zitiert in: Schlissel, Hrsg., *World of Randolph Bourne*, a.a.O., S. XIX.
13 Randolph Bourne, »Traps for the Unwary«, in: *Radical Will*, a.a.O., S. 483.
14 Randolph Bourne, »The Art of Theodore Dreiser«, in: *Radical Will*, a.a.O., S. 465.
15 Randolph Bourne, »Trans-National America«, in: *Radical Will*, a.a.O., S. 248–49.
16 Randolph Bourne, »The Jew and Trans-National America«, in seinem *War and the Intellectuals*, hrsg. von Carl Resak, New York 1964, S. 132.
17 Bourne, »Trans-National America«, a.a.O., S. 249.
18 Ibid., S. 255.
19 Bourne, »Traps for the Unwary«, a.a.O., S. 483.
20 Raymond Williams, *Culture and Society, 1780–1950*, New York 1958, S. 325 f., S. 328.
21 Randolph Bourne, »The Price of Radicalism«, in: *Radical Will*, a.a.O., S. 299.
22 Lenin, »Was sind die ›Volksfreunde‹ und wie kämpfen sie gegen die Sozialdemokratie?« (1894).

23 Bourne, »Traps for the Unwary«, a.a.O., S. 483.
24 Bourne, »The Life of Irony«, a.a.O., S. 144.
25 Lasch, *New Radicalism*, a.a.O., S. 256.
26 Zitiert in Charles Forcey, *The Crossroads of Liberalism: Croly, Weyl, Lippmann and the Progressive Era, 1900–1925*, New York 1961, S. 273.
27 Randolph Bourne, »The Collapse of American Strategy«, in: Schlissel, Hrsg., *World of Randolph Bourne*, a.a.O., S. 168.
28 Randolph Bourne, »The War and the Intellectuals« und »A War Diary«, in: *Radical Will*, a.a.O., S. 313, S. 327.
29 Randolph Bourne, »Twilight of Idols«, in: *Radical Will*, a.a.O., S. 343.
30 Bourne, »A War Diary«, a.a.O., S. 324.
31 Bourne, »The War and the Intellectuals«, a.a.O., S. 307.
32 Bourne, »Twilight of Idols«, a.a.O., S. 342.
33 Ibid., S. 343.
34 Ibid., S. 345.
35 Floyd Dell, zitiert in: Forcey, *Crossroads*, a.a.O., S. 275.
36 Zitiert in: Clayton, *Forgotten Prophet*, a.a.O., S. 215.
37 Bourne, »The War and the Intellectuals«, a.a.O., S. 315.
38 Bourne, Twilight of Idols«, a.a.O., S. 346.
39 Bourne, »A War Diary«, a.a.O., S. 329.
40 Brief an Van Wyck Brooks, in: Schlissel, Hrsg., *World of Randolph Bourne*, a.a.O., S. 320.
41 Randolph Bourne, »The State, in: *Radical Will*, a.a.O., S. 359, S. 361.
42 Ibid., S. 365.
43 Randolph Bourne, »Old Tyrannies«, in: *Radical Will*, a.a.O., S. 171.
44 Ibid., S. 173.
45 Brief an Sara Bourne, in: Schlissel, Hrsg., *World of Randolph Bourne*, a.a.O., S. 326.

## 4 Martin Bubers Suche nach Zion

1 Martin Buber, »Ich und Du, in: *Die Schriften über das dialogische Prinzip*, Heidelberg 1954. Siehe dazu auch die Beiträge von Nathan Rotenstreich, Maurice Friedman, Malcolm Diamond und Emmanuel Levinas in *The Philosophy of Martin Buber*, hrsg. von Paul Arthur Schilpp und Maurice Friedman, La Salle, Ill. 1967.
2 Diese Anekdote erzählte mir Dr. Uri Simon, der Sohn von Ernst Akiva Simon, einem der engsten Freunde Bubers.
3 Martin Buber, *A Land of Two Peoples: Martin Buber on Jews and Arabs*, hrsg. von Paul R. Mendes-Flohr, Oxford 1983. – [Bubers ursprünglich auf deutsch (das heißt: *nicht* auf hebräisch oder englisch) geschriebene Essays werden, soweit greifbar, zitiert nach M. B., *Der Jude und sein Judentum. Gesammelte Aufsätze und Reden*, Köln 1963 (A. d. Ü.).]
4 Zitiert in Maurice Friedman, *Martin Buber's Life and Work: The Later Years, 1945–1965*, New York 1983, S. 345.
5 Ibid., S. 365.
6 Martin Buber, *Der Jude und sein Judentum*, a.a.O., S. 313.
7 Ibid., S. 316.
8 Ibid., S. 311.
9 Sanhedrin 74a. Das Zitat kommt bei Buber nicht vor; ich benutze es, um den Sinn klarzumachen.
10 Buber, *Der Jude und sein Judentum*, a.a.O., S. 315.

11 Buber, ibid., S. 341.
12 Ibid., S. 334.
13 Amos 9;7; Buber, *Israel and the World*, a.a.O., S. 224.
14 Buber, *Der Jude und sein Judentum*, a.a.O., S. 332.
15 Buber, *Israel and the World*, a.a.O., S. 248.
16 Buber, *Land of Two Peoples*, a.a.O., S. 80.
17 Buber, *Der Jude und sein Judentum*, a.a.O., S. 394.
18 Zitiert aus Mendes-Flohrs Einleitung zu Buber, *Land of Two Peoples*, a.a.O., S. 20.
19 Buber, *Land of Two Peoples*, a.a.O., S. 140.
20 Siehe zum Beispiel Buber, *Land of Two Peoples*, a.a.O., S. 166 und S. 199.
21 Buber, *Der Jude und sein Judentum*, a.a.O., S. 540. Zu Bubers Haltung in den vierziger Jahren siehe Idit Zertal, »The Poisoned Heart: The Jews of Palestine and the Holocaust«, in: *Tikkum* 2, Nr. 2, 1987, S. 120.
22 Buber, *Land of Two Peoples*, a.a.O., S. 35.
23 Buber, *Der Jude und sein Judentum*, a.a.O., S. 350.
24 Ibid., S. 312.
25 Ibid., S. 529.
26 Buber, *Land of Two Peoples*, S. 174.
27 Ibid., S. 176, S. 178.
28 Buber, *Israel and the World*, a.a.O., S. 111 (Hervorhebung im Original). Eine vollständige Fassung der Antrittsvorlesung findet sich in Martin Buber, *Pointing the Way*, New York 1974, S. 177–91.
29 Buber, *Land of Two Peoples*, a.a.O., S. 210.
30 Buber, *Israel and the World*, a.a.O., S. 255.
31 Buber, *Land of Two Peoples*, a.a.O., S. 223.
32 Ibid., S. 162.
33 Buber, *Der Jude und sein Judentum*, a.a.O., S. 541.
34 Ibid., S. 352. Der Übersetzer schreibt: »wie das eines jeden Israeli«, aber ich bezweifle, daß Buber sich so rasch mit dem neuen Staat identifizieren wollte. »Israelit« wäre eine wörtliche Übersetzung. »Jüdischer Mensch« drückt vermutlich seine Meinung am besten aus.
35 Ibid., S. 245.
36 Buber, *Der Jude und sein Judentum*, a.a.O., S. 542.
37 Buber, *Land of Two Peoples*, a.a.O., S. 304.
38 Buber, *Israel and the World*, a.a.O., S. 261; vergleiche Buber, *Land of Two Peoples*, a.a.O., S. 255.
39 Buber, *Israel and the World*, a.a.O. Zu diesem Thema siehe auch Bernard Susser, *Existence and Utopia: The Social and Political Thought of Martin Buber*, Rutherford, N. J., 1981, S. 147–52.
40 Buber, *Land of Two Peoples*, a.a.O., S. 250.
41 Ibid., S. 255.
42 Buber, *Pointing the Way*, a.a.O., S. 217; Buber, *Land of Two Peoples*, a.a.O., S. 244.
43 Buber, *Israel and the World*, a.a.O., S. 111.

## 5 Antonio Gramscis Engagement

1 Siehe zum Beispiel *Marxism and Democracy*, hrsg. von Alan Hunt, London 1980.
2 Antonio Gramsci, *Selections from the Prison Notebooks*, hrsg. und übers. von

Quinton Hoare und Geoffrey Novell Smith, New York 1971, S. 238. [Da die ital. Originalausgabe – *Quaderni del carcere*, 4 Bde., Turin 1975 – nicht vollständig ins Deutsche übersetzt ist, sei hier, neben der zitierten engl. Auswahl, auf die von Guido Zamis herausgegebene Auswahl *Zu Politik, Geschichte und Kultur. Ausgewählte Schriften*, Frankfurt/M. 1980, verwiesen. *A. d. Ü.*]
3 Ibid., S. 239.
4 Ibid., S. 132–33.
5 Ibid., S. 453.
6 Frank Parkin, *Marxism and Class Theory: A Bourgeois Critique*, New York 1979, S. 81.
7 Gramsci, *Prison Notebooks*, a.a.O., S. 9; vgl. auch S. 323.
8 Ibid., S. 324.
9 Ibid., S. 327; zum »widersprüchlichen Bewußtsein« gewöhnlicher Menschen vgl. S. 333.
10 Ibid., S. 326 Fn.
11 Karl Marx und Friedrich Engels, *Die deutsche Ideologie*, in: *Gesamtausgabe: Erste Abteilung*, Bd. V, Berlin 1932, S. 35.
12 Ibid., S. 37.
13 Gramsci, *Prison Notebooks*, a.a.O., S. 395.
14 Zitiert in Chantal Mouffe, »Hegemony and Ideology in Gramsci«, in: *Gramsci and Marxist Theory*, hrsg. von Chantal Mouffe, London 1979, S. 181. Meiner Ansicht nach ist dies die beste Darstellung dessen, was Gramsci mit »Hegemonie« gemeint haben mag.
15 Gramsci, *Prison Notebooks*, a.a.O., S. 395.
16 Ibid., S. 324, S. 333.
17 Ibid., S. 350.
18 Antonio Gramsci, »The Southern Question«, in seinem *The Modern Prince and Other Writings*, London 1979, S. 181.
19 Zitiert in John Cammett, *Antonio Gramsci and the Origin of Italian Communism*, Stanford 1967, S. 78. Zu den Turiner Jahren siehe auch Martin Clark, *Antonio Gramsci and the Revolution that Failed*, New Haven 1977, und Gwyn Williams, *Proletarian Order: Antonio Gramsci, Factory Councils and the Origins of Communism in Italy, 1911–1921*, London 1980.
20 Cammett, *Antonio Gramsci*, a.a.O., S. 88.
21 Lenin, »Was sind die ›Volksfreunde‹ und wie kämpfen sie gegen die Sozialdemokratie?« (1894).
22 Gramsci, *Prison Notebooks*, a.a.O., S. 334.
23 Ibid., S. 334.
24 Zum »Stillhalten« siehe ibid., S. 42.
25 Ibid., S. 334.
26 Ibid., S. 197.
27 Zitiert in James Joll, *Antonio Gramsci*, Harmondsworth 1978, S. 53.
28 Zitiert in Harold Entwistle, *Antonio Gramsci: Conservative Schooling for Radical Politics*, London 1979, S. 72. Dies ist ein äußerst nützliches Buch, das sich von der frömmelnden Verehrung heutiger Anhänger Gramscis löst.
29 Gramsci, *Prison Notebooks*, a.a.O., S. 186.
30 Ibid., S. 330–31.
31 Ibid., S. 331, S. 418.
32 Ibid., S. 398.
33 Ibid., S. 37.
34 Ibid., S. 40.
35 Ibid., S. 35–36. (Hervorhebung von mir). Der »Charakter eines

Parteimitglieds«, schrieb Gramsci [in *Prison Notebooks*, a.a.O., S. 268], »zeigt sich in seinem Widerstand gegen den Druck überholter Kulturen«.
36 Gramsci, *Prison Notebooks*, a.a.O., S. 43.
37 Cammett, *Antonio Gramsci*, a.a.O., S. 12.
38 Alastair Davidson, *Antonio Gramsci: Towards an Intellectual Biography*, London 1977, gibt eine gute Darstellung der Jahre, die Gramsci in Sardinien verbrachte.
39 Gramsci, *Prison Notebooks*, a.a.O., S. 418.
40 Zitiert in Davidson, *Intellectual Biography*, a.a.O., S. 181.
41 Gramsci, *Prison Notebooks*, a.a.O., S. 19f.
42 Ibid., S. 77–79.
43 Ibid., S. 195.

## 6 Ignazio Silone: »Das Natürliche«

1 Arthur Koestler, *Arrow in the Blue*, New York 1984, S. 317.
2 Ignazio Silone, *Notausgang*, Übers. von Hanna Dehio, Köln 1966, S. 102.
3 Ibid., S. 102–103.
4 Ibid., S. 103.
5 Ignazio Silone, *Fontamara*, Übers. von Hanna Dehio, Köln 1962, S. 211.
6 Ignazio Silone, *Brot und Wein*, Übers. von Adolf Sager, Darmstadt o.J., S. 104.
7 Ibid., S. 110.
8 Ignazio Silone, »On the Place of the Intellect and the Pretensions of the Intellectual«, in: George de Huszar, Hrsg., *The Intellectuals: A Controversial Portrait*, Glencoe, Ill. 1960, S. 262–63.
9 Silone, *Notausgang*, a.a.O., S. 104.
10 Ibid., S. 173.
11 Ibid., S. 174.
12 Ibid.
13 Ibid., S. 104.
14 In einem Seminar der »Hebrew University« in Jerusalem (Mai 1987), wo ich eine frühere Fassung dieses Kapitels vortrug, beschrieb George Mosse Silone mit diesem Ausdruck.
15 Silone, *Notausgang*, a.a.O., S. 105.
16 Silone, *Brot und Wein*, a.a.O., S. 202.
17 Silone, »On the Place of the Intellect«, a.a.O., S. 261.
18 Silone, *Der Samen unterm Schnee*, a.a.O., S. 205.
19 Silone, *Notausgang*, a.a.O., S. 128.
20 Silone, *Brot und Wein*, a.a.O., S. 90.
21 Silone, *Der Samen unterm Schnee*, a.a.O., S. 37.
22 Silone, *Brot und Wein*, S. 57.
23 Silone, *Der Samen unterm Schnee*, a.a.O., S. 357.
24 Henri Troyat, *Tolstoy*, Garden City, N.Y. 1967, S. 531.
25 Nicola Chiaromonte, »Silone the Rustic«, in: *Survey* 26, Nr. 2 (Frühjahr 1982), S. 44.
26 Thorstein Veblen, »The Intellectual Pre-eminence of Jews in Modern Europe«, in: *Essays in Our Changing Order*, New York 1934, S. 227.
27 Silone, *Brot und Wein*, a.a.O., S. 24.
28 Ignazio Silone, *Eine Handvoll Brombeeren*, Üb. Hanna Dehio, Köln 1961, S. 125–26.
29 Michael Harrington, *The Accidental Century*, Baltimore 1966, S. 201.
30 Silone, *Brot und Wein*, a.a.O., S. 201.
31 Silone, *Notausgang*, a.a.O., S. 11.

32 Ibid., S. 182.
33 Ignazio Silone, *Emergency Exit* (1965), London 1969, S. 63.
34 Ibid., S. 109.
35 Ibid., S. 184.
36 Chiaramonte, »Silone the Rustic«, a.a.O., S. 44.
37 Silone, *Samen unterm Schnee*, a.a.O., S. 332.
38 Ibid., S. 135.
39 Silone, *Notausgang*, a.a.O., S. 185.

## 7 George Orwells England

1 Raymond Williams, *George Orwell*, New York 1981. Zum Verständnis dessen, was Williams zu Orwell geschrieben hat, hat mir Paul Thomas' anregender und scharfsinniger Aufsatz »Mixed Feelings: Raymond Williams and George Orwell«, in: *Theory and Society* 14, Nr. 4 (Juli 1985); S. 419–44, geholfen.
2 George Orwell, *Mein Katalonien*. Einl. von Lionel Trilling, Übers. von Wolfgang Rieger, München 1964, S. 32.
3 Raymond Williams, *Politics and Letters: Interview with New Left Review*, London 1981, S. 384–92. Der Ausdruck »Sozialpatriotismus« wird in dem Interview zuerst von dem Herausgeber der *NLR* verwendet, aber von Williams übernommen (siehe S. 386).
4 Williams, *George Orwell*, a.a.O., S. 12, S. 24.
5 George Orwell, »Im Innern des Wals«, in: *Im Innern des Wals. Ausgewählte Essays I*, Übers. von Felix Gasbarra, Zürich 1975, S. 129.
6 Ich zitiere das Gedicht hier so, wie Orwell es in *Im Innern des Wals* zitiert. Auden überarbeitete das Gedicht 1939 und ließ die Zeile über den »notwendigen Mord« aus. Die überarbeitete Version findet sich in *The English Auden: Poems, Essays and Dramatic Writings: 1927–1939*, hrsg. von Edward Mendelson, New York 1977, S. 210–12; Mendelson beschreibt die Veränderungen auf S. 424–25.
7 Orwell, »Im Innern des Wals«, a.a.O., S. 130.
8 Orwell, »The Proletarian Writer«, in: *The Collected Essays. Journalism and Letters of George Orwell*, hrsg. von Sonia Orwell und Ian Angus, New York 1968, 2, S. 38.
9 Orwell, *The Road to Wigan Pier*, New York 1958, S. 261; dt. *Der Weg nach Wigan Pier*, Zürich 1985.
10 Ibid., S. 179–80.
11 Ibid., S. 180.
12 Orwell, *Katalonien*, a.a.O., S. 303.
13 Williams, *George Orwell*, a.a.O., S. 91.
14 Orwell, *Wigan Pier*, a.a.O., S. 180.
15 Orwell, *Die Wonnen der Aspidistra*, Zürich 1983, S. 292.
16 Trilling, Einleitung zu Orwell, *Katalonien*, a.a.O., S. 18.
17 Orwell, *1984*, Frankfurt 1976, S. 9, 89, 90, 129.
18 Trilling, Einleitung zu *Katalonien*, a.a.O., S. 21.
19 George Orwell, *The Lion and the Unicorn*, in: *Collected Essays*, 3, a.a.O., S. 362.
20 Ibid., 2, S. 57.
21 Orwell, »My Country Right or Left«, in: *Collected Essays*, 1, S. 539; nachgedruckt in *Lion and Unicorn*, 2, S. 103.
22 Orwell, *Lion and Unicorn*, 2, a.a.O., S. 109.
23 George Orwell, »Notes on Nationalism«, in: *Collected Essays*, 3, S. 362.
24 Orwell, *Lion and Unicorn*, 2, a.a.O., S. 68.

25 Williams, *Politics and Letters*, a.a.O., S. 391.
26 Orwell, *Lion and Unicorn*, 2, a.a.O., S. 95.
27 Siehe dazu Williams' Beurteilung in *George Orwell*, a.a.O., S. 87.
28 Alex Zwerdling, *Orwell and the Left*, New Haven 1974, S. 16.
29 Richard Wollheim, »Orwell Reconsidered«, in: *Partisan Review* 27, Nr. 1 (Winter 1960), S. 95 f.
30 Zwerdling, *Orwell and the Left*, a.a.O., S. 9–10; siehe auch George Orwell und Reginald Reynolds, Hrsg., *British Pamphleteers*, Bd. 1, Einleitung George Orwell, London 1948.
31 Orwell, *Lion and Unicorn*, 2, a.a.O., S. 96.
32 Siehe George Orwell, »James Burnham and the Managerial Revolution«, in: *Collected Essays*, 4, S. 160–181.
33 George Orwell, »Rudyard Kipling«, in: *Im Innern des Wals*, a.a.O., S. 173.
34 Zwerdling, *Orwell and the Left*, a.a.O., S. 13.
35 Orwell, *Wigan Pier*, a.a.O., S. 212.
36 George Orwell, »Charles Dickens«, in: *Collected Essays*, 1, S. 459.
37 George Orwell, »Arthur Koestler«, in: *Collected Essays*, 3, S. 235.
38 Williams, *Politics and Letters*, a.a.O., S. 391 f.
39 George Orwell, »Preface to the Ukrainian Edition of *Animal Farm*«, in: *Collected Essays* 3, S. 404 f.
40 George Orwell, »As I please«, in: *Collected Essays* 3, S. 226.
41 Siehe die hilfreiche Deutung in George Woodcock, *The Crystal Spirit: A Study of George Orwell*, New York 1984, S. 217–19.
42 Orwell, »Koestler«, a.a.O., S. 236.
43 Orwell, *1984*, a.a.O., S. 75.
44 Irving Howe, *Politics and the Novel*, New York 1957, S. 236.

## 8 Albert Camus und der Algerienkrieg

1 Herbert R. Lottman, *Albert Camus: A Biography*, Garden City, N. Y., 1979.
2 Simone de Beauvoir, *Der Lauf der Dinge*, Reinbek 1966, S. 461.
3 Albert Camus, *Tagebücher 1935–1951*, Übers. von Guido Meister, Reinbek 1972, S. 251.
4 Camus, *Tagebücher*, a.a.O., S. 296.
5 de Beauvoir, *Der Lauf der Dinge*, a.a.O., S. 337.
6 Camus, *Tagebücher*, a.a.O., S. 136.
7 Ibid.
8 Jean-Paul Sartre, »Plaidoyer pour les intellectuels«, in: *Situations VIII*, Paris 1972, S. 395.
9 de Beauvoir, *Der Lauf der Dinge*, a.a.O., S. 434.
10 Ibid., S. 354–55, S. 369.
11 Sartre, »Plaidoyer pour les intellectuels«, a.a.O., S. 396.
12 de Beauvoir, *Der Lauf der Dinge*, a.a.O., S. 438.
13 Zitiert in Philip Thody, *Albert Camus: 1913–1960*, London 1961, S. 212.
14 Frantz Fanon, *Toward the African Revolution: Political Essays*, New York, o. J., S. 81.
15 Jules Roy, *The War in Algeria*, New York 1961, S. 122.
16 Albert Camus, »Misère de la Kabylie«, in: *Actuelles III. Chronique Algérienne 1939–1958*, Paris 1958, S. 33–90.
17 Zitiert in Ray Nichols, *Treason, Tradition, and the Intellectual*, Lawrence 1978, S. 164.

18 Camus, *Tagebücher*, a.a.O., S. 120.
19 Ibid., S. 225.
20 Albert Camus, »Crise en Algérie«, in: *Actuelles III*, a.a.O., S. 122.
21 Zitiert bei Lottman, *Albert Camus*, a.a.O., S. 618.
22 Albert Camus, »Lettre à un militant algérien«, in: *Actuelles III*, a.a.O., S. 14; ebenso in Camus, *Resistance, Rebellion and Death*, New York 1961, S. 127.
23 Albert Camus, »Avant-propos«, in: *Actuelles III*, a.a.O., S. 14; Camus, *Resistance*, a.a.O., S. 113.
24 O'Brien, *Camus of Europe and Africa*, a.a.O., S. 102.
25 Camus, »Avant-propos«, a.a.O., S. 25; Camus, *Resistance*, a.a.O., S. 121.
26 Camus, »Avant-propos«, a.a.O., S. 17; Camus, *Resistance*, a.a.O., S. 116.
27 Camus, *Tagebücher*, a.a.O., S. 247.
28 Camus, »Avant-propos«, a.a.O., S. 19; Camus, *Resistance*, a.a.O., S. 117.
29 Camus, »Avant-propos«, a.a.O., S. 14; Camus, *Resistance*, a.a.O., S. 113–114.
30 Albert Camus, »Algérie 1958«, in: *Actuelles III*, a.a.O., S. 200; Camus, *Resistance*, a.a.O., S. 144.
31 Albert Camus, »Crise en Algérie, a.a.O., S. 95.
32 Camus, »Avant-propos«, a.a.O., S. 20; Camus, *Resistance*, a.a.O., S. 118.
33 Albert Camus. »Appel pour une trêve civile«, in: *Actuelles III*, a.a.O., S. 176; Camus, *Resistance*, a.a.O., S. 136.
34 Camus, »Avant-propos«, a.a.O., S. 27; Camus, *Resistance*, a.a.O., S. 123.
35 Roy, *The War in Algeria*, a.a.O., S. 123.
36 Camus, »Avant-propos«, a.a.O., S. 15; Camus, *Resistance*, a.a.O., S. 114.
37 Roy, *The War in Algeria*, a.a.O., S. 122.
38 O'Brien, *Camus of Europe and Africa*, a.a.O., S. 105.
39 Camus, »The Artist and His Time«, in: *The Myth of Sisyphus, and Other Essays*, New York o. J., S. 147–48.
40 Albert Camus, »Appel pour une trêve civile«, a.a.O., S. 183; Camus, *Resistance*, a.a.O., S. 141.
41 Thody, *Albert Camus*, a.a.O., S. 210.

## 9 *Simone de Beauvoir und die angepaßte Frau*

1 Siehe Michel le Doeuff, »Simone de Beauvoir and Existentialism«, in: *Feminist Studies* 6, Nr. 2 (1980), S. 277–89, und Linda Singer, »Interpretation and Retrieval: Rereading Beauvoir«, in: *Hypatia: A Journal of Feminist Philosophy*, Nr. 3 (1985), S. 231–38.
2 Simone de Beauvoir, *In den besten Jahren*, übers. von Paul Baudisch, Reinbek 1960, S. 516.
3 Simone de Beauvoir, *Der Lauf der Dinge*, übers. von Paul Baudisch, Reinbek 1966, S. 183.
4 Diese Überlegung stammt aus dem unveröffentlichten Aufsatz von Sonia Kruks über de Beauvoir und »das Gewicht von Situationen«, den Dr. Kruks mir freundlicherweise zu lesen gestattete.
5 Simone de Beauvoir, *Das andere Geschlecht*, übers. von Eva Rechel-Mertens und F. Montfort, Reinbek 1952, hier: *The Second Sex*, New York 1953, S. xxix.
6 Alice Schwarzer, *Simone de Beauvoir heute*, Reinbek 1983, S. 35.
7 de Beauvoir, *Das andere Geschlecht*, a.a.O., S. 41, 69, 77.
8 Ibid., S. 138.
9 Ibid., S. 75.
10 Ibid., S. 459.

11 Ibid., S. 63.
12 Ibid., S. 391.
13 Ibid., S. 517.
14 Ibid., S. 77.
15 Ibid., S. 47.
16 Schwarzer, *Simone de Beauvoir heute*, a.a.O., S. 43.
17 de Beauvoir, *Das andere Geschlecht*, a.a.O., S. 142.
18 Ibid., S. 69.
19 Ibid., S. 151.
20 de Beauvoir, *The Second Sex*, a.a.O., S. xxxvii.
21 Schwarzer, *Simone de Beauvoir heute*, a.a.O., S. 42.
22 de Beauvoir, *Das andere Geschlecht*, a.a.O., S. 156.
23 Ibid., S. 716.
24 Ibid., S. 607.
25 Ibid., S. 634.
26 Ibid., S. 607.
27 Ibid., S. 155.
28 Schwarzer, *Simone de Beauvoir heute*, a.a.O., S. 43.
29 Jean Betke Elshtain, *Public Man, Private Woman*, Princeton 1981, Mary O'Brien, *The Politics of Reproduction*, Boston 1983.
30 de Beauvoir, *Das andere Geschlecht*, a.a.O., S. 169.
31 O'Brien, *The Politics of Reproduction*, a.a.O., S. 75.
32 de Beauvoir, *Das andere Geschlecht*, a.a.O., S. 625.
33 Iris Marion Young, »Humanism, Gynocentrism, and Feminist Politics«, in: *Hypatia: A Journal of Feminist Philosophy*, Nr. 3 (1985), S. 176. Zu Hinweisen auf die Existenz einer »Gegenwelt« siehe Patricia Meyer Spacks, *Gossip*, Chicago 1986.
34 Young, »Humanism«, a.a.O., S. 176 (sie stellt nicht ihre eigenen Ansichten dar); eine ausgeglichenere Darstellung findet sich bei Carol Gilligan, *In a Different Voice: Psychological Theory and Women's Development*, Cambridge 1982.
35 Young, »Humanism«, a.a.O., S. 180.
36 Schwarzer, *Simone de Beauvoir heute*, a.a.O., S. 79.
37 Kate Soper, »The Qualities of Simone de Beauvoir«, in: *New Left Review*, Nr. 156 (März–April 1986), S. 128.
38 Schwarzer, *Simone de Beauvoir heute*, a.a.O., S. 119, S. 121.
39 Ibid., S. 120.

## 10 Herbert Marcuses Amerika

1 R. D. Laing, Rezension von *Der eindimensionale Mensch*, in: *New Left Review*, 26 (Juli–August 1964), S. 80.
2 Herbert Marcuse, *One-Dimensional Man*, Boston 1964; dt. *Der eindimensionale Mensch*, übers. von Alfred Schmidt, Neuwied 1965, hier: *Sammlung Luchterhand* Nr. 4, $^{23}$1989, S. 19 f.
3 Ibid., S. 265.
4 Ibid., S. 14.
5 Ibid., S. 267.
6 Ibid., S. 76.
7 Ibid., S. 30–32.
8 Ibid., S. 21 f.
9 Ibid., S. 21.
10 Ibid., S. 52.

11 Ibid., S. 23.
12 Ibid., S. 70–72.
13 Vergleiche John Stuart Mill, »Utilitarianism«, in: *The Philosophy of John Stuart Mill*, hrsg. Marshall Cohen, New York 1961, S. 333.
14 Die Geschichte hat viele »rechtslastige« Fassungen: zur ersten »linkslastigen« Version siehe Jean-Jacques Rousseaus *Discours sur l'origine de l'inégalité parmi les hommes*.
15 Marcuse, *Der eindimensionale Mensch*, a.a.O., S. 26.
16 Ibid., S. 27.
17 Ibid., S. 26.
18 Ibid., S. 69.
19 Ibid., S. 253.
20 Zitiert ibid., S. 99, nach einem Artikel in der *Nouvelle Revue Française*, Juli 1956.
21 Marcuse, *Der eindimensionale Mensch*, a.a.O., S. 23.
22 C. Wright Mills, *The Power Elite*, New York 1956.
23 Marcuse, *Der eindimensionale Mensch*, a.a.O., S. 76.
24 Randolph Bourne, »Traps for the Unwary«, in: *The Radical Will: Selected Writings, 1911–1918*, hrsg. Olaf Hansen, New York 1977, S. 483.
25 Marcuse, *Der eindimensionale Mensch*, a.a.O., S. 81.
26 Ibid., S. 84.
27 Ibid.
28 Ibid., S. 90.
29 Ibid., S. 255 f.
30 Ibid., S. 261.
31 Siehe Marcuses Essay »Repressive Tolerance«, in Herbert Marcuse, Barrington Moore jr. und Robert Paul Wolff, *A Critique of Pure Tolerance*, Boston 1965; dt. *Kritik der reinen Toleranz*, Frankfurt/M. 1972.
32 Marcuse, *Der eindimensionale Mensch*, S. 188, 213, 208; vergleiche aber S. 105, wo Marcuse eine ganz andere und wahrscheinlich genauere Behauptung aufstellt: »Die Gesellschaft drückt ihre Bedürfnisse direkt in sprachlichem Material aus, wenn auch nicht ohne Opposition; die Volkssprache trifft die offizielle und halboffizielle Redeweise mit boshaftem und herausforderndem Humor.« Seine vorherrschende Einstellung ergibt sich jedoch aus den Zitaten in meinem Text.
33 Ibid., S. 122.
34 Allen Graubard, »One-Dimensional Pessimism: A Critique of Herbert Marcuse's Theories«, in: *Beyond the New Left*, hrsg. Irving Howe, New York 1970, S. 161.
35 Marcuse, *Der eindimensionale Mensch*, a.a.O., S. 193.
36 Marcuse, *An Essay on Liberation*, Boston 1969, S. 47; dt. *Versuch über die Befreiung*, übers. v. H. Reinicke u. A. Schmidt, Frankfurt/M. 1969, S. 46 u. ö.
37 Marcuse, *Der eindimensionale Mensch*, a.a.O., S. 206.
38 Ibid., S. 91.
39 Ibid., S. 140.
40 Ibid., S. 139.
41 Ibid., S. 243.
42 Ibid.
43 Ibid., S. 262.
44 Ibid., S. 60 f.
45 Ibid., S. 60.
46 Ibid., S. 227 (Hervorhebung von mir).

## 11 Die einsame Politik des Michel Foucault

1 Michel Foucault, »Pouvoirs et stratégies«, in: *Les Revoltes logiques*, Nr. 4/1977; dt. in: *Dispositive der Macht*, übers. von H.-J. Metzger, Berlin 1978, S. 215.
2 Ibid., S. 117.
3 Ibid., S. 54.
4 Siehe Foucault über Borges' Enzyklopädie, in: *Die Ordnung der Dinge*, übers. von U. Köppen, Frankfurt/M. 1971, S. 17–28.
5 Foucault, *Dispositive der Macht*, a.a.O., S. 88.
6 Ibid., S. 111.
7 Ibid., S. 109.
8 Siehe die Argumentation bei Peter Bachrach und Morton S. Baratz, »The Two Faces of Power«, in: *American Political Science Review*, 56 (1962), S. 947–52.
9 Michel Foucault, *Histoire de la sexualité, I: La Volonté de savoir* (1976); dt. *Sexualität und Wahrheit I: Der Wille zum Wissen*, übers. von U. Raulf und W. Seitter, Frankfurt/M. 1977, S. 115.
10 Michel Foucault, *Power, Truth, Strategy*, hrsg. von Meaghan Morris und Paul Patton, Sydney 1979, S. 60.
11 Foucault, *Dispositive der Macht*, a.a.O., S. 82.
12 Foucault, *Power, Truth, Strategy*, a.a.O., S. 126.
13 Foucault, *Sexualität und Wahrheit*, a.a.O., S. 117.
14 Foucault, *Dispositive der Macht*, a.a.O., S. 212 f.
15 Michael Walzer, »Dissatisfaction in the Welfare State« (1967), in: *Radical Principles: Reflections of an Unreconstructed Democrat*, New York 1980, S. 33.
16 Foucault, *Dispositive der Macht*, a.a.O., S. 82.
17 Michel Foucault, *Surveiller et Punir* (1975); dt. *Überwachen und Strafen. Die Geburt des Gefängnisses*, übers. von W. Seitter, Frankfurt/M. 1976, S. 348 f.
18 Foucault, *Sexualität und Wahrheit*, a.a.O., S. 168.
19 Foucault, *Dispositive der Macht*, a.a.O., S. 212.
20 Zur Bedeutung von »episteme« siehe Foucault, *Die Ordnung der Dinge*, a.a.O., S. 22–28.
21 Foucault, *Überwachen und Strafen*, a.a.O., S. 286.
22 Michel Foucault, *Language, Counter-Memory, Practice: Selected Essays and Interviews*, hrsg. von Donald F. Bouchard, Ithaca 1977, S. 230.
23 Foucault, *Language*, a.a.O., S. 231.
24 Ibid., S. 227.
25 Zu einer ähnlichen Kritik von Foucaults Anarchismus siehe J. G. Merquior, *Foucault*, London 1985, Kap. 10.
26 Foucault, *Dispositive der Macht*, a.a.O., S. 50.
27 Ibid., S. 199 f.
28 Paul Patton, »Of Power and Prisons«, in: Foucault, *Power, Truth, Strategy*, a.a.O., S. 126.
29 Foucault, *Sexualität und Wahrheit*, a.a.O., S. 186.
30 Foucault, *Dispositive der Macht*, a.a.O., S. 44 ff.
31 Ibid., S. 51.
32 Charles Taylor, »Foucault on Freedom and Truth«, in: *Political Theory* 12 (1984), S. 179–80.
33 Jim Merod, *The Political Responsibility of the Critic*, Ithaca 1987, S. 158.
34 Ich verdanke dieses Bild Clifford Geertz.

## 12  Breyten Breytenbach: Der Kritiker im Exil

1 Breyten Breytenbach, *End Papers: Essay, Letters, Articles of Faith, Workbook Notes*, New York 1986, S. 20; dt. *Schlußakte Südafrika*, übers. von Matthias Müller und Elke Schönfeld, Köln 1986 (hier Fi-Bü Nr. 9189), S. 25.
2 Zur englischen Übersetzung ausgewählter Gedichte siehe *In Africa Even the Flies Are Happy*, übers. von Denis Hirson, London 1978.
3 Breytenbach, *Schlußakte*, a.a.O., S. 93.
4 Ibid., S. 94.
5 Ibid., S. 93.
6 Ibid.
7 Zitiert bei Jack Cope, *The Adversary Within: Dissident Writers in Afrikaans*, Cape Town 1982, S. 168.
8 Breyten Breytenbach, *A Season in Paradise*, übers. von Rike Vaughan, Einführung von André Brink, London 1980, dt. *Augenblicke im Paradies*, übers. von Arnold Blumer, Zürich 1977 (hier Fi-Bü Nr. 5887). Ich habe viele biographische Einzelheiten der Einführung Brinks entnommen. Breytenbachs Text »Ein Blick von draußen« steht auf den Seiten 142–54.
9 Breytenbach, *Augenblicke im Paradies*, a.a.O., S. 145; zu Breytenbachs Analyse des ANC siehe *The True Confessions of an Albino Terrorist*, New York 1985, dt. *Wahre Bekenntnisse eines Albino-Terroristen*, übers. von D. Haug und S. Oberlies, Köln 1986 (hier Fi-Bü Nr. 5991), S. 105–11.
10 Breytenbach, *Schlußakte*, a.a.O., S. 85.
11 Cope, *The Adversary Within*, a.a.O., S. 178.
12 Breytenbach, *Wahre Bekenntnisse*, a.a.O., S. 116–22.
13 Ibid., S. 122.
14 Breytenbach, *Schlußakte*, a.a.O., S. 116.
15 Breytenbach, *Wahre Bekenntnisse*, a.a.O., S. 409.
16 Breytenbach, *Augenblicke im Paradies*, a.a.O., S. 204.
17 Herbert Marcuse, *Der eindimensionale Mensch*, Frankfurt/M. $^{23}$1989, S. 213.
18 Breytenbach, *Schlußakte*, a.a.O., S. 48.
19 Ibid., S. 196.
20 Ibid., S. 54.
21 Ibid., S. 71.
22 Ibid., S. 154.
23 Breytenbach, *Augenblicke im Paradies*, a.a.O., 145.
24 Breytenbach, *Schlußakte*, a.a.O., S. 52.
25 Ibid., S. 115.
26 Neil Lazarus, »Longing, Radicalism, Sentimentality: Reflections on Breyten Breytenbach's *A Season in Paradise*«, in: *Journal of Southern African Studies*, 12, Nr. 2 (April 1986), S. 177.
27 N. P. van Wyk Louw, *Lojale Verset*, in: *Versamelde Prosa*, 1, S. 166–68. Ich verdanke diesen Hinweis Hermann Giliomee.
28 Breytenbach, *Wahre Bekenntnisse*, a.a.O., S. 529.
29 Zitiert bei Cope, *The Adversary Within*, a.a.O., S. 173.
30 Zitiert in ibid., S. 172.
31 Breytenbach, *Schlußakte*, a.a.O., S. 177.
32 Ibid., S. 19.
33 Ibid., S. 176; vgl. Cope, *The Adversary Within*, a.a.O., S. 166.
34 Breytenbach, *Schlußakte*, a.a.O., S. 123.
35 Ibid., S. 179.
36 Ibid., S. 176.

37 Breytenbach, *Wahre Bekenntnisse*, a. a. O., S. 529.
38 Zitiert bei Hermann Giliomee, »Apartheid and the Afrikaner Literary Tradition of ›Loyal Resistance‹«, Beitrag zu einem Kongreß über südafrikanische Politik und Literatur, Montpellier 1987, S. 27.
39 Breyten Breytenbach, »Breyten prays for hinself«, in: *In Africa Even the Flies Are Happy*, a. a. O., S. 6.
40 Breytenbach, *Wahre Bekenntnisse*, a. a. O., S. 529.
41 Breytenbach, *Schlußakte*, a. a. O., S. 181.
42 Ibid., S. 44 f.
43 Der Ausdruck »in jou taal, in jou land« stammt aus einem Vortrag Breytenbachs an der Stellenbosch Universität im April 1986 – seinem einzigen Besuch in Südafrika nach seiner Entlassung aus dem Gefängnis (er hat seither jeden weiteren Besuch verweigert). Der Text findet sich in *Suid-Afrikaan*, 1986, S. 12.
44 Breytenbach, *Schlußakte*, a. a. O., S. 95.

## *13  Schlußfolgerungen: Kritik heute*

1 Die beste Einzelquelle ist Jean-Paul Sartre, »Plaidoyer pour les intellectuels«, in: *Situations* VIII, Paris 1972. Siehe dazu meine Erörterung in Kapitel 8.
2 Zitiert in Walter Laqueur, *A History of Zionism*, New York 1972, S. 435; meine Kritik dieser Zeilen folgt ebenfalls Laqueur.
3 Die klassische Darstellung der kritischen Kapitulation findet sich in Czesław Miłosz, *The Captive Mind*, New York 1955.
4 Eine nützliche Kritik an Foucault und der von ihm beeinflußten akademischen Welt findet sich in Jim Merod, *The Political Responsibility of the Critic*, Ithaca 1987, besonders Kapitel 7.
5 Breyten Breytenbach, *Schlußakte*, a. a. O., S. 40.
6 *Hamlet*, III. iv. 34–38.
7 *Hamlet*, III. iv. 89.
8 Alan Trachtenberg, »Ever – the Human Document«, in: *America and Lewis Hine*, hrsg. von Walter und Naomi Rosenblum, New York 1977, S. 129, zitiert bei Robert Westbrook, »Lewis Hine and the Ethics of Progressive Camerawork«, in: *Tikkun* 2, Nr. 2 (1987) S. 25.
9 Franz Rosenzweig, *Briefe*, hrsg. von Edith Rosenzweig, Berlin 1935, S. 597.
10 *The English Auden: Poems, Essays, and Dramatic Writings, 1927–1939*, hrsg. von Edward Mendelson, New York 1977, S. 183.
11 Adam Michnik, *Letters form Prison*, Berkeley 1985, S. 198.
12 Albert Camus, *Der Mensch in der Revolte*, Reinbek 1969, S. 32.
13 Siehe meine Überlegungen zum Propheten Amos in Michael Walzer, *Interpretation and Social Criticism*, Cambridge, Mass. 1987, Kapitel 3.
14 Zitiert in Irving Howe, »This Age of Conformity«, in seinem Buch *A World More Attractive: A View of Modern Literature and Politics*, New York 1963, S. 259.
15 Siehe Peter M. Rutkoff und William B. Scott, *New School: A History of the New School for Social Research*, New York 1986, Kapitel 1.
16 Baudelaire und Sartre werden zitiert in Renato Poggioli, *The Theory of the Avant-Garde*, Cambridge, Mass. 1968, S. 111, S. 126.
17 Breytenbach, *Schlußakte*, a. a. O., S. 145.
18 Michnik, *Letters form Prison*, a. a. O., S. 20.
19 Zitiert in Samuel Hynes, *The Auden Generation: Literature and Politics in England in the 1930s*, Princeton 1982, S. 338 f.
20 Martin Buber, *A Land of Two Peoples: Martin Buber on Jews and Arabs*, Oxford 1983, S. 138.

# Register

Abruzzen  144, 155, 157, 162
Achilles  25, 35
Addama, Jane  87
African National Congress (ANC)  291, 294
Algerien  190–193, 197–202, 208
Algerische Nationale Befreiungsfront (FLN)  195–197, 199–202, 204–208, 308
Amerika
  Marcuse über  232–239, 245, 254
  transnationales  78
  als Verheißung  68, 71–73, 80, 88, 91
Amos  14, 25–27, 99
Anarchismus  275–277, 280
Antagonismus  38
  *siehe auch* Opposition
Apartheid  29, 290, 292–298, 300, 302–304
Araber  102–104, 108–110, 192, 201–204, 206
Arbeiterklasse  39, 124–132, 180, 234, 235, 242, 246, 304
Aristoteles  21
*Atlantic Monthly, The*  71, 72
Auden, W. H.  167, 181, 319, 339 Anm. 6
Avantgarde  18, 43, 80, 82, 118, 119, 176, 238, 268, 323

Balaam  253
Barrès, August  51, 53, 60
Baudelaire, Charles Pierre  17, 247, 323
Bauern  137, 151–154, 157, 161
Begin, Menachem  108
Benda, Julien  17, 44, 45, 47–68, 83, 88, 96, 101, 108, 116, 130, 156, 166, 193, 286, 310, 311
  Dualismus bei  48–53, 59–62, 130
  und Einstein  58–60
  Judentum bei  58–60
  über Nationalismus  58–60, 65

über Verpflichtung  40, 54–56
über Verrat  47, 52–54, 56, 65, 66
*Exercise d'un enterré vif*  57
*Der Verrat der Intellektuellen*  47–58, 96
Ben Gurion, David  96, 110
Berkeley, George, Bischof  271
Berlin, Isaiah  58
Bewußtsein  124, 125, 234
  falsches  120, 121, 238, 239
  glückliches  234, 235, 243, 244
  sklavisches  239, 240
  unglückliches  238
Biko, Stephen  291
Binationalismus  102–106, 111, 112
Black Consciousness-Bewegung  291
Blair, Eric  164, 167
  *siehe auch* Orwell, George
Bocca, Giorgio  154
Bohémiens  17, 18, 74, 172–174
Bolschewiki  137, 279
Borges, Jorge Luis  263
Borgia, Cesare  65
Borkenau, Franz  184
Bourgeoisie  17, 18, 138, 300
  *siehe auch* Intellektuelle; Mittelklasse
Bourne, Randolph  37, 68–93, 140, 207, 232, 245, 246, 313, 322
  und die amerikanische Verheißung  68, 71, 91, 92
  Antikriegsschriften von  82–92
  und Bloomfield  69, 70, 72
  und das Ideal des Dienens  69–72, 80, 81, 83, 84, 87
  und Ironie  71, 74
  und Solidarität  79–82
  und Transnationalismus  77, 78
  *Alte Tyranneien*  92
  *Der Staat*  92
  *Zwielicht der Idole*  85–87
Bouveresse, Jacques  19 Fn
Brecht, Bertolt  332 Anm. 29

Breytenbach, Breyten 24, 207 Fn, 208, 287–306, 308, 311–314, 315–318, 320, 324, 346 Anm. 43
  als Afrikaner 295–298
  im Exil 289–291, 295, 301 Fn, 304–306
  und Geheimpolitik 289–292
  über Revolution und Reform 301–304
  über Wahrheit 294, 295
  *Augenblicke im Paradies* 291, 295, 298
  *End Papers (Schlußakte)* 297
  *Wahre Bekenntnisse eines Albino-Terroristen* 292 Fn
  *Weiß ist tot (Om te vlieg)* 290
Brink, André 292, 345 Anm. 8
Brooks, Van Wyck 89
Buber, Martin 30, 94–114, 199, 204, 316, 326
  über Binationalismus 102–106, 110–112
  als Bürger Israels 107, 110–113
  über die Grenzen des Nationalismus 95–101
  Ich-Du-Beziehung 94, 95, 96 Fn
  kritische Einstellung zu 107–110
  *Nationalismus* 96, 99, 100
  *Pfade in Utopia* 78 Fn, 112 Fn
Burnham James 182

Calvin, Johannes 27
Camus, Albert 38, 95 Fn, 146, 162, 163, 169, 189–209, 254, 296, 299, 302, 303, 305, 308, 311, 314, 321
  und Algerien 190–192
  und der Algerienkrieg 193–196, 200–207
  als Gesellschaftskritiker 196–204, 206–208
  sein Schweigen 205–209
  *Actuelles III* 191, 197, 200
  *Der Gast* 194
  *Die gerechten Mörder* 190
  *Der Mensch in der Revolte* 95 Fn, 190
  *Die Pest* 190
  *Tagebücher* 191, 200, 203
Castro, Fidel 18
Cato, Marcus Porcius (der Ältere) 35
Chiaromonte, Nicola 155, 161
Christentum 147, 150, 160
  *siehe auch* Katholische Kirche; Presbyterianische Kirche; Protestanten; Puritaner
Cohen, Morris 77

Colet, John 18
Columbia Universität 70, 84
*Combat* 199, 203
common sense
  *siehe* gesunder Menschenverstand
Cook, Fred 233
Coser, Lewis 64, 65

de Beauvoir, Simone 28, 159 Fn, 189, 193–196, 205, 210–231, 238, 320
  Geschlecht 214–219
  und männliche Universalität 220–224, 230
  und Mutterschaft 213, 214, 216–218, 226, 227
  Objektivität von 220–223
  und weiblicher Körper 212, 215, 216
  und Sartre 229
  *Das Alter* 211–212
  *Das andere Geschlecht* 210–212, 221–227
Defoe, Daniel 173
de Gaulle, Charles 193, 205
Dell, Floyd 334 Anm. 35
Demokratie 22, 83, 84, 125, 139, 140, 180, 199, 200, 237
  Marcuses Kritik der 237, 250, 251
  Orwells Verpflichtung zur 181, 182
  und Philosophie 125, 139, 140
Descartes, René 13, 60
Determinismus 33, 92, 214
  *siehe auch* Funktionalismus
Dewey, John 84–86, 87
*The Dial* 76
Dickens, Charles 182, 183
Dienen(s), Ideal des 71, 72, 79, 327
  bei Bourne 69–71, 72, 80, 81, 84, 85, 87
  bei Buber 100, 101
Djilas, Milovan 325
  *Die Neue Klasse* 325
Dreiser, Theodore 69, 76, 247
Dreyfus Affaire 49, 54–56, 60

Einstein, Albert 58–60, 63, 64
Einwanderung
  Bourne und 76–78
  Buber und 102, 103, 108
Elliot, T. S. 56, 57
Elite 41, 44, 128–130, 137, 158, 245, 246, 248, 257, 258
Emerson, Ralph Waldo 37, 74

England 165, 171–174, 176–178, 183
Entfremdung 18, 19, 36–38, 41, 240, 249
Enttäuschung 39, 40
Entwistle, Harold 337 Anm. 28
Epiktet 243
Erasmus, Desiderius 18
Erziehung
  Gramsci über 125, 126, 129, 131–136
  Marcuse über 258
Evans, Mary 217 Fn
Evans, Walker 315
Exil 144, 287, 289, 296, 301 Fn, 304–306, 323, 324
Existentialismus 212–214, 219, 220–222
Ezechiel 70, 72, 81, 88

Fabianismus 118
Familie 161, 177, 203, 212, 307
Fanon, Frantz 197, 208
Faschismus 43, 153, 325
Feminismus 45, 210, 212, 223, 225
Ferraresi, Franco 154 Fn
Fetischismus (der Bequemlichkeiten) 171–176
Forster, E. M. 196, 326
Foucault, Michel 19, 45, 241, 261–287, 292, 304, 310, 327
  als Autor 262–264
  Diskurs der Macht 264
  über Disziplin 263, 264, 267–279
  über Gefängnisreform 270–277
  und Hobbes 264–266, 273, 278, 279
  über den Staat 264–268, 285, 286
  über Wahrheit 280–286
  *Die Geburt der Klinik* 272
  *Überwachen und Strafen* 269, 272, 279
  *Wahnsinn und Gesellschaft* 272
Frankfurter, Felix 77
Frankfurter Schule 120, 232–234
Frankreich 59, 60
Französische Revolution 41, 118, 119, 138, 230
  *siehe auch* Jakobiner
Freiheit, existentialistische 213, 223
  bei Foucault 276, 277
  Marcuse über 237, 238, 240, 241, 252, 255–260
Freud, Sigmund 247, 249, 250
Friedrich II. (der Große) 18
Funktionalismus 271–273

Galbraith, John Kenneth 233

Garbus, Martin 292
Geburt 214, 215, 226
Geertz, Clifford 345 Anm. 34
Gefängnis
  bei Breytenbach 287, 289
  bei Foucault 270–277, 280, 281, 285
  bei Gramsci 117, 141
Gentile, Giovanni 131
Gerechtigkeit 54, 56, 66, 145, 158, 190, 191, 203, 205, 237
gesunder Menschenverstand 119, 122, 125–129, 134, 135, 142, 147, 314
Gilligan, Carrol 342 Anm. 34
Gioacchino da Fiore 144
Gleichheit 139, 181, 221, 222
  kulturelle 245–247
Gnostik 23
Gramsci, Antonio 61, 115–141, 143, 146, 147, 149, 152, 156, 163, 183, 234, 255, 284 Fn, 302, 311, 319, 324, 337 Anm. 35
  über Erziehung 131–136
  über gesunden Menschenverstand der Arbeiterklasse 122–124, 129, 132–134
  über Hegemonie 119, 122, 131–133, 139, 140
  über die Rolle der Kommunistischen Partei 125–136
  und Sardinien 133, 134
  *Frage des Südens* 152
  *Gefängnishefte* 115, 120, 121, 126–141
Gramsci, Carlo 133
Graubard, Allen 253
Grimshaw, Jean 342 Anm. 29
Gulag 277, 278

Habermas, Jürgen 19, 265, 325
  *Legitimationsprobleme im Spätkapitalismus* 265, 325
Hall, Stuart 284 Fn
Harrington, Michael 157
Hebräische Universität 95, 108
Hegel, Georg Wilhelm Friedrich 52, 53, 233, 247
Hegemonie 119, 122–124, 131–133, 138–140, 235, 255, 263, 302, 336 Anm. 14
Heine, Heinrich 150 Fn
  *Deutschland, ein Wintermärchen* 150 Fn
Heldentum 25, 40, 58, 190, 293, 307, 308, 320

Helvétius, Claude Adrien 29
Herkules 31
Hine, Lewis 315
Hitler, Adolf 104
Hobbes, Thomas 264–266, 273, 278, 279
Höhlenmetapher 7, 26, 30, 107, 290, 292
Holocaust 107, 108
Hosea 15
Howe, Irving 187, 331 Anm. 21
Humanisten 18, 191

*Ichud* (Union) 107–110
Intellektuelle 13, 18, 37, 42–45, 49–59, 65–67, 88, 91, 117, 122–125, 136–138, 142, 179, 280–286, 304
  amerikanische 68, 88, 194, 322
  bürgerliche 124, 131, 167, 183, 196
  entfremdete 17, 19, 166, 304
  entwurzelte 166, 167
  falsche 53
  jüdische 57–59, 80, 81
  katholische 57
  klassenlose 69
  kleinbürgerliche 195, 196
  kommunistische 125
  kritische 30, 36, 37, 42, 49, 50, 62, 155, 310
  liberale 87, 88
  linke 57, 166, 175–177, 186
  marxistische 40, 43 Fn, 122, 123, 138–140, 319–321
  nationalistische 57
  national-volksnahe 182, 183, 318–321
  organische 138, 195
  politische und technische 182
  postmoderne 262
  professionelle 121
  proletarische 61
  Randstellung der 19 Fn, 37–39
  sich verpflichtende 54, 120, 155, 306
  spezifische 281
  und der Stellungskrieg 117
  traditionelle 127
  verräterische 50–52, 65, 73, 185, 309, 310
  wahre 40, 50, 56, 66–68
Internationalismus 170, 176
Interpretation als kritische Methode 96, 313–315
  bei Bourne 74, 86–88
Ionesco, Eugène 244
Ironie 70, 74, 148, 229

Ismael 70, 72, 81, 87
Israel 106–109
Italien 122, 149, 150, 157

Jakobiner 138
James, William 72
Jesus Christus 27, 28
Juden 57–59, 64, 78, 97, 100, 102–110, 155, 308

Kafka, Franz 270
Kallen, Horace 77
Kapitalismus 23, 162, 178, 181–183, 242, 273
Katharina II. (die Große) 19
katholische Kirche 39, 54, 147, 152–154
Katznelson, Berl 104 Fn
Kipling, Rudyard 182, 183
Klage, allgemeine 13, 14, 23, 24, 27, 30, 39, 43–45, 69, 70, 239, 319
Klatsch 28 Fn
Koestler, Arthur 142, 162, 184
Kommunistische Partei 18, 61, 115, 129, 130, 142, 147, 148, 153, 156, 166, 167, 250, 321
  Südafrika 291, 292
  Italien 115, 120–122, 142, 150, 151, 153, 157
  *siehe auch* Bolschewiki
Konsum 171–174, 235, 236, 243
Krieg 54, 55, 68, 82, 90, 91
  Algerien 169, 189–191, 195
  Bewegungskrieg 118, 138, 235
  Idee des gerechten Krieges 54–57
  für Israels Unabhängigkeit 109, 110
  Stellungskrieg 117, 118, 120, 130, 138, 235, 285 Fn, 302
  Erster Weltkrieg 68, 82–86, 322
  Zweiter Weltkrieg 57, 58, 166, 177, 326
Kritiker als Richter 74, 206, 207, 207 Fn, 299
kritische Distanz 26–30, 44, 57, 151, 208, 323, 327
  bei Benda 63
  bei Bourne 90–92
  bei Buber 95, 96, 107
  bei Camus 190, 195, 196, 204–206, 208
  bei de Beauvoir 222
  bei Foucault 261, 280–282
  bei Gramsci 140, 141
  bei Marcuse 253, 254, 259, 260
  bei Silone 151–154

Kritische Theorie 22, 34, 35, 94, 95, 259, 309, 310
Kruks, Sonia 341 Anm. 4

Laqueur, Walter 346 Anm. 2
Laing, R. D. 232
Lasch, Christopher 36–39, 69, 81
Lazarus, Neil 345 Anm. 26
Lenin, Wladimir Iljitsch 40, 43, 80, 118
Liberalismus 124, 222, 247, 253, 285
Liebe 59, 135, 173, 190–192, 203, 294, 295
Lippmann, Walter 37, 77, 84
Lottman, Herbert 189
Loyalität 130, 176, 182, 202, 206, 294, 322
Lukács, Georg 120
Luther, Martin 49, 21–23
Luxemburg, Rosa 308

Machiavelli, Niccolò 51, 52, 65
MacIntyre, Alasdair 17
Malraux, André 184
Marcuse, Herbert 19, 30, 66, 171, 232–260, 295, 304, 310–312, 313, 323, 343 Anm. 32
  als Amerikaner 232–234
  Kritik der Alltagssprache 251–255
  über das glückliche Bewußtsein 234–238
  über Freiheit 240–242, 252, 255–259
  seine Kulturkritik 243–250
  über Utopie 256–259
  *Der eindimensionale Mensch* 232, 235, 241 Fn, 242–247, 251–254, 257–259
Marx, Karl 16, 18, 21, 33, 43, 117, 122, 125, 146, 163, 171, 172, 233, 247
  *Manifest der Kommunistischen Partei* 21, 43 Fn, 175
Marxismus 33, 43 Fn, 119–124, 128, 140, 146, 147, 160, 271, 312
Maurras, Charles 51, 53, 60
Memmi, Albert 197, 217
Mencken, H. L. 74
Mendes-Flohr, Paul 95, 99 Fn, 114
Merod, Jim 345 Anm. 33, 346 Anm. 4
Merquior, J. G. 344 Anm. 25
Michnik, Adam 319, 325
Mill, John Stuart 238
Mills, C. Wright 37, 233, 238, 245, 325
  *Menschen im Büro* 325
  *The Power Elite* 245

Miłosz, Czesław 325, 345 Anm. 3
  *Verführtes Denken* 325
Misanthrop 322
Missionare 70, 75, 81, 100, 128
Mittelklasse 70, 82, 138, 167, 172, 173, 179, 180, 222
  siehe auch Bourgeoisie; Intellektuelle
Molière 322
Moore, Barrington 266
Moral, Gefühl für 83, 147, 161, 190, 312
More, Thomas 18
Mosca, Gaetano 128
Mosse, George 338 Anm. 14
Motive 35, 40
  siehe auch Entfremdung; Wohlwollen; Enttäuschung; Misanthrop
Mouffe, Chantal 336 Anm. 14
Mussolini, Benito 115, 131
Nationalismus 68, 75, 96, 97, 176, 198, 318
  afrikanischer 294
  arabischer 99
  bei Benda 50–53, 57, 58
  bei Buber 96–101
  bei Orwell 176
  siehe auch Binationalismus; Internationalismus; Zionismus

National Party 294
Nazismus 52, 53, 62, 315 Fn
Neue Linke 259, 326, 327
*New Left Review* 165, 184
*New Republic, The* 72, 75, 76, 82, 83, 87
New School for Social Research 322
Ngo Thi Hoang Lien, Yolande 289
Nietzsche, Friedrich Wilhelm 53, 72
Nihilismus 280
Nizan, Paul 61
  *Die Wachhunde* 61

Objektivität 220, 223, 308, 309
  siehe auch Wahrheit
O'Brien, Conor Cruise 189, 201–202, 205–206, 340 Anm. 2
O'Brien, Mary 226
Odysseus 192
Ofer, Dahlia 105 Fn
Offenbarungen, Buch der 23, 24
Opposition 14, 124, 173, 204, 324
  siehe auch Antagonismus
Ortega y Gasset, José 19, 42, 44, 251, 307
  *Der Aufstand der Massen* 42

Orwell, George 38, 46, 159 Fn, 163–188, 195, 236, 253, 308, 326
  als Intellektueller der Mittelklasse 164–171
  und Patriotismus 176, 177
  sein Sozialismus 169–182
  und Totalitarismus 182–186
  *Auftauchen um Luft zu holen* 171
  *Farm der Tiere* 165, 170, 185–187
  *The Lion and the Unicorn* 165, 174, 177, 178, 180, 181, 326
  *Mein Katalonien* 160 Fn, 165, 168, 170
  *1984* 164, 165, 172–174, 182, 184–188
  *Tage in Burma* 169
  *Der Weg nach Wigan Pier* 165, 169, 172, 183
  *Die Wonnen der Aspidistra* 172

Packard, Vance 233
Palästina 100, 102–104, 109
Pamphlet 154, 181
Pareto, Vilfredo 128
Parkin, Frank 120, 123
Patai, Daphne 173 Fn
Patriotismus 165, 176, 177, 298, 299, 319
  *siehe auch* Sozialpatriotismus
Paulus 160
Pazifismus 82
Philosophen (*philosophes*) 18, 22, 29, 119, 121
pieds noirs 191, 192, 196, 200–202, 205–207, 303
Pissarew, Dimitrij Iwanowitsch 43
Platon 7, 15, 21, 30, 107, 114, 145, 248, 249
  *Der Staat* 248, 249, 256
Pluralismus 31–34, 204, 264–268, 317
  im Feminismus 225–230, 228 Fn
  Foucault und 266, 267
  Marcuses Kritik des 237, 247, 253
Plutarch 50
Pragmatismus 85
presbyterianische Kirche 70, 72, 75
Princeton Universität 70
Prophet 14, 25–27, 69, 70, 108, 114
  bei Bourne 70, 83
  bei Benda 64
  bei Buber 107, 108
  als national-volksnaher Kritiker 319
Protestanten 17, 88
Puritaner 22, 37

Qumran, Schriftrollen von 23

Rebell 37, 92, 143, 146, 157, 208
Reed, John 37
Reform 267, 268, 301, 302
  Gefängnis- 270–277, 280, 281
Revolution und Revolutionäre 18, 143, 146, 147, 154, 159, 175, 177, 268, 282, 301
  *siehe auch* Bolschewiki; Französische Revolution; Jakobiner; Russische Revolution
Ricardo, David 21
Rieff, Philip 322
Riesman, David 233
Romantizismus 14, 57, 114, 128
Rosenzweig, Franz 316
Rousseau, Jean-Jacques 38, 135, 310
Roy, Jules 197, 205, 206
Russische Revolution 18, 158, 279

Salvemini, Gaetano 184
Sardinien 134, 141
Sartre, Jean-Paul 45, 159 Fn, 193–196, 205, 210–213, 229, 231, 308, 323–324
  und de Beauvoir 210–212, 229, 230
  *Das Sein und das Nichts* 212
Savonarola, Girolamo 27
Schwarzer, Alice 229
Seigel, Jerrold 18
Selbstkritik 193–195
Serge, Victor 184
*Seven Arts* 82, 89
Shakespeare, William 250
  *Hamlet* 35, 249, 250, 314–318
Shelley, Percy Bysshe 247
Sieyès, Emmanuel Joseph, Abbé 76
Silone, Ignazio 38, 46, 95 Fn, 115, 142–164, 195, 238, 302, 308, 311, 313, 322, 325, 326
  und die Abruzzen 143, 144, 156
  und die Bauern 151–154, 157, 161
  über christlichen Glauben 147, 150, 159–161
  und Kommunismus 142–153
  über Sozialismus 151–154, 160
  *Eine Handvoll Brombeeren* 156, 157
  *Brot und Wein* 142, 145, 150, 158
  *Fontamara* 145
  *Notausgang* 142, 156, 162
  *Samen unterm Schnee* 142, 150, 153, 158, 161
  *Die Wahl der Gefährten* 159, 161

Simon, Uri 334 Anm. 2
Smith, Adam 21
Sokrates 14, 15, 25–30, 32, 35, 50, 238, 256
Solidarität 79, 87, 305, 327
  *siehe auch* Liebe; Loyalität; Patriotismus
Solidarność (Polen) 29, 318
Sollers, Phillippe 324
Soper, Kate 229
Sophisten 15, 145
Sorel, Georges 53
Sozialdemokratie 118, 120, 121, 177, 178, 284, 285
soziale Kontrolle 242, 243, 274, 275, 280
Sozialismus 70, 170, 171, 178, 179, 182
  Orwells 169–182
  Silones 151, 155, 160
Sozialistische Partei
  Amerika 89, 151
  Italien 151, 326
Sozialpatriotismus 165, 177, 338 Anm. 1
Spacks, Patricia Meyer 28
Sprache 21–24, 39, 59, 123, 252, 287, 295, 319
  Afrikaans 287, 295
  Französisch 59
  Latein 59, 132, 253
  Marcuses Kritik der Alltagssprache 251–255, 343 Anm. 32
Spinoza, Baruch de 55, 56
Staat
  bei Bourne 92–94
  Buber und der jüdische 107, 110–113
  Foucault und der 263–267, 284
  bei Gramsci 119, 131–133, 284 Fn
  *siehe auch* Wohlfahrtsstaat
Stalin, Joseph 40, 182, 244
Stalinismus 115, 310, 326
Steffens, Lincoln 36, 37
Südafrika 288, 289, 295, 303, 305

Talmud 98
Täuschung 38
Taylor, Charles 281
Terrorismus 106, 110, 196, 207
Thomas, Paul 338 Anm. 1
Thoreau, Henry David 37, 74
Togliatti, Palmiro 115, 149, 154 Fn
Tolstoi, Lew Nikolajewitsch 154
Totalitarismus 203, 237, 278, 279, 302
  Breytenbach über 302
  Marcuse über 237, 244, 245, 278 Fn
  Orwell über 182–186
Teitschke, Heinrich von 53
Trilling, Lionel 19, 172

Universalität 123, 191, 193, 203, 220–224, 226, 227, 230, 231, 291, 309
Unterdrückung 199, 214, 224, 225, 229, 239, 242
Unterschied 204, 225–230, 228 Fn
Untergrund 149, 150, 293
Utopie 108, 124, 144, 255–258, 315

van Wyk Louw, N. P. 299
Veblen, Thorstein 155
Verrat der Intellektuellen 47, 56–58, 96
Verzweiflung 88, 92, 157, 306, 325
Vittorini, Elio 115
Voltaire 29, 55, 56

Wahrheit 30–32, 36, 56, 124, 153, 158, 161, 281, 294, 295, 322
  Breytenbach über 294, 295
  Foucault über 280–286
Whitman, Walt 37, 74
Whyte, William H. 233
Widerstand 128, 261, 268, 282, 285
Wiederholung als kritische Methode 96, 317
  bei Breytenbach 290
  bei Buber 96–100
  bei Camus 200
  bei Orwell 178
Williams, Raymond 77, 164, 165
  über Orwell 164–170, 175–179, 182–184
Wilson, Woodrow 85
Wohlfahrtsstaat 269, 310
Wohlwollen 36–39
Wollheim, Richard 179, 180
Wurm, Mathilde 308
Wurzellosigkeit 50

Young, Iris Marion 227, 228 Fn

Zionismus 57–59
  Buber und 95–101, 109, 110
Zola, Emile 55, 60
Zweig, Arnold 105
Zwerdling, Alex 182, 183